291.327 : 291.01 + 291.37

W0033565

Klaus Thomas   Religiöse Träume und andere Bilderlebnisse

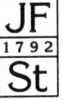

KLAUS THOMAS

Religiöse Träume und andere Bilderlebnisse

Ärztliche Berichte über religiöse Äußerungen
bei Visionen, Träumen, Hypnosen und Erfahrungen
im autogenen Training

J. F. Steinkopf Verlag

Ausgeschieden vom
Päpstlichen Philosophischen Institut
c/o Fachbereich Philosophie
an der Kath.-Theol. Fak. der
Universität Salzburg

am: 2125 C

Päpstliches Philosophisches Institut
c/o Fachbereich Philosophie
an der Kath.-Theol. Fak. der
Universität Salzburg

EIGENTUM DER
SALZBURGER ÄBTEKONFERENZ

1 0. Jan. 2000 / 19. 611

Die Deutsche Bibliothek – CIP-Einheitsaufnahme

Thomas, Klaus
Religiöse Träume und andere Bilderlebnisse: ärztliche Berichte
über religiöse Äußerungen bei Visionen, Träumen, Hypnosen
und Erfahrungen im autogenen Training / Klaus Thomas. –
Stuttgart; Hamburg: Steinkopf, 1994
ISBN 3-7984-0721-5

ISBN 3-7984-0721-5
© 1994 bei J. F. Steinkopf Verlag Stuttgart/Hamburg
Alle Rechte vorbehalten
Gesamtherstellung: Graphische Betriebe Wilhelm Röck, Weinsberg

UB SALZBURG

+DA40268100

Vorwort

Die Vollendung dieses Buches ist mit der persönlichen Lebensgeschichte des Autors in besonderer Weise bleibend verbunden: Am Tage nach der druckreifen Fertigstellung, am 10. Juli 1992, ist Klaus Thomas im Alter von 77 Jahren unerwartet verstorben. Es war ein friedlicher, im Schlaf eingetretener Tod, und bei allem Schmerz um den Verlust dieses außergewöhnlichen Menschen bleibt ein gutes Gefühl darüber, daß er einen ihm besonders wichtigen Teil seines Lebenswerks noch mit so sichtbarer Freude und Erleichterung zu Ende bringen konnte.
Das Thema der religiösen Träume und anderer, mit ihm verwandter Bilderlebnisse hatte Klaus Thomas über Jahrzehnte hinweg immer wieder beschäftigt. Es ging ihm hierbei sowohl um die intensive Erfassung der Einzelerlebnisse und deren besonderer, individueller Bedeutung, als auch – wie immer in seinen Werken – um die wissenschaftliche Durchdringung und die systematische Zuordnung innerhalb der Vielfalt psychischer Erscheinungen. Vom Fundament seiner eigenen religiösen Glaubenswelt her brachte er den ernstnehmenden, verstehenden Zugang mit, und gleichzeitig vermochte er in bewußter Zurückhaltung und Freiheit jedem seine eigenen Bilder zu lassen und ihn im eigenen Erleben zu fördern.
Die Ausdehnung des Traumthemas auf andere bildhafte Erlebnisformen, bei denen religiöse Inhalte auftreten können, war ihm nicht nur vom inneren thematischen Zusammenhang her wichtig. Es war ebenso natürliche Folge der Beschäftigung mit jenen psychotherapeutischen und psychagogischen Methoden, die seine Lebensaktivitäten in besonderer Weise bestimmt haben: vornean die ärztliche Hypnose und das Autogene Training, hier vor allem die Oberstufe, die er als Schüler von I. H. Schultz in dessen Auftrag weiterentwickelte; dieses Erbe versuchte er auch in seinem Institut in Berlin, das zum Zentrum aller seiner Aktivitäten wurde, weiterzuführen. Ein weiterer methodischer Bereich als Quelle religiöser Bilderlebnisse und visionärer Erscheinungen stellte für ihn die Meditation dar; auch diesem Thema hatte er bereits ein umfangreiches Standardwerk gewidmet.
Das Leben von Klaus Thomas war in unermüdlicher Weise der direkten Hilfe für Menschen in Not gewidmet, psychiatrisch, psychotherapeutisch, psychagogisch, seelsorgerlich. Und gleichzeitig und ebenso unermüdlich war es seiner schriftstellerischen Tätigkeit gewidmet, von der Suizidverhütung, der Sexualerziehung und der Selbstanalyse bis zur Hypnose, dem Autogenen Training, der Meditation u. a. Ein seit langem ebenfalls in Bearbeitung befindliches Werk zum

Thema »Ekklesiogene Neurosen«, ebenso auch ein Lehrbuch der Hypnose, konnte er leider nicht mehr vollenden.

Wir sind ihm dankbar für das, was er uns hinterlassen hat, für das, was er unzähligen Menschen an Hilfe und Ermutigung, an Erkenntnis und beruflicher Fortbildung gebracht, was er ihnen an Selbsthilfe und neuen Perspektiven ermöglicht hat. Und wir sind dankbar, daß es Klaus Thomas, diesen besonderen Menschen, unter uns gegeben hat. Er lebt in unserer Erinnerung, seinem Wirken und seinem Werk weiter.

Günter Hole

Inhalt

Sein statt Schein, Wahrheit statt Verdrängung.
Von den Tatsachen hinter den Träumen 1
  1. Ein wahrhaftiges und ganzheitliches Menschenbild verträgt keine
    Verdrängung 1
  2. Sigmund FREUD begann, die Verdrängung der Sexualität zu über-
    winden 1
  3. Noch immer aber sind Religion und Frömmigkeit weithin aus der
    Medizin verdrängt 1
  4. Patienten bringen noch immer auch ihre religiösen Anliegen mit in
    das ärztliche Sprechzimmer 2
  5. Darum will dieses Buch helfen, religiöse Verdrängungen aufzudek-
    ken und aufzuheben 2
  6. Die Vielfalt religiöser Bilderlebnisse 3
    Unterwache religiöse Bilder: Träume 3 – Überwache religiöse Bilder: Visionen 3 –
    Tafel: Mystische Versenkungsstufen 4 – Außerwache physiologische religiöse Bilder:
    Meditationen 5 – Außerwache pathologische religiöse Bilder 5
  7. Eine mehrdimensionale Sicht der Bewußtseinszustände 6
    Tafel: Bewußtseinsstufen des innerweltlichen Erlebens 7 – Tafel: Bewußtseinsstufen
    des überweltlichen Erlebens 8

1. KAPITEL: Aus der Geschichte der religiösen Träume

A In den Religionen der Antike 9
  1. Assyrer und Babylonier 9
  2. Ägyptische Traumdeuter 9
  3. Die griechischen Äskulap-Priester 10
  4. Die Träume im jüdisch-christlichen Kulturbereich 10
  5. Die Träume im fernen Orient 11
    In China 11 – In Indien (im Hinduismus) 11 – Im Buddhismus 11
  6. Träume in anderen alten Religionen 12
    In den ›primitiven Kulturen‹ Afrikas 12 – Bei den Indianern Nordamerikas 12

B Träume als religiöse und als innerweltliche Vorgänge 13
  1. Vertreter eines religiösen und eines natürlichen Traumverstehens in
    der Frühzeit 13
    Im Altertum und im Mittelalter 13 – Zur Zeit der Alten Kirche und der Ordensgrün-
    dungen 13 – Zur Zeit der Reformation 14
  2. Zur Zeit der Aufklärung 14

C Neue Blütezeiten der Traumforschung 14
  1. In der Romantik 14
    Die Verbindung der Welten von Traum und Dichtung 14 – Der Rückfall in den Positi-
    vismus 15 – Zusammenfassung: Entwicklung des Traumverständnisses 15

2. In der Psychoanalyse 15
Die kopernikanische Wende des Traumverständnisses durch S. FREUD (1856–1939) 15
– Grunderkenntnisse der Psychoanalyse 16 – Eigene Zahlen über Berichte vergebli-
cher Psychoanalysen 16 – Psychoanalyse kann nicht antidepressive Psychopharmaka
ersetzen 16 – Die Unterstützung der Psychoanalyse durch eine ›Selbstanalyse‹ 16

D *Die neue Wertschätzung religiöser Träume im Schrifttum der letzten 25 Jahre* 17
    1. J. SANFORD: Gottes vergessene Sprache 17
    Zur Vorgeschichte des Buches 17 – Der Inhalt des Buches – Die Beurteilung des Bu-
    ches 18 – Zusammenfasung und Gesamturteil 19
    2. Ann FARADAY: The Dream Game 19
    3. Patricia GARFIELD: Creative Dreaming 19
    4. Dick McLEESTER: Träume in die Tat umsetzen 20
    5. Gayle DELANEY: Living your Dreams 20
    6. Richard JONES: Die Träume als Dichtungen 21
    7. Das Selbstverstehen der Träume durch Montague ULLMAN und Nan
       ZIMMERMANN 21
    8. Strephon WILLIAMS: Träume kreativ nutzen 21
    9. Morton T. KELSEY: Träume. Die Bedeutung für den Christen . . . 23
   10. Therese WAGNER-SIMON/G. BENEDETTI (Hg.): Traum und Träumen 24
   11. Robert JOHNSON: Die Träume als Aufgabe, mit und an ihnen zu ar-
      beiten 25
   12. James GOLLNICK: Dreams in the Psychology of Religion 25
   13. Anselm GRÜN: Träume auf dem geistlichen Weg 26
   14. Einige Ergebnisse der jüngsten Epoche des Traumschrifttums . . . 26
   15. Traumforschung in der modernen Psychologie 26
   16. Träume in der früheren Religionspsychologie 28
    W. JAMES und seine ›religiöse Erfahrung‹ 28 – LABERGE und seine luziden Träume‹ 28
    – Die psychoanalytische Religionspsychologie 29
   17. Träume in der modernen humanistischen Religionspsychologie . . 29
    Abraham MASLOW 29 – Gordon ALLPORT 30 – Erich FROMM 30 – Jorge ROSNER 31
   18. Die ›transpersonale‹ Religionspsychologie nach C. G. Jung 32
    Einige Wesenskennzeichen 32 – Die Entwicklung der Haltung von C. G. JUNG 32 –
    Die zentrale Bedeutung der subjektiven Gotteserfahrung 33
   19. Die ›Psychosynthese‹ von R. ASSAGIOLI 33
    Eine philosophisch-geistliche Gesamtschau 33 – Religionspsychologische Schlußfol-
    gerungen
   20. Die praktische Traumarbeit in der Religionspsychologie nach GOLL-
    NICK 34

2. KAPITEL: Unterwache Bilderlebnisse (Träume)

Träume in der Bibel und im täglichen Leben der Gegenwart 35
Einleitung: Träume als Kunde aus dem Unbewußten 36

A *Das sogenannte ›Unbewußte‹ in der Bibel* 36
    1. Zur Geschichte des Begriffes ›Das Unbewußte‹ 36
    2. Das ›Unbewußte‹ als die ›verborgene Tiefe des Herzens‹ 36

3. Das ›Unbewußte‹ als die unbemerkte Gegenwart des lebendigen Gottes 37
4. Das ›Unbewußte‹ als der verdeckte innere Reichtum 38
5. Das ›Unbewußte‹ als verdrängte Schuld 38
6. Das ›Unbewußte‹ als die zunächst unerkannten Gedanken 39
7. Das ›Unbewußte‹ in den Träumen als dem ›Heilungsweg‹ der Seele 40
8. Das ›Unbewußte‹ in dem ›Traum aller Träume‹ (Der Jakobstraum von der Himmelsleiter) 41
9. ›Fragen‹ an die Träume rufen die ›Engel‹ herbei 44
10. Vom ›Unbewußten‹ zur Gewißheit 46

B Die ›natürlichen‹ Träume in der Bibel 46
1. Körper-, Reiz- und Angstträume 46
2. Erotische und sexuelle Träume 47
3. Träume von Ehrgeiz und Machtstreben 48
4. Träume von göttlicher Offenbarung 48

C Möglicher mythischer Mißbrauch und himmlische Herrlichkeit der biblischen Träume 49
5. Träume sind nicht zu überwerten 49
6. Träume erschließen ihren Sinn oft erst der göttlichen Weisheit . . . 50
7. Träume wollen zum Schauen der himmlischen Herrlichkeit führen 51

D Träume zur Charakterbildung in der Bibel 52
8. Träume offenbaren dem hoffnungslosen Hiob und dem demütigen Daniel ihre Aufgaben 52
9. Träume künden auch ernste Gottesgerichte an 52
10. Träume können klare Weisungen von Gott erteilen 53
11. Träume wollen lehren, um die höchsten Werte zu bitten 53
12. Das Leben des Apostels Paulus wurde in einzigartiger Weise durch gottgesandte Träume bestimmt 53
13. Träume rufen nicht nur zur Nachfolge, sondern auch zur Ehrfurcht und zur Antwort 54

E Träume der Buße und der Berufung in der Bibel 55
14. Träume wollen den Menschen empfänglicher machen für das Wort Gottes 55
15. Religiöse Träume stellen sich oft erst nach einer aufrichtigen Herzensbuße ein und wollen ihrerseits das Beten vertiefen 56
16. Religiöse Träume berufen Menschen zum Dienst für Gott und lehren sie, recht zu handeln 56

F Träume von Trost und Schutz in der Bibel 57
17. Religiöse Träume erfüllen eine wichtige Aufgabe der Seelsorge . . 57
18. Träume spiegeln deutlich die depressiven Verstimmungen, aber sie künden auch von einem starken Trost 58

19. Träume machen des Schutzes und der Geborgenheit gewiß 60
20. Träume enthalten oft nüchterne Ratschläge für den Alltag 60
21. Träume können den Menschen wandeln vom ängstlichen bedrückten zum freien und furchtlosen Wesen 61

G *Träume von Gottesgerichten* 62
22. Träume können ein ernstes Gericht ankündigen 62
23. Der Prophet Daniel 63
24. Der Wortlaut des Gedichtes 64
25. Einteilung und Hauptbedeutung des Berichtes 65
26. Der geschichtliche Hintergrund und der Schluß 66
27. Ein Gegenwartstraum von Tod und Toten in der Löwengrube . . . 67

H *Träume von göttlichen Offenbarungen* 70
28. Religiöse Träume wollen warnen und bewahren, aber auch die gegenwärtige Wirklichkeit und die Aufgaben klären 70
29. Durch Träume rufen himmlische Boten zum Frieden 71
30. Religiöse Träume verstehen wir nur durch den Heiligen Geist . . . 72
31. Träume als Offenbarungserlebnisse von der himmlischen Herrlichkeit 72

I *Träume von der Kirche* 73
1. Träume von Suchenden 73
2. Träume von Gottesdiensten 75
3. Träume der Kritik an der Kirche 77

K *Träume vom Heil beim Propheten Sacharja* 79
1. Träume als Zeugnisse der Geschichte 79
2. Das erste Nachtgesicht: Der Reiter im Myrtenhain (1,7–17) 82
3. Das zweite und dritte Nachtgesicht (Kap. 2): Die vier Hörner, die vier Schmiede und der Mann mit der Meßschnur 87
4. Die Fragen des Träumenden (des Propheten Sacharja) und die Antworten des Gottesboten 92
5. Das vierte Nachtgesicht: Der Hohepriester Josua wird gereinigt, und der Sproß ›Zemach‹ wird die Sünde wegnehmen 98
6. Das fünfte Nachtgesicht: Der goldene Leuchter und die zwei Ölbäume künden die Macht des Heiligen Geistes (Sach. 4) 109
7. Das sechste und siebente Nachtgesicht: Die fliegende Schrift als Fluch der Schuld und die Frau im ›Scheffel‹ als Gewicht der Gottlosigkeit (Sach. 5) 116
8. Das achte Nachtgesicht: die vier Kriegswagen von Gericht und Gnade (Sach. 6, 1–8) 125

L *Fragen an die (religiösen) Träume als Seelsorge an der eigenen Seele* 130
1. Fragen zur Thematik der Träume 131
2. Fragen zu einem bestimmten Ruf von Gott 131
3. Fragen zu meinen eigenen Gemütsempfindungen 132

3. KAPITEL: Außerwache physiologische Bilderlebnisse

A *Hypnotische und autogene Bilderschau* 134
   1. Einleitung 134
   2. Zur Technik und Methodik der ›hypnotischen‹ und autogenen Bilderschau 134
   3. Zum Inhalt der hypnotischen und autogenen Bilderschau 136
      Lichterlebnisse 136 – Eigentliche religiöse Erlebnisse 136 – Klärungserlebnisse 137 –
      Gewissenserlebnisse 138

B *Meditationserlebnisse* 139
   1. Meditation als Umschaltung in einen ›außerwachen‹ Bewußtseinszustand des religiösen Erlebens 139
   2. Meditation und Autogenes Training im Vergleich 140
   3. Die Hauptaufgabe des vorliegenden Buches: gegenwartsnahe Beispiele 141
   4. Protokoll von Oberstufenübungen mit fast buddhistischem Inhalt 142
   5. Protokoll von zwei Gruppenhypnosestunden mit Christuserscheinungen 143
   6. Erlebnisse bei der ›Richtungsvorstellung nach oben‹ 146
   7. Erlebnisse bei einer selbsthypnotischen Levitationsübung 148
   8. Eine Predigtmeditation als Offenbarungserlebnis 149

C *Außerwache, vorwiegend autogen-hypnotische: fast lebenslange Bilderschau einer Buchhändlerin* 149
   1. Einleitung: Angaben zur Person 149
      1. Thema: Frieden mit der Mutter 150 – *2. Thema:* Die Bedeutung der Kirche 150 –
      3. Thema: Vom Beten – *4. Thema:* Wer ist Jesus Christus? 151 – *5. Thema:* Die eigene
      Geburt und der Glaube 152 – *6. Thema:* Gott spricht, besonders durch das Gewissen.
      ›Warum meutere ich so sehr gegen die Bibel?‹ 153 – *7. Thema:* Die Wirklichkeit des
      Heiligen Geistes 154 – *8. Thema:* Zum Dienen im der Kirche berufen? 154 – *9. Thema:*
      Nur die Bilder sind wahr 155 – *10. Thema:* Jesus allein! 156 – *11. Thema:* ›Mein‹ Kreuz
      158 – *12. Thema:* Eine Lebens-Müde will sterben 159 – *13. Thema:* Die Wunden Jesu
      161 – *14. Thema:* Die blutende Vase 161 – *15. Thema:* Der Auftrag Jesu, zu wirken 162
      – *16. Thema:* Jesus in Ketten 164 – *17. Thema:* Die Handauflegung 166 – *18. Thema:*
      Die Fäden der Schuld und die Arbeit am eigenen Charakter 167 – *19. Thema:* Die
      Angst und die Überwindung 169 – *20. Thema:* Die Freiheit und ihre Feinde 171 – *21.*
      Thema: Selbsterkenntnis 173 – *22. Thema:* Die Trennung zwischen ›Ober- und Unterkörper‹ und deren Überwindung 177 – *23. Thema:* Das Böse und seine Überwindung
      178 – *24. Thema:* Meine Tränen 180 – *25. Thema:* Jesus und Gott (auf der ›Straße des
      Bösen‹) 181 – *26. Thema:* Die Weisheit und das Leben 183 – *27. Thema:* Tropfen, Tränen und Träume 184 – *28. Thema:* Symbolgestalten des Seelenlebens (Einsiedler, Reiter, Taucher und ›Schiffsbauer‹) 186 – *29. Thema:* Der bleibende Sinn des Lebens: Das
      Bild Jesu verwirklichen 187 – *30. Thema:* Die Abschiedsfrage: Sind die Bilder Wahrheit? 188
   2. Zusammenfassende Auswertung 190

4. KAPITEL: Überwache Bilderlebnisse

A *Vorstufen und Grenzbereiche* 191

   1. Das Wesen des ›luziden Träumens‹ (nach LaBerge) 191

      Das luzide Träumen ist ein paradoxer Doppelzustand 191 – Luzide Träume sind eine
Form des ›REM‹-Schlafes 192 – Luzide Träume sind heftige Gemütsbewegungen,
auch sexuelle Erregungen 192 – Luzides Träumen als religiöses ›Traumyoga‹ 192 –
Weitere Einzelbeobachtungen 193

   2. Die luziden Traumzustände nach Judith R. Malamud 193

   3. Die sexuellen Phantasien als ›überwache Bilderlebnisse‹ 194

   4. Die Klarträume ›als Weg zu schöpferischer Freiheit‹ 195

   5. Die Wahrträume als Prophetien der Gegenwart 196

B *Die visionären Träume* 197

   1. Berufungstraum eines Missionspfarrers 197

   2. Der Mandalatraum von J. Gollnick als Gedanken- oder Bildüber-
tragung 202

   3. Schir Laamaloth (Ein Lied beim Hinaufsteigen) 202

      Die Reihenfolge der Worte und Bilder des Traums 202 – Der Wortlaut und der Inhalt
des Traums: Ein Lied 203 – Die Affektstärke und die Innerlichkeit des Erlebens 204
– Religionspsychologische Folgerungen für das Erleben der Mystik 204 – Inhaltliche
Anmerkungen zu dem Traumtext 205

C *Die Berufung eines Kriegsblinden* 206

D *Visionäre Erlebnisse als lebensentscheidende Erfahrungen heute* 208

   1. Der ›heilende Jesus‹ 208

   2. Der entscheidende Jesus 210

   3. Der stärkende Jesus 211

   4. Der berufende Jesus 212

   5. Der humpelnde Jesus 213

   6. Der weinende Jesus 214

   7. Der segnende Jesus 216

5. KAPITEL: Bilderlebnisse in außerwachen pathologischen Bewußtseinszuständen (Religionspsychopathologie)

A *Einige Bücher zur Religionspsychopathologie* 217

B *Die religionspsychopathologischen Erscheinungen in ärztlicher Sicht* 219

   1. Depressiv Kranke 219

   2. ›Ekklesiogen neurotisch‹ Kranke 220

      Vom Ursprung der ›ekklesiogenen Neurosen‹ 220 – Die wichtigsten Erscheinungsfor-
men der ›ekklesiogenen Neurosen‹ 220 – Bilderlebnisse bei ›ekklesiogen neurotisch‹
Kranken 221

   3. Schizophrene 222

      Wesen und Erscheinungsformen schizophrener Erkrankungen 222 – Georges Roux,
der ›wiedergekommene Christus‹ 223 – ›Der ungekreuzigte Christus‹ heute 223 –
Teufels-Halluzinationen und Besessenheitswahn früher 223 – Träume von Teufeln
und Dämonen 224 – Aus der Gegenwart des Hexenwahns 225 – Erfahrungen mit so-

genannten ›Besessenen‹ in der Gegenwart 225 – Hexenglaube und Teufelsaustreibung heute 226 – Die Sonderform der Teufelsverschreibung mit dem eigenen Blut 227 – Ein ›Teufelswahn zu zweit‹ 227 – ›War Hitler doch besessen?‹ 228 – Bildgestaltung eines schizophren-sexuell-religiösen Erlebens 228

4. Wahnkranke 229
   Verschiedene Wahninhalte 229 – Zeichen und Ursachen der Wahnkrankheiten 230 – Hoch- und ›überwertige‹ Ideen 230 – Paranoia 231

5. Weltfremde Träumer 232

6. Anankasten (Zwangskranke) und Fanatiker 232

7. (Sado-)Masochisten 233
   Geschichtliche Vorbemerkungen 233 – Statistische Bemerkungen 234 – Ein einziges Beispiel 235

8. Hysteriker 235
   Geschichtliche Bemerkungen 235 – Die Ursachen und die Gegenwartsbedeutung der Hysterie 236 – Einige Hauptsymptome hysterischer Zustandsbilder 236 – Die Hauptmerkmale hysterischen Bilderlebens 237 – Das gestörte Eindrucks-Ausdrucksverhältnis 238 – Religionspsychopathologische Bedeutung der Hysterie und ihrer Bilderlebnisse 238 – Das Wesen der Hysterie (Zusammenfassung) 239 – Zungenreden als Gefahr für die seelische Gesundheit 239 – Schwierigkeiten bei der Beurteilung 240 – Echte Mystik als Gegenpol zur Hysterie 240

C Die häufigsten Erscheinungsformen der Religionspsychopathologie: Die Sekten 241

1. Begriffsbestimmung der Sekte 241
   sprachlich 241 – geschichtlich 242 – kirchenrechtlich 242 – religionssoziologisch 242

2. Die Sekten als Erscheinungsformen der Religionspsychopathologie 243
   Zahlreiche, zum Teil verdrängte Fragen von religiös suchenden Menschen finden bei den Sekten einfache, oft einleuchtende und sichtbare Antworten 243 – Ein religiöses Anlehnungs- und Autoritätsbedürfnis wird befriedigt 243 – Mit dem eigenen Handeln, Folgen oder Meditieren läßt sich die ersehnte Erlösung oder Befreiung erreichen 243 – Regressive Neigungen (mit der Sehnsucht nach der eigenen Kindheit) werden gestillt 243

3. Die religionspsychopathologische Sicht der Beurteilung von seelisch krankhaftem Verhalten 244
   Das ›Kipp-Phänomen‹ des Übergangs in ein ›geschlossenes‹, kreisförmiges Denksystem 244 – Das ›Kipp-Phänomen‹ des Verlustes der klaren Orientierung beim Verlassen der ›Denkkategorien‹ von Raum und Zeit 245 – Eine einseitige Willensübersteigerung bis zum Fanatismus und zur ›überwertigen Idee‹ und eine fremde Willenssteuerung als ›Manipulation‹ 245 – Das Umkippen aus einer künstlich gehobenen Stimmung in eine Depression 245

4. Die ›Transzendentale Meditation‹ (TM) als Beispiel für eine ›Sekte‹, die Bilderlebnisse pflegt 246
   Geschichte und Wesen der TM 246 – Technik und Quellen 247 – Organisation 248 – Zur Beurteilung der TM 249 – Fragwürdige Inhalte und Methoden der TM 249 – TM und Bewußtseinszustände 249 – Praktiken der TM 250

5. Erfahrungen begnadeter Persönlichkeiten oder bedenklicher spiritistischer Spuk? 250
   Schlafpredigerinnen 250 – Edgar CAYCE 251

D *Stärkegrade und Arten religionspsychopathologischer Zustandsbilder* 253
   1. Verschiedene Grade ›religiöser‹ Gesundheit und Krankheit 253
   2. Zustandsbilder religiöser Fehlhaltungen 253
     Fehlhaltungen religiöser Disharmonie 253 – Fehlhaltungen religiöser Nachlässigkeit
     und/oder Verkrampfung 254 – Fehlhaltungen religiöser Umwelt- und Innenweltver-
     kennung 254 – Fehlhaltung religiöser Schwärmerei 254 – Fehlhaltungen zu geringen
     oder zu starken religiösen Selbstbewußtseins 254 – Fehlhaltungen religiöser Lebens-
     verneinung 254
   3. Schlußfolgerungen 255
     Ähnlichkeiten und Unterschiede 255 – ›Jerusalem-Syndrom‹ 255 – Fehlhaltungen bei
     Sekten oder bei Kirchen? 255
   4. Hauptaufgaben der praktischen Religionspsychopathologie 256
     Im Rahmen der wissenschaftlichen Medizin 256 – Im Rahmen von praktischen Ar-
     beitsgemeinschaften 256 – Im Rahmen der konkreten Behandlung, Beratung und
     Seelsorge 256

E *Die besondere Problematik der Wallfahrtsstätten* 257
   Die positiven, heilenden Wirkungen der Wallfahrten 257
     Wallfahrtsorte als Stätten der Krankenseelsorge 257 – Evangelische »Wallfahrtsstät-
     ten«(?) 258 – Echte Wirkungen der Krankenseelsorge bei Wallfahrten 258

F *Die Unterscheidung der »Geister« (1. Kor. 12,10)* 259
   1. Die Unterscheidung der Geister im Alten Testament 259
     Der Geist Jahwes als Macht der Ekstase 259 – Dieser Geist sagt: Israel steht im Mittel-
     punkt der Weltgeschichte 259 – Falsche Propheten verkündeten schon damals Irrleh-
     ren 260
   2. Die Unterscheidung der Geistträger im Alten Testament (Die Kenn-
     zeichen der falschen Propheten) 260
     Falsche Propheten verkünden Propaganda gegen Wahrheit 260 – Falsche Propheten
     schüren Ängste 260 – Falsche Propheten führen fort von Gott 260 – Falsche Propheten
     bringen Enttäuschung statt Erfüllung 261 – Falsche Propheten setzen Rausch in vielen
     Formen gegen Nüchternheit 261 – Falsche Propheten sprechen oft aus Gefälligkeit,
     statt daß sie echte Hoffnung vermitteln 261 – Falsche Propheten sehen ihre eigenen
     Träume als absolut, echte Propheten messen sie an dem Worte Gottes 261 – Falsche
     Propheten reden gern laut vom Frieden, echte bringen ihn 262 – Die biblischen
     Hauptkennzeichen der echten Propheten 262
   3. Die Träger des Geistes im Neuen Testament 263

Tabelle: Religiöse Bilderlebnisse – Bewußtseinsstufen 264

Schlußgedanken und Zusammenfassung: ›Religiöse Träume‹ 266

Schrifttumsverzeichnis 269

Bibelstellenverzeichnis 283

Personenregister 287

Sachregister 290

Sein statt Schein, Wahrheit statt Verdrängung
Von den Tatsachen hinter den Träumen

1. Ein wahrhaftiges und ganzheitliches Menschenbild verträgt keine Verdrängung

In einer Frage urteilen die wissenschaftlichen und praktisch erfahrenen Vertreter der verschiedenen psychologischen Schulen und Methoden einmütig. Trotz mancher Kritik erkennen sie eine überragende Leistung von S. FREUD an, als er seine »Psychoanalyse« entdeckte:

Um die letzte Jahrhundertwende schuf er mit seinem Erstlingswerk *»Die Traumdeutung«* (1899) eine wissenschaftliche Betrachtungsweise innerer Bilderlebnisse, die nicht mehr geheimnisumwitterte Zukunftsorakel deutete, sondern nüchtern den unverarbeiteten Erlebnissen der Vergangenheit nachging und ihren Einflüssen auf das kranke Seelenleben.

2. Sigmund FREUD begann, die Verdrängung der Sexualität zu überwinden

Unbestechlicher Beobachtungs- und Wahrheitseifer ließen ihn erkennen und – unbekümmert um die »Plüschmöbelmoral« des alten Wien – in anstößig wirkenden Worten aussprechen: Vorgänge des Tabuisierens im allgemeinen und das Nicht-Anerkennen-Wollen übermächtiger sexueller Triebstrebungen im besonderen haben die Ursprünge vieler seelischer Erkrankungen verschleiert, unser Bild vom Menschen entstellt und eine Gruppe von neurotischen und »hysterischen« Krankheitsbildern gezüchtet. Ohne ein Aufdecken dieser »Verdrängungen« ist keine Heilung der Neurosen möglich.

Seither hat sich weithin, besonders auch in der (»psychosomatischen«) Medizin und in der Psychologie, die Erkenntnis durchgesetzt: Wer den Menschen verstehen und ihm in Krankheiten heilend beistehen will, muß ihn als *Ganzheit* betrachten und hat kein Recht, ein so wichtiges Lebensgebiet wie die Sexualität auszuklammern und den Anschein zu erwecken, als würde sie etwa nicht den Ablauf des Lebens bei jedem Menschen ausschlaggebend mitbestimmen.

Heute dürften wohl nur noch einige Gruppen in der römisch-katholischen Kirche und in einigen »orthodoxen«, besonders in pietistischen Kreisen und Freikirchen eine überstrenge und verdrängende Sexualmoral vertreten, die der Bibel fremd ist.

3. Noch immer aber sind Religion und Frömmigkeit weithin aus der Medizin verdrängt

Dafür ist ein anderer Lebensbereich in der wissenschaftlichen und praktischen Medizin und Psychologie einer ähnlichen Verdrängung anheimgefallen. Das Reich der Religion und der Frömmigkeit muß gewiß mit klaren Grenzen die Gefahren kurpfuscherischer Verwirrung meiden und um unterschiedliche Ebenen von Theologie und Medizin, von Seelsorge und Psychotherapie wissen.

Auch ist das Bestreben der »Arbeitsgemeinschaften Arzt und Seelsorger« zu würdigen, deren erste offenbar I. H. SCHULTZ und seine Freunde: Fritz KÜNKEL, der Psychiater, und Werner GRUEHN, der Theologe und Religionspsychologe, 1925 in Berlin gründeten. Eine spätere Nachfolge-Organisation ließ keine vergleichbare Bedeutung erkennen.

In Stuttgart rief Dr. med. W. BITTER 1957 eine Arbeitsgemeinschaft gleichen Namens ins Leben, die durch ihre Jahrbücher (seit 1958) weit bekannt wurde. Wer auf diesem Gebiet vollständigere Angaben sucht, müßte auch auf die Ärztegesellschaft »Médecine de la Personne« verwiesen werden, die sich nach dem II. Weltkrieg durch Dr. med. Paul TOURNIER in Genf über Europa ausbreitete.

Schließlich ist auch der »Oekumenische St. Lukas-Orden« zu nennen, der unter der Leitung von Dr. Klaus THOMAS seit 1954 besonders durch die erste deutsche Telefonseelsorge und die Ärztliche Lebensmüdenbetreuung auf dem Grenzgebiet von Medizin und Theologie praktisch arbeitete.

4. Patienten bringen noch immer auch ihre religiösen Anliegen mit in das ärztliche Sprechzimmer

Alle diese Bestrebungen blieben vereinzelt und ohne nennenswerten Einfluß auf die wissenschaftliche Medizin. Dennoch ist die Erkenntnis offenkundig: Auch wenn wir als Ärzte die religiösen Fragen nicht in die Medizin hineintragen wollen, so bringen doch unsere Patienten sie mit in das ärztliche Sprechzimmer. Dort aber begegnet ihnen meist nicht das Verständnis, das dem Ernst ihrer Anliegen entspricht.

Mag ein früherer Gegensatz zwischen Naturwissenschaft und Glaube aus der Geschichte noch verständlich erscheinen; heute läßt er sich nicht mehr aufrechterhalten, nachdem eine Vielzahl von bedeutenden Naturwissenschaftlern sich zum christlichen Glauben bekannt hat.

In der Psychotherapie aber, und hier besonders bei der Behandlung von Träumen und Bilderlebnissen, werden noch immer diese geistlichen Erfahrungen verdrängt oder gar verleugnet, obwohl ihnen kaum eine geringere Bedeutung zukommt als der Sexualität.

5. Darum will dieses Buch helfen, religiöse Verdrängungen aufzudecken und aufzuheben

Dieser Aufgabe aber dient das vorliegende Buch. Bis in biblische Zeiten reichen ihre Aufgaben und Themen zurück: Bei dem ersten Pfingstfest spotteten einige Zeugen der Äußerungen des Heiligen Geistes und sprachen: »Sie sind voll süßen Weines« (Apg. 2,13). Auch im Urchristentum galt die Mahnung, die Geister zu unterscheiden und zu prüfen (1. Joh. 4,1). Gibt es nicht inzwischen klare Maßstäbe?!

Bilderlebnisse sind in vielerlei Art bekannt. Schon im normalwachen Bewußtseinszustand kennen wir Vorstellungen und Phantasien. Wir können sie steuern. Sicher kommen sie mit Abstand im erotisch-sexuellen Bereich am häufigsten vor. Hier aber soll von den religiösen Bilderlebnissen gesprochen werden. Wer sie bewußt pflegt, der wird alsbald die Haltung von Gebet und Anbetung aufsuchen oder zu Übungen der Meditation fortschreiten.

6. Die Vielfalt religiöser Bilderlebnisse

Unterwache religiöse Bilder: Träume

In einem *ersten,* vorwiegend geschichtlichen *Kapitel* wenden wir uns der Bedeutung der religiösen Bilderlebnisse und des wichtigsten *Schrifttums* darüber zu. Schon hier tut sich uns eine weithin unbekannte Welt der Forschung, der Erfahrung und der Geschichte der Religionspsychologie auf.

Das *zweite Kapitel* zeigt uns das Gewicht der *religiösen Traumbilder* schon in alten Zeiten, aber auch bis in die Gegenwart. Allein *die Bibel* erzählt aus dem Ablauf von zwei Jahrtausenden über hundert abenteuerliche und spannende Träume, die sich in diesem Buch relativ vollständig zusammengestellt und ausgewertet finden einschließlich der Sonderbedeutung, die ihnen beim Propheten Daniel und in den »Nachtgesichten« des Sacharja zukommt.

Vor allem aber belegen Protokolle und andere *Traumberichte aus der Gegenwart,* wie ähnlich auch heute noch Menschen in religiösen Träumen Antworten auf ihre Lebensfragen und für ihre Gesundheit finden. So kann die Bibel helfen, Gegenwartsträume zu verstehen.

Überwache religiöse Bilder: Visionen

William James hatte schon um die letzte Jahrhundertwende den Begriff der »überwachen Bewußtseinszustände« geprägt. Er sah sie in der Religion beheimatet und ordnete ihnen in seinem Werk »Das religiöse Erleben in seiner Mannigfaltigkeit« (1897) vor allem die »Wandlungs-, Berufungs- und Offenbarungserlebnisse« zu. Siegfried Behn, früher Ordinarius für Religionspsychologie in Bonn, schrieb dann im ersten Band des »Archivs für Religionspsychologie« (1914) eine bedeutende Arbeit darüber. Ein solches eindimensionales Ordnungsschema mit unter- und überwachen Zuständen klärt zwar manche Fragen der »Vigilanz«, nicht aber die Fülle der religiösen Erlebnisse.

Als Beispiel sei dafür das anschauliche aber sicher falsche Schema wiedergegeben, mit dem W. Gruehn in seiner »Religionspsychologie« die Hypnose zwischen den Tiefschlaf und den Tod einordnete.

Zu den »überwachen Bilderlebnissen« (viertes Kapitel) zählt auch das »luzide Träumen«, ein großes, neues Wissenschaftsgebiet.

Tafel der mystischen Versenkungsstufen:

Erlebnis-stadien:

Bewußtseins-Stufen

C. Überwache — B. Normal-wache — A. Unterwache

Rechte Spalte (Erlebnisstufen):
- Tod / Erstarrung
- Außersichsein (Ekstase. Nirwana)
- Entrückung (Exaltation)
- Entzückung (Exzitation)
- Hellwachsein
- Überwachsein
- Verschiedene Stufen des Normalwachseins
- Träumerei
- Angespannter Schlaf
- Traumschlaf / Tiefschlaf
- Tiefe Hypnose / Absinken des Bewußts.
- Erstarrung / Tod

Stufen: 1 2 3 4 5 6 7 8

Beschriftungen im Diagramm:
- Grenze des Bewußtseins
- Nullpunkt des intellektuellen Faktors
- Höhepunkt des aktuellen Faktors
- ekstatisch-mystisch (g)
- allgemein-mystisch (f)
- exaltiert-mystisch (e)
- Aneignungsakt (d)
- Zustimmungsakt (c)
- Billigungsakt (b)
- Für richtig erklären (a)
- Nullpunkt des aktuellen Faktors. Reine Denkvorgänge →
- überwach ▲
- unterwach ▼
- Grenze des Bewußtseins

4

Außerwache physiologische religiöse Bilder: Meditationen

Deshalb habe ich schon während des letzten Weltkrieges den Begriff des »außerwachen« Bewußtseins eingeführt, die darauf bezogenen Beobachtungen mit vielen namhaften Psychologen besprochen (bes. mit I. H. SCHULTZ, mit W. GRUEHN, mit S. BEHN, mit O. KROH und vielen anderen) und deren Zustimmung gefunden, bevor ich sie ausführlich in dem Werk »Meditation« (Stuttgart 1970) begründet habe.

Beispiele für den sogenannten »außerwachen« Bereich finden sich vorwiegend in den gesunden und heilenden hypnotischen Zuständen, die zu Unrecht als geheimnisumwittert gelten. Sie erschließen sich nicht nur dem Autogenen Training, sondern auch der *Meditation*. Ihnen ist nicht nur die genannte Monographie gewidmet, sondern auch das hier vorliegende dritte Kapitel.

Von einer feingebildeten Patientin wird hier zu berichten sein, die mehr als 25 Jahre hindurch ausgehend von dem Zustand des Autogenen Trainings fast allwöchentlich zu religiösen Bilderlebnissen gelangte und darüber jedesmal ein genaues Protokoll anfertigte. Die rund 6000 Seiten dieser Handschrift wurden in dem vorliegenden Buch auf rund 60 Seiten gekürzt. Sie lassen es einfühlbar erscheinen, daß und wie das gesamte Leben dieser Geschäftsfrau von ihren außerordentlich lebensnahen geistlichen Bilderlebnissen geprägt wurde.

Außerwache pathologische religiöse Bilder

Verwechslungen mit krankhaften, rauschartigen oder wahnhaften Sinnestäuschungen kommen häufig vor und liegen nahe. Selbst ein so bedeutender Gelehrter wie Gaetano BENEDETTI versteht die »Halluzinationen von Geisteskranken als Träume, aus denen man nicht erwachen kann«, er setzt also verschiedene Arten von Bilderlebnissen als grundsätzlich gleichartig an (Sammelband: Traum und Träumen, S. 181).

Dieses Gebiet der *Religionspsychopathologie* mit gefährlichen Verirrungen und Verwirrungen, vor allem aber Gesichtssinnestäuschungen bei Sektierern und Schwärmern, ist in einem weiteren (fünften) Kapitel zu besprechen. Das ganze Gebiet ist bei weitem nicht seiner Bedeutung entsprechend bekannt. Wir haben Grund zu der Annahme, daß das innere geistliche Leben bei mindestens jedem zweiten Seelsorge-Suchenden durch seelische Krankheiten entscheidend verzerrt ist. Die durchaus wünschenswerten Erfahrungen im sog. »Clinical Pastoral Training« können dabei die erforderlichen Kenntnisse beim Beurteilen und im Umgang mit krankhaften religiösen Bilderlebnissen nicht ersetzen.

Wer hätte je gelernt, den Überschwang einer echten religiösen Begeisterung von der übertriebenen »Ausdrucksfälschung« (I. H. SCHULTZ) eines Hysterikers zuverlässig zu unterscheiden? Wer gewinnt ein klares Urteil bei Marien- oder Christuserscheinungen von jungen Mädchen? Wie läßt sich ein sprichwörtlicher »religiöser Wahn« von einer außergewöhnlichen religiösen Wirklichkeit unterscheiden? – Antworten auf diese und weitere Fragen sind zu suchen und praktische Schlußfolgerungen aus den Erkenntnissen und Beispielen zu ziehen.

In dieser ersten Übersicht haben wir zur größeren Klarheit die verschiedenen Kapitel noch in dem Zusammenhang ihrer Richtung und »Achsen« genannt und folgen erst im Buch der Reihenfolge ihrer Ziffern gleichsam in einer Kreisbewegung in entgegengesetzter Uhrzeigerrichtung, so daß dabei die näher miteinander verwandten Zustände (z. B. unterwach – außerwach) auch im Zusammenhang erscheinen.

7. Eine mehrdimensionale Sicht der Bewußtseinszustände

Eine Übersicht über die verschiedenen Bewußtseinsstufen wurde bereits in dem Meditationsbuch (S. 14/15) veröffentlicht und ist hier zu wiederholen; denn die Abschnitte a) bis d) der Seiten 3 und 5 entsprechen der Hauptkapiteleinteilung dieses Buches.

Abb. 2 Bewußtseinsstufen des innerweltlichen Erlebens

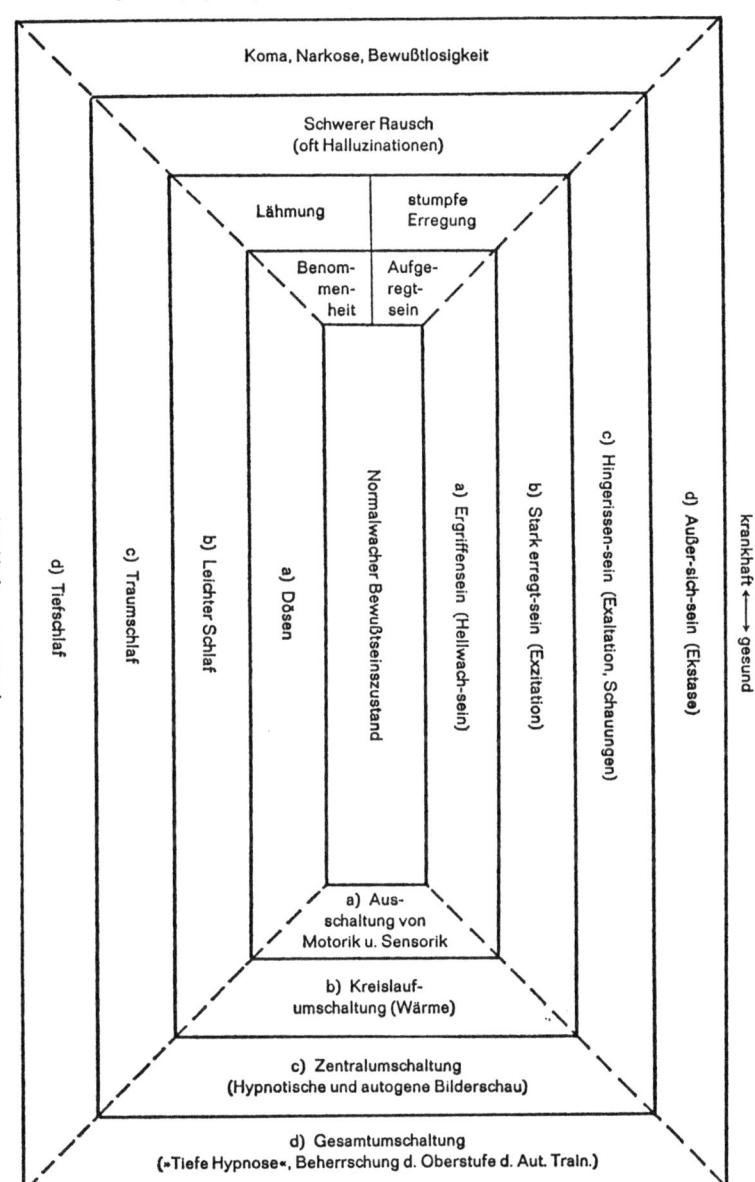

Außerwache pathologische Bewußtseinsstufen
Vagotonus (trophotrope Phase) ←——→ Sympaticotonus (ergotrope Phase)

Koma, Narkose, Bewußtlosigkeit

Schwerer Rausch
(oft Halluzinationen)

Lähmung | stumpfe Erregung

Benommenheit | Aufgeregtsein

Normalwacher Bewußtseinszustand

a) Ergriffensein (Hellwach-sein)

b) Stark erregt-sein (Exzitation)

c) Hingerissen-sein (Exaltation, Schauungen)

d) Außer-sich-sein (Ekstase)

(Psychologische Ebene)
Überwache Bewußtseinsstufen
krankhaft ←——→ gesund

a) Dösen

b) Leichter Schlaf

c) Traumschlaf

d) Tiefschlaf

krankhaft ←——→ gesund
Unterwache Bewußtseinsstufen

a) Ausschaltung von Motorik u. Sensorik

b) Kreislaufumschaltung (Wärme)

c) Zentralumschaltung
(Hypnotische und autogene Bilderschau)

d) Gesamtumschaltung
(»Tiefe Hypnose«, Beherrschung d. Oberstufe d. Aut. Train.)

Vagotonus (trophotrope Phase) ←——→ Sympaticotonus (ergotrope Phase)
Außerwache physiologische Bewußtseinsstufen

Abb. 3 Bewußtseinsstufen des überweltlichen Erlebens

Außerwache »religions-psychopathologische« Erlebensstufen
(Schwärmer- und Sektierertum)

Vagotonus (trophotrope Phase) ←→ Sympaticotonus (ergotrope Phase)

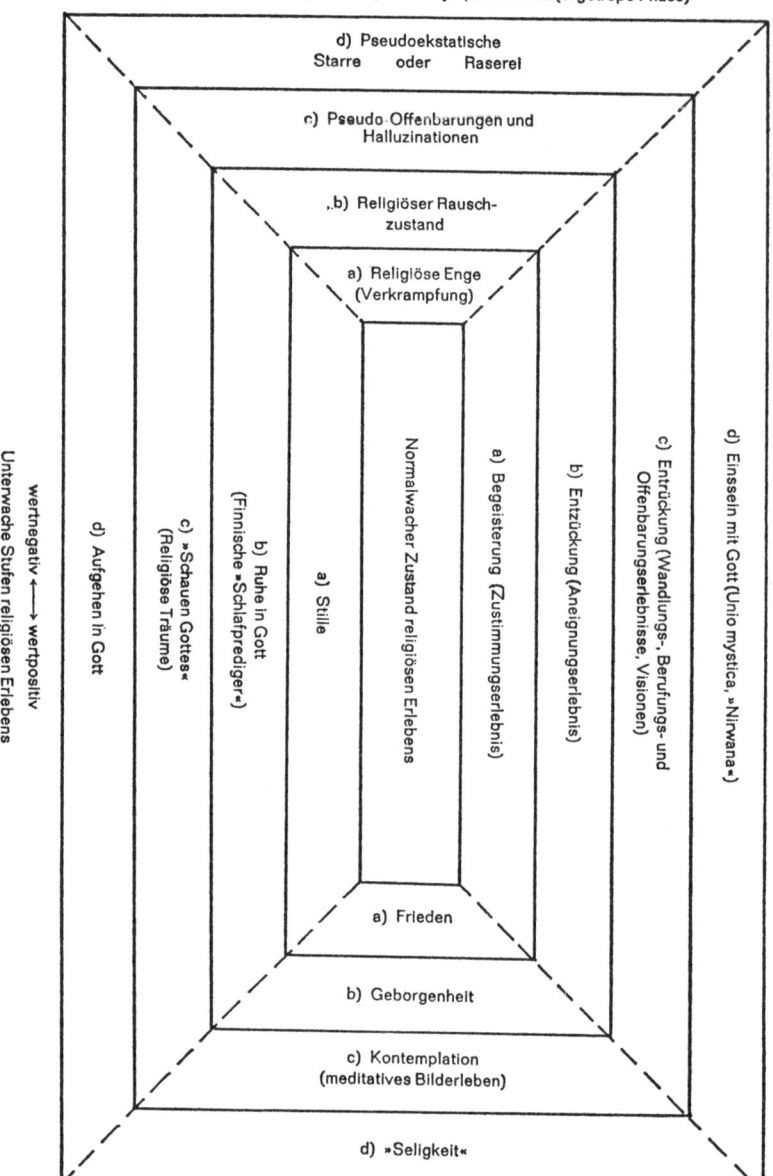

Vagotonus (trophotrope Phase) ←→ Sympaticotonus (ergotrope Phase)
Außerwache, physiologische Stufen religiösen Erlebens (Meditation)

1. Kapitel

Aus der Geschichte der religiösen Träume

A In den Religionen der Antike

1. Assyrer und Babylonier

Assyrer und Babylonier glaubten, die Träume würden durch Teufel und durch die bösen Geister der Toten verursacht. Als unübersehbar galt ihre Zahl, und wenigstens 65 000 Natur- und Sternengötter, Dämonen und Familienschutzgeister wurden – auch in den Träumen – am Werke gesehen. Deshalb gehörte es zu den selbstverständlichen Aufgaben der Priester und Priesterinnen, die vielfach rätselhaften Träume zu deuten.

Das älteste assyrische Traumbuch stammt aus der Zeit des Königs HAMMURABI 1728–1686 vor Christus. Es besteht aus 12 Keilschrift-Tontafeln und enthält nach einem Gebet an ZUQIQU, den Gott der Träume, ein systematisches Verzeichnis von Träumen über Arbeitsgewohnheiten, Eß-, Trink- und Sexualsitten, über das Walten von Dämonen usw. Insgesamt umschließt dieses Nachschlagewerk auch Ratschläge, wie man durch Beschwörungen einem unheildrohenden Traum eine günstige Bedeutung verleihen könne usw.

Militärische, politische, aber auch kultische und religiöse Entscheidungen waren selbstverständlich von den Träumen abhängig. Nur dem mesopotamischen Kulturkreis freilich war der Gedanke vorbehalten, daß auch die Götter selbst träumen und von Träumen beunruhigt sein können, wie die Göttin Tammuz.

Bis hin zum berühmten Gilgamesch-Epos läßt sich die Kette der Zeugnisse für die Wertschätzung der Träume im alten Mesopotamien fortsetzen. (Doch ist hier für Einzelheiten auf das umfassende Werk von M. PONGRACZ und I. SANTNER zu verweisen. Vgl. Schrifttumsverzeichnis.)

2. Ägyptische Traumdeuter

Diese trugen den Namen »die Gelehrten der Zauberbücher« (»the Learned Men of the Magic Library«). Sie lebten oft abgeschlossen in Tempeln, zu denen die Leute kamen, um ihre Träume deuten zu lassen. Dabei unterschieden die Ägypter drei Arten von Träumen:

a) die Träume der Forderungen der Götter an den Menschen (z. B. der Buße),
b) Träume der Warnung vor kommenden Gefahren,
c) Träume mit Antworten auf zuvor gestellte Fragen.

In jedem Fall dienten die Träume der Verbindung zwischen den Göttern und den Menschen.

Riesige Traumwerke überlieferten im Alten Ägypten eine Art Traumwissenschaft, wobei sich die Träume nicht nur auf das Wohlergehen des Landes bezogen (wie die Pharaoträume von den sieben fetten und den mageren Kühen, die die Bibel überliefert), sondern ihnen kommt grundsätzlich religiöse Bedeutung zu.

Die ägyptischen Traumtempel waren der Göttin der Träume SERAPIS geweiht. Zu diesen Tempeln zogen vornehmlich die Kranken, um zu fasten und zu beten. Den Träumen selbst schrieb man dann heilende Kräfte zu, und die Priester standen zur Verfügung, um diese Träume zu deuten und um die Heilmittel zu unterstützen, die in den Träumen empfohlen wurden. Dieser Tempelschlaf, also die »Trauminkubation«, wurde nicht nur in Ägypten, sondern in der ganzen Welt der Antike, im Griechischen und im Römischen Weltreich gepflegt.

3. Die griechischen Äskulap-Priester

Sie entwickelten die Kunst der Traumdeutung zu erstaunlicher Vollkommenheit. Ihre Tempel waren dem Heilgott ÄSKULAP geweiht, dem Schutzherrn der Medizin. Die Träumer waren gewiß: Wem Gott im Traum erscheint, dem begegnet er gleichzeitig auch in Wirklichkeit, z. B. in der Gestalt des Priesterarztes. So hingen Traum und Heilung untrennbar miteinander zusammen.

Im Mittelpunkt des Asklepiuskultes stand die sog. *Inkubation* mit ihren »Heilträumen«. Zum Erfahren der Heilung mußte der Träumer den jeweils »richtigen Traum« träumen; als richtig galt meist die Erscheinung des Asklepius, der die kranken Körperteile zu berühren pflegte und dann wieder verschwand.

Durch seine Heilung wurde der Träumer gewiß: diese Erscheinung war Wirklichkeit. Er war verpflichtet, seinen Traum genau aufzuschreiben und gegebenenfalls das schuldige Honorar zu entrichten. Schon im alten Griechenland wird dabei betont, daß Asklepius für Körper *und* Geist sorge, d. h. nicht nur Bäder und die Ruhebetten (griechisch »kline«, die unseren Kliniken den Namen gaben), sondern auch Gespräche, eine Art Psychotherapie, wirkten zur Heilung zusammen.

4. Die Träume im jüdisch-christlichen Kulturbereich

Diese wurden ebenfalls als ein Weg der Begegnung mit Gott betrachtet, oder gar als Gottes Stimme, wobei JAHWE nicht nur die guten Träume sandte, sondern auch alle anderen. Der Gedanke, eine andere Macht neben ihm könne ähnlich wirken, war dem frommen Juden unvorstellbar. Wegen ihrer Bedeutung ist den *Träumen in der Bibel* ein eigenes Kapitel gewidmet (vgl. S. 35ff.).

5. Die Träume im fernen Orient

In China

Im Gegensatz zu diesen göttlichen Offenbarungen der Träume stehen jene seltenen anderen, die den Ursprung der Träume bei bösen Geistern sehen, vorwiegend den Geistern der Toten, die schlechten Träume werden in China vorwiegend als Hinweis auf die bösen Geistesmächte angesehen, die den Menschen beherrschen.

In Indien (im Hinduismus)

Ähnlich werden die Träume in Indien grundsätzlich religiös verstanden. Die Veden bemühen sich daher um die Unterscheidung zwischen den günstigen und den ungünstigen Bedeutungen der Träume.

Schon aus dem 12. vorchristlichen Jahrhundert ist ein Lehrbuch der Traumdeutung bekannt, das sogenannte Svapnacintâmani. Besonders die glückbringenden Träume lassen dort vielfach einen prophetisch religiösen Charakter erkennen.

Im alten Indien wurden die Träume als Wirklichkeit betrachtet und als Zustand in einem Zwischenreich zwischen der realen Welt und der Welt der Geister (»spiritual world«) angesehen. Im indischen Weg der Erleuchtung, den die Upanischaden weisen, werden vier Seinszustände unterschieden: Wachen, Träumen, traumloser Schlaf und das übernatürliche Einssein mit der Gottheit.

Im Buddhismus

Im gesamten indischen Geistesgut und damit auch im Buddhismus herrscht die Reinkarnationslehre. Sie bestimmt auch das Verständnis der Träume. In der buddhistischen Psychologie werden (nach SCHARFETTER, S. 60) mehrere Bewußtseinszustände unterschieden. Die Träume finden sich dem »Unterbewußtsein« zugeordnet und damit einem noch unterentwickelten Zustand.

Von den Heiligen lehrt der Buddhismus: Sie träumen nicht; denn sie sind aus der täuschenden Traumwelt hinübergeschritten zur klaren Welt des Wachbewußtseins. (In einer späten Nachfolge dieser Gedanken war zunächst auch S. FREUD überzeugt, daß nur neurotisch Kranke, nicht aber Gesunde des Nachts träumen.)

Von Buddha (geb. um 560 v. Chr.) selbst werden aus der Zeit vor seiner Erleuchtung fünf Traumbilder berichtet:

Das erste Traumbild beschreibt ein großes Bett, dessen Kopfkissen der Himalaya bildet, die linke Hand ruht auf dem östlichen Meere und die Füße auf dem südlichen.

Der zweite Traum handelt von einer Grasart, der sogenannten Tiriya, die aus dem Bauchnabel Buddhas wächst und bis zum Himmelsgewölbe reicht. Ihre Schau soll auf den achtfachen Pfad der Erlösung verweisen.

Das dritte Traumbild handelt von weißen Würmern, die an den Beinen Buddhas mit schwarzen Köpfen hinaufsteigen und sich auf die weißgekleideten Mönche beziehen.

Das vierte Traumbild berichtet von vier verschiedenfarbigen Vögeln, die aus den vier Himmelsrichtungen herbeifliegen und deren Farbe sich in weiß verwandelt, wenn sie sich zu Buddhas Füßen niedergelassen haben.

Der fünfte Traum schließlich handelt von dem Vorbild Buddhas, der einen hohen Kotberg bestieg, ohne selbst beschmutzt zu werden. In gleicher Weise sollen Buddha-Anhänger sich von der schmutzigen Welt unbefleckt erhalten.

Doch nicht nur in allen großen Weltreligionen und ihren Heimatländern werden Träume beachtet, sondern sie werden aus der ganzen Welt berichtet.

6. Träume in anderen alten Religionen

In den »primitiven Kulturen« Afrikas

Viele afrikanische Stämme sehen die Träume als Verbindung zu den Toten oder zu überirdischen Mächten. So vermitteln sie auch Auskunft über das Wesen der Hexen und über die Zukunft. Nach den Lehren der ASHANTI an der Goldküste berichten die Träume von den Besuchen der Geister oder von der Reise der Seele des Träumers in deren Reich.

Bei den Indianern Nordamerikas

Viele nordamerikanische *Indianerstämme* betrachten die Träume als religiöses Geschehen. So betonen die HOPI-Indianer, daß die Träume ihnen die Bilder ihrer Götter offenbaren. Die OJIBWAY-Indianer verstehen die Träume grundsätzlich religiös als Äußerungen von höheren Wesen, die den Menschen im Traum besuchen. Sie veranstalten ein »Traumfasten« (dream fast), bei dem Jungen zwischen 10 und 15 Jahren sechs oder sieben Nächte lang (gemeinsam) schlafen, damit der »außermenschliche Großvater« (other-than-human) eine Traumvision senden kann. Solche Visionen enthalten Segenssprüche, Kräfte, Lieder oder neue Verpflichtungen.

Ein ähnliches Traumfasten wird von zahlreichen anderen Indianerstämmen berichtet (GOLLNICK S. 18). Den religiösen Träumen kommt im gesamten Stammesleben eine ausschlaggebende Bedeutung zu. Sie gelten als Wirklichkeit und Wegweisung, als Verbindung zu der höheren Welt, die sich vornehmlich den Weisen und Adligen offenbart.

B Träume als religiöse und als innerweltliche Vorgänge

1. Vertreter eines religiösen und eines natürlichen Traumverstehens in der Frühzeit

Im Altertum und im Mittelalter

Ganz im Gegensatz zu solcher religiösen Schau hatte ARISTOTELES (384–322 v. Chr.) gelehrt, die Träume stellten nur die Überreste der geistigen Tätigkeit des Vortages dar. So konnten die Träume für die Ärzte wichtig werden, die aus ihnen eine Diagnose ableiteten. Für ihn wie für CICERO (106–43 v. Chr.) waren die Träume alltägliche und eher unbedeutende Ereignisse, die keiner besonderen Beachtung bedurften.

Zur Zeit der Alten Kirche und der Ordensgründungen

Der Kirchenvater TERTULLIAN (etwa 160 bis nach 220) schrieb in seinem Buch über die Seele: »Ist es nicht allen Menschen bekannt, daß Gott sich dem Menschen am besten durch den Traum offenbaren kann?«

Vielen Märtyrern hat Gott im Traum beigestanden, und der griechische Kirchenvater GREGOR von Nazianz betonte, er habe seine meisten Inspirationen im Traum erhalten. (Diese wie auch die folgenden Angaben sind in dem empfehlenswerten Büchlein des Benediktinerpaters Anselm GRÜN enthalten: Träume auf dem geistlichen Weg, Münsterschwarzach 1991.)

Der Bischof SYNESIOS von Kyrene schrieb sogar im Jahre 415 ein eigenes, umfassendes Traumbuch, in dem er schon das Führen von Traum-Tagebüchern empfahl: Gott will im Traum erleuchten und heilen (GRÜN S. 24).

Im alten Mönchtum pries Evagrius PONTICUS die Tugend des Gleichmutes, der »Apatheia«, die im Traum von dem Dämon des Zornes bedroht würde.

Durch einen Traum wurde der Heilige HIERONYMUS (um 400) bekehrt und zu einem christlichen Gelehrten gewandelt. Der Heilige BENEDIKT erschien (um 550) seinen Schülern im Traum, um ihnen einen Kloster-Bauplan zu offenbaren. Der Heilige FRANZISKUS (1182–1226) erfuhr im Traum seine Berufung, die durch einen entsprechenden Traum von Papst INNOZENZ bestätigt wurde.

Ganz ähnlich wird der Heilige DOMINIKUS (1170–1227) zum Gründen seines Ordens durch einen Traum berufen.

Mystiker aller Zeiten haben betont, wie gerade die Träume zu einer tieferen Liebe und einem inständigeren Beten führen. Sie befreien den Menschen von der Vorherrschaft seines Willens und bereiten dem heilenden Wirken Gottes die Bahn.

Erst im Mittelalter wieder wurde die frühere kritische Sicht der Träume fortgeführt. Nach den Forschungen von M. KELSEY liegt ein Hauptgrund für die kirchliche Ablehnung der Träume in den frühen Jahrhunderten bei THOMAS von AQUIN (1225–1274), der die Haltung des ARISTOTELES wieder aufnahm: nicht die Träume stellten eine Verbindung zu Gott dar; sondern dafür ist allein die Kirche zuständig.

Während LUTHER (1483–1546) den Träumen und ihren Botschaften eher kritisch gegenüberstand und den Gegensatz zur Klarheit der Heiligen Schrift hervorhob, legte MELANCHTHON (1497–1560) – auch in Verbindung mit seinem Glauben an die Astrologie – den Träumen einen hohen Wert bei. Er unterschied unter Berufung auf AUGUSTINUS (354–430) vier Arten der Träume:

1. natürliche Träume aufgrund von Tageseindrücken oder Körperreizen,
2. weissagende Träume,
3. göttliche, also von Gott gesandte Träume und
4. satanische Träume.

Damit wird MELANCHTHON zum frühesten evangelischen Zeugen für den tiefen religiösen Sinn der Träume.

2. Zur Zeit der Aufklärung

Während der Zeit der *Aufklärung* wurden allgemein die Träume als bedeutungslos, als okkult oder als Ergebnisse äußerer oder innerer Reize betrachtet.

C Neue Blütezeiten der Traumforschung

1. In der Romantik

Die Verbindung der Welten von Traum und Dichtung

Erst die *Romantik* als Reaktion auf die Aufklärung betonte den Wert der Träume und ihrer Symbole als Verbindung zu einer höheren Welt. C. G. CARUS (1789–1869) und SCHOPENHAUER (1788–1860) erkannten die Bedeutung der Träume als wahrer Wächter des Schlafes und Verkünder einer inneren mystischen Sprache. Hier ergeben sich manche Verwandtschaften zu den Lehren von C. G. JUNG (1875–1961).

NOVALIS (1772–1801) sah die Träume als Offenbarungen einer geheimnisvollen Zauberwelt an, und E. T. A. HOFFMANN (1776–1822) glaubte gar, die Träume seien als ein Tor anzusehen, durch das die göttlichen Botschaften den Menschen erreichen. Als dritten Romantiker nennt in diesem Zusammenhang Louis WIESMANN (in dem Sammelband »Traum und Träumen«) Joseph EICHENDORFF (1788–1857), dessen berühmter Spruch auf die Träume verweist:

> Schläft ein Lied in allen Dingen,
> Die da träumen fort und fort,
> Und die Welt hebt an zu singen,
> Triffst du nur das Zauberwort.

BAUDELAIRE (1821–1867) dachte, die Träume könnten die übernatürliche Seite des Lebens offenbaren. Zugleich aber entdeckten einige Forscher das gefährliche Abenteuer beim Erforschen der Träume, bei denen sich Geistesstörungen (madness), Ekstasen und Wirklichkeitsverlust einstellen können (so Arthur RIMBAUD).

Der Rückfall in den Positivismus
Nach der kurzen Zeit der wiederbelebten Wertschätzung der Träume in der Romantik gewann zum Beginn des 19. Jahrhunderts jener Positivismus Raum, der die Träume als bedeutungsloses Zeichen der ungeordnet im Schlaf fortgesetzten Hirntätigkeit ansah, als »Gehirn-Urin«.

Zusammenfassung: Entwicklung des Traumverständnisses
Im Altertum also gelten *Träume* (abgesehen von der Meinung weniger Philosophen) als *Mittelpunkt von Religion und Heilung*.
In der Romantik erlebten die Träume eine neue Zeit hoher Wertschätzung; sie betont die Bedeutung der Bilder und ihrer Symbolik, die Verwandtschaft zu den Märchen stößt auch gelegentlich bis zur Frage nach dem Sinn des Lebens vor, weitet jedoch den Bereich des von ihr gepflegten »Unbewußten« nicht bis in religiöse Tiefen aus.

2. In der Psychoanalyse

Die kopernikanische Wende des Traumverständnisses durch S. FREUD (1856–1939)
Der Positivismus fällt dann noch einmal in die Zeit eines mechanistischen Verständnisses der Wirklichkeit zurück. In diese Geisteshaltung hinein veröffentlichte S. FREUD sein bahnbrechendes Werk über »die Traumdeutung«, in dem er die Träume als »via regia«, als »königlichen Weg zum Unbewußten« verstehen lehrte. S. FREUD erkannte die Träume als Ausdruck verborgener Wunschvorstellungen. Sie waren nicht selten mit Krankheitssymptomen verbunden, die nach einer Besprechung der Träume verschwanden. Die von ihm geschaffene Heilmethode der Psychoanalyse arbeitet daher vornehmlich so, daß der Patient seine Träume berichtet und freie »Einfälle« (Assoziationen) dazu mitteilt.

Grunderkenntnisse der Psychoanalyse
FREUD war bei seiner »Traumdeutung« so zentriert auf die Probleme und Symbole von Sexualität und Aggression, daß er zu dem Thema der religiösen Bedeutung der Träume keinen nennenswerten Beitrag geleistet hat.
So ist in einem geschichtlichen Überblick über religiöse Träume wohl der Name FREUDS zu nennen. Seine wahre Bedeutung liegt in der Wende, mit der er

15

Träume als tiefenpsychologische Erscheinungen verstehen lehrte und sie aus den unverarbeiteten Erlebnissen der Vergangenheit erklärte. Das gilt grundsätzlich auch für die Träume mit religiösem Inhalt.

Grenzen der Psychoanalyse

An dieser Stelle ist nicht zu wiederholen, was ich in meinem Buch über »Träume selbst verstehen« (7. Aufl. Stuttgart 1990) zur Würdigung des Werkes von FREUD gesagt habe und was über die Grenzen der so oft überschätzten Psychoanalyse hinzuzufügen ist. Nachdrücklich aber ist auf ein häufiges Mißverstehen und auf eine ebenso kostspielige wie gefährliche Überschätzung der psychoanalytischen Traumdeutung zu verweisen, die in den Ruf gebracht wurde, alle psychischen Probleme lösen und alle seelisch bedingten Krankheiten heilen zu können.

Eigene Zahlen über Berichte vergeblicher Psychoanalysen

Unter unseren Patienten zählten wir bisher 62, die von einer mehrjährigen Psychoanalyse mit Traumbesprechungen berichteten, die ihnen keinerlei positive Heilungsergebnisse oder Erleichterung ihrer Beschwerden gebracht hatten. Insgesamt hatten sie über 20 000 Stunden Psychoanalyse erlebt und dafür über 2 Millionen DM aufgewandt.

Viele Gründe ließen sich nachträglich als Ursache feststellen. Meist lagen sie in einer irrigen oder unvollständigen Diagnose, wenn z. B. eine Depression, eine Hirnerkrankung oder eine Schizophrenie nicht erkannt und nicht sachgerecht behandelt worden waren.

Psychoanalyse kann nicht antidepressive Psychopharmaka ersetzen

Mit Abstand am häufigsten gilt es von den vielen Formen des »depressiven Syndroms«: Sie bedürfen als Grundlagenbehandlung in fast jedem Fall einer antidepressiven Psychopharmakatherapie. Nach durchschnittlich sechs Behandlungsstunden waren diese Patienten wieder beschwerdefrei.

Die Unterstützung der Psychoanalyse durch eine »Selbstanalyse«

Oft kann auch die zeitaufwendige Psychoanalyse durch eine »Selbstanalyse« ersetzt oder wenigstens ergänzt werden, sowie durch das Erlernen, die eigenen Träume selbst zu verstehen.

Die beiden eigenen Monographien zu diesen Themen (vgl. Schrifttumsverzeichnis) enthalten ausführliche Schrifttumsverzeichnisse, die durch das oben genannte religionspsychologische Werk von GOLLNICK noch wesentlich vervollständigt werden.

D Die neue Wertschätzung religiöser Träume im Schrifttum der letzten 25 Jahre

1. J. Sanford: *Gottes vergessene Sprache*

Zur Vorgeschichte des Buches

Schon 1918 hatte der berühmte Pfarrer Samuel Keller in seinem Buch »Sonnige Seelsorge« den dringenden Rat erteilt: Pfarrer sollten sich gründlich mit der Psychoanalyse und mit der Traumwissenschaft beschäftigen, nicht etwa um selbst eine psychotherapeutische Praxis zu eröffnen, sondern um die ratsuchenden Gemeindeglieder besser zu verstehen und um sie anzuregen zu der Frage: »Was will Gott mir mit diesem Traum sagen.« Kellers Ratschläge verhallten offenbar ungehört.

Seinen Gedanken aber finden wir wieder bei einem Pfarrer der Episcopal Church, John Sanford, der 1966 das Buch schrieb: God's forgotten language, deutsch: Gottes vergessene Sprache (Rascher Verlag Zürich). Sein erstes Kapitel schließt er mit der Erkenntnis: »Die Kirche täte besser, weniger über die Natur der letzten Dinge zu dogmatisieren und mehr auf die menschliche Seele zu hören, durch die unsere Träume zu uns sprechen«.

Der Inhalt des Buches

70 der bedeutendsten Traumberichte der Heiligen Schrift zitiert er und setzt sie in Beziehung zu heilenden und tröstenden Träumen der Gegenwart.

Schon der Vater Sanfords war Pfarrer, der diesen Fragen seine Aufmerksamkeit zugewandt und das Buch geschrieben hatte: »God's Healing Power«. So betont auch das Werk seines Sohnes die heilende Wirkung der Träume, deren Kraft sich gerade in den Kranken offenbaren soll.

Visionen und Träume (die wir verschiedenen Bewußtseinszuständen zuordnen) enthalten Botschaften Gottes für unser Leben. Im Alten Testament finden sich Warnungen, nach denen die Träume ja nicht an die Stelle des klaren Wortes Gottes treten dürfen; andererseits aber offenbart Gott seinen Willen oft durch Träume. Das gilt von den Träumen des Pharao wie von denen des Joseph bei seinen Mitgefangenen und von den vielen Propheten, die sich durch Träume leiten ließen.

Vor allem aber berichtet die Apostelgeschichte des Arztes Lukas im Neuen Testament von dem sehr persönlichen Leiten und Ermutigen Gottes gerade durch Träume besonders auf den Lebenswegen des Paulus (vgl. S. 54). Mit den Träumen betreten wir ein »heiliges Land«, in dem wir ehrfürchtig »unsere Schuhe ausziehen« sollten (2. Mos. 3,5).

Durch Träume

sendet Gott seine Engel (1. Mose 28),
weissagt Er das Geschehen der Zukunft (1. Mose 40; Dan. 2, Offenbarung),
läutert Er die Überheblichen (1. Mose 28,10; 37,5 ff.; Dan. 4),
richtet Er die Tyrannen (Dan. 5),
warnt Er die Hochmütigen (Hiob 33,13 ff.),
ordnet Er die Werte (1. Kön. 3,5–15),
beruft Er zur Nachfolge (1. Sam. 3,1),
fordert Er zur Mission auf (Apg. 16,9),
gebietet Er das Heilen (Apg. 9,10),
ermutigt Er die Verzagten (Apg. 18,9,10),
krönt Er das menschliche Lieben (Hohelied 5).

Die Beurteilung des Buches

Die geistliche Dimension der Träume ist nicht minder bedeutsam als die sexuelle. Wenn schon in der Kirche diese Botschaft vergessen und verschüttet wurde, so sind doch die Seelsorger berufen, sie neu zu entdecken, sie zu erfahren, in der Tiefe zu ergründen, sich neu erschüttern und berufen zu lassen, und sie dienend weiterzutragen.

Das Buch von SANFORD fußt weithin auf den Erkenntnissen und dem Symbolverständnis von C. G. JUNG, die jedoch durch die Bibel verständlich gemacht werden.

Oft wird dann eines der christlichen Symbole erst den Hinweis auf die einzige Lösung dieses Problems vermitteln, wenn doch von Christus als dem »lebendigen Stein«, dem »verzehrenden Feuer« (Hebr. 12,29) die Rede ist, von dem »Opferlamm« (Offb. 5,6 ff.), von dem »lebendigen Brot« (Joh. 6,35), dem »Wasser des Lebens« (Joh. 4), von der »Tür« und dem »Weg« (Joh. 14,6), von dem »Dieb in der Nacht« (1. Thess. 5,2), von der »Schlange am Kreuz« (Joh. 3,14) usw. Im Urchristentum traten zu diesen Bildern noch die des Fisches, des Löwen, des Adlers, der Sonne, des Phönix u. a. hinzu.

Die Bibel ist das Buch der Versöhnung. Jesaja verheißt, wie Wölfe bei den Lämmern wohnen werden usw. (Jes. 11,6–9). Wir haben das »Amt der Versöhnung« zu predigen (2. Kor. 5,18), auch und gerade, wenn wir die Träume von Gegensätzen in der Seelsorge einer Klärung und Heilung zuführen.

Für JUNG ist Gott (nur) eine psychologische Wirklichkeit, hinter der nach SANFORDS Überzeugung die Wirklichkeit Gottes steht. Darum sind auch für ihn die Träume ein »Aufruf zur Mitarbeit an den Zielen Gottes« … »damit er sich in uns verwirkliche (und auch wir) unseren Mitmenschen zur Verwirklichung Gottes verhelfen.«

»Es ist viel bequemer, Gott den Theologen zu überlassen, unsere Ängste mit Pillen zu beschwichtigen und unsere Nachbarn für unser Mißgeschick verantwortlich zu machen«, als daß wir uns mit unserem eigenen Ich in dem mühsamen Prozeß der Selbstverwirklichung, der »Individuation« auseinandersetzen (S. 175).

18

Zusammenfassung und Gesamturteil

Insgesamt bietet das vorliegende Werk die bisher umfassendste Arbeit über religiöse Träume, eindeutig zwar aus der Sicht der Psychologie C. G. JUNGS geschrieben, doch fußend auf genauer Kenntnis der Heiligen Schrift und der Wirklichkeit der Träume.

Das Buch zeigt Grenzen in einer gewissen psychologischen Einseitigkeit. Manchem Leser mag auch die ganz persönliche Zwiesprache zwischen dem lebendigen Gott und dem Menschen in Träumen und Gebeten zu kurz kommen (auch im Traum kann ein Mensch beten; doch schweigt das Buch darüber). Dennoch verdient dieses Werk vor anderen ein gründliches Studium.

2. Ann FARADAY: *The Dream Game*

(Der Träumer selbst kann die Bildersprache seiner Träume lesen oder dies mindestens lernen.)

Ann FARADAY veröffentlichte 1974 in New York ihr bahnbrechendes Werk »The Dream Game« (das Traumspiel), das als ein Markstein in der Geschichte des Traumverstehens bezeichnet wird. Es enthält alle die Elemente, die ich selbst zwei Jahre zuvor meinem Buch »Träume – selbst verstehen« zugrunde gelegt habe.

Der Träumer kennt selbst die verborgenen Gedanken, Wahrnehmungen und Zusammenhänge seiner Träume am besten. In der »Sprache des Herzens« fördern sie oft die Probleme und Schwierigkeiten der Lebenssituation in einem neuen Licht zu Tage und zeigen einen Ausweg. Die meisten Menschen sind imstande, die Bildersprache ihrer eigenen Träume selbst zu lesen oder dies doch zu lernen.

3. Patricia GARFIELD: *Creative Dreaming*

(Der Träumer soll während des Träumens mit seinen Traumgestalten sprechen und sie befragen, bes. im »luziden Traum«.)

Zwei Bücher führen diese Gedanken weiter: Patricia GARFIELDS Buch (New York 1974) gewinnt von anderen Kulturen die Gewißheit: jeder Träumer kann selbst ein ausreichendes Verständnis für seine Träume gewinnen; er kann darüber hinaus lernen, mit ihnen schöpferisch umzugehen.

Dazu sollte er zuerst lernen, sein Selbstbewußtsein während des Träumens aufrechtzuerhalten, bis es möglich ist, ein Gespräch mit den Traumgestalten zu führen oder sie zu befragen. Dies aber ist eine Form des sogenannten *»luziden« Traumes*, d. h. der Erkenntnis während des Schlafes, daß man träumt. (Vgl. 4. Kapitel.) Diese Einsicht soll sich auch auf die Sonderzustände des Träumens, auf das vermeintliche Fliegen oder das Verlassen des Körpers beziehen. Bewußte Kontrolle über die Träume kann auch bis zu Vorsätzen führen: »Heute nacht werde ich vom Fliegen träumen« (abgesehen von der meist körperlichen Reizursache gerade dieses Traumerlebens in der teilentspannten Muskulatur). Die in diesem Buch wohl überwertete Möglichkeit, Träume auch ausnahmsweise bewußt zu steuern, schließt die Möglichkeit nicht aus, daß sie zumeist doch eine objektive Botschaft aus dem Unbewußten bieten. Derselben Verfasserin verdanken wir ein neues, wichtiges Traumbuch: Frauen träumen anders. Über die Wechselwirkung zwischen Körper und Traum. Scherz Verlag München 1989, 320 S.

4. Dick MCLEESTER: *Träume in die Tat umsetzen!*

Dick MCLEESTER schrieb 1977 ein Buch: Welcome to the Magic Theater. (Amherst Mass.) Es enthält weit mehr als einen umfassenden Überblick über den gegenwärtigen Wissensstand zu den Träumen mit einer reichen Bibliographie. Träume wollen, so betont er fast leidenschaftlich, nicht nur intellektuelle Einsichten vermitteln, sondern zur Tat führen und das Leben verwandeln! Das soll auf eine dreifache Weise geschehen:
Einmal sollte ein Träumer nicht nur den Traumtext und die Ergebnisse seiner Traumarbeit aufschreiben, sondern vor allem, was er aus diesem Traum gelernt hat und wie er seine Erkenntnisse in die Tat umsetzen will.
Da die Träume auch von den Menschen der Umgebung des Träumers handeln, wollen sie zum zweiten auch die sozialen Beziehungen umgestalten.
Zum dritten aber handeln sie von den religiösen Fragen des Träumenden, über dessen Erfahrungen und Werte sie entscheidende Einsichten vermitteln, die wir nicht übersehen und vernachlässigen dürfen.

5. Gayle DELANEY: *Living your Dreams*

Deutscher Titel: Lebe deine Träume, Ullstein Verlag, Berlin, 1981 (Der Träumer soll eine religiöse Bühnenschau, auch von »Astralreisen« miterleben).
Die Verfasserin dieses Buches versteht die Träume als eine »Show«, die sich auf einer inneren Bühne abspielt und oft von religiösen Fragen handelt, besonders von Leben und Tod, vom Heilen von Krankheiten, aber auch von »Astralreisen« und damit von »Streifzügen« in andere Dimensionen der Wirklichkeit.
Dabei mündet das Buch in eine systematische Lehre, wie ein Träumer als rechter Regisseur seine Show auch auf »die Bühne bringt« und beispielsweise im Rahmen einer Gruppentherapie die Ereignisse des Traumes handelnd darstellt. So wird ihre »Trauminkubation« zu einer aktiven Handlung, die auch Gebete mit einschließt.
Wie jedes Bühnenstück, so bedarf auch der Traum eines genauen »Drehbuches« mit einem Titel und Zwischenüberschriften.
Das Herzstück ihrer *Traum»inkubation«* bildet dann ein Satz, den die Verfasserin vor dem Einschlafen ständig zu wiederholen empfiehlt (z. B. »Hilf mir zu verstehen, warum ich mich so vor der Dunkelheit fürchte!«).
Wenn ein solcher Satz als Gebet gesprochen wird, kann Gott sehr wohl im Traum eine Antwort erteilen. So mag ein Traum einerseits einen Spiegel bilden für die

innersten Erwägungen des Träumers. Ein junger Mann etwa, der unentschlossen in seine berufliche Zukunft blickt, könnte ganz nüchtern aus seiner Ratlosigkeit träumen, Jesus erscheint ihm und ruft ihn in seinen Dienst. Auf der anderen Seite kann der Traum aber durchaus eine geistliche Wirklichkeit, ein starkes Berufungserlebnis bedeuten. (Dieses Beispiel von G. DELANEY entspricht dann genau dem Inhalt des 4. Kapitels in diesem Buch.) Die psychologischen Traumkategorien erfassen freilich noch nicht die letzten und höchsten Anliegen der Träume. Zum Schluß warnt die Verfasserin vor exzentrischer »Frömmelei« und rät dringend, Frömmler (z. B. Fanatiker einer Wiedergeburtslehre) von Gruppen-Traumsitzungen fernzuhalten.

6. Richard JONES: Die Träume als Dichtungen

(Wir sollten Träume in Seminaren als dichterische und als religiöse Anregungen verstehen lernen.)
Das Buch: The Dream Poet (Cambridge, Mass. 1979) beschreibt *Traumseminare,* die bestimmt sind, tiefere Einsichten über die Träume zu vermitteln als die Psychoanalyse, auf der freilich auch JONES fußt. Doch legt er weit mehr Wert auf die subjektiven Gefühle und Einfälle als auf die objektive Bedeutung der Träume. JONES betont die künstlerischen Anregungen durch die Träume. Sie verweisen uns auf schöpferische, auch religiöse innere Kräfte (S. 33–34).

7. Das Selbstverstehen der Träume durch Montague ULLMAN und Nan ZIMMERMANN

(Wer mit Träumen arbeitet, lernt sie verstehen und ihre – auch religiösen oder parapsychologischen – Probleme lösen.)
Diese Verfasser veröffentlichten 1979 in New York ein Buch »Working with Dreams«, in dem sie dem Träumer eine Fülle praktischer Ratschläge zur Arbeit mit den eigenen Träumen erteilen. Sie betonen: Mit Freude und Hoffnung wird jeder belohnt, der seine Träume selbst zu verstehen sucht. Alle Träume enthalten die Lösung eines Problems, oder sie weisen wenigstens einen Weg dorthin. Freilich lassen die Verfasser auch Fragen aufkommen, wenn sie die Telepathie und andere parapsychologische Begriffe als Tatsachen hinstellen.

8. Strephon WILLIAMS: Träume kreativ nutzen!

(Träume sollen »aktualisiert«, gezeichnet und auch religiös verstanden und durch »Schlüsselfragen« geprüft werden.)
Strephon WILLIAMS schrieb ein bedeutendes »Jungian-Senoi Dreamwork Manual« (Berkeley 1980, deutsch: »Durch Traumarbeit zum eigenen Selbst, Kreative Nutzung der eigenen Träume«, Ansata Verlag, CH 3800 Interlaken 1987).

WILLIAMS will die Träume »aktualisieren«, »wieder erfahren« und -beleben z. B. Traumszenen zeichnen und ihre emotionale Stimmung nacherleben lassen. Er wendet sich gegen jedes »Deuten« eines Traumes etwa auf der Grundlage von Mythen oder Symbolen und will ausschließlich die subjektive, persönliche Bedeutung in den Mittelpunkt stellen; denn dem Träumer allein kommt die Autorität über seine Träume zu.

Die Techniken von WILLIAMS, der manche Elemente aus der Psychologie von C. G. JUNG und von PEARLS übernimmt, beziehen die Außenwelt und die »geistige Ebene« (spiritual level) ein und schaffen so einen Übergang zu dem religiösen Verständnis der Träume. Dazu dienen ihm auch besondere Fragen, z. B.: »Woher kommt mein Traum?« und: »Wohin will er mich führen?« (S. 26/27).

So prüft er auch die Träume »auf ihr Sinnerleben«, damit wir »unsere Entscheidungen klarer treffen ... und bewußter leben können« (S. 33). Träume sind ein »Weg zur Wandlung« und »zur heilenden Quelle«, wie Beispiele belegen sollen (S. 40–65).

WILLIAMS teilt (im zweiten Teil seines Buches) eine »*Traumarbeitstechnik*« mit, wie durch Fragen an die Träume das innere Nacherleben, das Neuschreiben, das Bearbeiten mit künstlerischen Mitteln, durch ein »Traum-Tagebuch« schließlich eine »Traum-Meditation« erwächst, die auch eine »Unterhaltung mit dem eigenen Traum« und dem eigenen »Schatten« ermöglicht. (Nicht alle der zahlreichen Anregungen können überzeugen.) (S. 82–99).

In dem dritten Teil seines Buches, »Gedanken und Überlegungen«, unterscheidet WILLIAMS verschiedene »*Traumtypen*«: »Alpträume«, »große Träume«, »gewöhnliche Träume«, »unangenehme Träume«, »präkognitive Träume«, »luzide Träume«, »Wachträume« u. a. m. (S. 297–299), ohne daß sich eine Ordnung in diesen Typen erkennen läßt.

Besonders hohen Wert schreiben WILLIAMS (und andere Verfasser) dabei den »*Archetypen*« zu, also angeborenen »Verhaltensmustern« innerhalb der Psyche. Nicht nur die großen Mythen und Erzählungen berichten von ihnen, sondern sie spiegeln sich auch in den Träumen und religiösen Erfahrungen wider (S. 312).

Die sieben »Grundarchetypen« lauten: »Das Selbst«, »das Weibliche«, »das Männliche«, »das Heroische«, »der Widersacher«, »Tod und Wiedergeburt« und »die Reise«. C. G. JUNG und das Volk der Senoi verstanden ihre (religiösen) Träume weithin von diesen Archetypen her (S. 313–324).

»*Schlüsselfragen*« sollen die Träume einer Lösung zuführen und vertiefte Einsichten vermitteln: »Was verberge ich vor mir selbst?«, »Welche Hoffnungen und Erwartungen hege ich?«, »Welche Fähigkeiten besitze ich?«, – solche Fragen reichen bis in religiöse Gebiete hinein: »Welche Wertvorstellungen leiten mich?«, worin besteht meine innere Mitte?« u. a. m. (S. 333).

Insgesamt also verfolgt dieses recht breit geschriebene Werk fast die gleichen Ziele wie mein mehrfach genanntes Buch: »Träume selbst verstehen«, nur daß WILLIAMS stark auf C. G. JUNG und auf den Überlieferungen des Indianerstamms der Senoi fußt.

9. Morton T. KELSEY: Träume. Ihre Bedeutung für den Christen

(Herausgegeben von Arnold BITTLINGER, Ernst Franz Verlag Metzingen/Württ., zweite, verbesserte Auflage 1982 [100 Seiten].)
Der Verfasser schreibt als anglikanischer Pfarrer und Professor der Pädagogik, als Schüler von C. G. JUNG und als Anhänger der »charismatischen Bewegung« ein Büchlein über die Gegenwartsbedeutung der christlichen Träume. Das Neue Testament berichtet sie von Paulus und Petrus; historische Beispiele aus dem 19. Jahrhundert zeigen ihre lebensentscheidende Kraft. Die Theologie des alten und neuen Liberalismus will sie nicht wahrhaben, die der Barthschen Schule sieht sie als zeitbegrenzt an (S. 19–21). Moderne Naturwissenschaft aber erkennt die Grenzen eines Weltbildes von Raum und Zeit (S. 26f.).
Vor allem aber die Psychologie von C. G. JUNG hilft, an »die Realität einer unsichtbaren Welt zu glauben« (S. 30). Solche Realität begegnet uns in Träumen und Visionen, in Auditionen und Tagträumen, in Phantasie und Imaginationen, für die der Verfasser kurze Beispiele berichtet (S. 35–42).

In den Träumen sieht KELSEY Reste von Tageserlebnissen wirksam, aber auch »archetypische Inhalte« und »außersinnliche Wahrnehmungen«; schließlich nennt er noch »deutliche Träume« und »numinose Träume«, in denen z. B. Gott oder Jesus Christus uns begegnen und »zutiefst berühren«.
Für die »Interpretation« empfiehlt KELSEY, die Träume aufzuschreiben, sie »ernst zu nehmen«, ihre »Bildersprache zu beachten«, zu assoziieren, »auf Wiederholungen zu achten«, dem Traum zuzuhören und die Symbole zu verstehen. Wer diese sieben Regeln befolgt, lernt damit, seine Träume und die Güte Gottes zu verstehen.
Beispiele religiöser Träume aus der Bibel, aus der Kirchengeschichte und die Visionen Sterbender, von denen MOODY berichtet, aber auch eine Traumserie aus der Gegenwart beschließen das Büchlein, das lehren will, »den Traum als Gabe . . . Gottes« zu betrachten (S. 96). Der letzte Satz schließlich sieht eine Beziehung zwischen der Bildersprache der Träume und den Gleichnissen Jesu.

Das Buch enthält teilweise bedeutsame Einsichten, von denen einige noch der wissenschaftlichen Bearbeitung harren: Zu allen Zeiten haben Träume tiefste religiöse Einsichten vermittelt. Sie sollten auch in der Seelsorge (wie Pfarrer Samuel KELLER schon 1918 betonte) ungleich stärker beachtet werden. Viele verschiedene Arten des Bilderlebens sind dabei zu unterscheiden.
Das Büchlein erhebt keine wissenschaftlichen Ansprüche; dennoch wird der Leser von einem Professor und Psychologen mehr anerkannte Quellen mitgeteilt erwarten als nur einige Beispiele aus der Psychologie JUNGS. W. SIEBENTHAL nannte sein Werk »Die Wissenschaft vom Traum«. Von den dort oder an anderen Stellen mitgeteilten Erkenntnissen schweigt dieses Büchlein. Heute muß z. B. als erwiesen gelten, daß die meisten Träume sexuelle Inhalte wiedergeben (zumal fast alle von Erektionen begleitet sind). KELSEY aber erwähnt diese häufigsten Träume nicht.
Wohl nennt er Einzelheiten über »die« Traumzeit des Schläfers, doch die Kurve, die er zeichnet, und die Einzelangaben sind auch in den Vereinigten Staaten

durch die Forschungen von HALL und DIAMOND, HARTMANN u. a. m. als widerlegt anzusehen, von den gemessenen Kurven durch JOVANNOVIČ ganz zu schweigen.

Ähnliches gilt auch von vielen anderen Mitteilungen: »Erscheinen in unseren Träumen andere Menschen, so handelt es sich in 99% der Fälle nicht um diese Menschen« (S. 43). Eine solche irrige Annahme dürfte das Verstehen der Träume wesentlich erschweren.
Ein Beispiel mag für sich selbst sprechen:
Ein Kaufmann sagte sich in seinen geschäftlichen Mißerfolgen: »Ich brauche Hilfe. Entweder ich bete, oder ich betrinke mich . . . Er sagte ganz einfach ›Also gut, Gott, ich muß jetzt wissen, was ich tun soll.‹ Plötzlich kamen ihm folgende Worte: . . . ›Schaffe Bedingungen, die es dem Einzelnen erlauben . . . sich . . . optimal zu entfalten!‹ Er fragte: ›Wie bitte, Herr?‹ Die Worte wiederholten sich.« Da las er das Neue Testament sechsmal von Anfang bis zu Ende durch, organisierte sein Geschäft nach diesen Worten und hatte Erfolg (S. 38).

Wer seit Jahrzehnten in täglicher Arbeit der Psychotherapie dankbar die Träume der Patienten, gerade auch die religiösen, als »Heilungsweg der Seele« (P. BJERRE) einsetzt, wird sich ein Buch wünschen, das ebenso sachkundig wie ehrfurchtsvoll die Erkenntnisse tiefenpsychologischer Wissenschaft für die Kranken auch in der Seelsorge auswertet. Für diese Aufgabe wird er aus dem vorliegenden Büchlein nicht viel mehr als das Ziel und einige Beispiele entnehmen können.

10. *Therese* WAGNER-SIMON / G. BENEDETTI *(Hg.):* *Traum und Träumen*

Vandenhoeck & Ruprecht, Göttingen, 1984. (Schätze in der Dichtkunst – auch mit religiösen Fragen – sollten gehoben werden!)
Dieses bedeutsame deutschsprachige Sammelwerk von 1984 läßt sich hier nur mit einigen der wichtigsten Arbeiten nennen:
Ein Schwergewicht liegt in der Behandlung des *Traumes in der Literatur.* Joachim LATACZ geht der antiken Literatur nach von VERGILS Aeneis über Fragmente bei GALEN bis zu SOKRATES und PLATON. Im deutschen Drama untersucht Karl PESTALOZZI dieses Thema und arbeitet im »Käthchen von Heilbronn« und im »Prinzen von Homburg« von KLEIST die zentrale Bedeutung von Träumen heraus.
Aber auch GOETHE und HEBBEL, vor allen Dingen aber GRILLPARZER mit seinem Werk »Der Traum ein Leben« kommen ausführlich zu Wort. Wird doch hier zum ersten Mal die Bühne selbst zum Schauplatz einer Traumhandlung. Hier findet sich verwirklicht, was SHAKESPEARE in seinem »Tempest« sagte: »We are such stuff that dreams are made of.«
Klaus SEYBOLD verfolgt die »Träume in der Bibel«, denen in dem vorliegenden Buch ein eigenes Kapitel (S. 35 ff.) gewidmet ist.
Bei dem Thema »Träume in der Dichtung« finden sich sonst zwar allenthalben die Romantiker erwähnt (vgl. S. 14f.), selten aber »Der Traum in der Dichtung des Expressionismus« bei STRINDBERG, TRAKL und KAFKA, den Martin STERN ausführlich untersucht.

Doch auch unter völkerkundlicher und volkskundlicher Sicht lassen sich Beziehungen zwischen Traum und Wirklichkeit betrachten, wie es in diesem Werk Meinhard SCHUSTER und Hans TRÜMPY tun.

Viele Arbeiten dieses Buches fußen auf der Psychologie von C. G. JUNG, deren Darstellung hier zu weit führen müßte.

Beachtenswert ist auch das Einbeziehen von Kinderträumen durch Gertrud HUNZIKER-FROMM, aber auch die Behandlung parapsychologischer Wahrnehmungen im Traum (durch Konrad WOLFF), die bei manchem streng naturwissenschaftlich denkenden Leser Zweifel auslösen dürfte.

11. Robert JOHNSON: *Die Träume als Aufgabe, mit und an ihnen zu arbeiten*

(Träume sollten wir zeichnen und meditieren!)

Robert JOHNSON schreibt in seinem Buch »Inner Work« (New York 1986), wie man Assoziationen findet und sie zu den wichtigsten Merkmalen des eigenen Wesens in Verbindung setzt. Jeder kann dabei selbst fruchtbar an seinem eigenen Seelenleben arbeiten, wenn auch schwer Belastete oder seelisch Kranke oft die innere Hilfestellung eines Fachmannes brauchen (S. 30).

Traumgestalten und -szenen zu zeichnen, hilft ebenfalls, ähnlich wie manche Meditationstechniken, die Verbindung zwischen der Welt des Bewußten und des Unbewußten herzustellen und zu pflegen.

12. James GOLLNICK: *Dreams in the Psychology of Religion*

Volume 1: Studies in the Psychology of Religion (The Edwin Mellen Press, Lewiston Queenston, USA, 1987). (GOLLNICK sieht in der Traumforschung der letzten zwei Jahrzehnte die religiösen Anliegen wieder im Vordergrund.)

Dieses jüngste und zugleich grundlegende Werk über TRÄUME *in der* RELIGIONSPSYCHOLOGIE geht zurück auf einzelne Forschungen und Seminararbeiten sowie auf freiwillige Mitarbeit in Traumseminaren. Das erste Kapitel geht der Geschichte des religiösen Verständnisses der Träume nach. (Einige Angaben des vorliegenden Kapitels fußen auf seinen Arbeiten.)

Das zweite Kapitel nennt Beiträge der modernen Psychologie zum Traumverständnis. Das dritte will dann die Bedeutung der Träume in der wissenschaftlichen Religionspsychologie aufweisen. Das vierte Kapitel ist schließlich den Grundsätzen des praktischen Traumverständnisses gewidmet und zeigt die Anwendung dieser Grundsätze in einer »Traumgruppe«.

Eine Fußnote dazu beschreibt die *Forschungsbereiche der Religionspsychologie:* religiöse Erfahrungen, Lehren, Mythen, Riten, Gemeinschaften, die Ethik, die Wandlungserlebnisse und nicht zuletzt die *Glaubensheilungen,* ein Gebiet, das bisher aus der europäischen Forschung ausgeklammert ist (S. 11–13).

13. Anselm GRÜN: *Träume auf dem geistlichen Weg*

Münsterschwarzacher Kleinschriften 52. Münsterschwarzach: Vier-Türme-Verlag, 1989 (69 Seiten).

Anselm GRÜN, Benediktinerpater und Exerzitienmeister, hat nach einigen anderen wesentlichen geistlichen Büchlein eines veröffentlicht, das die Träume in ihrer Bedeutung für die Seelsorge zum Hauptinhalt hat. Nach einem Abschnitt über die Träume in der Bibel, in denen Gott mit den Menschen spricht, wendet er sich den Träumen in der Kirchengeschichte, insbesondere in den geistlichen Bruderschaften zu. Hier trägt er bedeutende und neue Tatsachen zusammen. In seiner psychologischen Traumdeutung fußt er ganz überwiegend auf C. G. JUNG. Darüber hinaus lehrt er, Träume zu meditieren und damit, nach dem Vorbild der Jakobsleiter, eine Art Gebetszwiesprache mit Gott zu halten.

14. Einige Ergebnisse der jüngsten Epoche des Traumschrifttums

Ein Überblick über die Geschichte der Träume zeigt also eine erste lange Epoche, die in der Antike beginnt und die Träume als eine selbstverständliche religiöse Verbindung zwischen den Menschen und den Göttern betrachtet. Von den Traumdeutern und »Weisen«, meist den Priestern, wurden die Träume »autoritär« verstanden und gedeutet.

Im Laufe der Zeit nahmen die Träumenden selbst immer aktiver an ihren Träumen teil und wuchsen gar selbst zu der maßgebenden Autorität beim Verstehen des Sinnes heran. Damit gewinnt das Verstehen der Träume zugleich etwas von der alten geistlichen Dimension zurück, wenn z. B. letzte, existentielle Lebensfragen gestellt und schöpferische Aufgaben erkannt werden, die jenseits psychologischer Denkweisen liegen.

Wissenschaftliche psychologische Techniken haben seit FREUD einen bedeutenden Beitrag zum rechten Umgehen mit den Träumen und den Methoden geleistet, ihren Sinn zu erkennen. Gerade Autoren der letzten beiden Jahrzehnte lehrten uns die Wirklichkeit und Bedeutung der religiösen Erfahrungen für das Leben neu erkennen, wie Träume zur Selbsterkenntnis und zum Lösen der wichtigsten Lebensprobleme beitragen, wie sie die sozialen Beziehungen vertiefen und bereichern können.

Einige Autoren haben gar die parapsychologischen Fragen der Einflüsse von möglichen geheimen Geistesmächten untersucht und damit den Begriff des »Religiösen« weiter ausgedehnt, als dies im deutschen wissenschaftlichen Sprachgebrauch möglich erscheint.

15. Traumforschung in der modernen Psychologie

In der modernen Psychologie herrschen heute (nach der hier durchaus anfechtbaren Lehre von GOLLNICK) vier Richtungen vor, die von MASLOW, SUTICH, ASSAGIOLI und anderen die »vier Kräfte der Psychologie« genannt werden:

a) die Experimentalpsychologie und/oder Verhaltenspsychologie,
b) die Psychoanalyse,
c) die humanistische Psychologie und
d) die transpersonale Psychologie.

Zu a): William JAMES gründete einst in Amerika das erste Psychologielaboratorium an der Harvard University nach dem Beispiel von W. WUNDT und G. FECHNER in Leipzig. Nach strenger experimenteller Methode scheiden dann die Fragen des Gewissens (conscience), der Werte von Gut und Böse aus der Psychologie aus, und nicht einmal die Psychoanalyse findet einen Raum in dieser Einteilung.

Zu b): Nach der Überzeugung von FREUD ersetzt die klinische Beobachtung (clinical approach) den Laboratoriumsversuch. Seit 1953 haben freilich auch die Schlaflaboratorien (besonders von N. KLEITMAN und E. ASERINSKY an der Universität von Chicago) einen maßgebenden Einfluß bei der Traumforschung gewonnen, besonders auch mit ihrer Unterscheidung zwischen REM- und Nicht-REM-Schlaf.

Die inhaltliche Analyse der Träume fragt nach der Häufigkeit bestimmter Begriffe und Gegenstände, die bei religiösen Träumen überdurchschnittlich häufig Kirchen, ihre Einrichtungen, ihre Gewänder und Handlungen betreffen.

Entsprechend der Wertschätzung der Psychoanalyse in den USA werden die FREUDschen Forschungen zu den Träumen ausführlich referiert ohne eine Beziehung zu den religiösen Fragen; in meinem eigenen Buch ist diese Wende durch FREUD deutlicher dargestellt, so daß hier auf ein Referat zu verzichten ist.

Zu c): Die *humanistische Psychologie* betont Gewissen und Verantwortung. Weder Erfahrungen der frühen Kindheit noch bedingte Reflexe bestimmen das menschliche Handeln, sondern, wie besonders BINSWANGER, BOSS und HEIDEGGER erarbeitet haben, die menschliche Freiheit, die zu Entscheidungen befähigt. Die Traumsymbole stellen menschliche Werte dar und helfen dem Träumer im Sinn der Gestalttherapie, sich mit seinem Traum gleichzusetzen: »Ich *bin* ein Traum« – lautet dann die Erkenntnis, nicht: »Ich *habe* einen Traum.« Darum soll der Träumer grundsätzlich im Präsens berichten und die Traumelemente als Teile seiner eigenen Persönlichkeit verstehen.

Zu d): Die *transpersonale Psychologie,* die »vierte Kraft«, beruft sich gleicherweise auf MURPHY, BOSS, FRANKL und vor allem auf C. G. JUNG u. a. Dabei legt JUNG erheblichen Wert auf die archetypischen Assoziationen und die kompensatorischen Aufgaben des Traumes. Er achtet auch auf Traumserien, die dann einen Zusammenhang ergeben. Auch zieht JUNG zur Klärung der Träume mythische Stoffe heran.

Nach der Überzeugung von GOLLNICK stellt das Traumverständnis von JUNG einen wesentlichen Schritt für das Erkennen der religiösen Bedeutung eines Traumes dar.

16. Träume in der früheren Religionspsychologie

W. James und seine »religiöse Erfahrung«

William James schrieb 1901 sein epochemachendes Werk *»Die religiöse Erfahrung in ihrer Mannigfaltigkeit«* (Edinburg). Danach umfaßt die Religion alle »Gefühle, Handlungen und Erfahrungen der einzelnen Menschen in ihrer Einsamkeit, insofern sie überzeugt sind, sie stünden in einer Verbindung zu dem, was sie als göttlich ansehen«. Diese Begriffsbestimmung spiegelt den Standpunkt des liberalen Protestantismus wider. James sieht dabei sechs Hauptgebiete der religiösen Erfahrung:

a) die Wirklichkeit des Unsichtbaren,
b) die religiösen Erfahrungen des Gesunden,
c) die Erfahrungen seelisch kranker Menschen,
d) die Wandlungserlebnisse,
e) den Begriff des Heiligen und
f) die Mystik.

James gewann sein Material aus Gesprächen, aus dem Journal für psychologische Forschung, von Freunden und einmal sogar aus einer eigenen religiösen Erfahrung (S. 80). Als Arzt war er auch an den Grenzbereichen interessiert z. B. zwischen religiösen Bilderlebnissen und Halluzinationen (S. 80f.).

Nach James werfen die Träume ein deutliches Licht auch auf die zentralen religiösen Anliegen eines jeden Menschen. James schrieb in dem »Journal of Philosophy, Psychology and Scienfitic Methods« (785–792) einen Beitrag: »A suggestion about mysticism« über die Bedeutung der religiösen Träume.

In der Zeit nach James wurden seine Gedanken wieder aufgenommen u. a. von Charles T. Tart. Von den sogenannten vier Richtungen oder Kräften in der Religionspsychologie steht am Anfang die »experimentelle Religionspsychologie«. Dabei beschränkt er sich offenbar auf die amerikanischen Autoren, während Wobbermin und Gruehn nicht erwähnt werden.

LaBerge und seine »luziden Träume«

Als besondere Leistung ist die Arbeit von LaBerge von der Stanford University hervorzuheben. Dabei ergab sich: die *»luziden Träume«* ergeben im EEG ein Bild, das genau dem des REM-Schlafes entspricht: *Demnach sind luzide Träume ein Ergebnis des REM-Traumzustandes (S. 89).*

LaBerge schlägt vor, die Träume so mitzuteilen, daß der Versuchsleiter sich in der gleichen Traumwelt befindet. In diesem Zustand müßten sich auch religiöse Erlebnisse experimentell herbeiführen lassen; freilich stehen diese Versuche noch bevor. Daraus ergibt sich die Frage, wie weit religiöse Träume als Ergebnis einer Hirnfunktion anzusehen seien und ob diese Traumwelt eine Art objektiver Wirklichkeit darstelle.

Nach LaBerge geschieht dieses luzide Träumen auch bei Yogaübungen, und der

Yogi lernt, daß seine Reaktionen auf die Traumbilder die Antwort auf einen »Mayazustand seien«, also auf eine Illusion. So erkennt er schließlich durch seine Meditationen, daß seine Traumbilder von Göttern gesandt, in Wahrheit ebenso unwirklich sind, wie alle anderen Sinnestäuschungen.

LaBerge ist überzeugt, daß für den »luziden« Träumer das eigene Ich (»ego«) auch nur eine Traumfigur darstellt und nicht das wahre Selbst. Dieses wahre Selbst entspricht dann, mindestens nach C. G. Jung, »dem Gottesbild«. (Vgl. die ausführliche Darstellung der luziden Träume Seite 191 ff.)

Calvin Hall, ein anderer Experimentalpsychologe, behauptet sogar: »Träume sind nicht geheimnisvolle, übernatürliche, esoterische Erscheinungen, nicht Botschaften der Götter oder Prophezeiungen über die Zukunft.« Für religiöse Gedankengänge ist in der Meinung von Hall kein Raum; seine Methode jedoch, die Träume zu fragen nach religiösen Symbolen, Propheten, Heiligen, nach Gebäuden wie Kirchen, Synagogen, Tempeln oder nach Gegenständen wie dem Kreuz, liturgischen Gewändern, Mandalas usw. ist sicher ein Maßstab für die Bedeutung der dazugehörigen Trauminhalte.

Die psychoanalytische Religionspsychologie

In »Totem und Tabu« erklärt Freud die Religion als »Zwangsneurose«. Danach findet die Religion ihre Wurzeln in den Schuldgefühlen, weil sich die »Söhne der Urhorde« zusammengefunden haben, um ihren Vater zu töten. In seiner Schrift »Die Zukunft einer Illusion« sieht Freud die Religion als Ergebnis menschlicher Wünsche an usw. Während in all diesen Werken Freuds eine negative Haltung zur Religion offenkundig wird, versuchte er doch in einigen Arbeiten über Gruppenpsychologie in einer mehr selbstkritischen Haltung auch den Verdiensten der Religion gerecht zu werden (Gollnick S. 92–93).

Später hat Erikson in seinem Buch »Young man Luther« eine wesentlich positivere Haltung eingenommen und nicht mehr versucht, die Erscheinungsformen der Religion auf unterdrückte Sexualität oder aggressive Strebungen zurückzuführen.

In einer späteren Epoche der Psychoanalyse nennt Gollnick zahlreiche Namen, darunter den von Heinz Kohut, die eine viel verständnisvollere Einstellung zum christlichen Glauben bezeugen. So gelangt Gollnick zu dem Ergebnis: die Psychoanalyse habe das religiöse Verstehen der Träume zwar nicht sonderlich gefördert, insgesamt aber mit ihren tiefenpsychologischen Einsichten auch dieses Forschungsgebiet befruchtet (ebenda S. 96–98).

17. Träume in der modernen humanistischen Religionspsychologie

Abraham Maslow

Maslow als einer der Hauptvertreter dieser »humanistischen Religionspsychologie« hält die transzendenten Fragen für ein legitimes Anliegen der Psychologie. Seiner inneren Natur nach ist der Mensch entweder gut oder moralisch wenigstens neutral. Zerstörungswut, Grausamkeiten oder Sadismus sind dem Menschen nicht wesenseigen, sondern nur Reaktionen gegen die Entfaltung seiner inneren Bedürfnisse. Die »*Gipfelerlebnisse*«, von denen fast jeder Mensch zu berichten weiß, hält er für »kleine mystische Erfahrungen«, die sich nach seinen Forschungen am häufigsten durch das Erleben von Musik oder von Sexualität einstellen (möglicherweise vergleichbar den »überwachen Bewußtseinszuständen« nach W. James). Die Menschen, so betont er, dürften nicht länger von der Psychologie zu bloßen Objekten der Forschung erniedrigt werden, sondern wir müssen ihre Werte »im Licht der Ewigkeit« erkennen lernen. Deshalb sei es die Aufgabe der Therapeuten, gerade auch über religiöse Fragen mit ihren Patienten zu sprechen (S. 99).

Dem Begriff der »*Transzendenz*« widmet Maslow mehrere Arbeiten, in denen er auch Bezeichnungen wie »göttlich« oder »metahuman« zur Erklärung heranzieht und jedem Menschen die Möglichkeit zu solchen Erfahrungen zugesteht. Dennoch bleibt ein wenig unklar, so hebt Gollnick hervor, wieweit sich Maslow bei seinem Fußen auf der Mystik an einen engeren christlichen Begriff oder an einen weiteren pantheistischen Sinn hält, wie er etwa von Meister Eckhart oder vom ZEN-Buddhismus vertreten wird (S. 100).

Gordon Allport

Ein weiterer Hauptvertreter dieser humanistischen Psychologie ist Gordon Allport mit seinem Hauptwerk: »The Individual and His Religion«. Hier nähern sich seine Ansichten weithin einer modernen Psychotherapie und einer »Neopsychoanalyse«. Allport wendet sich dem Religiösen als einer normalen Erlebniswelt des gesunden reifen Menschen zu und bleibt nicht den Erscheinungen der Religionspsychopathologie verhaftet.

Wie James sieht er nicht eine einheitliche »religiöse Emotion«, sondern ein weites Feld von Glaubenshaltungen, von »religiösen Erfahrungen« (S. 101). Allport betont die hohe Bedeutung des religiösen Erlebens für die Gesundheit des Menschen, der durch seine Glaubenshaltung oft erst gemeinschafts- und liebesfähig wird. Zwar teilt Allport keine besondere Lehre von den Träumen mit, doch betont er, wie stark die Ziele von Psychologie und Religion übereinstimmen und wie beide Bereiche die seelische Entwicklung fördern, sowie das Werterleben und die geistigen Interessen bereichern.

Allport betont: »Gott ist der höchste menschliche Wert«, und bezieht sich dabei nicht in erster Linie auf den Menschen als »ein transzendentes Wesen«.

Die religiösen Bilder der Träume symbolisieren also einzelne Wesensseiten der Persönlichkeit des Träumers (S. 102).

Erich Fromm

Ein weiterer Vertreter der humanistischen Religionspsychologie ist Erich Fromm, der sagte: Humanistisch nennen wir jenen Typ der Religion, welcher die menschlichen Kräfte der *autoritären* Religion entgegensetzt. Bei der autoritären Religion sieht er den Gehorsam, die Schuldgefühle, das Leiden und die Unterwerfung als wesentliche Elemente an und betrachtet die reformierte Theologie CALVINS dafür als kennzeichnend.

Den humanistischen Religionstyp findet FROMM im frühen Buddhismus, im Taoismus, bei JESAJA, JESUS, bei SOKRATES und den Mystikern. Bei S. FREUD, der sich selbst als Atheisten bezeichnete, sieht FROMM die Ideale der Wahrheit, der Freiheit, der Selbstverantwortung und der Überwindung des Leides als so wesentlich an, daß er hier eine Übereinstimmung mit allen großen Religionen feststellt. Ähnlich wie JAMES beurteilt auch er die Religion nach ihren Früchten: etwa inneres Wachstum, Kraft und Freiheit, so daß danach die Psychoanalyse die Wesensmerkmale einer Religion erfüllt.

FROMMS Sicht der Träume liegt zwischen der von FREUD und JUNG. Mit FREUD erkennt er den Träumen irrationale und asoziale Strebungen zu und mit JUNG verbindet ihn die Überzeugung, daß Träume unbewußte Weisheiten zum Ausdruck bringen. Freilich erkennt FROMM den Träumen nicht einen Offenbarungscharakter zu wie JUNG.

An dem Beispiel eines ausführlichen Traumes macht GOLLNICK deutlich, wie JUNG religiöse Fragen in einem Traum behandelt.

Jorge ROSNER

Die Gestalttherapie, wie sie von PERLS entwickelt wurde, erfuhr durch Jorge ROSNER eine Erweiterung; denn er sieht in ihr nicht eine Psychotherapiemethode, sondern eine Lebensweise. Nach seiner Sicht enthalten Träume auch zahlreiche Elemente von Telepathie, Hellsehen als Pflege religiöser Erlebnisse.

Während ROSNER viele klinische Beobachtungen für die psychoanalytische und die humanistische Psychologie beisteuert, überschreitet er die Grenzen der »Anmutungserlebnisse« und die persönliche Deutung der Traumsymbole, wenn er die Kräfte beschreibt, die über das eigene Leben des Träumers hinausreichen.

ROSNERS Auffassung der Gestalttherapie folgt dabei mehr einer phänomenologischen Methode, bei der die Frage, ob ein Erlebnis richtig oder falsch ist, zugunsten einer möglichst detaillierten Erlebnisbeschreibung zweitrangig wird. Wenn also in einem Traum Jesus, Buddha oder die Geister der Toten erscheinen, so mag der Träumer diesen Gestalten in einem veränderten Bewußtseinszustand begegnen und dabei auch solche psychischen Erscheinungen wie Telepathie und Hellsehen zur Erklärung in Anspruch nehmen.

Schon die humanistische Psychologie hat den religiösen Fragen in Grundsatz und Praxis eine zentrale Stellung eingeräumt und damit einem religiösen Verständnis der Träume die Bahn bereitet. Da nun der Träumer für die letzte Bedeutung seiner Träume selbst verantwortlich ist, kann er auch den Grad der Wirklichkeit mitteilen, den die religiösen und geistlichen Symbole seiner Träume gewinnen. Viele humanistische Psychologen melden dabei Bedenken an, andere dagegen, wie MASLOW, erkennen an: Je weiter die menschliche Natur reicht, um so weniger klar können wir bestimmen darüber, ob religiöse Symbole imstande sind, uns den Weg in die geistliche und göttliche Welt zu eröffnen (S. 109/110).

18. Die »transpersonale« Religionspsychologie nach C. G. JUNG

Einige Wesenskennzeichen

Wo die humanistische Psychologie das Leben eines Menschen mit Begriffen umschreibt wie Bewußtsein, Identität, Konflikte, Werte, Haltung und Weltanschauung, versucht die transpersonale Psychologie die Einflüsse, Kräfte, Symbole und Wirklichkeiten, deren Ursprung jenseits der Seele des Einzelnen liegt, in ihre Betrachtungen einzubeziehen. Obwohl die transpersonale Psychologie aus der humanistischen erwachsen ist, so reicht sie doch auch zurück zu PLATO, AUGUSTINUS, JAMES, C. G. JUNG und östlichen Religionen.

Die Entwicklung der Haltung von C. G. JUNG

James HALL schrieb: In der modernen Welt haben seit FREUD die Träume aufgehört, Boten zwischen Gott und den Menschen zu sein; vielmehr sind sie Boten zwischen dem bewußten und unbewußten Ich geworden, wenn sie nicht ohnehin auf die Aufgabe beschränkt bleiben, die seelisch unannehmbaren Gedanken soweit zu verarbeiten, daß der Mensch schlafen kann (S. 110). Schon DOURLEY, ein römisch-katholischer Priester und JUNGscher Analytiker, lobt die gnostisch-christliche Auffassung von JUNG als einen Weg persönlicher Offenbarung.

JUNGS *eigene Stellung über die Bedeutung von Gott* und der geistigen Welt hat sich während seiner langen Laufbahn grundlegend geändert. In einem ersten Stadium von 1900–1921 versuchte JUNG, die religiöse Erfahrung auf emotionale Zustände zurückzuführen.

In einem Lebensabschnitt von 1921–1945 hat JUNG die religiösen Erfahrungen als eine Projektion aus den tieferen Schichten der Seele betrachtet, die JUNG die Archetypen nannte. Danach sind die religiösen Erfahrungen ein Ergebnis der »transpersonalen Dynamik«. Sie betreffen also sehr persönliche Erfahrungen im Erleben des Einzelnen, die er aber nicht als religiöse Erfahrung einer äußeren transzendenten Wirklichkeit ansieht (S. 111).

Das dritte Stadium der JUNGschen Gedanken (1945–1961) ähnelt der Haltung von William JAMES. Danach dürfen die Erfahrungen für sich selber sprechen, ohne daß theoretische Kategorien oder Erwartungen an religiöse Erfahrungen angelegt werden. Für JUNG bezieht sich die psychologische Wahrheit, daß es einen Gottesgedanken gibt, darauf, daß viele Menschen lange Zeit hindurch einen solchen Gottesgedanken nachvollzogen haben.

Das besagt nicht, daß der Gedanke selbst objektiv richtig ist, sondern nur, daß eben viele Menschen von diesem Gedanken überzeugt waren. Während des Wegs von C. G. JUNG, die universalen Gedanken auszudrücken und sie nicht nur als

Wünsche, Emotionen oder Illusionen abzutun, wurde er sich zugleich der Grenzen der geistlichen Erscheinungen bewußt.

Die zentrale Bedeutung der subjektiven Gotteserfahrung

Als Wissenschaftler war sich JUNG darüber klar, daß es keinen endgültig richtigen Weg gebe, einen religiösen Gedanken als wahr oder falsch zu erklären. Es gibt nur eine subjektive Erfahrung von Gott oder einem Gottesbild und objektive Wirklichkeiten, die sich in dieser Erfahrung widerspiegeln (S. 112).
Wir können nicht unterscheiden, ob ein Gedanke von Gott stammt oder aus dem Unbewußten. Wir können nicht einmal klar unterscheiden, ob Gott und das Unbewußte zwei grundsätzlich verschiedene Wesenheiten sind. Beide aber sind Randerscheinungen für die transzendenten Aussagen. Empirisch können wir feststellen: Es gibt einen unbewußten Archetypus der Ganzheit, der spontan in Träumen auftaucht. Dieser Archetyp tut sich als Gottesbild kund mit zahlreichen Ähnlichkeiten zu anderen Gottesbildern.
Gott pflegt sich den Menschen vorwiegend durch Träume und Visionen zu offenbaren (S. 113).
Eine klinische Deutung von Traumbildern über Jesus oder Buddha mögen bloße Äußerungen eines »geistlichen Zentrums« in dem Träumer selbst sein.
Wer sich aber mit Träumen beschäftigt, der muß über die subjektive Bedeutung hinaus eine objektive anerkennen, in der z. B. (wie auch bei JUNG selbst) die Toten beteiligt sind (S. 114).

19. Die »Psychosynthese« von R. ASSAGIOLI

Eine philosophisch-geistliche Gesamtschau

Auch Roberto ASSAGIOLIS »Psychosynthese« beschäftigt sich mit zwei Arten des Bewußtseins: erstens mit der Entwicklung der »letzten Möglichkeiten« und zweitens der Erfahrung und dem Bewußtsein eines aufbauenden geistigen Zentrums, in dem eine altruistische Liebe, aber auch Zustände der Kontemplation, der Erleuchtung und der Ekstase ihren Platz finden. In diese geistliche Psychosynthese will ASSAGIOLI mit nicht leicht verständlichen philosophisch-psychologischen Gedankengängen einführen. Zahlreiche Symbole und Begriffe wie Erleuchtung, Abstieg zur Unterwelt, Läuterung, Verwandlung, Wiedergeburt und Befreiung sollen diese Erlebnisse anschaulich machen (S. 115).

Religionspsychologische Schlußfolgerungen

ASSAGIOLI zieht die Schlußfolgerung: Mystische Erfahrungen sind nicht ein Wert in sich selber, und die Traumdeutung ist nur eine von vielen Techniken, um den Zugang zu dieser geistlichen Welt zu eröffnen. Bei seinen Meditationsübungen beruft er sich auf Carl HAPPICH, dessen Bilder von der Wiese, dem Berg und der

Kapelle ihm wesentlich stärker geeignet scheinen, religiöse Erlebnisse herbeizuführen (S. 116).

Hier ähnelt ASSAGIOLIS Vorgehen stark der Gestalttherapie.

20. Die praktische Traumarbeit in der Religionspsychologie nach GOLLNICK

(Dreams in the Psychology of Religion)

Schon C. G. JUNG hatte das Verständnis der Träume durch das Einbeziehen der Mythen und der Symbolik, auch der religiösen Symbolik, wesentlich erweitert. Erich FROMM erarbeitete dann die Bedeutung der sozialen Aspekte auch für die Traumerfahrungen. Einen Hauptbeitrag in der Geschichte der Traumwissenschaft aber leistete nach dem Urteil verschiedener Forscher das von GOLLNICK so genannte »Demokratisieren« des Traumverständnisses, weil es den Träumer selbst einbezieht und zum Deuten seiner Träume auffordert.

Dabei wird er einerseits von dem Analytiker unabhängig, andererseits entdeckt er in seiner »Selbstanalyse« ungleich häufiger religiöse Motive als in den üblichen Besprechungen mit einem Psychoanalytiker.

An jeden Traum legt GOLLNICK einen einheitlichen Fragenkatalog an, der von dem Traumtext über die Assoziationen, die Gedanken und Erlebnisse des Vortages, über die Themen und Hauptsymbole bis zu einer vorläufigen Deutung des Traumes fortschreitet. Solche Protokolle sollen zu einem »Traumjournal« zusammengestellt werden, das mit seinen Traumserien gute Beispiele für die innere Entwicklung des Träumenden abgibt (S. 133).

Wer dann einen Traum verstehen will, sollte weitere Fragen an den Traum anlegen (vgl. S. 131–133):

a) ihm einen Namen geben,
b) den Traum in der Gegenwartsform abfassen,
c) die Assoziationen zu jedem Traumbild sammeln,
d) kulturelle und mythische Assoziationen zusammenstellen,
e) die Gefühle zu den einzelnen Traumteilen aufschreiben,
f) Hauptelemente und Eigenart der Konfliktsituation im Traum (plot-structure) nennen,
g) Einfälle zu den Elementen des Traumes sammeln,
h) den Traum und einzelne Elemente daraus zeichnen.

GOLLNICK spricht von den verschiedenen *Dimensionen* des Traumes: Er nennt die objektive, die subjektive, die körperliche, die telepathische Dimension, die archetypische, die geistige (the spiritual) und die göttliche Dimension (S. 133 ff.). Der Verfasser empfiehlt auch, weitere Bücher heranzuziehen, um die eigenen Träume zu verstehen (S. 140).

Den Abschluß des Buches bildet die Zusammenfassung eines Traumseminars.

2. Kapitel

Unterwache Bilderlebnisse (Träume)

Träume in der Bibel und im täglichen Leben der Gegenwart

Einleitung: Träume als Kunde aus dem Unbewußten

Jeder Mensch träumt in jeder Nacht wenigstens 90 Minuten lang. Die meisten wissen es morgens nicht; die Träume bleiben dann »unbewußt«. Durch Jahrtausende galten die Träume als rätselhafte Zukunftsorakel. Erst Sigmund FREUD eröffnete mit seiner »Traumdeutung« 1899 ein neues Zeitalter in dem Verstehen der Träume, ja in der gesamten Psychologie, der wissenschaftlichen Seelenforschung. Er erklärte die Träume aus den unverarbeiteten Erlebnissen der Vergangenheit.

Seither wissen wir von den natürlichen, besonders den sexuellen Inhalten der Träume; doch blieb die ursprünglich wichtigste, die religiöse Bedeutung weithin unbekannt und unbeachtet, aber in den meisten Religionen kommt den Bilderlebnissen, besonders den Visionen und Träumen, eine ausschlaggebende Bedeutung zu. Das gilt von den »Erleuchtungserlebnissen« BUDDHAS (um 500 v. Chr.) bis zu den Traumvisionen MOHAMMEDS (am Anfang des siebenten Jahrhunderts nach Christus). Er war überzeugt, der Erzengel Gabriel habe ihm das gesamte Buch des Koran diktiert.

In unserem Kulturkreis ist das religiöse Erleben geschichtlich geprägt von der Bibel. Sie ist weltenweit von den Urkunden aller anderen Religionen unterschieden. Das gilt auch von den rund hundert Träumen, die die Männer dieser Heiligen Schrift überwältigten durch die Erfahrung: Hier spricht der lebendige Gott selbst zu uns.

Noch heute sind Menschen nicht weniger tief erschüttert, wenn sie erleben: In diesem Traum hat der allgewaltige Gott unmittelbar mich persönlich angeredet. Wenn das aber wahr ist, dann gelten für die religiösen Träume (oder besser: die religiöse Ebene der Träume) nicht in erster Linie die Maßstäbe der Psychologie, sondern wir müssen an jeden Menschen, auch an den Psychologen, den Maßstab des Herrn dieser Träume anlegen.

Wer also von »religiösen Träumen« spricht, der muß von der Bibel berichten,

(A) von ihrer Botschaft über das »Unbewußte« als dem Reich der Träume,
(B) von den Träumen selbst, die sie als Kunde von Gott enthält und
(C) von den Menschen der Gegenwart, deren Leben von ganz ähnlichen Bild-
erlebnissen geprägt wurde.

A Das sogenannte »Unbewußte« in der Bibel

1. Zur Geschichte des Begriffes »das Unbewußte«

Sigmund FREUD nannte die Träume den »königlichen Weg zum ›Unbewußten‹«.
Doch nicht er hat diese zunächst negative Kennzeichnung eines innersten Seelenbe-
reiches geschaffen, sondern LEIBNIZ stellte einige Grunderkenntnisse schon 1690
zusammen, als er lehrte, wie wir »Unverträgliches« aus unserem bewußten Seelenleben »verdrängen« und dadurch seelisch-nervöse Schäden erleiden können.
200 Jahre später schuf E. v. HARTMANN eine umfassende »Philosophie des Unbewußten«. Wenig bekannt jedoch ist die Fülle der Grunderkenntnisse der Bibel
über »das Unbewußte«, die uns zugleich einen Schlüssel für das Verstehen der religiösen Träume liefert.

2. Das »Unbewußte« als die »verborgene Tiefe des Herzens«

Der Nervenarzt Prof. I. H. SCHULTZ (der das Autogene Training schuf) forderte
seit 1953, wir sollten den zu allgemeinen Ausdruck »das Unbewußte« ersetzen
durch genauere Bezeichnungen, z. B. »verdrängte Erinnerungen«, »zu flüchtige
Wahrnehmungen«, »unterschwellige Gemütsbewegungen« usw. In seinem Sinn
soll hier an sieben Doppelbeispielen aus der Heiligen Schrift gezeigt werden, welche entscheidenden Erkenntnisse wir dieser Bibel auch für die Traumkunde verdanken:

Der »verborgene Mensch des Herzens«

Der Apostel PETRUS schreibt in seinem ersten Brief (3,4): »Der verborgene
Mensch des Herzens unverrückt, mit sanftem und stillem Geiste; das ist köstlich
vor Gott«. Wenn ich dieser Übersetzung LUTHERS eine eigene, wörtliche hinzufü-
ge, so lautet sie: »Das tief Unbewußte des menschlichen Herzens in der bleibenden Gelassenheit und Ruhe des Geistes, das ist köstlich vor Gott!«
Der griechische Urtext nennt das »Verborgene« »krypta«, und wir hören nicht
selten von religiösen Träumen, die sich in der »Krypta«, in dem verborgenen tiefen Raum einer Kirche abspielen. Im Unterschied zu den meisten anderen (nicht-
biblischen) Träumen lassen die Worte der Heiligen Schrift zumeist unmittelbar
erkennbare Lehren, Weisheiten und Mahnungen erkennen. So hilft uns das Pe-
truswort durch den Traum verstehen:

Vor Gott gilt nicht der äußere Schein, sondern der innerste Wesenskern der Persönlichkeit in seiner bleibenden Gelassenheit.

Träume von einer »Krypta« kommen häufig vor.

Ein depressiver 60jähriger Pfarrer träumte am 19. 3. 1982 mit besonders deutlichen Bildern:

»In einer prächtigen gotischen Kirche waren Wände und Gestühl mit kostbarem Holzschnitzwerk geschmückt. Ich ging durch die Kirche zu dem noch prächtiger geschnitzten Altar, um dort zu beten.

Da gewahrte ich hinter dem Altar in einer Krypta eine Quelle über einem Taufstein, ganz ähnlich wie die heilige Quelle im Olafs-Dom zu Drontheim.

Diese Quelle wurde nur von Tränen gespeist. Das erschütterte mich. Erst danach sah ich deutlich in alten lateinischen Lettern die Umschrift um den Taufstein:

LACRIMAE SANCTORUM SEMEN ECCLESIAE.

Die Worte waren in alter römischer Schrift deutlich erkennbar, auf deutsch: Die Tränen der Heiligen sind der Same der Kirche.

Dieses Wort ist eine Eigenschöpfung; denn kirchengeschichtlich ist nur der Ausspruch bekannt: »Das Blut der Märtyrer ist der Same der Kirche.«

Aus dem nicht vollen Schlafzustand wachte ich mit diesen deutlichen, noch Tage anhaltenden Bildern auf. Sie zeigten mir tröstend einen Sinn meines Leidens.«

Die »heimliche verborgene Weisheit Gottes«

Der Apostel PAULUS schreibt seinen Freunden in Korinth (1. Kor. 2,6,7), sie sollten nicht auf die vergängliche »Weisheit der Obersten dieser Welt« achten, sondern vor allem auf die »verborgene, heimliche Weisheit Gottes ... zu unserer Herrlichkeit«. Denn »was kein Auge gesehen hat und kein Ohr gehört hat und in keines Menschen Herz gekommen ist«, das »hat Gott bereitet denen, die ihn lieben« (V. 9f.). PAULUS betont hier:

Gott offenbart in seiner unendlichen Liebe Erkenntnisse tiefster Weisheit, – nicht zuletzt in den Träumen.

3. Das »Unbewußte« als die unbemerkte Gegenwart des lebendigen Gottes

Der Herr ist hier, »und ich wußte es nicht«

Der gewaltigste Bericht von dem Traum aller Träume, da JAKOB die Engel auf der Himmelsleiter »auf- und niedersteigen« sah, schließt mit der Erkenntnis: »Gewiß ist der Herr an diesem Ort, und ich wußte es nicht« (1. Mos. 28,16).

Gewiß ist der lebendige Gott in den Träumen gegenwärtig, wir wußten es nur nicht!

Das Herz brennt, wenn Er redet

Als die zwei Jünger nach Emmaus gingen, trat der auferstandene, lebendige Jesus Christus zu ihnen und redete mit ihnen. Erst nachträglich wurden sie seiner gewahr: »Brannte nicht unser Herz in uns?« sprachen sie, als ihnen die Augen geöffnet wurden und sie Jesus erkannten. Oft können wir erst nach den Träumen erkennen, daß Jesus, der lebendige, mit uns gesprochen hat.

Wem das Herz nicht brennt, nachdem Jesus zu ihm im Traum geredet hat, dem sind Augen und Ohren noch nicht geöffnet; wem sie aber aufgetan sind, in dem lodert das Feuer der leidenschaftlichen Liebe zu diesem lebendigen Herrn aller Herren.

4. Das »Unbewußte« als der verdeckte innere Reichtum

Ein kostbarer Schatz wartet im Acker, daß er gehoben werde

Auch Träume enthalten höchste Werte, die gefunden, geordnet und in die Tat umgesetzt werden wollen (Matth. 13,44).

Der bleibende Höchstwert der Verbindung mit Gott verleiht dem Leben Sinn und Halt.

Die tiefen Schichten der Seele sollen Frucht bringen

Fast 1900 Jahre, bevor eine »Tiefenpsychologie« von einer »Schichtenlehre« des Seelenlebens sprach (ROTHACKER u. a.), bevor I. H. SCHULTZ (1919!) von Rand-, Schicht- und Kernneurosen Unterscheidungsmerkmale nannte, klang den Jüngern Jesu das Gleichnis von dem »viererlei Ackerfeld« in den Ohren (Matth. 13,1–23): nur aus dem tiefen Inneren des Herzensbodens kann wahre Frucht erwachsen.

Nicht oberflächliches Hören oder Deuten von Träumen erweist sich als fruchtbar für das Leben, sondern nur, wer wirklich sieht und hört beim Sehen und Hören (V. 13ff.), der wird mit dem geistlichen Gehalt auch den tiefsten Sinn der Träume erfassen.

5. Das »Unbewußte« als verdrängte Schuld

Die »verborgenen Fehle«, die unbewußte Schuld, entzieht sich seelenärztlicher Behandlung

»Wer kann merken, wie oft er fehlet? Verzeihe mir die verborgenen Fehle!« (Ps. 19,13). So betete schon David. Er hatte bewußt gesündigt vor Gott und vor Uria, an dessen Tod er schuldig war (2. Sam. 11). Und doch blieb ihm diese Sünde »unbewußt«, bis Nathan sie ihm in einem Bild bewußt machte und hinzufügte: »Du bist der Mann!« (12,7). Seither war sein Gewissen geschärft, auch für verborgene Schuld um Vergebung zu bitten.

Depressive und neurotische Schuldgefühle bedürfen seelenärztlicher Behandlung. (ZULLIGER ist einer jener Psychoanalytiker, die nachgewiesen haben, wie ungesühnte Schuld zu Unfällen und Krankheiten führt.) Doch das Gewissen, das so oft in den Träumen zu uns von der wirklichen Schuld sprechen will (und nicht nur von krankhaften »-gefühlen«) läßt sich durch keine Behandlung beschwichtigen (vgl. Beispiel S. 124f., 167f.).

Die Vergebung ist der einzige Weg, mit der Schuld auch die echten Schuldgefühle aufzuheben. Auch Träume können der Vergebung gewiß machen.

38

»Aus dem Herzen kommen arge Gedanken ...« (Matth. 15,19)

Scheinmoderne Menschenkunde unserer Zeit will uns weismachen, der Mensch sei im Grunde seines Herzens gut und brauche sich nur zu entfalten und »zu verwirklichen«. Die nüchterne Beobachtung des Alltages lehrt uns, wie weit Haß und Feindschaft, Neid und Niedertracht, Lüge und List das Leben bestimmen. FREUD hatte es aus den Träumen erkannt, was schon längst zuvor ein Satz Jesu als Zusammenfassung von Grundforschungen der Psychoanalyse sagte: »Aus dem Herzen« (die Übersetzung: »aus dem Unbewußten« ist hier richtig) »kommen arge Gedanken: Mord, Ehebruch, Hurerei, Dieberei, falsch Zeugnis, Lästerung.« *Im Licht der Bibel gewinnen wir nicht nur ein wahrhaftiges Menschenbild aus den Träumen, sondern auch die Demut, die Kraft und das Vorbild, an der eigenen Persönlichkeit zu arbeiten.*

6. Das »Unbewußte« als die zunächst unerkannten Gedanken

Jesus konnte die verborgenen boshaften Gedanken lesen

Die Schriftgelehrten der Zeit Jesu haßten den Sohn Gottes, der sie fragte: »Was denkt ihr so Arges in euren Herzen?« (Matth. 9,4). Träume aber bringen unsere tiefsten Gedanken in Bildern zum Ausdruck. Nur Jesus »weiß wohl, was im Menschen« ist (Joh. 2,25).
Wer sein Nachsinnen über die Träume in Gebete verwandelt, gewinnt zur vertieften Selbsterkenntnis eine vertiefte Erkenntnis von der Barmherzigkeit Christi (CALVIN).

Das »Unbewußte« enthält und enthüllt die tiefste Wahrheit und Weisheit über den Menschen

Bei aller grundsätzlichen Verschiedenheit gleichen sich die psychoanalytische Traumwissenschaft und die demütige geistliche Beichte: Sie stellen ohne Entschuldigung die eigene Seele mit allen Fehlern rücksichtslos und wahrhaftig bloß. Eine solche Wahrheit »macht frei« (Joh. 8,32). DAVID spricht darum in seinem Bußgebet: »Siehe, du hast Lust zur Wahrheit, die im Verborgenen liegt; du läßt mich wissen die heimliche Weisheit« (Ps. 51,8).
Solange wir nicht hinter dem psychologischen Verstehen der Träume auch das verborgene (vielfach »unbewußte«) religiöse Sehnen und Erleben des Träumenden erkennen, werden wir nicht der vollen Wahrheit über den Menschen gerecht.

7. Das »Unbewußte« in den Träumen als dem »Heilungsweg der Seele«

Träume als Wege der Weisung und der Weissagung

An MOSE und an ELI erging der Ruf Gottes in einer Vision und im Traum (2. Mos. 3; 1. Sam. 3), und sie folgten der himmlischen Berufung, so wie später Paulus sich in einem Nachtgesicht den Weg nach Europa weisen ließ (Apg. 16,9). Poul BJERRE, der bedeutende schwedische Psychoanalytiker, nennt in seinem Buch »Das Träumen als Heilungsweg der Seele« (Zürich 1936) einzelne Schritte, durch die der Traum uns zur Heilung begleiten will: Träume erinnern, aufschreiben, berichten, analysieren u. a. Doch der wichtigste fehlt: Träume durch ein Gebet beantworten: »Was willst Du, Herr, mir mit diesem Traum sagen? Was soll ich in Deinem Auftrag tun?«

Denken wir doch nicht, nur zu Zeiten der Bibelentstehung habe Gott Weisungen und Weissagungen durch Träume erteilt! Sie zählen zu den Heiligtümern meiner Traumprotokolle, Jahre vor der Erfüllung in unserer Zeit aufgeschrieben, und zuvor offenbart.

Die »religiösen Träume« wollen uns den Weg und Willen Gottes noch heute kund tun; es liegt an der Haltung unseres Herzens, ob wir bereit sind, sie zu hören.

Träume als Wege der Warnung und der Wandlung

Die »Weisen aus dem Morgenland« ließen sich einst durch einen Traum von Gott den rechten Weg in ihre Heimat weisen (Matth. 1,20 ff.) und sich dadurch vor den Anschlägen des Herodes warnen.

Gewiß, – Sigmund FREUD hat uns in einer »kopernikanischen Wende« der »Wissenschaft vom Traum« (nach W. v. SIEBENTHAL) gelehrt, die Träume aus den »unbewußten« Erinnerungen an Erlebnisse der Vergangenheit zu verstehen und sie nicht länger zu Bildern müßiger Zukunftsspekulationen mißbrauchen zu lassen. Sollte nicht aber ein ewiger Gott, der über den Gesetzen der Zeit steht, uns noch heute in Träumen seinen Willen und Weg für die Zukunft weisen und unser Leben wandeln können, wie das des Paulus (Apg. 22,3 ff.)?

Wer Träumende durch viele Jahre nicht nur als Arzt, sondern auch als Seelsorger begleitet, muß bezeugen: Dies geschieht, aber es bleibt mit Recht als heiligste Erfahrung unter dem Siegel der Verschwiegenheit. Wichtig bleibt dann der Maßstab, an dem wir die Echtheit der geistlichen Offenbarungen messen: Es ist die Heilige Schrift!

Sie aber mahnt uns: »Sei nüchtern, predige das Evangelium und übe Barmherzigkeit!« (2. Tim. 4,5, eigene Übersetzung) Gefährliche Schwärmerei droht, wo diese Grundlage des Glaubens verlassen wird.

Die »religiösen Träume« wollen unser Leben verwandeln aus dem tiefsten Herzen heraus, aus dem Gott (oft gerade durch Worte der Heiligen Schrift) zu uns spricht, und bis in die Tiefen des »Unbewußten« hinein heilen und leiten.

8. Das Unbewußte in dem »Traum aller Träume« –
Der Jakobstraum von der Himmelsleiter

Einer der bedeutendsten Träume der Weltgeschichte enthält so viele Grundkennzeichen der religiösen Träume und einer möglichen »Traumseelsorge«, daß er hier im Wortlaut wiedergegeben und genauer geprüft werden soll:

Der Wortlaut (Genesis 28,10–16, nach LUTHER)

»Aber Jakob zog aus von Beer-Seba und reiste gen Haran und kam an einen Ort, da blieb er über Nacht; denn die Sonne war untergegangen. Und er nahm einen Stein des Orts und legte ihn zu seinen Häupten und legte sich an dem Ort schlafen.

Und ihm träumte; und siehe, eine Leiter stand auf der Erde, die rührte mit der Spitze an den Himmel, und siehe, die Engel Gottes stiegen daran auf und nieder; und der Herr stand obendrauf und sprach: Ich bin der Herr, Abrahams, deines Vaters, Gott und Isaaks Gott; das Land, darauf du liegst, will ich dir und deinem Samen geben... Und durch dich und deinen Samen sollen die Geschlechter auf Erden gesegnet werden.

Und siehe, ich bin mit dir und will dich behüten, wo du hin ziehst, und will dich wieder herbringen in dies Land. Denn ich will dich nicht lassen, bis daß ich tue alles, was ich dir geredet habe.

Da nun Jakob von seinem Schlaf aufwachte, sprach er: Gewiß ist der Herr an diesem Ort, und ich wußte es nicht...«

Ein Leitwort vom Traum aus der deutschen Dichtung

GRILLPARZER schrieb 1840 (nach Vorbildern von CALDERON [1636] und VOLTAIRE) ein »dramatisches Märchen«: »Der Traum, ein Leben«. Für viele Menschen kennzeichnet dieses Wort in seiner Umkehrung ihr Leben: verschwommen, bruchstückhaft, unklar, nur teilbewußt, ohne festen Grund und ohne Halt verlaufen die Tage. Wieviel zielstrebiger könnten wir das Leben führen, wenn wir aus den Träumen seinen tieferen Sinn und seine Aufgaben zu ersehen lernten!

Dazu aber kann der berichtete Traum einen entscheidenden Beitrag leisten. Wir könnten gar die letzte Zeile unter das Leitwort stellen: Vom Unbewußten zur Gewißheit.

Das zitierte Schriftwort berichtet von dem vermutlich ältesten bekannten Traum der Weltgeschichte. Wenn er in die Zeit des Erzvaters JAKOB selbst einzuordnen ist, dann wäre es die erste Hälfte des zweiten vorchristlichen Jahrtausends – wer ihn in die Zeit des MOSE datiert, müßte um 1230 vor Christus annehmen oder schließlich die Zeit der endgültigen Abfassung der fünf Bücher Mose um 550 vor Christus nennen, – in jedem Fall ist dieser Traum seit über 2500 Jahren bekannt. Er spiegelt schon damals viele Merkmale der religiösen Träume und des heutigen Lebens.

JAKOB, *das Urbild des Menschen »unterwegs« (wie wir)*

JAKOB zog von Beer-Seba nach Haran. Er wußte zwar seinen Ursprung, »die Stadt der sieben Brunnen«, und er kannte auch sein Ziel, aber wo er sich genau befand, das ist nicht gesagt.

Viele Menschen, vorwiegend die alten, führen ihr geistiges Leben fast nur in Erinnerungen. Sie kennen etwas aus der Geschichte des Volkes, der Familie und des persönlichen Lebens mit den Quellen, die sie bisher gestärkt haben.

Andere, vornehmlich die jungen, blicken in die Zukunft, in ihre Berufsausbildung, in die Gefahr der Arbeitslosigkeit, oder in die Aufgabe, das Leben wirtschaftlich zu sichern. Für das geistige Leben finden sie es schwer, einen klaren Standort zu beziehen; zumal die Zukunft dunkel bleibt.

»Unterwegs« geben die Träume Rast und Wegweisung.

JAKOB *nimmt einen Stein – und ändert seine Blickrichtung*

Als JAKOB seinen Kopf unter dem freien Himmel auf einen Stein bettet, tut sich ihm eine neue Dimension auf: Er blickt nicht mehr nach vorne und nicht zurück, sondern wendet seine Augen zu dem Sternenzelt nach oben.

Auch die Traumwissenschaft erlebte durch Sigmund FREUD zur Zeit der letzten Jahrhundertwende eine »kopernikanische Wende« ihres Blickfeldes. Sie hatte Jahrtausende hindurch in eine nebelhafte Zukunft geblickt, die sie durch ihre Deutungen zu klären versprach. In einer der größten Revolutionen der Geistesgeschichte schuf FREUD mit seiner »Traumdeutung« die Psychoanalyse als eine Art Wissenschaft von den verdrängten Seeleninhalten der Vergangenheit.

Vielfach allzu optimistisch erhofften sich die Traumforscher im letzten Jahrhundert, durch das bloße Bewußtmachen der versunkenen Vergangenheit das Bereinigen aller unverarbeiteten Erlebnisse und das Heilen aller seelischen Erkrankungen bewirken zu können.

Auch die Traumwissenschaft bedarf der »dritten Dimension«, wenn sie die ganze Wirklichkeit erkennen will. Jakob erkannte von dieser anderen Wirklichkeit im Traum eine Leiter, eine Verbindung zwischen Himmel und Erde. Wer sich darauf berufen will, die Psychotherapie habe es aber nur mit irdischen Anliegen zu tun, der muß einräumen: ihre Patienten und deren Träume fragen nach der »dritten Lebensdimension«.

Gott *errichtet eine Leiter zwischen Himmel und Erde*

Gott läßt seine Menschenkinder nicht allein. Sie müssen nur seine Verbindung sehen lernen, die Leiter für die Engel der Traumboten. Sie steht – wie wichtig für jede Leiter – fest auf dem Erdboden. Auch der Glaube braucht den festen Grund der Tatsachen in der Geschichte und vor allem im Worte Gottes.

Nur der hebräische Text läßt erkennen: Diese Leiter war ebenso fest im Himmel gehalten. Doppelt verankert muß jede Leiter Halt bieten. Hoffnungslos würde sie sonst schwanken. Auch für die »Wissenschaft vom Traum« (Titel von SIEBEN-THAL) gilt: es reicht nicht, wenn wir bei jedem Menschen das tiefe religiöse Sehnen psychologisch feststellen, wenn wir ihm nicht einen festen Halt und damit Gewißheit vermitteln.

Das Ziel von FREUDS Psychoanalyse lautete: »Aus Es muß Ich werden«, d. h. das Unbewußte soll in das Licht des Bewußtseins gerückt werden. Dann, so meinte er, seien alle seelischen Krankheiten und Leiden, alle Neurosen, behoben. Das Ziel der wahren tiefenseelischen Hilfe aber muß lauten (in der Sprache derselben Psychoanalyse): *»Die Harmonie von Es, Ich und Über-Ich«.*

Wenn wir dieses »Über-Ich« hier (wie auch FREUD es gelegentlich tat) mit dem Gewissen gleichsetzen dürfen, dann wird deutlich: Der wahrhaft harmonische, also gesunde Mensch kann diese »Himmelsleiter« nicht entbehren.

Gott steht darüber und segnet

Schon der erste Traum betont: »Der Herr stand oben drauf.« Über dem Leben waltet ein lebendiger Gott. Er sieht nicht nur allgemein hernieder auf seine Kinder, sondern er leitet das Leben des Einzelnen persönlich und seelsorgerlich. An diesem Beispiel sollen einige Gedanken einer Traumseelsorge angedeutet sein: (Die Beispiele wurden absichtlich so belassen, wie sie in einer ersten Seelsorge-Gottesdienst-Predigt für die Anwesenden ausgewählt und vorbereitet waren.)

Gott steht *über* den Krankheiten, damit sie seinem Plan für das Leben dienen.

Er steht *über* den Ängsten, damit sie das Vertrauen in seine Macht und seine bewahrende Güte stärken.

Er steht *über* den Vorgesetzten, damit selbst deren ungerechtes Urteil noch innerlich zur Demut, zur rechten Menschenkenntnis und zur Arbeit am Charakter helfen kann. Er steht *über* allen Gefahren, damit wir uns nicht fürchten müssen, sondern seiner Verheißung glauben, »ich will dich behüten«.

Der lebendige Gott hat dem Jakob seinen Segen erteilt. Durch ihn hat er gar »alle Geschlechter auf Erden« gesegnet, das heißt durch die Beziehung zum Volk Israel stehen auch andere Völker unter seinem Segen und damit unter seiner besonderen Obhut und Leitung.

Durch den Segen von Bethel steht auch jeder einzelne Mensch unter dieser Segenszusage eines ewigen Heils. Wir arbeiten im Ökumenischen St.-Lukas-Orden in der lebendigen Überlieferung: Gott sendet noch heute durch eine Art »Himmelsleiter« Seelsorger als Boten dieses Segens, daß wir demütig und dankbar, vollmächtig und gehorsam stellvertretend seinen heiligen Segen austeilen und weitergeben.

Erfahrungen der Kraft und des Trostes, der ganz persönlichen Berufung und der unmittelbaren heilenden Seelsorge eines unendlich gütigen Gottes verbinden sich mit der Handauflegung ergreifender, als Worte es wiedergeben könnten.

Gott sendet dem Menschen Botschafter, die ihn unmittelbar ansprechen. Träume sind Botschaften Gottes, die beachtet und verstanden werden wollen. Dazu müssen wir zunächst lernen, sie zu erinnern und dann aufzuschreiben.

Jeder Mensch träumt in jeder Nacht. Wenn er sich beim Erwachen noch an einen Traum erinnert, so betrifft der zumeist nur wenige Minuten oder Augenblicke des letzten sogenannten REM-Schlafes. Jedenfalls wissen wir von den weitaus meisten unserer Träume nichts.

Nicht einen Beweis kann ich erbringen, doch in mir hat sich die Vermutung oft zur Gewißheit erhärtet: Wenn nun Gott in diesen Stunden der »unbewußten Träume« seine Engel vom Himmel sendet – und wir hören sie nicht und nehmen sie nicht auf?! Der wichtigste Herr unseres Lebens »ruft uns an« und in der Sprache der heutigen Fernmeldetechnik – wir nehmen den Hörer nicht ab. Er schreibt persönliche Briefe an uns in seinem Wort und wir lassen sie ungeöffnet, er streckt uns gar seine Hand zum Segnen entgegen, und wir weichen ihm aus.

Den ältesten aller Träume muß ich als gewaltige und wahrhaftige Freudenbotschaft verstehen; die Himmelsleiter, die Boten sind da!

Wir können Träume behalten. Das zeigen schon 40 Jahre psychotherapeutischer Erfahrung: Wer sich mit dem Vorsatz schlafen legt, gar im Autogenen Training: »Ich behalte meinen Traum«, der kann ihn am nächsten Morgen sofort aufschreiben, der wird dann immer häufiger und immer mehr, schließlich täglich »Traummaterial« erhalten und behalten.

Wer gar den Wunsch in ein Gebet wandelt: »Herr hilf mir, meinen Traum zu behalten«, der wird sich immer zuverlässiger morgens an seine – so oft religiösen – Träume erinnern.

Doch nicht nur abwärts steigen die Boten Gottes, die gleichsam auf unseren Empfang warten, sondern auch aufwärts wollen sie mit unserer Antwort zum Himmel zurückkehren. In beiden Richtungen erfolgt der Austausch. Gebete stehen dann nicht nur am Anfang der Traumerkenntnis, so daß wir immer wieder Einblick erbitten dürfen in den Willen und Ratschluß Gottes durch die Träume. Wer einmal begonnen hat, gerade auf die geistliche Dimension seiner Träume zu achten, dem wird sich die neue Dimension der Jakobsleiter auftun.

Dabei bleibt es allein die unverdiente Gnade Gottes, daß er seine Boten sendet; was wir aber praktisch tun können, um ihnen zu öffnen, das mag der letzte Hinweis auf die Fragen an die Träume lehren:

9. »Fragen« an die Träume rufen die »Engel« herbei

(auch wenn sie nicht in Frageform gestellt sind)

Sigmund FREUD kannte nur eine Frage an den Traum: »Was fällt mir dazu ein?« Die häufigste Antwort lautet dann: »Mir fällt nichts dazu ein.« In meinem Buch »Träume selbst verstehen« habe ich diese eine Frage aufgegliedert in einige Dutzend Einzelfragen nach dem Schauplatz und dem Ort der Traumhandlung, nach den Menschen, die darin mitwirkten, nach der Erinnerung an frühere Träume usw., so daß mit Hilfe dieser Fragen fast immer die sogenannten »Einfälle« einen Schlüssel zum Traumverständnis bieten.

Das gilt erst recht für den Zugang zu den religiösen Träumen, den wir gläubig wartend erbitten.

Vier Hauptgruppen von Fragen lassen sich unterscheiden, die ihrerseits jeweils zahlreiche Einzelfragen wecken:

Fragen zur Thematik der Träume

Fragen, welche Bibel- oder Gesangbuchverse dazu einfallen, aber auch Fragen zu der unmittelbaren Botschaft Gottes zählen dazu: »Was will mir Gott damit sagen?«

Fragen nach früheren religiösen Erlebnissen, nach früheren religiösen Träumen, nach Gedanken des Trostes, der Ermutigung, der Wegweisung oder der Vertiefung des Glaubens lassen sich stellen.

Wer nach den Werten fragt, die der Traum enthält, wird Antworten finden; denn die Bibel ist das Buch der Werte. Träume wollen uns helfen, den Sinn des Lebens zu finden und ihn zu verwirklichen.

Fragen zu einem bestimmten Ruf von Gott

Durch Träume kann Gott zu Buße und Wandlung rufen, kann Ängste überwinden und eine vertiefte Selbsterkenntnis vermitteln, kann Anstöße zur Charakterbildung geben und helfen, das Verhalten zu ändern.

Träume können den Willen Gottes für das Leben klären, besonders, wenn wir danach fragen. Sie können geistliche Erkenntnisse vermitteln, wichtige Lebensfragen beantworten oder gar Konflikte lösen; sie können Gottes Aufgaben offenbaren und unsere Gebete als Antworten herausfordern.

Fragen zum Gebetsleben

Träume wollen unser Gebetsleben vertiefen; sie wollen Dankbarkeit wecken, die sich in Worten und in Taten zeigt; Träume wollen zur Anbetung leiten, in der uns der Himmel und sein Herr immer größer, die Erde aber immer kleiner werden. Träume wollen äußerlich aufgeschrieben und mit ihren Gebetsantworten schriftlich gesammelt werden, damit sie ein Traum- und Gebetstagebuch werden.

Fragen zum Pflegen der biblischen Werte

Träume wollen den Glauben, die Liebe und die Hoffnung wecken und stärken. Die Bibel ist das Buch der Werte schlechthin. Wir finden sie auch in den Träumen, wenn wir nur darauf achten. Möglicherweise helfen sie uns, das eigene

Wertsystem zu berichtigen, jedenfalls aber müssen wir lernen, die Träume an dem Maßstab der Bibel zu prüfen, damit sie ja nicht zu subjektiven Privatoffenbarungen werden.

So erfüllen Träume eine Hauptaufgabe: *Sie werden zu Sprossen auf der Lebensleiter einer Vorfreude zur Ewigkeit.*

10. Vom »Unbewußten« zur Gewißheit

Nicht FREUD hat den unklaren Begriff des »Unbewußten« geprägt, und nicht vor ihm LEIBNIZ. Auch die Athener nicht, die – den heutigen Menschen gleich – »dem unbekannten Gott«, (Apg. 17,23) (dem »unbewußten Gott«), einen Altar errichteten. Im Jakobstraum lesen wir zum ersten Mal in der Weltgeschichte: »... und ich wußte es nicht«, nämlich: Gott will im Traum mit Jakob und mit uns reden. Ähnlich blieb später den Emmausjüngern die Gegenwart Jesu »unbewußt« (Luk. 24).

Aus dem vergangenen »ich wußte es nicht« wird aber bei JAKOB die Gewißheit: »Gewiß ist der Herr an diesem Ort.« Dies aber ist das bleibend gültige Geschenk aus längst vergangener Zeit: Gott ist gewißlich gegenwärtig; in jeder Nacht will er mit uns sprechen in den Träumen. Mit diesem Wissen beginnt eine praktische Traumseelsorge.

B Die »natürlichen« Träume in der Bibel

1. Körper-, Reiz- und Angstträume

Nicht erst die moderne Traumforschung weiß davon, daß verschiedenartige Körperempfindungen und Sinneswahrnehmungen auch den Inhalt der Träume bestimmen oder auslösen können. Schon bei dem Propheten Jesaja (um 800 vor Christus) lesen wir:

»... gleichwie einem Hungrigen träumt, daß er esse, – wenn er aber aufwacht, so ist seine Seele noch leer;
und wie einem Durstigen träumt, daß er trinke, – wenn er aber aufwacht, so ist er matt und durstig...« (29,8)

Ängste können vielfältigen Ursprung haben: sie mögen durch körperliche oder seelische Krankheiten verursacht sein (von der Angina pectoris oder Schilddrüsen-Erkrankungen bis zu depressiven oder neurotischen Krankheiten), – sie mögen im gesunden Bereich von Erfahrungen oder von Gefahren getragen sein oder auch als Angst vor dem Gewissen oder vor dem Sterben zutiefst auf religiöse Gründe zurückzuführen sein. Ohne ein klärendes Gespräch läßt sich dem Angsttraum selbst nur selten entnehmen, wie die Ängste zu überwinden sind. Jedenfalls also sind der Bibel Angstträume bekannt:

»Und wenn einer des Nachts auf seinem Bette ... schlafen soll, fallen ihm mancherlei Gedanken ein. Wenn er gleich ein wenig ruht, so ist's doch nichts; denn er erschrickt im Traum, als sehe er die Feinde kommen. Und wenn er aufwacht und sieht, daß er sicher ist, so ist er wunderfroh, daß die Furcht nichts gewesen ist.« (Sir. 40,5–7)

Von vielen auch dieser Ängste gilt dann tröstend und heilend:

»Wenn ich mitten in der Angst wandle, so erquickst du mich.« (Ps. 138,7)

2. Erotische und sexuelle Träume

Jeder gesunde Mensch träumt von der Sehnsucht und Erfüllung in der körperlichen Liebe. Vermutlich sind es die häufigsten Träume überhaupt, deren Inhalt und Symbolik seit FREUD besonders umfassend untersucht wurden. Moderne physiologische Traumforschung hat seit JOVANOVIĆ mit der gleichzeitigen verstärkten Durchblutung der Geschlechtsorgane während des Träumens meßbar und gemessen den sexuellen Inhalt bestätigt. Leider werden sexuelle Wünsche oder Träume noch immer in ernst christlichen Kreisen als sündhaft angesehen. Die Bibel ist hier viel unbefangener. In ebenso feiner wie dichterischer und deutlicher Symbolsprache schildert das Hohelied Salomons, wie »im Schlafen das Herz wacht«, wie die Hand des Freundes das feuchte »Riegelloch« berührt, so daß die Freundin »im Innersten erzittert«. Auch die Kenntnis der modernen »psychosomatischen Medizin« fehlt nicht. Die Freundin ist »vor Liebe krank« (Hohelied 5,2–8).

Klaus SEYBOLD versteht in seiner Arbeit »Der Traum in der Bibel« (in der Sammlung »Traumanalysen in Wissenschaft, Religion und Kunst«, Vandenhoeck & Ruprecht, 1984) das gesamte Hohelied Salomons als einen »Liebestraum«, dessen Höhepunkt aus dem 3. Kapitel er zitiert:

1. Des Nachts auf meinem Lager suchte ich, den meine Seele liebt. Ich suchte; aber ich fand ihn nicht.
2. Ich will aufstehen und in der Stadt umgehen auf den Gassen und Straßen und suchen, den meine Seele liebt.
3. Es fanden mich die Wächter, die in der Stadt umgehen: »Habt ihr nicht gesehen, den meine Seele liebt?«
4. Da ich ein wenig an ihnen vorüber war, da fand ich, den meine Seele liebt. Ich halte ihn und will ihn nicht lassen, bis ich ihn bringe in meiner Mutter Haus, in die Kammer der, die mich geboren hat.
5. Ich beschwöre euch, ihr Töchter Jerusalems, bei den Rehen oder Hinden auf dem Felde, daß ihr meine Freundin nicht aufweckt noch regt, bis es ihr selbst gefällt.

In diesem Traum berichtet ein Mädchen, wie sie nachts ihren Geliebten zunächst vergeblich gesucht hat. Sie bringt ihn in die Kammer der Mutter in ihrer Angst, sie könne ihn wieder verlieren. Die Wächter der Tugend erscheinen zwar in diesem Traum voll erotischer Sehnsucht, greifen jedoch nicht hemmend oder störend ein.

Wenn das Hohelied die Schönheit der Liebenden preist, so ist dieser Lobpreis noch keine religiöse Anbetung; wohl aber steht das ganze Hohelied in dem Rahmen der biblischen Dankbarkeit gegen die Schöpfergüte Gottes und ist noch heute bestimmt, die Zerrissenheit der Menschen zwischen göttlicher und menschlicher Liebe aufzuheben.

Eine hervorragende und kritische Arbeit über »Sexualität im Traum«, die im Rahmen einer vermeintlich christlichen Erziehung noch immer als sündhaft bezeichnet und bekämpft wird, ist im Herbst 1991 von F. STRUNZ in der Zeitschrift »Ärztliche Praxis und Psychotherapie« Nr. 3/1991 (S. 13–32) erschienen.

3. Träume von Ehrgeiz und Machtstreben

Joseph wurde einst von seinen elf Brüdern beneidet

»Da sprach er zu ihnen: Höret doch, was mir geträumt hat: Mich deuchte, wir banden Garben auf dem Felde, und meine Garbe richtete sich auf und stand, und eure Garben umher neigten sich vor meiner Garbe...
Und er hatte noch einen anderen Traum, den erzählte er seinen Brüdern: ... mich deuchte, die Sonne und der Mond und elf Sterne neigten sich vor mir.« (1. Mos. 37,6–9)

Mögen wir in diesem Traum noch eine einfühlbare Antwort gesteigerten Ehrgeizes erkennen, so erinnert uns Nebukadnezars Traum von dem übermächtigen Baum, der bis in den Himmel reicht und dann abgehauen wird, an den Macht- und Cäsarenwahn der Gotteslästerung, die Heinrich HEINE (1794–1856) in seinem klassischen Gedicht »Belsazar« warnend und erschütternd gegeißelt hat. Immer wieder hat die Weltgeschichte den ethischen Ansprüchen der biblischen Träume recht gegeben, wenn auch dieses Kapitel (Daniel 4) mit den Worten schließt:

»Wer stolz ist, den kann Gott demütigen.« (V. 34 b)

Der besorgte Paulus dagegen wird getröstet

Dem Hochmut der selbstherrlichen Mächtigen steht die Demut der Diener Gottes gegenüber, denen das stärkende Traum- und Trostwort an Paulus gilt:

»Fürchte dich nicht, sondern rede ... denn ich bin mit dir...« (Apg. 18,9 f.)

4. Träume von göttlicher Offenbarung

Hesekiel schaut »die Herrlichkeit des Herrn«

Einer gewaltigen Vision wurde einst Hesekiel (um 600 vor Christus) gewürdigt.

»...Ich sah ... in dem Feuer ... vier Tiere ... und ein jegliches hatte vier Angesichter und vier Flügel... Als ich die Tiere so sah, siehe, da stand ein Rad auf der Erde ... und war anzusehen wie vier Räder ... als wäre ein Rad in dem anderen... Und ich hörte Flügel rauschen wie ein Getön des Allmächtigen ... und über dem Himmel war es gestaltet wie ein Saphir ... und auf dem Stuhl saß einer, gleichwie ein Mensch gestaltet ... und es war lichthell ... gleichwie der Regenbogen steht in den Wolken ... Dies war das Ansehen der Herrlichkeit des Herrn. Und da ich's gesehen hatte, fiel ich auf mein Angesicht ...« (Hes. 1)

In diesem überwältigenden Bild von der Majestät Gottes können wir alle die Merkmale finden, die C. G. JUNG von den »Mandalas« (wörtlich »Kreis«) in ihrer Bedeutung für die Träume erarbeitet hat: die Symbole, die in einen Kreis oder ein Mehreck eingefügt sind als Schaubild zur Meditation.

In ganz entsprechender Weise finden wir die Erkenntnisse Sigmund FREUDS in den erotisch-sexuellen Träumen (vorn Nr. 2) wieder und die Forschungsergebnisse von Alfred ADLER in den Träumen vom Machtstreben (vorn Nr. 3). Keine Zweifel sind berechtigt an den Erkenntnissen dieser ersten drei Begründer tiefenpsychologischer Schulen und an ihren Traumforschungen.

Wer aber nicht hinter der erotisch-sexuellen Freude und Schönheit den göttlichen Schöpfer und seine grundlose Güte preisen lernt, – wer nicht hinter dem menschlichen Machtstreben die Allmacht der göttlichen Majestät erkennt und sich von ihr zur Demut leiten läßt, – und wer nicht durch ein Mandala zur Anbetung auf sein Antlitz niederfällt, der hat das Wesen der biblischen Träume – im Unterschied zu allem psychologischen Verstehen – noch nicht erfaßt.

So fassen wir zusammen, was für das Wesen der biblischen Träume gilt:

1. Träume – von Reizen im Reich der Natur, (Jes. 29,8)
   Träume – von irrenden Wirrungen nur. (Sir. 40,5–7)
2. Träume – die Schönheit der Schöpfung zu preisen,
   Träume – der Liebe die Wege zu weisen. (Hohelied 5,2–8)
3. Träume – von Wünschen nach menschlicher Macht, (Dan. 4,7–13)
   Träume – zu hoffen in hilfloser Nacht. (Apg. 18,9,10)
4. Träume – verborgen symbolischer Schauung, (Hes. 1)
   Träume – der innerlich ernsten Erbauung. (1. Sam. 3; Ps. 17,3)

C Möglicher mythischer Mißbrauch und himmlische Herrlichkeit der biblischen Träume

5. Träume sind nicht zu überwerten

Träume stehen unter, nicht über dem Wort der Heiligen Schrift

Träume wollen eine rechte Wertordnung aufrichten helfen, sie aber nicht in Frage stellen. Das geschieht überall dort, wo ein Mensch seine persönlichen Offenbarungen, Visionen oder Träume nicht daraufhin prüft, ob sie mit der Wahrheit der Bibel übereinstimmen.

Mit Recht betont Karl RAHNER (in seinem Buch »Visionen und Prophezeiungen«, Innsbruck 1952): Einen Weg nennt uns die Bibel, Jesus Christus zu sehen. Wir beschreiten ihn, wenn wir die Kranken besuchen und ihnen dienen. Denn Jesus spricht: »Ich bin krank gewesen, und ihr habt mich besucht.« (Matth. 25,36)

Das Wort der Heiligen Schrift also und das barmherzige Handeln an dem Menschen in Not müssen vor dem Träumen und dem Bemühen, sie zu verstehen, den Vorrang erhalten. Aber beides steht nicht im Gegensatz zueinander. So spricht Gott durch den Mund des Propheten Jeremia:

»Ein Prophet, der Träume hat, der erzähle Träume; wer aber mein Wort hat, der predige mein Wort recht!... Ist mein Wort nicht wie ein Feuer, spricht der Herr, und wie ein Hammer, der Felsen zerschmeißt?!« (Jer. 23,28 f.)

Träume sollen nicht als »Mythen« angesehen werden, sondern den einzelnen Menschen mit Gott in Verbindung bringen

Wer Träume nur ansieht als Mythen voller Symbole, die aus einem »kollektiven Unbewußten« uns allgemein-religiöse Wahrheiten vermitteln, der erkennt damit eine wichtige Dimension der Träume. Die Träume der Bibel aber sind nicht »kollektiv«, sondern ganz persönlich von Gott an den einzelnen Menschen gerichtet. Die persönliche Berufung und Botschaft, die Ermahnung und Ermutigung für den Einzelnen, der Trost für jeden Betrübten bilden die Herzworte der biblischen Träume.

6. Träume erschließen ihren Sinn oft erst der göttlichen Weisheit

Tiefer als Menschen sieht Gott in das »Verborgene« (= »Unbewußte«)

Schon in der Zeit des Alten Testamentes wird dem rein menschlichen Verstehen der Träume der Heilige Geist Gottes gegenübergestellt:

»Aber es ist ein Gott im Himmel, der kann verborgene Dinge offenbaren.«
»So ist mir solch verborgenes Ding offenbart, nicht durch meine Weisheit, ... sondern darum, daß du deines Herzens Gedanken erführest...«
»Es ist kein Zweifel ... Gott kann verborgene Dinge offenbaren.« (Dan. 2,28–30,47)

Oft sind dann menschliche Fabeln (»Mythen«) weit entfernt von der Wahrheit des Wortes Gottes, so daß PAULUS vor den »unnützen Schwätzern und Verführern« warnt und mahnt,

»nicht zu achten auf die Fabeln ... und Gebote von Menschen, welche sich von der Wahrheit abwenden.« (Tit. 1,10,14)

Heilige Gottesfurcht nur darf geistlichen Träumen antworten

Auch die wiederholte Mahnung des Apostels Paulus ist noch heute zu beherzigen:

»Der ungeistlichen Altweiberfabeln (Urtext: ›Mythen‹) entschlage dich; übe dich aber in der Gottseligkeit!« (= Gottesfurcht, Herzensfrömmigkeit) (1. Tim. 4,7)

Noch heute wird über Träume, auch über religiöse Träume, vielfach in einer »ungeistlichen« (nach dem Griechischen: unheiligen) Weise gesprochen, als hätten wir Menschen das Recht oder die Möglichkeit, über den Inhalt und die Weise zu urteilen, wie Gott sich einem Menschenherzen naht. Nur der heilige Schauder demütiger Ehrfurcht (die uns Rudolf OTTO in seinem Werk über »Das Heilige«, München 1963, ahnen und achten gelehrt hat) bringt uns der Gegenwart des gewaltigen Gottes und dem Handeln seiner heiligen Majestät als unwürdige, aber dankbare Diener näher.

»Der Engel des Herrn erschien ihm (dem Mose) in einer feurigen Flamme aus dem Busch... Da rief ihm Gott aus dem Busch und sprach: ... zieh deine Schuhe aus von deinen Füßen; denn der Ort, darauf du stehst, ist ein heilig Land!...
Und Mose verhüllte sein Angesicht; denn er fürchtete sich, Gott anzuschauen.« (2. Mos. 3,2−6)

Nur in dieser Haltung der Gottesfurcht also dürfen wir es wagen, dem Reichtum der biblischen Träume nachzusinnen und dabei auf die Stimme des lebendigen Gottes zu lauschen, wie er zu den Vätern sprach.

7. Träume wollen zum Schauen der himmlischen Herrlichkeit führen

Die Träume der Bibel wollen die persönliche Frömmigkeit fördern

Zu ihren Hauptthemen zählen die Kraft, die Wiederkunft Jesu, das Schauen seiner Herrlichkeit und das Einüben der Gottesfurcht. Darum lesen wir im 2. Petrusbrief:

»Denn wir sind nicht klugen Fabeln (Urtext: ›Mythen‹) gefolgt, da wir euch kundgetan haben die Kraft und die Zukunft (= Wiederkunft) unseres Herrn Jesu Christi, sondern wir haben seine Herrlichkeit selber gesehen.« (1,16)

Der Höhepunkt der Träume: die himmlische Herrlichkeit

Für die Propheten des Alten Testamentes ist das Schauen der Herrlichkeit des Herrn (hebräisch: »kabod jahweh«) ein Gipfelerlebnis ihrer Schauungen (vergleiche Hes. 1, vorn S. 49). Auch im Neuen Testament münden die Offenbarungen, die dem JOHANNES zuteil wurden, in dem überweltlichen Bild von dem »neuen Himmel und der neuen Erde«, von dem »himmlischen Jerusalem«, da

»... Gott wird abwischen alle Tränen von ihren Augen, und der Tod wird nicht mehr sein, noch Leid noch Geschrei noch Schmerz wird mehr sein.« (Offb. 21,4)

Die »Herrlichkeit Gottes«, die die Stadt mit ihrem Licht erfüllt, die ihre »Perlentore« und »goldenen Gassen« erleuchtet, ist zum Inbegriff der himmlischen Heimat aller gläubigen Christen geworden, zum Ziel ihres Pilgerlaufs, zum Inhalt ihrer Vorfreude auf die Ewigkeit und zur Quelle ihrer Kraft in dieser Welt (Offb. 15 und 21).
Abermals fassen wir zusammen:

5. Träume – nicht Mythen als Fabeln erfinden, (1. Tim. 1,4)
   Träume – nur Worte der Wahrheit verkünden. (Jer. 23,28)

6. Träume – nicht dunkle Gedanken zu deuten, (Tit. 1,14)
   Träume – nur heilige Klarheit verbreiten. (Lk. 2,9 ff.)
7. Träume – nicht trügender Täuschung zu trauen, (2. Petr. 1,16)
   Träume – die Zukunft der Herrlichkeit schauen. (Offb. 21–22)

D Träume zur Charakterbildung in der Bibel

8. Träume offenbaren dem hoffnungslosen Hiob und dem demütigen Daniel ihre Aufgaben

Religiöse Träume wollen nicht einer müßigen Selbstbespiegelung dienen, sondern einer ethischen Entwicklung der Persönlichkeit. Das erkannte schon Hiob, als er schrieb:

»Im Traum . . . öffnet er (Gott) das Ohr der Leute, daß er den Menschen von seinem Vornehmen wende und ihn behüte vor Hoffart . . . zu verkünden dem Menschen, wie er solle recht tun.« (3,15–23)

Bevor Daniel es wagt, dem König Nebukadnezar den Sinn von dessen Traum zu deuten, bittet er seine Freunde, ihm durch ihr Gebet beizustehen (2,18) und Gott um Gnade anzuflehen. Danach erst wird dem Daniel seinerseits in einem Traum die »verborgene« Bedeutung des Traumes von Gott offenbart.

»Darüber lobte Daniel den Gott des Himmels . . .: Gelobet sei der Name Gottes von Ewigkeit zu Ewigkeit! Denn sein ist beides, Weisheit und Stärke!« »Er offenbart, was tief und verborgen (= unbewußt) ist . . .«

Traumweisheit und Gebet in all seinen Formen, auch als Fürbitte, Danksagung, Lobpreis und Anbetung, gehören in der Bibel untrennbar zusammen.

9. Träume künden auch ernste Gottesgerichte an

Sei es, daß sie ausbleiben, wie bei Saul, dem Gott nicht mehr »durch Träume antwortete«. Er suchte darum bei einer Hexe und bei Wahrsagern Zuflucht, die ihn in den Abgrund des Aberglaubens stürzten (1. Sam. 28,6 ff.), und noch heute wuchert ein verhängnisvoller Okkultismus mit Horoskopen und Wahrsagerei, weil und wenn nicht mehr die Stimme Gottes in seinem Wort und in den Träumen vernommen wird.

Auf der anderen Seite sah der hochmütige, mörderische und lästernde Belsazar durch einen Traum sich schon verurteilt, bevor das tödliche Strafgericht ihn ereilte (Daniel 5).

»Belsazar ward aber in selbiger Nacht von seinen Knechten – umgebracht.« (H. Heine)

In wiederum anderer Weise kann ein gottgesandter Traum das allzu ängstliche, betende Fragen des Gewissens beschwichtigen, wie etwa Paulus und mit ihm die

ganze Gemeinde erfüllt wurden mit »Frieden, ... der Furcht des Herrn und ...
mit dem Trost des Heiligen Geistes« (Apg. 9,31), nachdem er durch ein Gesicht
vor Damaskus eine Wandlung erfahren hatte.
Auch Petrus erhielt durch einen Traum die Antwort auf sein Gebet: Er durfte unabhängig werden von den allzu strengen jüdischen Speisegesetzen (Apg. 10,10–33).

10. Träume können klare Weisungen von Gott erteilen

So wurde dem frommen Ananias in einem Gesicht der Auftrag zuteil, er solle
dem betenden, blinden Saulus die Hände auflegen, damit er wieder sehend werde
(Apg. 9,10–12).
Derselbe geheilte Paulus wurde dann in Korinth durch ein Nachtgesicht ermutigt:

»Fürchte dich nicht, sondern rede und schweige nicht! ... niemand soll sich unterstehen,
dir zu schaden!« (Apg. 18,9f.)

11. Träume wollen lehren, um die höchsten Werte zu bitten

»Der Herr erschien Salomo zu Gibeon im Traum des Nachts ... und sprach: Bitte, was
ich dir geben soll! ... Salomo sprach: ... So wollest du deinem Knecht geben ein gehorsames Herz...« (1. Kön. 3,5ff.)

Nicht um Reichtum, Ehre oder Sieg hatte er gebeten, sondern um den Gehorsam, den Willen Gottes zu erkennen und danach zu handeln. Bis heute wurzelt
ein wesentlicher Teil des Elendes der Welt in der Selbstherrlichkeit, im Machtstreben und in der Unfähigkeit, die höchsten, wichtigsten Werte zu finden, Werte
zu ordnen und sie in die Tat umzusetzen.
Das ganze Buch Daniel berichtet in der Bibel von einem Manne, der sich durch
Träume und Gebete hat leiten lassen, dem höchsten Herrn zu folgen und die ver-
gangene und künftige Welt- und Heilsgeschichte kundzutun.

12. Das Leben des Apostels Paulus wurde in einzigartiger Weise durch gottgesandte Träume bestimmt

So bedeutsam erschienen dem Paulus die Erlebnisse der Vision Jesu vor Damaskus, daß er sie dreimal berichtet (Apg. 9; 22; 26).

Das Leben dieses Mannes ist bewundernswert: Selbst nicht ganz gesund, bereist er doch
zu Fuß (auf über 10000 km Wanderwegen) den ganzen damals bekannten Weltkreis des
Römischen Reiches unter kaum vorstellbaren Strapazen (2. Kor. 11). So trägt er wesentlich dazu bei, daß im Verlauf einer Generation der Glaube an den lebendigen Jesus Christus
sich in der damals bewohnten Welt (Oikumene) ausbreitet.
Dazu zeugen seine Briefe von dichterischer Beherrschung der Sprache (z. B. 1. Kor. 13,
das Hohelied der Liebe), sein Denken von sonst kaum erreichter theologischer Tiefe, sein
Gemütsleben von einzigartigem Adel der Gesinnung. Er ist ein Held im Leiden, ein Meister im Trösten, ein Seelsorger, wie vor ihm nur Jesus selbst.

All diese Kraft aber wurzelt in der Glaubensgewißheit, die ihm durch seine »Bekehrung« nach der Vision und durch den Traum zuteil wurde:

Ihm »erschien ein Gesicht bei der Nacht. Das war ein Mann aus Mazedonien, ... der bat ihn...: Komm herüber nach Mazedonien und hilf uns! Als er aber das Gesicht gesehen hatte, da trachteten wir alsobald, nach Mazedonien zu reisen, gewiß, daß uns der Herr dahin berufen hätte...« (Apg. 16,9–11)

Noch heute wird das Leben nicht weniger gläubiger Christen geprägt durch die Gewißheit: Gott führt mein Leben durch sein Wort und auch durch die von ihm gesandten Träume. Wir haben nur zu oft verlernt, auf diese Rufe Gottes zu achten.

Auch später, als Paulus mit 276 Seeleuten in schwerstem Sturm zwei Wochen in Seenot um das Leben bangte, erschien ihm

ein Engel Gottes und ... sprach: Fürchte dich nicht! (Apg. 27, [23f.])

Dadurch gewannen Paulus und die Besatzung neuen Mut.

13. Träume rufen nicht nur zur Nachfolge, sondern auch zur Ehrfurcht und zur Antwort

Gott ruft den Eli im Traum mit Namen (1. Sam. 3), wie er auch dem Mose im brennenden Dornbusch erschienen war und ihn gerufen hatte (2. Mos. 3). Beide aber fielen zu Boden, Mose verhüllte sein Haupt, und beide antworteten, zum Gehorchen und Dienen bereit: »Hier bin ich« und »Rede, Herr, dein Knecht hört.«

Biblische Träume lehren, was bisher kein mir bekanntes Buch über Träume herausstellt: Die gottgesandten Träume fordern eine Antwort heraus. Dieses Antworten kann in verschiedener Form als Gebet erfolgen (wie noch zu besprechen sein wird). Das Antworten kann aber auch im Traum selbst geschehen. So können Träume zu Zwiegesprächen mit Jesus Christus werden. (Der erste, hinten S. 213f. berichtete visionsähnliche Traum gibt dafür ein besonders lebendiges Beispiel.)

Der Traum Salomos (1. Kön. 3,5ff.) gibt ein Vorbild für ein solches Antworten:

»... So wollest du deinem Knecht geben ein gehorsames Herz! ...« (V. 9)

Mag noch von allen Träumen gelten: Sie dienen der vertieften Selbsterkenntnis, so gilt doch nur von den religiösen Träumen: Sie dienen zugleich der vertieften Gotteserkenntnis, sie lehren nach dem Willen Gottes fragen und ihn erkennen, sie wollen das Leben nach dem Vorbild Jesu wandeln und vermitteln damit dem Träumenden in einzigartiger Weise Sinn und Halt des Lebens.

8. Träume – sie lehren, was Gott von uns hält (Hiob 7,12–16)
   Träume – sie schauen das Schicksal der Welt. (Dan. 2)
9. Träume – tyrannische Taten zu richten. (1. Sam. 28,6ff.)
   Träume – den Streit des Gewissens zu schlichten. (Dan. 5; Apg. 10,9–35)

10. Träume – die heilendes Handeln befehlen, (Apg. 9,10)
    Träume – die sorgen für ängstliche Seelen. (Apg. 18,9f.)
11. Träume – um bleibende Werte zu wählen, (1. Kön. 3,5–15)
    Träume – die göttliches Walten erzählen. (Dan. 1–5)
12. Träume – die völlig das Leben verwandeln,
    Träume – zum Helfen und Heilen und Handeln. (Apg. 9)
13. Träume – als Aufruf zur Ehrfurcht gesendet, (2. Mose 3,1–6)
    Träume – als Antwort der Demut gespendet. (1. Kön. 3,5)

E Träume der Buße und der Berufung in der Bibel

14. Träume wollen den Menschen empfänglicher machen für das Wort Gottes

Besonders zeitgemäß wirkt die immer wiederkehrende Aussage der Heiligen Schrift: Gott selbst, der heilige und erhabene, sucht den Menschen, um mit ihm zu sprechen und ihm durch Bilder wichtige Botschaften mitzuteilen.

Für den Psalmsänger ist dies der Hauptunterschied zwischen den Götzen der Heiden und dem lebendigen Gott Israels: Jene »haben Mäuler und reden nicht«, (115,5) Jahwe aber redet mit seinem Volk.
»Ein hörend Ohr und ein sehendes Auge macht der Herr.« (Spr. 20,12)
Die Propheten sehen dies als ein Zeichen ihrer Verbindung mit Jahwe: »Er weckt mir das Ohr, daß ich höre wie ein Jünger . . .« (Jes. 50,4)

Vor allem Jesus selbst wird nicht müde zu rufen:

»Wer Ohren hat zu hören, der höre!« (Matth. 11,15; 13,9)

Die Unheilsweissagung des Jesaja bezieht er auf die ablehnenden, verschlossenen Menschen seiner Zeit:

»Darum rede ich zu ihnen durch Gleichnisse; denn mit sehenden Augen sehen sie nicht, und mit hörenden Ohren hören sie nicht; denn sie verstehen es nicht.« (Jes. 6,9,10; Matth. 13,13ff.)

Von dieser Verschlossenheit, besonders der Blindheit und Taubheit bei den religiösen Träumen beklagt dann Hiob:

»In einer Weise redet Gott und wieder in einer anderen redet Gott, *nur beachtet man's nicht.* . . . Im Traum, im Nachtgesicht . . . da öffnet er das Ohr der Leute.« (33,14ff.)

Freilich wendet Gott nicht Gewalt an; vielmehr wartet er, ob und wann ein Mensch bereit ist, sich für seine Botschaft in Bibel und Träumen die Ohren öffnen zu lassen.
Wo dies aber geschieht, da folgt das innerste Niederfallen der Buße (vgl. Nr. 8 S. 52) und danach das preisende Anbeten Gottes (Dan. 2,46).

15. Religiöse Träume stellen sich oft erst nach einer aufrichtigen Herzensbuße ein und wollen ihrerseits das Beten vertiefen

Mit seinem Volk und stellvertretend für die verhärteten Menschen seiner Zeit (!) bekennt Daniel seine und seiner Väter Sünden:

»... wir liegen vor dir mit unserem Gebet, nicht auf unsere Gerechtigkeit, sondern auf deine große Barmherzigkeit... Herr, sei gnädig...!« (Dan. 9,18)

Danach erst offenbart ihm der Erzengel Gabriel in einem Gesicht die verborgenen Geheimnisse der Endzeit. »Zitternd« richtete sich Daniel auf, nachdem er von der Gewalt des Gesichtes überwältigt, ohnmächtig zu Boden gesunken war. Ungemein anschaulich erfahren wir Einzelheiten über die Seelsorge bei solchen Gesichten:

»Und siehe, eine Hand rührte mich an und half mir auf die Knie und auf die Hände; und er sprach zu mir: Du lieber Daniel, merke auf meine Worte... Fürchte dich nicht!« (10,9–12) ... Und er rührte mich abermals an und stärkte mich und sprach: Fürchte dich nicht, du lieber Mann! Friede sei mit dir, sei getrost, sei getrost! ... Da ermannte ich mich und sprach: Mein Herr, rede! denn du hast mich gestärkt!« (10,18,19)

Bei den Träumen also gehören Buße und innerlich erfahrene, unmittelbare Seelsorge von Gott, die ihrerseits wieder den Geist des Gebetes weckt, untrennbar zusammen.

Auch in dem Urbild der religiösen Träume, der Himmelsleiter Jakobs, weist das Hinab- und Hinaufsteigen der Engelsboten Gottes hin auf die Antworten der Gebete auf die Botschaften der Träume. (1. Mos. 28,12)

16. Religiöse Träume berufen Menschen zum Dienst für Gott und lehren sie, recht zu handeln

Dreimal hatte der Herr den Eli im Traum bei seinem Namen gerufen, ehe er durch die Hilfe des Samuel verstehen lernte, daß es der lebendige Gott war, dessen Stimme ihn zu seiner Lebensaufgabe leitete. Danach erst ging Eli hin

»und tat die Türen auf am Hause des Herrn.« (1. Sam. 3,15)

Ähnlich wurden, wie schon erwähnt, Mose (2. Mos. 3,4ff.) und Paulus (Apg. 9) zu lebenslangem Dienst durch Träume und Gesichte berufen.

Im Gegensatz zu der früher wie heute verbreiteten Ratlosigkeit, was zu tun sei und wie es richtig geschähe, vermitteln religiöse Träume die starke Klarheit und Gewißheit:

»... So tritt dann (mit den Träumen) für ihn ein Engel als Mittler ein... zu verkünden dem Menschen, wie er solle recht tun.« (Hiob 33,23)

Religiöse Träume also sind nach der Botschaft der Bibel gesandt und bestimmt, einen Menschen seiner Lebensberufung vor Gott gewiß zu machen und sein Handeln zu leiten.

Der bedeutende Religionspsychologe Werner GRUEHN hat in seinen Werken (»Religions-psychologie«, 1924 und »Die Frömmigkeit der Gegenwart«, 1953) die entscheidende Be-deutung der »Wandlungs-, Berufungs- und Offenbarungserlebnisse« als besonderer »über-wacher Erfahrungen« wissenschaftlich erforscht. Er wies mit vielen anderen Forschern nach, daß und wie diese Erfahrungen mit dem höchsten denkbaren Grad der Gewißheit das Leben der echt frommen Menschen steuern, ihnen außerordentliche Kräfte und Ziel-strebigkeit verleihen und insgesamt entscheidend ihren Charakter prägen.

In der Bibel stehen diese Erfahrungen als Wirkungen der religiösen Träume an wesentli-cher Stelle.

14. Träume – zu öffnen das menschliche Ohr. (Hiob 33,14ff.)
    Träume – zu heben die Herzen empor. (Dan. 2,46)
15. Träume – durch Buße die Bahn zu bereiten, (Dan. 9,12)
    Träume – durch Beten zum Himmel begleiten. (1. Mose 28,12;
    1. Kön. 3,5–9)
16. Träume – von dringendem göttlichen Ruf, (1. Sam. 3)
    Träume – von Gott, die im Herzen er schuf. (Hiob 33,14–18)
17. Träume – als himmlische Stimmen erschienen, (Eli: 1. Sam. 3; Mose:
    2. Mose 3,4ff.; Paulus: Apg. 9)
    Träume – berufen zu dankbarem Dienen. (Apg. 9)

F Träume von Trost und Schutz in der Bibel

17. Religiöse Träume erfüllen eine wichtige Aufgabe der Seelsorge

Wir werden der Geschichte der Träume nicht gerecht, wenn wir nur behaupten: Vor der Zeit von FREUD wurden sie als billige Zukunfts-Weissagungen gedeutet, nach FREUD erst lernten wir sie aus den Erlebnissen der Vergangenheit verstehen. Mindestens die zahlreichen religiösen Träume der Ermutigung entfalten noch heute eine starke Kraft, die in die Zukunft weist.

Ein Beispiel aus der Gegenwart entspricht nicht nur biblischem Inhalt, sondern nähert sich auch ihrer Sprache:
Ein 65jähriger Arzt zweifelt vor seiner Forschungsreise nach Neuguinea, ob seine gefähr-dete Gesundheit den Anstrengungen gewachsen sein wird. Er träumt (ohne Bilder) deut-lich den Satz: »Selig sind, die da abreisen; denn sie werden begleitet sein!« Dieses Wort brachte ihm Gewißheit und starken Halt auf der Reise, deren Ergebnisse den Hoffnungen entsprachen.
Einem 77jährigen, noch aktiven Pfarrer verdanken wir einen Einblick in die tagebucharti-gen Aufzeichnungen über seine – von ihm so genannten »Geschenkverse«, die ihm nicht nur in den Phasen seiner (eher leichten Alters-)Depression einen starken Trost vermittelt haben.

Bei diesen »Versen« handelt es sich ausnahmslos um Bibel- oder um Liedworte aus dem Gesangbuch oder aus dem sog. »Reichsliederbuch«, die ihm »wie ein Blitz und völlig spontan« zuteil werden.

Am 3. 2. 1992 findet sich die Eintragung: »6 Uhr Geschenkvers:
    Er hat noch niemals was versehn   in seinem Regiment,
    nein, was er tut und läßt geschehen,   das nimmt ein gutes End.
Lange konnte ich den Choral nicht finden; jetzt habe ich ihn: Es ist einer von den 18 Versen von Paul Gerhardts ›Ich singe dir mit Herz und Mund‹. Welchen tiefen Trost hat mir Gott heute damit beschert! Es war wieder wie ein Zwiegespräch. Meine Träume wie ein Gebet, und die Lieder wie eine Antwort darauf. Ein treuer Gott!«

Häufiger als während des Nachtschlafes geschehen diese »Geschenkverse« unmittelbar während des Aufwachens. So schreibt er am 3. 12. 1991: »Heute nacht schlimmer Alptraum, aber Erwachen mit dem Geschenkvers: Mir ist Erbarmung widerfahren, Erbarmung deren ich nicht wert ... Nicht nur der Inhalt hat mich so getröstet, sondern vor allem auch die Tatsache, daß Gott so deutlich mit mir spricht!«

Nach den Aufzeichnungen hat sich nur ein einziges Mal ein Vers wiederholt, nämlich am 15. 8. 1991 und am 22. 12. 1991. An beiden Tagen »erschien« frühmorgens plötzlich das Wort: »Es sollen wohl Berge weichen und Hügel hinfallen, aber meine Gnade soll nicht von dir weichen, und der Bund meines Friedens soll nicht hinfallen, spricht der Herr, dein Erbarmer.« Das Tagebuch vermerkt dazu: »Wie überwältigend treu und gütig ist der Herr!«

Am 3. 3. 1992 ist zu lesen: »Heute früh stellte sich das Wort ein: Wenn ich mich zu Bette lege, so denke ich an dich, und wenn ich erwache, so rede ich von dir, und des Morgens bist du noch da!« Der Anfang ist der 7. Vers im 63. Psalm; der Schluß ließ sich nicht finden.

Am 5. 5. 1991 gibt ein weiterer Vermerk einen genaueren Aufschluß: »Die Geschenkverse stellen sich jetzt meist erst einige Zeit nach dem Erwachen bei irgendeiner völlig anderen Tätigkeit ein, beim Rasieren, beim Ankleiden oder beim Weg zum Bäcker; durch das spontane Erscheinen wirken dann die Worte äußerst ›ich-nahe‹ und bewegend. Heute früh, beim Weg zum Schreibtisch schon erschöpft, kam das Wort: Er gibt den Müden Kraft und Stärke genug den Unvermögenden! (Jes. 40,29) Dadurch unbeschreiblich dankbar und zuversichtlich!«

Unter den Eintragungen finden sich häufig bekannte Choräle oder Einzelverse daraus. (Am 18. 2. 1992: »Großer Gott, wir loben dich ...« oder am 5. 2. 1992: »So nimm denn meine Hände und führe mich!« mit dem Vermerk: »Alle Verse besinnlich, tief, bewegend!«)

Gelegentlich bleibt ein Geschenklied im Ursprung unbekannt:
    »Du hast so wunderbare Wege,
    um deinen Kindern wohlzutun,
    wenn ich mich abends niederlege,
    darf ich in deinen Armen ruhn ...«

Die Aufzeichnungen lassen über zwei Jahre keine Gesetzmäßigkeit erkennen, weder nach dem Auftreten der Verse (manchmal durch Wochen täglich, manchmal fehlen sie; durchschnittlich insgesamt 100 in dem genannten Zeitraum) noch nach dem Inhalt.

Sie lassen sich – wie Träume auch sonst – auf einer natürlichen, psychologischen Ebene als Ausdruck des persönlichen Erlebens oder Wünschens verstehen, ihre wesentliche Wirkung liegt jedoch im geistlichen Bereich, durch den sie den stark bewegenden Charakter einer unmittelbaren »Traum- und Begleitseelsorge« Gottes gewinnen.

58

Weissagungen biblischer Träume gehen jedoch nicht an dem Ernst der Wirklichkeit dabei vorüber. Das Schicksal des Tyrannen Belsazar war genannt (Dan. 5; vgl. vorn Nr. 9). In seinem Gefängnis versteht Joseph den Traum des Bäckers von den Vögeln, die drei Körbe voller Gebäck auf seinem Haupt fraßen, so:

»...nach drei Tagen wird dir ... der Pharao dein Haupt erheben und dich an den Galgen hängen, und die Vögel werden dein Fleisch von dir essen.« (1. Mos. 40,19)

Der Mundschenk dagegen hatte geträumt, er drücke drei grüne Reben in des Pharao Becher, und Joseph verstand:

»Über drei Tage wird der Pharao dich wieder in dein Amt stellen...« (1. Mos. 40,9–14)

Die folgende Wirklichkeit gab dem Traumverständnis des Joseph recht.
Träume wollen noch heute ermutigen, wie Gideon einst Mut gewann, die zahlenmäßig weit überlegenen Midianiter mit seinen nur 300 Mann anzugreifen und zu besiegen (Ri. 7,9 ff.).

Im Jahre 1970 suchte mich unser Briefträger als Patient auf. Er war schon mehrfach, und auch an diesem Tag von einem Hund gebissen worden, vor denen er nunmehr eine so panische Angst empfand, daß er sich nicht länger arbeitsfähig fühlte.
Da träumte er nachts (sehr ähnlich wie mehrere andere Angstkranke): »Mir erschien Jesus im Traum und sagte: Christen haben aber Mut und keine Angst!« Seither versieht der Briefträger seinen Dienst völlig angstfrei (ohne daß eine ärztliche Behandlung erfolgte, sechs Jahre nachbeobachtet). (Vgl. die biblischen Beispiele aus Apg. 18 und 27 S. 105 und 54.)

18. Träume spiegeln deutlich die depressiven Verstimmungen, aber sie künden auch von einem starken Trost

Von Hiob werden nahezu alle heute medizinisch bekannten Zeichen einer schweren depressiven Erkrankung bis hin zu Angstträumen und Selbstmordgefahr berichtet:

»... du erschrecktest mich mit Träumen und machtest mir Grauen durch Gesichte, daß meine Seele wünschte ... den Tod. Ich begehre, nicht mehr zu leben.« (7,14 ff.)

Aber Hiob konnte noch beten, und

»der Herr segnete hernach Hiob mehr denn zuvor.« (42,12)

Ungemein häufig werden – auch im Schrifttum – vorausschauende Träume berichtet, die von dem Tod eines nahen Angehörigen berichten. Die Wahrheit solcher Berichte ist nicht anzuzweifeln, doch ist andererseits auszuschließen, daß nicht etwa sogen. »déja-vu-Erlebnisse« erst bei oder nach dem Ereignis, z. B. dem Todesfall, die Überzeugung wecken: »Das habe ich doch schon genau so zuvor im Traum gesehen.« Aus Gründen wissenschaftlicher Sorgfalt sollen daher hier nur solche Träume berichtet werden, die vor dem jeweiligen Ereignis aufgezeichnet wurden (sowie um des Themas willen nur religiöse Träume).
Am 30. Mai 1980 berichtet die 42jährige Ehefrau eines Naturwissenschaftlers:

»Seit zwei Tagen bin ich äußerst beunruhigt wegen eines Traumes: meine beste Freundin – wir kennen uns schon seit der Schulzeit – berichtet mir neulich von leichten unbestimmten Bauchschmerzen. Vorgestern nacht träume ich nun, was ich Ihnen hier aufgeschrieben habe: ›Sphärenmusik, Lichterscheinung. Da tritt Jesus ins Zimmer. Ich höre seine Stimme: ‚Sie kommt bald heim in mein Reich!' Da tritt meine Freundin selbst ein, und ich muß bei ihrem Anblick weinen‹. Seitdem bin ich stark besorgt und erregt.

Die Frau fragt nun: ›Ist dieser Traum eine Weissagung, wird sie bald sterben? Nach dem Traum glaube ich es; mit ihr kann ich doch nicht darüber sprechen. Sie ist doch auch blühend und gesund.‹«

Wir besprechen auch die Möglichkeit, daß die Sorge der Träumenden selbst zu dem Traum geführt haben könnte. Doch das leuchtet ihr nicht ein. Sechs Wochen später verstärken sich die Schmerzen, die Freundin muß ins Krankenhaus und ist dort nach weiteren drei Monaten an einer bösartigen Geschwulst gestorben.

(Dieses Beispiel soll hier zugleich für zwei weitere ähnliche vorausgeträumte Todesfälle stehen.)

Zahlreiche Depressive und Lebensmüde haben uns ihre Träume berichtet. (Einige sind abgedruckt in meinem Buch: »Träume selbst verstehen«, Stuttgart, 5. Aufl. 1989.)

Einen trostreichen berichtete ein 68jähriger Lehrer am 23. Juli 1983:

»Im Traum spürte ich selbstkritisch meine Depression und mußte weinen. Auch dachte ich, wieviel besser es wäre, nicht mehr zu leben.

Dann sah ich im Traum vor mir Lasten, die sich zu Bergen auftürmten. Dann ergriff irgend jemand eine der Lasten nach der anderen und warf sie nach hinten. Dazu hörte ich ganz klar die Worte: ›Du wirfst alle meine Sünden hinter dich zurück.‹

Erleichtert und befreit wachte ich auf. Dieser eindrucksvolle Traum hat noch lange in mir nachgewirkt, besonders, nachdem ich in der Bibel den ganzen Vers nachgelesen hatte: ›Siehe, um Trost war mir sehr bange; aber du hast dich meiner Seele herzlich angenommen...‹« (Jes. 38,17)

19. Träume machen des Schutzes und der Geborgenheit gewiß

Schon Mose wußte sich bewahrt, als er die Stimme Gottes im Traum vernahm:

»Ich habe gesehen das Elend meines Volkes ... und habe ihr Leid erkannt und bin herniedergefahren, daß ich sie errette ... weil ... ich ihre Angst gesehen habe...« (2. Mos. 3,7 ff.)

In gleicher Weise spenden noch heute Träume einen tiefen Trost. Sie werden nicht selten – genau wie manche der biblischen – auch ausschließlich akustisch erlebt. So träumte der eben genannte depressive Lehrer zwei Wochen später:

»Unmittelbar vor dem Aufwachen hörte ich einen Chor mit unbeschreiblich reinen Engelstimmen den Vers Dietrich BONHOEFFERS singen:
›Von guten Mächten wunderbar geborgen,
Erwarten wir getrost, was kommen mag,
Gott ist bei uns am Abend und am Morgen
Und ganz gewiß an jedem neuen Tag.‹
Den ganzen Tag lang und noch darüber hinaus fühlte ich mich begleitet und bewahrt.«

20. Träume enthalten oft nüchterne Ratschläge für den Alltag

Dem lebensmüden Elia erschien in der Wüste einst während des Schlafes ein Engel »und sprach zu ihm: Stehe auf und iß; denn du hast einen weiten Weg vor dir!« (1. Kön. 19,5–7)

Bis in unsere Tage reichen äußerst erlebnisstarke (nach I. H. SCHULTZ: »ich-nahe«) religiöse Wahrnehmungen – auch von Stimmen – die den Stempel der Echtheit tragen und weit entfernt sind von krankhaften »Halluzinationen«.

Der erwähnte 77jährige Pfarrer hatte trotz vieler Mühen am 30. 9. 1991 seine Sonntagspredigt nicht fertigstellen können und betete nachts um die rechten Gedanken für den Schluß. In dem anschließenden Schlaf und Traum erschien ihm ganz deutlich das Lied:
»Ein Oberster kam einst zu Jesu bei Nacht
und frug, was zu Erben des Himmelreichs macht;
da sagte ihm Jesus die Wahrheit ganz fein:
Ihr müsset von neuem geboren sein ...«
Gleich am Morgen ergab ein genaues Studium des 3. Kapitels des Johannes-Evangeliums: Hier standen genau die passenden Gedanken für den Schluß der Predigt.
(Ein weiteres, besonders treffendes Beispiel findet sich Seite 213 f., »der humpelnde Jesus«.)

Von den Träumen der Bibel gilt dabei wie von den religiösen Träumen der Gegenwart: sie vertiefen das geistliche Leben und machen bescheiden und dankbar.

Auch Nebukadnezar, als er von seinem Hochmut und Größenwahn geheilt war, lernte im Rückblick auf seine Träume, Gott zu loben. (Dan. 4,31–34)

21. Träume können den Menschen wandeln vom ängstlichen, bedrückten zum freien und furchtlosen Wesen

Die Bibel kennt beide Extreme der Träume: die belastenden Albträume (die ihren Namen von den Unholden, den Alben, nicht etwa von den Alpen tragen und doch nach dem Duden als »Alpträume« zu schreiben sind). Der depressive Hiob litt unter ihnen (7,12–16). Auf der anderen Seite finden sich die erwähnten Berichte, wie die Träume Zuversicht und Kräfte wecken (z. B. Matth. 1,20). Die schon genannte Wandlung des Saulus zum Paulus (Apg. 9) läßt sich auch bis zu seinem späteren Leben an den Marksteinen seiner Träume verfolgen.
Solche Wandlungen geschehen nicht in erster Linie durch plötzliche einschneidende Erlebnisse, sondern häufiger im Sinn einer allmählichen Entwicklung. Freilich hat ein ärztlicher Psychotherapeut nur relativ selten Gelegenheit, einen Menschen über viele Jahre so zu begleiten, daß die Träume seine Entwicklung deutlich machen.

In meinem Buch »Träume – selbst verstehen« habe ich von dem (damals 50jährigen) Versicherungskaufmann berichtet und aus dem Verlauf von 18 Monaten 24 der wichtigsten Träume wiedergegeben.
Sie reichen von dem anfänglichen und später wiederholten Standardtraum »Ich breche zusammen« über religiöse Ermahnungen, z. B. in dem Traum:

»Nur eine kurze, flücht'ge Zeit
Bist du in diesem Hause Gast; –
Sorg, daß du in der Ewigkeit
Ein Heimatrecht im Himmel hast!«

Nach inzwischen weiteren sechs Jahren der Nachbeobachtung ist von einem weiteren, immer wiederholten religiösen Traum der Inhalt anzugeben:

»Mehrmals in jedem Monat träume ich von einer Kapelle auf einer Bergeshöhe, die ich dort besuche. Sie hat einen Vorraum in der Größe von fast zwei Metern im Quadrat. Dort steht vor zwei kleinen Bogennischen in der Mauer eine Kniebank, auf der ich bete. Dabei hatte ich so tiefe Erlebnisse der Begegnung mit Jesus Christus, daß ich sie nicht erzählen kann. Durch alle Jahre aber blieb die Kapelle zur Rechten der Kniebank dunkel. Am 28. Dezember 1983 erlebte ich den gleichen Traum, und zum ersten Mal war die Kapelle strahlend hell erleuchtet. Auf der hinteren weißen Wand zeigte sie als goldenes Emblem das Meditationsbild des heiligen Nikolaus von der Flüe. Mir ist, als sei mein ganzes Leben dadurch licht geworden.«

Es wäre ein Irrtum, wollten wir solche Träume nur als Begleiterscheinungen und Folgen einer inneren Wandlung ansehen; sie sind vor allem eine Ursache für einen solchen innersten Reifungsvorgang. Niemand kann dem lebendigen Gott begegnen, auch nicht in den Träumen, und derselbe bleiben, der er war.

Wer also auf seine religiösen Träume zu achten beginnt, der kann die Seelsorge Gottes an der eigenen Seele persönlich erfahren und damit ein Heiligtum in seinem Herzen finden.

G Träume von Gottesgerichten

22. Träume können ein ernstes Gericht ankündigen (Der Traum des Belsazar als bedeutendes Beispiel)

Unter den Berichten des Propheten Daniel ragt einer (im fünften Kapitel) hervor, nicht nur durch die Dramatik des Geschehens und die Kunst seines Stils, sondern auch durch den erschütternden Ernst seiner Aussage und durch die psychologische Eigenart seines Bilderlebens. Wir können diesen Bericht literarisch als Legende oder als Geschichtserzählung einordnen. Wir können auf die geschichtlichen Irrtümer verweisen (s. unten) und dem Bericht als einer fast typischen antiken Wundererzählung jeden Wirklichkeitscharakter absprechen.

Dennoch wirft das Bilderleben in dieser Geschichte eine Reihe von vorwiegend psychologischen Fragen auf, die wir wenigstens sehen müssen, auch wenn wir sie nicht beantworten können:

Ein Traum war die rätselhafte Bilderschrift an der Wand sicher nicht; denn weder der König noch seine Gäste schliefen, vielmehr zechten sie ausgiebig.

Gibt dies Grund genug, das Bild der Schrift als eine »außerwache pathologische Halluzination« (vgl. S. 217 ff.) abzutun?

Offenbar erblickt der König allein die schreibende Hand (V. 5); doch auch die Weisen und Daniel konnten die Schrift erkennen.

Unter der Einwirkung des Alkohols kommt es nicht nur im späteren Delirium zu krankhaften Gesichtswahrnehmungen, von denen die »weißen Mäuse« fast sprichwörtlich geworden sind. Haschisch, seit alten Zeiten im Vorderen Orient gebräuchlich, erzeugt Bilder, wie auch andere »halluzinogene Drogen« (LSD), Psilocybin, Meskalin u. a., vgl. K. Thomas: »Die künstlich gesteuerte Seele«, Stuttgart 1970.
Wie aber ist zu erklären, daß auch die anderen Gäste und die »Weisen« die Schrift wahrnehmen? Wirkt hier eine Massensuggestion, wie bei dem bekannten indischen Seiltrick? (Da wirft ein Inder einen Strick in die Luft, und zahlreiche Zuschauer sind überzeugt, genau zu sehen, wie ein Knabe den Strick hinaufkletterte, während die unbestechliche Kamera beweist: er bleibt unten sitzen.)
Der Bericht selbst nennt nur den Alkohol und beschreibt derart lebendig das Entsetzen und die Leichenblässe des zu Tode erschrockenen Königs, daß es schwerfällt, bei diesem Bericht an eine bloß erfundene, phantasievolle Erzählung zu glauben.

Wenn nach diesem Bericht jedenfalls die Chaldäer und Daniel als Traumdeuter gerufen werden, so weist dies auf Bilderlebnisse hin. Sie könnten einem außerwachen pathologischen Bereich zugehören.

Manche »Götzendienste« im Vorderen Orient pflegten damals die Traumorakel, die man durch Schlafen in besonderen Räumen, Gräbern oder Höhlen zu erlangen hoffte. Das gilt von dem Glücksgott GAD und der Schicksalsgöttin MENI, doch ähnlich auch von dem Jahwetempel in Gideon (1. Kön. 3,4).

23. Der Prophet Daniel

Er ist keinem alttestamentlichen Schriftsteller oder Chronisten, nicht einmal Jesus Sirach um 200 v. Chr., bekannt.
Er selbst dagegen kennt genau die Ereignisse des 2. Jahrhunderts (v. Chr.), die er besonders in der dritten Vision (Kap. 10–12) beschreibt.
Daniel erzählt im 7. Kapitel ein (aramäisch geschriebenes) Traumgesicht (»chelem«), dem eine jüngere hebräische Sammlung von Visionen (Kap. 8–12) folgt (»Wachvisionen« = hebr. chason).
Seit Ezechiel und Deuterojesaja bewegte die Frommen die Frage: »Wann kommt das Reich Gottes?« Der Prophet erteilt darauf die Antwort: »In drei und einem halben Jahr« (7,25).
Durch Fasten und Bußübungen sollen Visionen begünstigt werden (10,2). Erlebnis und Deutung, bei Sacharja (1,7ff.) noch streng getrennt, verschwimmen hier. Der apokalyptische Stil soll hier mehr verhüllen als offenbaren.
Der *Traum des Königs Nebukadnezar* wird eingerahmt (2,1–30 und 46–49) durch seine vergeblichen Versuche, bei den Traumdeutern Rat und Erklärung zu finden (»Chaldäer« wurde gleichbedeutend mit »Zauberer«). Der König befiehlt daher, die Weisen umzubringen. Daniel aber erbietet sich, die Deutung zu finden (V. 14–16). Dadurch rettet er sein eigenes Leben und das der chaldäischen Weisen. Zugleich beweist er damit: Nur Jahwe kann Träume deuten lehren. Dabei galt es hier noch zusätzlich, auch den Inhalt des Traumes zu finden.

Der König sah eine Art Kolossalstatue, deren der alte Orient viele kannte. Dazu gehört z. B. das Riesenbild im Beltempel zu Babel.
Noch heute sind Riesenstandbilder Buddhas an vielen Stellen der Welt zu sehen, z. B. in Kobe in Japan, auf Ceylon oder der über 50 m hohe Buddha in Afghanistan.

Der Deutung nach wird der angeredete König im kostbarsten Körperteil dargestellt. Es folgt das Babylonierreich in sehr günstiger Beleuchtung. Dann werden das medische, das persische und auch das makedonische Reich gerichtet.
Die Zehen der Füße sind teils aus Eisen, teils aus Ton gebildet. Sie scheinen also an zwei bestimmte Diadochenreiche, das Ptolemäer- und das Seleuzidenreich, zu erinnern. Das ewige Reich wird die Weltreiche zerschmettern.

Die Absicht der Rahmenerzählung ist klar: Weisheit ist der Lohn wahrer Frömmigkeit. Das ist der gleiche Gedanke, den Paulus später schreibt. Christus liebhaben ist besser als alles Wissen.

24. Der Wortlaut des Gedichtes (im Zusammenhang und in Auswahl)

König Belsazar machte ein herrliches Mahl seinen tausend Gewaltigen und soff sich voll mit ihnen. (Kap. 5,1)
Und da er trunken war, hieß er die goldenen und silbernen Gefäße herbringen ... aus dem Tempel zu Jerusalem ... daß der König mit seinen Gewaltigen, mit seinen Weibern und Kebsweibern daraus tränken. (V. 2)
Und da sie so soffen, lobten sie die goldenen, silbernen, ehernen, ... hölzernen und steinernen Götter. (V. 4)
Eben zur selben Stunde gingen hervor Finger wie von Menschenhand, die schrieben ... auf die getünchte Wand...; und der König ward gewahr der Hand, die da schrieb. (V. 5)
Da entfärbte sich der König, und seine Gedanken erschreckten ihn, daß ihm die Lenden schütterten und die Beine zitterten. (V. 6)
Und der König rief überlaut, daß man die Weisen, Chaldäer und Wahrsager hereinbringen sollte. Und er ließ den Weisen zu Babel sagen: Welcher Mensch diese Schrift liest und sagen kann, was sie bedeutet, der soll mit Purpur gekleidet werden und eine goldene Kette am Halse tragen und der dritte Herr sein in meinem Königreiche. (V. 7)
Da wurden alle Weisen des Königs hereingebracht; aber sie konnten weder die Schrift lesen noch die Deutung dem König anzeigen. (V. 8)
Darüber erschrak der König Belsazar noch härter und verlor ganz seine Farbe, und seinen Gewaltigen ward bange. (V. 9)
Da ging die Königin hinein ... in den Saal und sprach: ... (V. 10)
Es ist ein Mann in deinem Königreich ... bei ihm ward Erleuchtung gefunden, Klugheit und Weisheit... (V. 11)
... dazu Klugheit, Träume zu deuten ... und verborgene Sachen zu offenbaren: nämlich Daniel. (V. 12)
Da ward Daniel hinein vor den König gebracht, und der König sprach... (V. 13)
... Kannst du die Schrift lesen und mir anzeigen, was sie bedeutet, so sollst du mit Purpur gekleidet werden und eine goldene Kette an deinem Halse tragen und der dritte Mann sein in meinem Königreiche. (V. 16)

Da fing Daniel an . . .: Behalte deine Gaben . . .; ich will dennoch die Schrift dem König lesen und anzeigen, was sie bedeutet. (V. 17)

. . . Und du, Belsazar, hast dein Herz nicht gedemütigt, obwohl du solches alles weißt (nämlich die Macht, den Hochmut, das folgende Elend und die Reue und die Anerkennung Jahwes durch seinen Vater Nebukadnezar) (V. 18–22)

sondern du hast dich wider den Herrn des Himmels erhoben, und die Gefäße seines Hauses hat man vor dich bringen müssen und du (hast) . . . daraus getrunken, dazu die silbernen, goldenen, ehernen . . . Götter gelobt, die weder sehen noch hören noch fühlen; den Gott aber, der deinen Odem und alle deine Wege in seiner Hand hat, hast du nicht geehrt. (V. 23)

Darum ist von ihm gesandt diese Hand und diese Schrift . . .: (V. 24)

Mene, Mene, Tekel, U-pharsin. (V. 25)

Und sie bedeutet dies: *Mene,* das ist: Gott hat dein Königreich gezählt und vollendet. (V. 26)

Tekel, das ist: Man hat dich in einer Waage gewogen und zu leicht befunden. (V. 27)

Peres, das ist: dein Königreich ist zerteilt und den Medern und Persern gegeben. (V. 28)

Da befahl Belsazar, daß man Daniel mit Purpur kleiden sollte und ihm eine goldene Kette an den Hals geben, und ließ von ihm verkündigen, daß er der dritte Herr sei im Königreich. (V. 29)

Aber in derselben Nacht ward der Chaldäer König Belsazar getötet. (V. 30)

25. Einteilung und Hauptbedeutung des Berichtes

Die ersten vier Verse berichten als Einleitung von der Schuld des Belsazar, der in einer Weinlaune die heiligen Gefäße aus dem Tempel seiner besiegten Feinde entweiht. Alle Anwesenden, auch der König selbst, müssen ihr Gewissen verdrängen und eine Strafe erwarten.

Von Daniel, dem Helden der Geschichte, weiß offenbar nur noch die Königin-Mutter (so wörtlich V. 10–12). Er wird geholt, weist aber als Zeichen seiner Überlegenheit und seiner geistlich-prophetischen Stellung alle Geschenke ab. Er verweist auf den Vater des Königs, Nebukadnezar, dessen Hochmut ihn zu Fall gebracht, der aber durch seine Bekehrung zu Jahwe das Reich wiedergewonnen hatte.

Den Höhepunkt der Geschichte bietet die Rätselinschrift, die keiner der Weisen zu entziffern vermochte, die Daniel aber zu lesen und als gewaltige Gerichtsdrohung zu verstehen weiß.

Mit wenigen Worten nur berichtet der Schluß – gleichsam als Pointe – die Ermordung des Königs als Frucht seines Frevels.

Die Rätselinschrift war in Buchstaben geschrieben, die den Magiern unbekannt waren, sicher also nicht in babylonischer Keilschrift, eher schon in kabbalistischen Geheimzeichen (Kabbala = jüdisch-magisch-mystische, spekulative Buchstaben- und Zahlendeutung). Daniel liest dabei die Worte: »Mine, Schekel und Halbminen«, also aramäische Gewichtsbezeichnungen. Eine Mine beträgt etwa ein Kilogramm, ein Schekel den fünfzigsten Teil davon. Daniel deutet die Worte aber nach einem wenig geänderten Text: »Gezählt, gewogen und Stücke«. (So HALLER a.a.O., S. 289.)

26. Der geschichtliche Hintergrund und der Schluß

Die Geschichtsforschung und die Inschriften unterrichten uns wesentlich genauer und zutreffender über das Ende der Chaldäerherrschaft als dieser Bericht, dessen Verfasser offenbar nach langer Zeit nur eine dunkle Vorstellung von den Ereignissen hatte:

Nachfolger Nebukadnezars war nicht Belsazar, sondern Evil-Marodach; der letzte König von Babel hieß Naboned, der ohne Schwertstreich (wie ihn V. 30 berichtet), durch den Feldherrn des Kyros, Gobryas, im Jahre 538 gefangengenommen wurde. Naboned war auch nicht mit Nebukadnezar verwandt, als er ihn vom Thron stürzte.

Der Sohn Naboneds freilich hieß Belsazar; doch ist er nie zur Regierung gelangt. Die Gattin Nebukadnezars, Nikotris, war durch ihre Klugheit weit berühmt. Das Perserreich wurde auch, wie hier berichtet, von einer Behörde aus drei Männern regiert. Rauschende Gastmähler des Königs, an denen auch Frauen teilnahmen, waren ebenfalls weit bekannt. (Sie werden auch bei Esther 1,7 ff. und 5,6 geschildert.) So war der Verfasser des Danielbuches mit den Zuständen am persischen Hof weit besser vertraut als mit der Geschichte seiner Könige.

Von deren irriger Überlieferung berichten freilich auch Herodot (I,188) und Xenophon, daß Babel während eines solchen Festes eingenommen wurde. Auch wird dort Naboned irrig als Sohn Nebukadnezars bezeichnet.

Insgesamt also wird hier eine volkstümliche Überlieferung als Hintergrund für ein dramatisches Geschehen benutzt, das einige grundlegende religiöse Wahrheiten vermitteln und anschaulich machen soll.

Die geschichtlichen Berichte über Belsazar schließen mit seinem gewaltsamen Tod. Daniel als Prophet und Held besteht weitere Prüfungen, die das bis dahin etwas einseitige Bild Jahwes als des gerechten und gestrengen Richters ergänzen durch den Lobpreis seines bewahrenden Schutzes. Jahwe errettet Daniel, den unschuldig Verfolgten, selbst aus den Gefahren der Löwengrube.

Diese Rettung vor den Verfolgungen der Feinde und aus dem Rachen der Raubtiere steht nicht im Zusammenhang mit inneren Bilderlebnissen und ist daher hier nur kurz zu erwähnen.

Wer vorschnell solche Berichte in den Bereich der Fabel verweisen wollte und für völlig unmöglich hält, daß wilde Tiere einen frommen Mann verschonen, andere Menschen dagegen angreifen, der sollte die Forschungen moderner Tierpsychologie zur Kenntnis nehmen: Mit außerordentlichem Feinempfinden vermögen manche Tierarten gerade die innerste harmonische Haltung eines Menschen und seine Furchtlosigkeit zu wittern, so daß sie sich friedlich verhalten oder gar die Nähe solcher Menschen suchen.

Nicht nur von Franziskus von Assisi sind glaubwürdige Berichte über seinen Umgang mit Tieren überliefert, die er als seine »Brüder« betrachtete. Bei drei Menschen des 20. Jahrhunderts habe ich selbst mehrere Tage hindurch miterlebt, wie freie Tiere des Waldes ihre Nähe suchten und von sich aus die Wohnzimmer betraten.

Einer war ein 60jähriger Franziskanerpater in den USA, der frühere Organist des Petersdomes in Rom, der zweite Albert SCHWEITZER in Lambarene. Rehe aus dem Urwald ließen sich nachts auch durch meine Gegenwart nicht abhalten, SCHWEITZER zu besuchen; tagsüber flogen die Vögel vom Fluß und vom Walde herbei.

Die dritte war eine (inzwischen verstorbene) Pfarrfrau in der Eifel, die kranke Waldtiere pflegte.

Die Geschichte von Daniel in der Löwengrube schließt sich an und ist im Zusammenhang zu verstehen mit Daniel, dem Beter.

»... Daniel ... ging hinein in sein Haus (er hatte aber an seinem Söller offene Fenster gegen Jerusalem); und er fiel des Tages dreimal auf seine Knie, betete, lobte und dankte seinem Gott...« (6,11; vgl. 1. Kön. 8,48. Das Gebet in die Richtung auf Jerusalem war üblich.)

Im Gebet fand Daniel die Gelassenheit seines Gemütes, sein grenzenloses Vertrauen auf Gott (V. 24) und die Geborgenheit seines guten Gewissens (V. 23). Daniels Mut steht im krassen Gegensatz zu der Charakterschwäche des äußerlich mächtigen Königs, der abhängig ist von der Meinung der (ihm gar untergebenen) Menschen (V. 13f.), der vor der Unruhe seines geplagten Gewissens nicht essen und nicht schlafen kann (V. 19) und der »mit kläglicher Stimme« (V. 21) nach Daniel und dessen Gott fragt.

27. Ein Gegenwartstraum von Tod und Toten in der Löwengrube

Die Löwengrube war früher ein buchstäbliches und ist noch heute ein sinnbildliches Zeichen für Haß und Todeswünsche. Dr. Dr. Gisela PANKOW, eine Nervenärztin und Psychoanalytikerin in Paris, berichtet in ihrem bedeutsamen Buch »Gesprengte Fesseln der Psychose« (München 1974) von dem Tag- und dem Nachttraum einer 38jährigen geisteskranken Patientin, deren Inhalt sich »in einer Löwengrube« abspielt (S. 36–38).

Die Patientin sieht (nach einer Totgeburt) den Leichnam eines Mannes von einem Löwen gefressen. Der Tod allein ist noch nicht grausam genug, noch der Leichnam muß vernichtet werden.

Verschiedene Motive wirken bei dieser Patientin zusammen: Haß und Todeswunsch gegen »den Mann«, zugleich aber auch die Angst vor dem Tier und dem Tierischen und Grausamen.

Daniel begegnet uns als ein Held und ein Herr über die Träume gerade darin, daß er menschlichem Hochmut und Machtwut (auch im Sinne Alfred ADLERS) entgegentritt mit fester, furchtloser Wahrheit (Kap. 5). Zum anderen erweist sich seine innerste Geschlossenheit, die er nicht zuletzt seinem vertrauten Umgang mit religiösen Träumen verdankt, selbst wilden Tieren gegenüber als unangreifbar.

Auch zu diesem Thema steuert Frau Dr. PANKOW eine wichtige Beobachtung bei: Der kluge Hund eines bekannten Internisten bellte nur die geisteskranken Patienten unwillig an, ließ aber alle anderen in Ruhe; denn nur zu den Psychotikern konnte der Hund »keinen Kontakt herstellen« (S. 43).

Vielfach spüren Tiere noch die umfassende Harmonie und Ganzheit einer Persönlichkeit (im Sinne des englischen »wholeness«), wenn wir Menschen noch umfassender diagnostischer Hilfen bedürfen. Um so ernster sollten wir auf die Träume, besonders aber auf ihre geistliche Dimension achten, daß wir über der wichtigen Aufgabe. »Unbewußtes bewußt werden zu lassen«, »aus Es – Ich werden« zu helfen (FREUD) nicht versäumen, den Weg zum Frieden des Gewissens zu weisen.

Daniels Deutungen

Jahwe ist Gott nur allein, (5,23; 6,27f.)
Gebietet gewaltig den Götzen, (5,23)
Er selbst nur setzt Könige ein, (5,18)
Bestraft ihren Hohn mit Entsetzen. (5,6,9)
Jahwe nur ist heilig allein.
»Irrt nicht, Gott läßt sich nicht spotten!« (Gal. 6,7)
Mit Feuergericht greift er ein,
Wenn Menschen sich selber vergotten. (Dan. 5,5)
Jahwe nur schafft Schriften allein,
Die verhängnisvoll Unheil verkünden. (5,24ff.)
Denen wird Richter er sein,
Die verhärtet verharren in Sünden. (5,22ff.)
   Nicht der Weisheit der Welt,
   Nicht der Kenntnis der Klugen
     Erschließt sich Bedeutung der Bilder, (5,7,15)
   Sondern innerste Ehrfurcht
   Und ernsthafte Einsicht
     Begleiten zum Denken der Demut, (5,17)
   Die dem Gütigen Gnade,
   Dem Suchenden Segen
     Des Heiligen Geistes verheißen. (6,27)
Ungerecht wüten gewaltige Führer der Welt,
Gerecht aber herrscht der heilige Herr der Geschichte,
Der auf Dauer nicht duldet die Späße der Spötter, (5,4ff.)
Der im Zorne verzehrt die fluchenden Frevler. (5,30)
   Nicht die Machtgier der Menschen,
   Nicht die Willkür der Gewaltigen
     Schaffen die Schrift der Geschichte, (5,5)
   Sondern Finger mit Feuer
   Schreiben brennende Buchstaben
     Göttlichen Wortes und Willens
   Vor die Augen der ohnmächt'gen,
   Der betrunkenen, taumelnden
     Ahnungslos prunkenden Prasser. (5,4f.)
   Mit Schrecken und Schreien, (5,6–9)
     Zittern und Zagen, (5,6)
     »Schüttern« und Schlottern, (5,6)
     Bangen und Erbleichen (5,9)
   Beginnt der Tod des Tyrannen.

Nicht Geld oder Gold, (5,7,17)
Nicht Macht oder Menschen (5,8)
Ersetzen die Erleuchtung (5,14)
Und gewähren oder gewinnen
Den Geist Gottes. (5,14)
Was Daniel, der Seher, dann sagt
In des Söllers versiegelter Klause (6,11)
– Während der König nur klagt (6,21)
Als haltloser »Herr« in dem Hause –,
Das klingt wie ein Siegesgesang
Von Treue und Mut und Vertrauen, (6,11,23)
Begleitet im Geist noch den Gang
Zur Grube von Löwen und Grauen. (6,17)
Gebete nur bergen die Kraft,
Den Rechtlosen Ruhe zu bringen; (6,11)
Den völligen Frieden nur schafft
Ein demütig dankendes Ringen.

Ein wahrer Schutz der Natur
Lehrt, nach dem Schöpfer uns fragen:
Was können auf Feldern und Flur
Noch Pflanzen und Tiere ertragen?
Was seufzt doch die Tier-Kreatur (Röm. 8,19)
Durch menschliches Jochen und Jagen!
Das Ende der Ängste folgt nur (Röm. 8,22)
In endzeitlich-friedlichen Tagen!
Der Friede, mit Freiheit gepaart, (Röm. 8,21)
Bleibt ewiges Suchen und Sehnen; (Jes. 11,6ff.; 65,25)
Als Wirklichkeit wird er gewahrt, –
Nicht als tag-träumend weltfremdes Wähnen.

18. Träume – von menschlicher Heils-Harmonie, –
    Träume – von Schwärmern – erfüllen sich nie!
19. Träume – von göttlichem Geiste durchweht,
    Träume – vom Reich, das in Ewigkeit steht. (Dan. 6,27; 3,33)
20. Träume – von »Ehrfurcht vorm Leben« geprägt, (A. SCHWEITZER)
    Träume – vom Trost, der die Traurigen trägt. (Dan. 6,17)
21. Träume – vom Rat, der zur Buße noch ruft, (Dan. 5,18ff.)
    Träume – von Rettung aus Gruben und Gruft. (Dan. 6,21ff.)
22. Träume – von Betern, die trotzen dem Tod, (Dan. 6,11ff.)
    Träume – vom Retter, der wendet die Not. (Dan. 6,21ff.)
23. Träume – von Hoffnung und ängstlichem Ahnen, (1. Mose 40,5ff.)
    Träume – von Mut und von mächtigem Mahnen. (Ri. 7,7ff.; Apg. 18,8)
24. Träume – zu spiegeln der Schwermüt'gen Schmerz, (Hiob 7,12ff.)
    Träume – zu trösten der Traurigen Herz. (Apg. 27,23f.)
25. Träume – als bergend erbarmendes Bild, (2. Mose 3,4–12)
    Träume – als schützender, schirmender Schild. (Apg. 27,23)

26. Träume – zu wehren dem Hochmut vor Gott,
    Träume – bewahren die Seele vor Not. (Hiob 33,14–18)
27. Träume – zu stärken die strauchelnden Glieder, (1. Kön. 19,4,5)
    Träume – zu wecken die lobenden Lieder. (Dan. 4,31–34)
28. Träume – statt drohender Alben bedrücken, (Hiob 7,12–16)
    Träume – zur Freiheit von Furcht uns beglücken. (Matth. 1,20)

H Träume von göttlichen Offenbarungen

28. Religiöse Träume wollen warnen und bewahren, aber auch die gegenwärtige Wirklichkeit und die Aufgaben klären

Die Heilige Schrift berichtet häufig, wie Gott im Traum die Menschen vor falschen Wegen warnt. Dem König Abimelech träumt des Nachts, er solle nicht die Sara zur Frau begehren, da sie schon verheiratet ist (1. Mos. 20,3 ff.).
Ein Engel des Herrn warnt den Joseph, nicht die schwangere Maria zu verlassen (Matth. 1,19 f.), und ebenfalls im Traum befiehlt der Herr den Weisen, nicht zu Herodes zurückzukehren (Matth. 20,12).
Vergeblich hatte ein Traum die Frau des Pilatus gewarnt, er solle Jesus nicht verurteilen (Matth. 27,19).

Unzählige Mahnungen der Propheten, die heiligen Gebote Gottes nicht zu verachten, da die Menschen sich sonst selbst in ihrer Eigensucht vernichten, haben sich buchstäblich erfüllt.
Einem Atomphysiker, Prof. Bernhard PHILBERT, blieb der nachdenkliche Hinweis vorbehalten, die Traumgesichte der Offenbarung des Johannes als warnende buchstäbliche Beschreibung einer drohenden Atomkriegskatastrophe zu verstehen, die nicht bestimmt ist, die Menschen in eine Angsthysterie zu versetzen, wohl aber, sie rechtzeitig zu warnen. (Sein Buch: Christliche Prophetie und Nuklear-Energie, 11. Aufl., CH–Stein/Rhein 1982, verdient ernste Beachtung.)

Wer die theologischen Forschungen über die Bibel studiert, der wird eine Fülle von religionsgeschichtlichen und textkritischen Angaben finden, er wird von Sagen und Mythen, von babylonischen Göttern und ägyptischer Geschichte erfahren, von der Textgeschichte der verschiedenen Quellenschriften und von naturreligiösen Hintergründen. Über die Gegenwartsbedeutung der biblischen Berichte für die persönliche Frömmigkeit aber pflegen die wissenschaftlichen Werke zu schweigen.

Ein bedeutendes sechsbändiges Werk trägt den Titel: Die Religion in Geschichte und Gegenwart. Dennoch ist fast ausschließlich von der Geschichte und fast nichts von der Gegenwart geschrieben.
Die Traumberichte der Bibel aber sind äußerst bedeutsam gerade für die Beziehungen der Menschen unserer Zeit zu Gott.
Seit vielen Jahren frage ich in einem Fragebogen die Teilnehmer an Meditationskursen, ob

sie besondere Erfahrungen mit religiösen Träumen gesammelt hätten. Fast ausnahmslos erfahre ich dann – freilich aus diesem besonders motivierten Kreis – tiefe, oft lebensentscheidende Erfahrungen.

Ein 27jähriger Programmierer schreibt z. B. bei seiner Anmeldung:

»Zweimal sah ich in meinem Leben Jesus Christus im Traum, im Mittelpunkt sein Gesicht. Von diesem unbeschreiblich herrlichen Anblick ging ein unwiderstehlicher Zwang aus: entweder ich mußte ihn in Zukunft verleugnen, oder ich mußte nach seinem Willen und Wort handeln.
Das erste Mal war die Traumerscheinung so intensiv, daß ich nur auf die Knie fallen und beten konnte.
Das zweite Mal ›blitzte‹ das Bild von Jesus nur kurz auf und verschwand dann wieder. Die Wirkung aber war ebenso tiefgehend.«

Wenn Jesus einst sprach: »An ihren Früchten sollt ihr sie erkennen!« (Matth. 7,16), so gilt dies auch für die religiösen Träume, besonders auch für die Christusoffenbarungen. Ihr Wert ist zu messen an der praktischen Hilfe, die für »Menschen in Not« aus solchen Erlebnissen folgt. Der eben genannte Programmierer hat die folgenden 15 Jahre hindurch bis zu seinem Tod in jeder Woche mindestens 20 Stunden (nach entsprechender Ausbildung) ehrenamtlich in unserer Telefonseelsorge gearbeitet und täglich Kranke seelsorgerlich und praktisch helfend besucht.

Offenbarungsträume wollen zu Taten führen!

29. Durch Träume rufen himmlische Boten zum Frieden

Hier bieten uns die Männer der Bibel Beispiele, allen voran Jakob. Seit er die Himmelsleiter im Traum geschaut hatte, heißt es wiederholt von ihm:

»... der Engel Gottes sprach zu mir im Traum: Jakob!
und ich antwortete: Hier bin ich...« (1. Mos. 31,11 ff.)

Doch auch zu seinem Schwiegervater Laban kam Gott »im Traum« des Nachts und sprach zu ihm:

»Hüte dich, daß du mit Jakob nicht anders redest als freundlich!« (1. Mos. 31,24)

Beide Männer trugen daraufhin ihre ernsten Meinungsverschiedenheiten friedlich aus und versöhnten sich miteinander.
Auch heute noch könnte in einer Welt voll Haß und Streit Friede gestiftet werden, wenn Menschen zunächst in ihrer eigenen Umgebung sich durch Träume Gottes zur Versöhnung führen ließen.
Die Engel Gottes erscheinen in der Heiligen Schrift immer wieder als Boten des Friedens (nicht zuletzt in der Weihnachtsgeschichte Luk. 2,14). Doch wollen sie auf der »Himmelsleiter« Jakobs auch aufwärtssteigen. Aufrichtige Versöhnungs- und Friedensbereitschaft in Worten und Taten habe ich bisher fast ausschließlich bei Menschen gefunden, die sich dem Wort und der Mahnung Gottes in Schrift und Traum gehorsam und aufgeschlossen zeigten.

30. Religiöse Träume verstehen wir nur durch den Heiligen Geist

Wer als Psychotherapeut und/oder -analytiker seelisch Kranken durch das Verstehen der Träume zur Genesung helfen will, bedarf dazu einer mehrjährigen Fachausbildung in Wissenschaft und eigener Erfahrung, möglichst auf ärztlicher Grundlage. Ohne Kenntnis ihrer Symbolsprache, der »Zensurvorgänge«, der Verschiebung u. a. m. werden viele Träume den Suchenden ihr Geheimnis verhüllen.

Freilich stehen auch dem »Laien« durchaus Wege offen, in geduldigem Fragen »Träume selbst verstehen« zu lernen (wie das gleichnamige Buch es beschreibt und begründet).

Ganz andere Voraussetzungen erfordern die religiösen Träume. Salomo erfüllte sie mit seiner Haltung des »gehorsamen Herzens« (1. Kön. 3,9). Die Haltung der Demut und des Gebetes allein läßt den geduldig Wartenden und für seine Träume dankbaren Menschen den Sinn und damit den Willen und Weg Gottes erkennen. Dann mag er mit Jakob nach der Versöhnung beten:

»... ich bin zu gering aller Barmherzigkeit und aller Treue, die du deinem Knechte getan hast;...« (1. Mos. 32,11)

Nicht menschliche Ausbildung (und Einbildung), sondern nur die Güte und der Geist dessen, der wahrhaftig das »Unbewußte« bis in seinen Grund kennt, kann uns klar den Weg Gottes weisen und auch die zunächst dunklen Inhalte erhellen. Lukas, der Arzt, nennt Gott daher den »Herzenskündiger«.

»... Und Gott, der Herzenskündiger ... gab ihnen den heiligen Geist ... und reinigte ihre Herzen durch den Glauben.« (Apg. 15,8,9)

31. Träume als Offenbarungserlebnisse von der himmlischen Herrlichkeit

Ihren Höhepunkt finden religiöse Träume in den mystischen Erfahrungen und Schauungen der himmlischen Herrlichkeit. Die Offenbarung des Johannes ist erfüllt von dieser unbeschreiblichen Welt des Lichtes (besonders Kap. 15, 19, 21), von den Perlentoren und den goldenen Gassen des himmlischen Jerusalem, das den gläubigen Christen zu allen Zeiten Inbegriff einer Seligkeit ist, die schon in dieser Welt beginnt und die dem Tod seine Schrecken nimmt.
Nicht nur der Apostel Johannes sah Jesus als den hellen Morgenstern (Offb. 22,16), »der aufgehen soll in unseren Herzen« (2. Petr. 1,19).

Das Leben der Heiligen, besonders der Mystiker, ist erfüllt von Erfahrungen des Lichts, von dem besonders Hildegard von BINGEN und Teresa von AVILA zeugen.

Traumerlebnisse vom himmlischen Licht erfüllen und beseligen noch heute die Herzen der Frommen.

Ein 40jähriger Facharzt berichtet am 20. 10. 1983: »Ich sah den Stern von Bethlehem, wie er den Stall mit der Krippe Jesu erhellt und wärmt. Danach steht Jesus neben mir. Er legt seine Hand auf meine Schulter. Dies vermittelt mir eine unglaubliche Wärme und Glaubensgewißheit; ich fühle mich glücklich und geborgen.«

Am 29. 12. 1983 berichtet ein etwa 50jähriger Priester: »Ich sah ein modernes Farbfenster mit geometrischen Linien und darum stilisiert das Symbol des Geistes. Vorn rechts oben hing ein grauweißer Vorhang in den Raum. Vor mir aber ein erleuchteter Raum mit hellem warmem Licht.

Nach dem Erwachen erkannte ich die Bedeutung: mein Leben ist gekrönt und umgeben von ihm, der das Licht der Welt ist. Das ist ein Geschenk des Geistes. Über allem aber liegt der Vorhang des Geheimnisses. «

Eine ganze Anzahl von Ärzten berichten in ihren Traumerlebnissen vom Licht der Verklärung, das an die Erfahrungen von Petrus und Johannes auf dem Berge Tabor erinnert (Matth. 17).

Andere sehen das Kreuz oder die Bibel in Licht oder Feuer getaucht. Ein Kollege träumt buchstäblich von dem Wort Gottes als dem Licht auf seinem Lebensweg (Ps. 119,105).

Zu den tiefsten Erfahrungen aber gehören jene Stunden, in denen ich als Arzt oder als Klinikpfarrer solche Sterbende zu begleiten hatte, die von dem Glauben durchdrungen waren: »Jetzt gehe ich heim zu meinem Vater im Himmel und in sein Reich des Lichtes. « (Vgl. K. THOMAS, Warum Angst vor dem Sterben?, Freiburg, 1980.)

Hier erfüllen die religiösen Träume von der himmlischen Herrlichkeit eine der wichtigsten und am meisten vernachlässigten Aufgaben: sie bereiten uns durch das Einüben der Vorfreude vor auf die Seligkeit, die hier schon beginnt.

Am Morgen des 26. November 1979 um 6.50 Uhr träumte ein 64jähriger Arzt ganz deutlich den Satz: »Diese sterbliche Hülle ist nicht die letzte Heimat für die zur ewigen Herrlichkeit berufene menschliche Seele. «

29. Träume – als warnender Wahrheiten Wort, (Matth. 1,20ff.; 2,12; 1. Mos. 20,3)
    Träume – als kundiger Klarheiten Hort. (1. Mose 27–40; Dan. 4,31 ff.; 5)
30. Träume – als Engel, vom Höchsten gesandt,
    Träume – als Antwort aus irdischem Land. (1. Mose 28,10 ff.)
31. Träume – der Herzensgeheimnisse Grund, (Dan. 4,2–4 ff.)
    Träume – nur Heiliger Geist tut sie kund. (Apg. 15,8)
32. Träume – zu künden vom strahlenden Stern, (Offb. 22,16)
    Träume – zu schauen die Heimat beim Herrn. (Offb. 21,1–4 ff.)
33. Träume – getaucht in ein blendendes Licht, (Offb. 22,5)
    Träume – der Herrlichkeit Himmelsgesicht. (Offb. 15; 19; 21)

I Träume von der Kirche

1. Träume von Suchenden

Kein zweites Thema nach den sexuellen und erotischen Wünschen wird so häufig verdrängt wie das religiöse Sehnen und Erleben. In psychoanalytischer Behandlung und in der Oberstufe des Autogenen Trainings kommt diese Tatsache auch unabhängig von den Träumen zum Ausdruck.

Eine konfessionslose 35jährige Lehrerin meldet sich u. a. mit der Begründung zu einem Meditationskursus an: »Ich habe einen lebenslangen immer wiederkehrenden Traum von einem Dom oder einer Kirche, der ich mich vergeblich zu nähern versuche.«
Eine 39jährige Geschäftsfrau berichtet inhaltlich ähnlich: »Ich stehe in der Nähe einer Burgkapelle, die Mönche sehe ich nur von hinten vorbeiziehen, aber oben links schweben unerreichbar Engel. Ein junger Priester wollte mir helfen.«

Sowohl die Meditationskurse als auch die Oberstufe des Autogenen Trainings helfen dann nicht wenigen solcher Suchenden, persönliche, biblische Erfahrungen auch in ihren Träumen zu klären.
Ein innerlich und äußerlich selbständiger Mann findet in einem Traum die bleibend gültige Antwort auf sein Fragen.
Am 29. 2. 1984 berichtet ein 49jähriger röm.-kath. Techniker einen visionsartigen Traum von bisher nicht erlebter Eindruckskraft:

»Am Vortag hatte ich an einer Diskussion über die Frage teilgenommen: brauche ich einen menschlichen Mittler zwischen mir und Gott? Für mich stand eine zweite Frage dahinter: wie kann ich mir Gott auf eine verständliche Weise vorstellen?
Ein Teilnehmer riet mir: ›Fragen Sie doch Gott selbst, – dann werden Sie auch eine Antwort erhalten!‹
In der folgenden Nacht träumte ich: Ich befand mich in einer unbekannten und doch vertraut anmutenden Straße vor der schweren Eingangstür eines hohen Mietshauses. Ganz oben, so wußte ich, wohnt ein Freund, den ich dringend sprechen möchte.
In dem Haus führte eine Treppe mit deutlichen Absätzen empor, ohne daß Türen zu erkennen waren. Nur ganz oben fand sich eine verschlossene Tür. Auf mein Klopfen öffnete niemand, obwohl ich sicher wußte, es ist jemand dort.
Darum eilte ich wieder hinunter, um an der Sprechanlage vor der Haustür zu klingeln. Danach hörte ich zwar das Einschalten der Verbindung, jedoch keine Stimme als Antwort. Dann ertönte ein nochmaliges Knacken und eine scharfe, unangenehme Stimme rief: ›Wie kommen Sie denn dazu, so unverschämt eine direkte Verbindung zu suchen?‹ Die Stimme beschimpfte mich heftig.
Doch nach dem Überwinden des Schocks verbat ich mir meinerseits das Einmischen in meine persönlichen Angelegenheiten. Unter meinen starken Worten schrumpfte die Stimme – merkwürdigerweise jetzt sichtbar – von einer schwarzen Fläche immer weiter zusammen bis zu einem Punkt, der dann auch verschwand. Danach war die Leitung frei und ich spürte: jetzt werde ich oben erwartet.
In der Tat fand ich die Tür jetzt oben etwas geöffnet, und ich blickte in einen unendlich weiten Raum, erfüllt mit einem goldenen Glimmen. Dabei wurde mir die deutliche Antwort zuteil: ›die Tür hier ist nicht verschlossen; aber es ist noch nicht soweit, daß du eintreten kannst.‹ Dabei hatte ich das Gefühl, ich würde ins Bodenlose fallen, wenn ich einträte.
Zugleich bemerkte ich, daß das Treppenhaus nur für mich aus Licht geschaffen war, damit ich einen Halt finden könnte: Danach wachte ich auf.
Aus dem Traum erlangte ich die völlige Gewißheit: Ein Mittler zwischen Gott und mir ist nicht erforderlich. Zugleich war meine Frage beantwortet: Gott ist überall und grenzenlos, er umgibt mich von allen Seiten.
Dieses Erlebnis war für mich viel mehr Wirklichkeit als Traum und wirkt seit neun Monaten in voller Deutlichkeit unvermindert weiter.«
(Der Träumende hat der Veröffentlichung zugestimmt.)

74

2. Träume von Gottesdiensten

In der Bibel hören wir nichts von einer Kirche. Wo die Schriftgelehrten und die »Pharisäer« genannt werden, trifft diese Vertreter des damaligen jüdischen Kultus das harte Wehe Jesu. Auch Jesus selbst hat keine Organisation geschaffen oder davon gesprochen.

Auch in unserer Zeit bestehen erhebliche Schwierigkeiten, zwischen Religion, Christentum und Kirche zu unterscheiden. Für viele Menschen ist das Christentum nur eine Religion von vielen. Wir glauben dagegen, weit mehr die Unterschiede zwischen den anderen Religionen und dem christlichen Glauben zu sehen und die Einzigartigkeit der Bibel betonen zu müssen.

Bei der Kirche selbst gilt es zwischen der sichtbaren menschlichen Organisation und der »unsichtbaren« Kirche als Gemeinschaft der Glaubenden zu unterscheiden.

Zahlreiche Träume beziehen sich auf die Kirche als den Ort, an dem das Wort Gottes verkündet wird und die Gemeinschaft derer, die Jesus Christus nachfolgen wollen.

Zahlreiche Träume berichteten von dem Mit- und Nacherleben eines bewegenden Gottesdienstes. Vielfach findet sich in den Protokollen der Text ganzer Choräle (in einem Traum vom 17. 7. 1972 die trostreichen Verse des Liedes »Wenn wir in höchsten Nöten sein«).

Oder in einem Traumprotokoll vom 21. 9. 1954 wurden alle 12 Verse des Liedes von Paul GERHARDT »Befiehl du deine Wege« geträumt in Verbindung mit einer stärkenden Liturgie und einer Predigt über die Kraft der christlichen Hoffnung.

In all den berichteten Träumen steht dabei der Gedanke des Trostes im Vordergrund.

Auch seltenere Lieder in ihrem vollen Text werden als Inhalt der Träume berichtet, z. B.

> »Mächtig tobt des Sturmes Brausen
> um ein kleines Schiff;
> hilflos hin und her geworfen,
> droht ihm manches Riff.
> Mut, blickt auf den Retter,
> höret, was er spricht:
> Ich bin bei euch alle Tage,
> ich helfe euch, verzaget nicht!«
> (Daniel Webster Whittle 1840–1901)

In zahlreichen Träumen kehren die tröstenden und ermutigenden Gedanken wieder, auch mit dem Bericht von der Stillung des Sturmes (Matth. 8,23ff.).

Eine 35jährige kaufmännische Angestellte träumt am 9. Sept. 1983: »Im Traum wollte ich alle meine Sorgen in einem tiefen Meer versenken. Das gelang aber nicht. Da verwandelte sich mein unruhiger, wirrer Kopf in den stürmischen See Genezareth. Da sah ich, wie Jesus seine Hand ausstreckte und den See beruhigte. Da bat ich ihn, auch mich zu berühren und mir die Sorgen zu nehmen. In tiefem Frieden wachte ich auf.«

Die Kraft eines starken Trostes hat unmittelbare Folgen, die auch weit in den medizinischen Bereich sich auswirken können. Längst ist in der Medizin, nicht nur in dem psychosomatischen Fachgebiet, bekannt, wieviel weniger Narkosemittel gebraucht werden und wie eine Operation mit geringerem Risiko belastet ist, wenn der Patient entspannt und ohne Angst in den Operationssaal kommt.

Ein 67jähriger Arzt sah am 12. Juni 1981 seiner vierten schweren Operation entgegen. Er wünschte sich nach den früheren Erfahrungen, er könnte an der abendlichen Eucharistiefeier teilnehmen. Doch bis zum späten Abend berieten die Ärzte (nicht sonderlich ermutigend), ob sie bei dem Zustand des Kreislaufes die Operation wagen könnten.

»Da träumte ich in der Nacht außerordentlich deutlich, daß der Klinikpfarrer Sures auf dem Korridor der Krankenstation die Messe las. Jedes Wort der Predigt prägte sich mir ein. Ich betete seine Worte mit: ›Herr, ich bin nicht wert, daß du eingehst unter mein Dach, aber sprich nur ein Wort, dann wird meine Seele gesund!‹

Dann reichte mir der Priester die Hl. Eucharistie und sprach über mir die Worte:
›Die Gnade unseres Herrn Jesu Christi, und die Liebe Gottes, des Vaters, und die Gemeinschaft des Heiligen Geistes, sei mit euch allen!‹

Ich schmeckte noch beim Aufwachen die heilige Hostie und blieb im tiefen Frieden und völlig angstfrei bei dem Weg zur Operation.«

Demselben Träumenden verdanken wir noch ein anderes Protokoll aus der Nacht vom 21. zum 22. Januar 1981:

»In einem Exerzitienhaus erhalte ich ein Gesangbuch in kostbarem rotem Leder gebunden, mit Goldschnitt. Ich soll das Lied Nr. 139 aufschlagen. Die Orgel beginnt zu spielen; es ist jedoch ein ganz anderes Lied:
> ›Es gibt im Leben ein Herzeleid,
> Das ist wie die weite Welt, so weit,
> Das ist wie Bergeslasten schwer,
> Das ist so tief wie das tiefe Meer . . .‹

Deutlich höre ich, wie eine Nonne hinter mir auch den letzten Vers singt:
> ›Und für dies bittere Herzeleid
> Da hat ein Mittler sein Leben geweiht,
> Durch Christi Blut und Gerechtigkeit
> Wird uns gestillet dies Herzeleid.‹

Beim Erwachen fühle ich mich gestärkt durch das Lied, doch geht mir immerfort der Auftrag nach, ich soll das Lied Nr. 139 lesen. So nehme ich alle erreichbaren Gesangbücher zur Hand.

Im ›Gotteslob‹ steht da ein Weihnachtslied:
> ›Hört, es singt und klingt mit Schalle,
> Fürcht' euch nicht, ihr Hirten alle!‹

Im Evangelischen Gesangbuch finde ich unter dieser Nummer ein Lied Martin Luthers, das ich im Krieg oft als Soldat gesungen hatte:
> ›Verleih' uns Frieden gnädiglich,
> Herr Gott zu unsern Zeiten,
> Es ist ja doch kein andrer nicht,
> Der für uns könnte streiten,
> denn Du, unser Gott, alleine!‹

In dem alten ›Reichsliederbuch‹, aus dem das gehörte Lied (Nr. 202) stammte, lese ich einen mir ganz unbekannten Vers von TERSTEEGEN in dem Lied 139:

>›Sammle den zerstreuten Sinn,
>Treuer Hirt der Seelen,
>Denn, wenn ich in dir nicht bin,
>Muß mein Geist sich quälen.
>Kreatur ängstet nur;
>Du allein kannst geben
>Ruhe, Freud und Leben.‹

Schließlich schlage ich den 139. Psalm auf, das jüdische Gesangbuch, und ich lese dort Worte einzigartiger dichterischer und geistlicher Kraft:

>›Von allen Seiten umgibst du mich und hältst
>deine rechte Hand über mir . . .
>Nähme ich Flügel der Morgenröte
>und flöge bis an das äußerste Ende des Meeres,
>so würde mich doch deine Hand daselbst führen
>und deine Rechte mich halten . . .‹ (V. 5 ff.)

So hat die Aufforderung dieses Traumes mich veranlaßt, seither wieder täglich in der Bibel und in den Gesangbüchern den Reichtum und die innere Wegweisung für den Alltag zu suchen und zu finden.«

So bedeutet zahlreichen Träumenden die Kirche eine geistliche Heimat, und als »Schauplatz« der Träume die Erinnerung an tiefe religiös-christliche Erfahrungen.

3. Träume der Kritik an der Kirche

Noch häufiger aber erfahren wir von bitterer und verbitterter, von äußerer und innerer Kritik an der kirchlichen Organisation und an ihren Vertretern, besonders häufig träumen kirchliche Amtsträger selbst in abfälligem Sinn von der Organisation, in die sie tieferen Einblick haben. Diese Kritik betrifft etwa gleichmäßig beide christlichen Kirchen.

Da schreiben Pfarrer von ihren Amtsbrüdern, sie hätten sie als eitle Pfauen am Altar Rad schlagen sehen, und ein anderer träumt ähnlich von den »Balztänzen der Priester in der Kirche«.
Ein evangelischer Pfarrer sieht seinen Bischof, einen bekannten Mann, in der Uniform eines kommunistischen Funktionärs.
Ein anderer Pfarrer träumt nur tief traurig den Satz: »Wenn doch unsere liebe evangelische Kirche es denen, die Jesus Christus lieb haben, nicht so unendlich schwer machen würde, sich noch zu dieser Kirche zu bekennen!«
Wiederum ein anderer sieht seinen eigenen Vorgesetzten sich im Gottesdienst den Talar ausziehen.

So ließe sich noch eine lange Reihe von ernsten Träumen anführen, von denen viele den Hintergrund einer tiefen Frömmigkeit zeigen. Eine Übersicht über unsere Protokolle der Träume christlicher Glaubenshaltung zeigt sogar, daß fast die Hälfte dieser Träumenden mit ihrer Kirche als Organisation innerlich zerfallen waren und vielfach darunter tief litten. Viele waren auch aus der Kirche ausgetreten.

Aus einer größeren Zahl sei ein ausführliches Beispiel (vgl. S. 164–166) angeführt:

Die Kritik an der Kirche hat auch einen reichen Niederschlag in der Literatur gefunden. Zahlreiche Theologen, besonders auch solche Priester, die die Kirche enttäuscht oder gar verbittert verlassen haben, griffen später zur Feder, um ihre Erlebnisse literarisch zu verarbeiten. Mag ihre Kritik dann noch einfühlbar sachliche Maßstäbe übersteigen. Wer von der einzigartigen Bedeutung oder gar der Unfehlbarkeit mindestens der Grundidee der Kirche überzeugt ist, wird sich von Büchern wie denen von MYNAREK, RANKE-HEINEMANN, WEST/FRANCIS und H.-J. WOLF nicht umstimmen lassen.

Aus dieser Reihe ragt jedoch eines heraus, mit scharfem Griffel von einem (noch heute amtierenden) österreichischen Priester geschrieben und mit besonders vielen Gründen zur Kirchenkritik untermauert, die uns auch sonst bei Ratsuchenden begegneten: Es ist Rudolf SCHERMANN in »Woran die Kirche krankt«, Econ Verlag, 1. Aufl. 1981. Mit harten Ausdrücken geißelt er die »Rabenmutter« Kirche und veröffentlicht Umfrageergebnisse, warum sich heute so wenige Priesteramtskandidaten mehr melden. In einer Liste zählt er die Gründe auf, die junge Männer vom Priesterberuf fernhalten; unter ihnen steht die Zölibatsverpflichtung an erster Stelle.

Die katholische Sexualmoral und die Praxis des römischen Katechismus mit dem gleichzeitigen Verschweigen und Verbieten der Sexualität führen vor allem zu dem Autoritätsverfall der Kirche. Hinzu treten das Verweigern einer Wiedertrauung der Geschiedenen und die grundsätzliche Trennung von Sexus und Eros mit dem Züchten triebschwacher und moralischer Asketen.

»Lehrkontinuitäten« in der Kirche treten vor den Nöten der Menschen in den Vordergrund.

Der zweite Teil des Buches, der als Krankengeschichte überschrieben ist, geißelt den Hochmut als größten Feind des Christentums.

Als Heilmittel vertritt der Verfasser dann eine geistliche Erneuerung im Sinne der charismatischen Bewegung, ohne jedoch deren erhebliche Gefahren zu nennen. (Vgl. S. 235 ff.)

Wenn auch sicher die saloppe Sprache dieses Werkes dem Ernst des Anliegens nicht überall entspricht, so fordert doch die ungemein sorgfältige Analyse der vielfältigen Gründe für die Enttäuschungen gerade der ernsten, gutwilligen und von dem Anliegen der Seelsorge durchdrungenen Kirchenmitglieder, nicht nur der Priester, zu einer Auseinandersetzung mit den Gründen von SCHERMANN heraus.

K Träume vom Heil beim Propheten Sacharja

1. Träume als Zeugnisse der Geschichte

Die Bibel betont inmitten einer naturreligiösen Umwelt mit ihren Fruchtbarkeitskulten: Jahwe ist ein Gott der Geschichte (der sein Volk aus Ägyptenland geführt hat, der seinen Messias sendet als Höhepunkt der Weltgeschichte und der sein Volk am Ende der Tage wieder in sein Heiliges Land zurückführen wird).

In dieser Bibel ist ein ganzes Buch enthalten, das des Propheten Sacharja, das erfüllt ist von Träumen (»Nachtgesichten«, die z. T. visionären Charakter tragen). Es bietet ein grundlegendes Beispiel für das Wesen biblischer Träume als Botschaften Gottes,

– für die Notwendigkeit, sie aus dem geschichtlichen Zusammenhang zu verstehen,

– für den Reichtum und die Tiefe der biblischen Symbole und

– für die glaubensstärkenden Wahrheiten der Heiligen Schrift.

Deshalb sind die Träume Sacharjas genauer zu besprechen.

FREUD ordnete die Träume in die Lebensgeschichte der Träumenden ein, doch schon Sacharja wurde von Gott gelehrt, seine »Nachtgesichte« geschichtlich zu verstehen.

ADLER erkannte auch aus den Träumen die überragende Bedeutung des Machtstrebens, doch schon Sacharja erfährt aus seinen Träumen, wie der Allmächtige über jeder menschlichen Macht steht. JUNG verstand die Symbole als Schlüssel und Zugang zu den Träumen, doch schon Sacharja erfährt durch sein unermüdliches Fragen an den Engel Gottes und durch das Lauschen auf dessen Wort die Bedeutung der Sinn-Bilder der Gesichte.

Die zeitgeschichtliche Lage Sacharjas als Grundlage für seine Träume

Im Sommer 538 (v. Chr.) hatte der neue Perserkönig Kyros die Rückkehr der Juden aus der babylonischen Gefangenschaft gestattet.

Die Heimkehrer aber waren bitter enttäuscht. Das Land lag weithin verödet. Bewohner und Nachbarn verhielten sich feindselig. Trockenzeiten und Hungersnöte machten das Volk immer mutloser, die messianische Heilszeit schien weiter entfernt als je zuvor.

Vor allem aber mußte der hoffnungsvolle Neubau des zerstörten Tempels, den Kyros geboten hatte, nach dem Einspruch mißtrauischer und eifersüchtiger Männer bei dem König wieder eingestellt werden. Das Buch Esra berichtet vom 4. bis 6. Kapitel die Einzelheiten dieser Ereignisse.

Als der König Darius 521 den persischen Thron bestieg und den Serubabel, einen Nachfahren Davids, zum Statthalter in Israel bestimmte, schienen sich alte Hoffnungen zu erfüllen: Mit flammenden Worten rief der Prophet Haggai zum Tempelbau auf. (Es lohnt, dieses aufregende Kapitel der Weltgeschichte bei Esra und Haggai nachzulesen!) Aufstände in vielen Teilen des babylonischen Weltreiches deuteten auf ein mögliches Ende der 70jährigen Fremdherrschaft hin. Serubabel sollte der kommende Messias und König über Israel sein.

Doch diese Weissagung Haggais (2,20 ff.) traf nicht ein. Serubabel verschwindet spurlos aus der Geschichte. Jahwe scheint sein Volk verlassen zu haben.

In diese Verzweiflung des Volkes verkündet nun Sacharja seine Träume in einer dichterisch kunstvollen Sprache und wandelt damit die ratlose Ungeduld in die Kraft zum Bau des neuen Tempels.

Für die Betrachtung der Träume bleibt es belanglos, daß die Textgeschichte die ursprüngliche poetische Form durch spätere Einschübe und Ergänzungen Sacharjas unterbrochen und vervollständigt sieht (nämlich 1,16 f.; 2,10–17; 3,8–10; 4,6 b–10 a; 6,9–15). Die Kapitel 7–8 gelten als Nachträge, 9–14 stammen von einem anderen Verfasser »Deuterosacharja«.

Die Gestalt des Propheten Sacharja steht an einem Wendepunkt der Zeit- und der Heilsgeschichte seines Volkes. Nicht eine konstruierte Kunstform der Dichtung bestimmt seine Gesichte, sondern lebendige Traumoffenbarungen Gottes lassen ihn in innerster Vollmacht sprechen.
Die Größe seiner Schriftrolle beträgt etwa 10 mal 5 Meter.

Die Bedeutung der Träume Sacharjas

Haggai hatte die allgemeine und volkstümliche Hoffnung auf einen Messias aus dem Hause Davids zu neuem Leben erweckt und ihn mit der Gestalt Serubabels verknüpft. Sacharja aber hat diese Hoffnung vertieft und sie mit den priesterlichen Idealen Hesekiels verbunden. Wenn der Tempel erst fertiggestellt ist als Inbegriff der Gegenwart des lebendigen Gottes, dann wird sich die Heilszeit mit der Vergebung der Sünden (3,9) anschließen.
Sacharja träumt dabei zwei Heilsträger nebeneinander, den König Serubabel und den Hohenpriester Josua (4,14), also die staatliche und die religiöse Macht und Autorität sollen miteinander wirken. Sacharjas politische »Träume« scheiterten, die religiösen aber gingen in Erfüllung. Nicht die äußerliche Herrlichkeit des Volkes und der Kinder Gottes bildet die Wahrheit der prophetischen Träume, sondern das Warten auf den Herrn.
Zur Zeit des Sacharja ging die Messiaserwartung aus ihrer schwersten Krise gestärkt hervor. Dem äußeren Tempelbau folgte der innere Aufbau der Gemeinde.
Die Träume des Sacharja zeugen von der glühenden Hoffnung und dem unbeirrbaren Glauben: Der Herr führt die Seinen in aller Not durch seinen Geist, seinem Volk hat er in der heiligen Stadt Jerusalem mit ihrem Tempel einen Mittelpunkt bereitet.

> 34. Träume – als himmlischer Botschaft Gesichte, (Sach. 1,3)
>   Träume – als Träger von Gottes Geschichte. (Sach. 1,6)
> 35. Träume – die trösten durch rettendes Raten, (Sach. 1,13,16 f.)
>   Träume – die rufen zu tapferen Taten. (1,16; 6,10 ff.)
> Träume Sacharjas aus ältesten Tagen
> lehren uns betend verstehen und fragen.

Der Prophet Sacharja unterscheidet sich von den alten Propheten durch das Fehlen der Unmittelbarkeit. Das Zwiegespräch mit Gott erfolgt durch einen Engel, den HALLER meist »Dolmetscherengel« nennt (S. 89). HALLER bezeichnet die Nachtgesichte als »Visionen«, die alle trösten wollen und die messianische Zeit ankündigen, die mit der Vollendung des Tempels zu erwarten ist. Diese Visionen sind paarweise geordnet, nämlich 1 und 8 gehören zusammen, 2 und 3, 4 und 5 sowie 6 und 7.

Das Wort für »Talgrund« (1,8) bedeutet sonst im A. T. den abgrundtiefen Ozean, aus dem die Lebenswasser quellen und an dem die Myrtenbäume stehen, die wie der Weltenbaum von Hes. 31,4 mit ihren Wurzeln in die Tiefen hineinreichen und aus ihm ihre Nahrung ziehen (S. 92).

Auszüge aus: D. Max HALLER: Das Judentum, Geschichtsschreibung, Prophetie und Gesetzgebung nach dem Exil, 2. Aufl. Göttingen 1925.

Die Einleitung der Träume Sacharjas: Aufruf zu bewußter Wandlung

Mit tiefem Ernst beginnt der Prophet das Wort der Buße zu verkünden:

»Kehret euch zu mir, spricht der Herr Zebaoth, so will ich mich zu euch kehren ...« (1,3)
»Kehret euch von euren bösen Wegen ...« (V. 4)

Der Zorn Gottes hatte die Übeltaten der Väter heimgesucht. Aber weit über die zeitgeschichtliche Bedeutung hinaus sollen die folgenden »Nachtgesichte« des Propheten eine ewige Gültigkeit gewinnen. Auf den Tag genau sind sie wie ein Protokoll festgehalten: (Die Historiker nennen dafür einen Tag im Februar 519 v. Chr.)

»Am 24. Tage des 11. Monats ... im zweiten Jahr (der Regierung) des Königs Darius ...«

geschah »das Wort des Herrn« zu Sacharja im Traum.
Diese ernste, nüchterne Grundlage der Persönlichkeit des Sacharja (der nach Esra 5,1 und 6,14 von Beruf Priester war) bleibt auch den z. T. recht konkreten Traumbildern und ihren praktischen Schlußfolgerungen erhalten. Nicht um billige Zukunftsweissagungen geht es dem Priester, sondern um einen zutiefst seelsorgerlichen Trost.
Martin LUTHER schreibt von den ersten Versen der Einleitung:

»Es ist des Heiligen Geistes Art und Weise, daß er zunächst hart und scharf anfährt und hernach freundlich und süße wird ... also auch hier: weil der Prophet viel Trost geben, hebt er hart und ernstlich an ...«

Eine Schlußfolgerung freilich können wir nicht *in* den ersten sieben Versen der Einleitung lesen, sondern nur *zwischen* ihren Zeilen: Niemand kann zur Buße rufen, der nicht zuvor selbst Buße getan hat. Religiöse Träume stellen sich häufig erst nach der demütigen und reuigen Erkenntnis der eigenen Sünden ein (vgl. S. 56).
Vielleicht hängt die Armut an echten geistlichen Träumen in unserer Gegenwart damit zusammen, daß wir uns so selten und so wenig vor der göttlichen Majestät beugen.

2. Das erste Nachtgesicht: Der Reiter im Myrtenhain (1,7–17)

Der Wortlaut (im Auszug)

»Ich sah bei der Nacht, und siehe, ein Mann saß auf einem roten Pferde, und er hielt unter den Myrten in der Aue, und hinter ihm waren rote, braune und weiße Pferde. (V. 8)
Und ich sprach: Mein Herr, wer sind diese? Und der Engel ... sprach zu mir: Ich will dir zeigen, wer diese sind. (V. 9)
... Diese sind es, die der Herr ausgesandt hat, die Erde zu durchziehen. (V. 10)
Sie ... sprachen: Wir haben die Erde durchzogen, und siehe, alle Länder sitzen still. (V. 11)
Da antwortete der Engel des Herrn und sprach: Herr Zebaoth, wie lange willst du denn dich nicht erbarmen über Jerusalem und über die Städte Judas, über welche du zornig bist gewesen diese siebzig Jahre? (V. 12)
Und der Herr antwortete dem Engel, der mit mir redete, freundliche Worte und tröstliche Worte. (V. 13)
Und der Engel ... sprach zu mir: Predige und sprich: So spricht der Herr Zebaoth: Ich eifere um Jerusalem und Zion mit großem Eifer (V. 14)
und bin sehr zornig über die stolzen Heiden (= Völker); denn ... sie ... halfen zum Verderben. (V. 15)
Darum so spricht der Herr: Ich will mich wieder zu Jerusalem kehren mit Barmherzigkeit, und mein Haus soll darin gebaut werden ... dazu soll die Zimmerschnur in Jerusalem gezogen werden. (V. 16)
... Es soll meinen Städten wieder wohl gehen, und der Herr wird Zion wieder trösten und wird Jerusalem wieder erwählen. (V. 17)

Der Grundgedanke: Jahwes Gericht und Gnade folgen einem festen, göttlichen Plan

An den Vätern hat sich buchstäblich erfüllt, was Gott geweissagt hatte (V. 6!): Das Wort Gottes ist wahr, auch in den Weissagungen der Träume des Propheten, die damals noch in der Zukunft lagen, inzwischen aber erfüllt sind. Äußerst wichtige Tatsachen hat Gott über die Zukunft offenbart. Er kann sie aufschieben, weil er Geduld hat, aber sie sind nicht aufgehoben, also sollten wir auf die prophetischen Weissagungen und Träume achten.

An vielen Dutzend Stellen der Heiligen Schrift wird in allen denkbaren Einzelheiten das Schicksal des Volkes Israel vorausgesagt (z. B. Klgl. 2,17ff., Esra 9,6–11; Dan. 9,12; Jes. 40,6–8). Wer immer die Heilige Schrift liest, kennt und betrachtet, dann die Weltgeschichte studiert und das eigene Leben, der muß zu dem Ergebnis gelangen: Sie kündet wie kein anderes Schriftgut in den Religionen der Welt die Wahrheit über Gott und den Menschen, die Wahrheit über die Vergangenheit und die Zukunft, die Wahrheit über Gericht und Gnade.

»Ist's nicht ... also, daß meine Worte und meine Rechte, die ich durch meine Knechte, die Propheten, gebot, haben eure Väter getroffen ... Gleichwie der Herr Zebaoth vorhatte, uns zu tun, wie wir gingen und taten, also hat er uns auch getan?« (V. 6)

2500 Jahre sind die Propheten tot, die so gesprochen haben, aber das Wort Gottes lebt, wo immer es gelesen und gehört wird.

Dein Wort ist wahr und trüget nicht
Und hält gewiß, was es verspricht,
Im Tod und auch im Leben.
Du bist nun mein,
Und ich bin dein,
Dir hab' ich mich ergeben.   (Aus Leipzig 1573)

Dem Sacharja offenbart Gott in acht »Nachtgesichten« seinen Willen und Plan mit der Welt und mit seinem Volk und mit der heiligen Stadt Jerusalem, und wir können heute mit Händen greifen, wie buchstäblich diese Schau zur Wirklichkeit geworden ist – sollten wir nicht Vertrauen daraus lernen, daß der heilige Herr auch mit unserem persönlichen Leben und mit unseren eigenen Träumen einen Plan und ein Ziel verfolgt? Lernen wir von Sacharja, darauf zu achten und uns trösten zu lassen von seiner Wahrheit!

Das Traumbild vom Reiter auf rotem Pferde

»Und ich sprach: mein Herr, wer sind diese?...«

Ein wichtiges Bild muß es sein, denn es kehrt im achten Nachtgesicht wieder (6,1–8), wie auch die wichtigen Träume sich zu wiederholen pflegen. Wenn wir dann erst anfangen zu beten »Herr, wer sind diese?« (und nicht nur nach FREUD fragen: »Was fällt mir dazu ein?«) dann wird uns auch die gleiche Antwort zuteil, wie dem Sacharja:

»Ich will dir zeigen, wer diese sind!« (V. 9)
Träume von Roß und Reiter begegnen uns ungemein häufig; sie wurden mir in der psychotherapeutischen Praxis schon fast hundertmal berichtet. Sicher hatte FREUD recht, wenn er uns dabei die sexuelle Symbolik beachten lehrte. Aber muß sie den einzigen Weg zum Verständnis enthalten? Hatte nicht derselbe FREUD uns auch gelehrt, wir sollten uns selbst in jedem Menschen und Wesen eines Traumes suchen?!
Dann haben wir Grund, auf LUTHER zu hören, wenn er uns lehrte: »Der Mensch ist ein Reittier, er kann von Gott oder vom Teufel geritten werden«.
Doch die Heilige Schrift selbst erteilt uns die wichtigsten Antworten: Da erfahren wir von den »vier apokalyptischen Reitern« (Offb. 6,4–8) der Endzeit, von dem blutroten Pferde des Krieges, in dem die Menschen sich gegenseitig töten.
Auch von unserer Zeit gilt dann: wohin wir blicken auf der Erde, da sind die Menschen in Haß und Krieg gegeneinander aufgewiegelt. Wir sahen es noch in jüngster Zeit in dem Krieg zwischen dem Iran und Irak, in Mittelamerika, zwischen Libyen und dem Sudan, zwischen Kambodscha und Thailand, zwischen China und Vietnam, zwischen den Polisario und Marokko, zwischen Südafrika und Angola, zwischen dem Irak und Kuweit, zwischen Libyen und dem Tschad, zwischen Äthiopien und Somalia – von den vielen Bürgerkriegen ganz zu schweigen; zur Zeit der Abfassung dieser Zeilen in Jugoslawien und Georgien, und wir werden es weiter sehen.

Bei den roten, braunen und weißen Pferden findet sich hier, offenbar versehentlich, die schwarze Farbe nicht genannt. (In der griechischen Übersetzung der Septuaginta und Sach. 6 ist auch diese vierte Farbe verzeichnet.)

Damit sind Hinweise gegeben auf die vier Planetengottheiten Mond, Mars, Merkur und Saturn. Ihnen glaubte man auch die »vier Weltgegenden« und damit die vier *Himmelsrichtungen* zugeordnet.

Den vier Farben entsprechen die vier Planeten(gottheiten), »deren Herrschaft man die vier Weltecken unterstellt glaubte«.
Schwarz deutet auf den Norden, weiß wahrscheinlich auf den Osten, rot auf den Westen und Gescheckt auf den Süden (S. 93).
Nach israelischer und altorientalischer Vorstellung geht dem Weltende eine Zeit »großer Unruhe und großer Ängste« voraus (S. 93).
Wenn also »Die Völkerwelt stille« ist, so bedeutet dies: die Stunde »der Entscheidung ist noch nicht gekommen«.
Der Trost der ersten Vision lautet: Jahwe hat das Gericht über die Heiden und seinen Eifer um Jerusalem nicht vergessen. Seine Liebe zu Zion ist so leidenschaftlich wie sein Zorn über die Sünden der Heiden (S. 94).
Sicher also gehört Sacharja zu den Männern der Bibel, die längst vor den Vertretern aller anderen Religionen die ganze Weite der Welt im Auge hatten und der Herrschaft Gottes unterstellt sahen (vgl. den Missionsbefehl Jesu: »Gehet hin in alle Welt!«).
Das aber ist zur Zeit Sacharjas die Weltlage: »*Alle Länder sitzen still*« (V. 11). Aber es ist die Ruhe vor dem Sturm.

Weltkriege haben im Altertum auch den Vorderen Orient erschüttert. Nur an Alexander den Großen (um 333 v. Chr.) sei erinnert, der eben die Städte eroberte und schleifte (Gaza, Askalon, Sach. 9,5, Tyrus, Sidon), deren Untergang damals so unwahrscheinlich schien und doch immer wieder in der Heiligen Schrift geweissagt wurde.
»... der Engel des Herrn, der unter den Myrten hielt« (V. 11)
Alte Mythen berichten Vorstellungen von einem »Göttergarten«, in dem die Gottheit unter einer Myrte ruht, einem Sinnbild des unerschöpflichen und ewigen Lebens. Das hebräische Wort für diesen Garten MeZuLLaH, der »Talgrund«, aus dem die Lebenswasser hervorquellen, übersetzt LUTHER mit »Aue«.
Es kann sowohl hinweisen auf »das finstere Tal«, in dem wir doch kein Unglück fürchten, da der Herr bei uns ist (Ps. 23), als auch auf das »Tränental«, in dem wir uns doch »Brunnen machen« (Ps. 84,7). Manche Ausleger haben dann das Tal als Sinnbild für die Niedrigkeit und das Elend Israels angesehen.

Uns aber soll der eine Gedanke aufrichten: Mögen die roten Reiter als Boten und Kundschafter Gottes die Welt durchziehen, mögen sie von kommendem Unheil künden (Offb. 6,4f.), auch im Tal der Tränen sind wir nicht alleingelassen. Die Träume als Boten Gottes künden uns vor allem »freundliche ... und tröstende Worte«.

Menschliches Fragen und göttliches Antworten
Sacharja fragt durch den Engel:

»Herr, wie lange ... willst du dich nicht erbarmen?« (V. 12)

Diese Frage liegt menschlich nur allzu nahe als Zeichen für unsere Ungeduld und gelegentlich unsere Neugier.

Es ist eine der häufigsten Fragen, die mir an den Krankenbetten begegnet: Wie lange muß ich noch fest liegen, wie lange noch in der Klinik bleiben, wie lange noch an Krücken gehen, wie lange noch die Medikamente nehmen, wie lange noch arbeitsunfähig sein usw. Doch Gott antwortet ganz anders:
»... freundliche Worte und tröstliche Worte ... Predige und sprich: ich eifere um Jerusalem ... «

Der Gott der Ewigkeiten pflegt auch in den Träumen nicht auf unsere Fragen nach bestimmten Zeiten zu antworten, sondern hat eine wichtigere Botschaft des Trostes: Du stehst in meiner Hand, ich hab dich lieb: »Laß dir an meiner Gnade genügen; denn meine Kraft wird in der Schwachheit mächtig!« (2. Kor. 12,9)
Die rechte Ordnung der Werte sollen wir erkennen. Wichtig ist nicht der Zeitpunkt, sondern einzig die Tatsache:
Der Herr will sein Reich aufrichten, und in seinem Plan hat er für dich eine wichtige Aufgabe. Seine Barmherzigkeit hat noch kein Ende, »sondern sie ist alle Morgen neu, und deine Treue ist groß!« (Klgl. 3,22f.)

Gerade diese Verheißung aus den Klageliedern schließt sich dem Seufzen und Weinen um die elende Stadt Jerusalem an, die einst die schönste unter den Städten war, doch sie gipfelt in der Mahnung zur Geduld:
»Es ist ein köstlich Ding, geduldig sein und auf die Hilfe des Herrn hoffen (3,27);
Denn der Herr verstößt nicht ewiglich, sondern er betrübt wohl, und erbarmt sich wieder nach seiner großen Güte ... « (V. 32f.)

Wir fragen nach dem Fortschreiten unserer Pläne, Gott aber will sein Reich errichten. Sein äußerer Mittelpunkt soll die heilige Stadt Jerusalem sein; doch innerlich will seine Herrschaft in der Mitte unseres eigenen Herzens beginnen. Hier gilt es noch heute, die »Zimmermannsmeßschnur« zu ergreifen und dem Herrn eine »innere Burg«, ein inneres Jerusalem zu errichten.

Die heilige Teresa von Avila hat dieser »Inneren Burg« mit ihren sieben Wohnungen als dem Heiligtum des Herzens ein berühmtes mystisches Werk gewidmet, das von tiefstem psychologischen Verstehen zeugt.
Seit meiner Jugend begleitet mich das Wort aus dem Propheten Jeremia: »Laßt euch Jerusalem im Herzen sein!« (51,50)

Von dem dreifachen Jerusalem also wollen uns die Träume lehren:
das irdische Jerusalem (auch als Sinnbild) zu lieben,
dem himmlischen Jerusalem entgegenzugehen und
das innere Jerusalem zu erbauen.

    36. Träume – von nächtlichen Engelgesichten, (Sach. 1,8ff.)
        Träume – den Tempel des Herrn zu errichten. (1,16)
    37. Träume – die innere Burg zu erbauen, (Teresa v. Avila)
        Träume – die himmlische Heimat zu schauen. (Sach. 2,8–9)

Den siebzig Jahren des Zorngerichts steht die ewige Barmherzigkeit gegenüber

Sacharja sieht in seinem Traum den Zorn Gottes, der sein Volk durch siebzig Jahre in der babylonischen Gefangenschaft belassen hatte; siebzig Jahre, in denen die stolzen Völker sich gegenseitig »zum Verderben halfen« (1,12,15).

Aufgabe der Propheten und Priester Gottes aber ist es nicht, einzustimmen in die Rufe der Angst vor noch gewaltigeren Schrecken, die der Menschheit drohen; Sacharjas Traum enthält einen göttlichen Befehl:

»Predige und sprich: ... Ich will mich wieder zu Jerusalem kehren mit Barmherzigkeit ... Der Herr wird Zion wieder trösten ...!«

Sacharjas Traum leugnet nicht das Unheil, das geschehen ist oder das drohen mag. Aber er ruft nicht zu Angst, zu Klage oder zu Anklage auf, sondern verkündet Barmherzigkeit und Trost. Über den Jahren der babylonischen Gefangenschaft stand das Trostwort:

»... ich weiß wohl, was ich für Gedanken über euch habe, spricht der Herr, nämlich Gedanken des Friedens und nicht des Leides, daß ich euch gebe das Ende, des ihr wartet.« (Jer. 29,11)

Wo finden sich Worte so starker Kraft, die seit Jahrhunderten die leidenden und geängsteten Menschen vergleichbar persönlich angesprochen hätten, wie die Zusagen Gottes:

»Fürchte dich nicht; denn du sollst nicht zuschanden werden; ... denn der Herr hat dich zu sich gerufen: ... Ich habe dich einen kleinen Augenblick verlassen, aber mit großer Barmherzigkeit will ich dich sammeln. Ich habe mein Angesicht im Augenblick des Zornes ein wenig vor dir verborgen; aber mit ewiger Gnade will ich mich deiner erbarmen, spricht der Herr, dein Erlöser.
Denn es sollen wohl Berge weichen und Hügel hinfallen, aber meine Gnade soll nicht von dir weichen, und der Bund meines Friedens soll nicht hinfallen, spricht der Herr, dein Erbarmer.« (Jes. 54,4–10)

Der erste Traum des Sacharja also lehrt uns nicht nach den Einfällen aus der eigenen Lebensgeschichte zu fragen, sondern nach dem Wort Gottes über die Heilsgeschichte; nicht nach Angst und Elend der Vergangenheit, sondern nach der Barmherzigkeit und dem ewigen Heil der Zukunft; nicht nach der unbewältigten Vergangenheit, sondern nach dem Trost der Gegenwart des Herrn; nicht nach der verderblichen Macht der Menschen, sondern nach der Verheißung des himmlischen Herrn.

38. Träume – von menschlichem Zornesgericht, (Sach. 1,12,15)
    Träume – von göttlichem Gnadengesicht. (1,10)
39. Träume – von Schlägen und Schaden und Schuld,
    Träume – von ewig barmherziger Huld. (Sach. 1,17)

3. Das zweite und dritte Nachtgesicht (Kap. 2):
Die vier Hörner, die vier Schmiede und der Mann
mit der Meßschnur

a) Der Wortlaut (im Auszug):

»Und ich hob meine Augen auf und sah, und siehe, da waren vier Hörner. (V. 1)
Und ich sprach zu dem Engel, der mit mir redete: Wer sind diese? Er sprach zu mir: Es sind die Hörner, die Juda samt Israel und Jerusalem zerstreut haben. (V. 2)
Und der Herr zeigte mir vier Schmiede. (V. 3)
Da sprach ich: Was wollen die machen?
Er sprach: Die Hörner, die Juda so zerstreut haben, daß niemand sein Haupt hat mögen aufheben ... diese sind gekommen, daß sie die Hörner der Heiden abstoßen ...« (V. 4)
Und ich hob meine Augen auf und sah, und siehe, ein Mann hatte eine Meßschnur in der Hand. (V. 5)
Und ich sprach: Wo gehst du hin? Er aber ... sprach ...: Daß ich Jerusalem messe und sehe, wie lang und wie weit es sein soll. (V. 6)
Und ein anderer Engel ... sprach ...: (V. 7)
Jerusalem wird bewohnt werden ohne Mauern vor großer Menge der Menschen ..., die darin sein wird. (V. 8)
Und ich will, spricht der Herr, eine feurige Mauer umher sein und will mich herrlich darin erzeigen. (V. 9)
Hui, hui, fliehet aus dem Mitternachtlande! spricht der Herr; denn ich habe euch in die vier Winde unter dem Himmel zerstreut ... (V. 10)
Denn so spricht der Herr Zebaoth: Er hat mich gesandt nach Ehre zu den Heiden, die euch beraubt haben; denn wer euch antastet, der tastet meinen Augapfel an ... (V. 12)
Freue dich und sei fröhlich, du Tochter Zion! denn siehe, ich komme und will bei dir wohnen ... (V. 14)
Und der Herr wird Juda erben als sein Teil in dem heiligen Lande und wird Jerusalem wieder erwählen. (V. 16)
Alles Fleisch sei still vor dem Herrn; denn er hat sich aufgemacht aus seiner heiligen Stätte. (V. 17)

Einteilung und Grundgedanke

An zwei zusammengehörige Träume schließen sich eine Reihe von Verheißungen, besonders über Jerusalem, und eine Anzahl von Mahnungen an: Die Stadt Gottes ist nicht bestimmt, gemessen zu werden, sondern der Anbetung zu dienen.

Das Traumbild von den Hörnern

An vielen Stellen der Heiligen Schrift ist von Hörnern die Rede.

Sie schmücken die Widder (1. Mos. 22,13) und den Altar des Herrn (3. Mos. 4,7,18); sie dienen als Blasinstrument (Jos. 6,5) und als Gefäß für Öl (1. Sam. 16,1).

Vor allem aber bedeuten sie ein Sinnbild für Heil, für Kraft und Macht. In immer neuen Abwandlungen ist von dem »Horn des Heils« die Rede, und bekannt ist der 18. Psalm (V. 3):

»Herr, mein Fels, meine Burg, mein Erretter, mein Gott, mein Hort, auf den ich traue, mein Schild und *Horn meines Heils* und mein Schutz.« (ähnlich Ps. 89,18,25; 92,11; Klgl. 2,3; Hes. 29,21 u. a. m.)

Als »Horn Davids« wird der Messias verheißen (Ps. 132,17) und von Lukas vor der Weihnachtsgeschichte als »Horn des Heils« auf Jesus bezogen. (Lk 1,69)

Nur scheinbar steht solche Symbolsprache der Bibel dann im Gegensatz zu der sexuellen Traumsymbolik, die FREUD uns verstehen lehrte. Nach ihm ist das Horn ohnehin nicht nur ein »Penissymbol« (eine Bedeutung, wegen der die ganze Tierart der Nashörner vom Ausrotten bedroht ist), sondern auch bei FREUD steht hinter der äußeren Symbolik die tiefere innere von Macht und Kraft.

Zum Wesen des Traumes und seiner Sprache gehört, wie FREUD wissenschaftlich gezeigt hat, die Verdichtung, d. h., in einem Bilde können gleichzeitig verschiedene Bedeutungen enthalten sein. So weisen uns auch die vier Hörner hin auf die vier Himmelsrichtungen, von denen schon im ersten Nachtgesicht bei den vier Reitern die Rede war (Kap. 1,8).

Dann sagt uns das Bild: So, wie der Herr sein Volk zerstreuen wird in alle vier Himmelsrichtungen, also über die ganze Welt, so wird er es auch von überall her wieder sammeln in seinem heiligen Land. So hat er es an zahllosen Stellen der Schrift geweissagt zu einer Zeit, in der sich nichts ahnen ließ von der Wirklichkeit, die sich viele Jahrhunderte später einstellen sollte.

Die vier Hörner werden zugleich bezogen auf das gewaltige Bild von den *vier Weltreichen,* deren Kommen in den Träumen von Daniel 2,29 ff. und Daniel 7 genau beschrieben wird. (Auch die Offenbarung [13,1] nimmt auf diese Weltreiche Bezug.)

Das erste Weltreich wurde von Nebukadnezar gegründet und dauerte 70 Jahre, bis 538 KYROS die babylonische Weltmacht besiegte und

das zweite, das medisch-persische Weltreich an seine Stelle setzte.

Das dritte, griechische Weltreich wurde durch Alexander den Großen 332 errichtet, von dem freilich Sacharja nichts wissen konnte, dagegen vermutlich Daniel.

Das vierte Weltreich dagegen, das allen Propheten des Alten Testamentes fremd sein mußte, ist das Römische Reich, das in Palästina mit der Erstürmung Jerusalems durch Pompejus im Jahre 63 vor Christus Fuß faßte.

Hier müßte es zu weit führen, aus der Geschichte Israels im einzelnen zu belegen, wie in jedem der vier Weltreiche das Volk Israel unterdrückt und zerstreut wurde: im ersten Weltreich in der babylonischen Gefangenschaft bis hin zum vierten, dem römischen, in dem dann Titus im Jahre 70 das Volk buchstäblich »in alle vier Winde« zerstreute, bis es zahlreichen Verheißungen entsprechend im Laufe des letzten Jahrhunderts bis zur Gründung des Staates Israel sich wieder im Heiligen Land sammelt.

Nicht nur von der Traumdeutung C. G. JUNGS her, der in seiner »Mandala«-Symbolik die inhaltliche Aufgliederung in ein Viereck liebt, lassen sich die Verbindungslinien zum Neuen Testament ziehen.

Martin LUTHER hat uns gelehrt, das Alte Testament mit den Augen des Neuen zu lesen und zu erkennen, »was Christum treibet«. Dann erinnern uns die vier Hörner an die *vier Evan-*

gelisten oder auch an die *vier Paradiesesströme* oder an den quadratischen Grundriß des »Neuen Jerusalem« (Offb. 21,16).

Jedenfalls will in allen Arten des Verstehens eine Botschaft uns ins Herz dringen: Umfassend wirkt das Heil Gottes in der Welt- und in der Heilsgeschichte. Zu jeder Zeit und an jedem Ort bleibt Gott seinem Volk nahe, es zu sammeln und zu erretten.

Das Traumbild von den vier Schmieden

Den vier Hörnern stehen gegenüber vier Schmiede. Dieses Bild war den Frommen des Alten Israel geläufig als Inbegriff der kraftvollen, edlen, aber auch zerstörenden Macht.

Der Prophet (Deutero-)jesaja schreibt von ihnen: (54,16)
»Siehe, ich schaffe es, daß der Schmied, der die Kohlen im Feuer aufbläst, eine Waffe daraus mache nach seinem Handwerk; ... Einer jeglichen Waffe, die gegen dich gerichtet ist, soll es nicht gelingen ... das ist das Erbe der Knechte des Herrn und ihre Gerechtigkeit von mir, spricht der Herr.« (Jes. 54,16 f.)
In der Geschichte zeigt sich – nicht zuletzt an dem Beispiel von KYROS und ALEXANDER dem Großen, daß und wie edle, menschliche Herrscher (die freilich auch ihre Fehler und Schwächen hatten) Gewaltherrschaften tierischer Grausamkeit vernichteten.

Jedenfalls gelten die Hörner als Zeichen der Tiere, ihnen wird mit den Schmieden die gerechte Gewalt der Menschen gegenübergesetzt. Bis in unsere Zeit zu Albert LORTZING (1801–1851) hat sich dieses Bild des edlen »Waffenschmiedes« erhalten.

»Wenns wieder so würde, wie's einstens wohl war,
Wo das Schwert nur für Recht sich erhob, –
Wo geschlagen im Kampfe die feindliche Schar
Wie Spreu vor dem Winde zerstob. –
Wenn Redlichkeit käme als Waffenschmied
Und schlüg auf dem Amboß, vom Feuer umsprüht,
Ein Schwert, nur dem Guten geweiht, –
Das wär' eine köstliche Zeit!«

Zu allen Jahrhunderten aber ist die Menschheit einem verhängnisvollen Irrtum erlegen, vor dem uns dieses Traumbild bewahren helfen kann: Humanität, gütige Menschlichkeit sollte die »Bestialität« des Unter-Menschentums ersetzen. Doch gilt immer wieder bestätigt der Satz eines Weisen: *»Humanität ohne Divinität mündet in Bestialität.«*
Mit den Worten der Propheten heißt dies: Nur durch den »Menschensohn« Jesus Christus (Dan. 7,13) kann der Mensch seine Neigung zu tierischer Grausamkeit überwinden.

Sehr unterschiedlich bleiben dabei die Aussagen der Heiligen Schrift über das Schwert: Seit nach dem Sündenfall der Engel mit dem Schwert das Friedensparadies bewacht, »trägt die Obrigkeit das Schwert nicht umsonst«. (Röm 13,4) Für die Endzeit aber wird verheißen, was vor dem Gebäude der Vereinten Nationen in Stein gemeißelt steht: »Sie werden ihre Schwerter zu Pflugscharen machen!« (Jes. 2,4)

Das soll geschehen als Wirklichkeit, wenn »alle Völker« zum »Hause des Gottes Jakobs« emporsteigen und wenn »das Wort Gottes von Jerusalem ausgehen« wird.
Noch ist dieser ewige Friede Sehnsucht und Ziel der Menschen; Gott wird die Wirklichkeit schenken.

Noch ist der Sinn der Weltgeschichte mit ihrem Höhepunkt vor unseren Augen verborgen, wir gehen aber der letzten Erfüllung voll Zuversicht und Vertrauen entgegen. Noch stehen Wahrheit und Wirklichkeit uns vor Augen als Aufrufe zum Wirken, zur Tat »solange es Tag ist« (Joh. 9,4); noch ist es eine Wirklichkeit der inneren Bilder, nicht der äußeren Sinneswahrnehmung. So will das Bild uns ahnen und glauben lehren, bis einst die Zeit des Schauens die Erfüllung bringt.

Das Traumbild von dem Mann mit der Meßschnur

Dieses Bild knüpft an das erste Traumgesicht an (Kap. 1,16f.).

»Mein Haus soll darin (in Jerusalem) gebaut werden ... dazu soll die Zimmerschnur in Jerusalem gezogen werden«.

Hier soll nun vermessen werden:

»Daß ich Jerusalem messe und sehe, wie lang und weit es sein soll.« (V. 6)

Beide Gedanken klingen hier an: Jerusalem soll wieder vermessen, also wieder aufgebaut werden als Zeichen der Gegenwart Gottes. Dies schließt zugleich eine Aufforderung ein, an der Stadt und damit am Reich Gottes mitzubauen und zu wirken:

> »Auf, laßt uns Zion bauen
> Mit freudigem Vertrauen,
> Die schöne Gottesstadt!
> Wenn wir ans Werk erst gehen,
> Wird sie bald fertig stehen.
> Wohl dem, der mitgebauet hat!«

(Der Ursprung dieses Liedes aus dem ostpreußischen und dem schlesischen Gesangbuch war nicht mehr festzustellen.)

Zum anderen werfen Bandmaß und Zimmermannsschnur des Traumes die Frage auf: lassen sich die Werke und Werte der Ewigkeit, läßt sich gar die Größe des himmlischen Jerusalem mit ihrer Herrlichkeit messen?
Die Offenbarung des Johannes gibt das Maß an: Es sollte »12 000 Feld Wegs« betragen, das entspricht einer Seitenlänge von je 2200 Kilometern. (Offb. 21,16f.)
Diese unvorstellbare Größe macht uns deutlich: Menschliches Erkenntnis- und Vorstellungsvermögen reichen nicht aus, die zukünftige Welt zu erfassen.

Solche Maßangaben wollen uns erinnern daran, wie klein und gering wir angesichts der unendlichen und unfaßbaren Größe und Güte Gottes nur demütig mit dem Weihnachtslied sprechen können:

> Wenn ich dies Wunder fassen will,
> So steht mein Geist vor Ehrfurcht still;

Er betet an und er ermißt,
Daß Gottes Lieb' unendlich ist.

Wenn wir das Wort eines großen deutschen Dichters erweitern und abwandeln dürfen, dann gilt doch von dem übertriebenen und einseitigen Streben, nur das »Faßbare« erfassen zu wollen:

Was, liebe Freunde, macht euch so vermessen,
Daß ihr schon wähnt, die Werte gälten nicht;
Was ihr nicht meßt, das dürfe man vergessen,
Was ihr nicht wiegt, das habe kein Gewicht?
Was ihr nicht wahr-nehmt, berge keine Wahrheit,
Was ihr nicht seht, das trage kein Gesicht,
Was nicht erklärt ist, trage keine Klarheit,
Was ihr nicht zählt, das – glaubt ihr – zähle nicht?
Erhebt zum Firmament doch eure Blicke
Und zählt der Sterne stummes Strahlenheer,
Und meßt im Herzen dann die tiefe Lücke,
Wenn es von Ehrfurcht und von Liebe leer! (K. Th.)

Drei Traumbilder also stellt uns der Prophet Sacharja vor Augen mit scheinbar dunklem Sinn: Vier Hörner, vier Schmiede und einen Mann mit einer Meßschnur.
Doch die Heilige Schrift weist uns auch den Weg zur inneren, zur geistlichen Erkenntnis, wenn wir mit ihren Worten und in ihrem Geist fragen lernen.

Sigmund FREUD, dem wir die »Wissenschaft vom Traum« verdanken, kannte nur eine Frage an den Traum. Wer jahrelang als Psychoanalytiker nur mit dieser Frage FREUDS gearbeitet hat: »Was fällt mir dazu ein?«, kennt die häufigste von allen Antworten: »Mir fällt nichts dazu ein!«
Wenn wir ein Liedwort als Rat abwandeln dürfen, dann bringt es uns Licht in die dunklen Träume:

»Jesu Herz dir offen steht; –
Mach aus Träumen – ein Gebet!«

In dem folgenden Vers (2,7) hören wir:

»Ein anderer Engel ging heraus ihm entgegen.«

Seit den Zeiten der alten Kirche wurde dieser »andere Engel« gern auf Jesus Christus bezogen. Er will uns entgegenkommen und unsere Fragen beantworten.

4. Die Fragen des Träumenden (des Propheten Sacharja) und die Antworten des Gottesboten

Die Fragen des Träumenden

Fragen aus der Haltung eines offenbar demütigen Vertrauens lassen den Propheten Sacharja sich an den Engel wenden:

> »Herr, wer sind diese?« (1,9) (6,4)
> »Was wollen die machen?« (2,6)
> »Mein Herr, was ist das?« (4,4)
> »Was sind die zwei Ölbäume...?« (4,11)
> »Was sind die zwei Zweige der Ölbäume?« (4,12)
> »Was ist das?« (5,6)
> »Wo führen die das Epha (ein Getreidemaß) hin?« (5,10)

Der Engel Gottes antwortet nicht nur auf alle diese Fragen, sondern er fügt auch Erklärungen, Verheißungen und Gebote hinzu.

Warum sollten wir es nicht dem Sacharja gleichtun und bei jedem Menschen und bei jedem Gegenstand aus unseren Träumen fragen: »Wer ist das?« »Mein Herr, was tut der?«, »wo führt das hin?«

Doch auch der Engel fragt seinerseits:

> »Was siehst du?« (4,2)

Er fordert damit auf, genau hinzublicken, sich offen zu halten für das, was er »zeigen« will. Über den Träumen und Offenbarungen steht die Verheißung:

> »Ich will dir zeigen, wer diese sind!« (1,9)

Wer diesem Wort glauben kann, dem erschließt sich die Bedeutung seiner Bilder. Nicht nur äußerlich beginnt dann dieses innere Erkennen mit den Worten:

> »Und ich hob meine Augen auf und siehe, ich sah...« (2,1,5)

Längst bevor James BRAID (1843) und viele der späteren Hypnosewissenschaftler gelehrt haben: Wer innere Entspannung und Bilderlebnisse sucht, der sollte zuvor die Augen nach oben wenden, findet man oft in der Heiligen Schrift das Emporwenden der Augen genannt.

> »Ich hebe meine Augen auf zu den Bergen, von denen mir Hilfe kommt.« (Ps. 121,1; 123,1)

So singen es die Psalmen. Vor allem aber von Petrus und Johannes auf dem Berge Tabor wissen wir, was so oft in den Meditationskursen sich als ein Schlüssel erweist für biblische Bilderlebnisse, wenn wir üben:

> »Da sie aber ihre Augen aufhoben, sahen sie niemand, als Jesum allein.« (Matth. 17,8)

Der Prophet Sacharja wurde gewaltiger Visionen gewürdigt; aber wir haben dem verbreiteten Irrtum zu wehren, als sei die Zwiesprache mit dem lebendigen Gott in den Bildern der Träume und der Schauungen nur in der damaligen Zeit erfolgt. Ein Vorbild ist uns der Prophet, daß wir demütig und von der Heiligen Schrift her uns in die Wahrheit der Bilder führen lassen.

Wenn wir ein einziges Liedwort von Karl Friedrich HARTTMANN abwandeln dürfen, so sagt uns seine Erfahrung:

»Schauen sammelt unsre Sinne,
Daß die Seele nicht zerrinne
In den Bildern dieser Welt,
Ist wie eine Engelwache,
Die im innersten Gemache
Des Gemütes Ordnung hält.
Jesu, laß zu jenen Höhen
Heller stets hinauf uns sehen,
Bis die letzte Stunde schlägt,
Da auch uns nach treuem Ringen
Heim zu dir auf lichten Schwingen
Eine Schar der Engel trägt.«

Die dreifache Verheißung über die Heilige Stadt Jerusalem

Jerusalem soll einmal eine Großstadt werden ohne Mauern. Diese Verheißung erscheint uns heute, da sie buchstäblich erfüllt ist, selbstverständlich zu sein. Zur Zeit des Sacharja mußte sie unmöglich klingen; denn es gehörte zum Wesen einer Burg und Stadt, daß sie mit Mauern befestigt ist.
Aber Gott selbst will eine lebendige, feurige Mauer des Schutzes für diese Stadt werden, die zum Vor-Bild seiner Herrlichkeit geschaffen wurde.
Martin LUTHER gab uns mit seinem Lied, das er nach dem 46. Psalm dichtete, ein Vorbild des unerschütterlichen Glaubens: »Ein feste Burg ist unser Gott, ein' gute Wehr und Waffen!«. Die Stadt Gottes mag ohne Mauern stehen, ohne Schutz ist sie nicht.

Ein Heer von Menschen in Angst, – mit oder ohne Grund, mit oder ohne seelische Erkrankungen, sehnt sich heute nach Geborgenheit.
Wir haben kein Recht zu behaupten, jede Angst schwinde – gar sofort – durch den christlichen Glauben. Wohl aber werden wir gerade als Ärzte dessen Zeuge, wie ein lebendiger christlicher Glaube auch mitten in vielen Ängsten eine starke Zuversicht vermittelt.

Wiederholt verbindet die Heilige Schrift die Wahrheit einer Verheißung mit der Aufforderung, von der sichtbaren Wahrheit her auch der noch unsichtbaren zu vertrauen. Dabei wird nicht eine vieldeutige dunkle Zukunft vorausgesagt, sondern ganz konkret sagt z. B. Jeremia: (31,38–40)

»Siehe es kommt die Zeit, spricht der Herr, daß die Stadt des Herrn soll gebaut werden vom Turm Hananeel an bis zum Ecktor; und die Richtschnur wird neben ihm weiter herausgehen bis an den Hügel Garb und sich gen Goath wenden . . . und bis an den Bach Kidron, bis zu der Ecke am Roßtor gegen Morgen wird dem Herrn heilig sein . . .«

Aus meiner Studentenzeit, als ich noch Fremdenführer in Jerusalem war, erinnere ich mich an die tiefe Betroffenheit: Hier wurde vor Jahrtausenden genau geweissagt, was inzwischen eingetroffen ist. Ebenso wahr soll die Verheißung gelten: Die »Herrlichkeit des Herrn« soll wohnen in dieser Stadt.

Noch ist es nicht jedem gegeben, diese Herrlichkeit zu schauen. Mit mancher Pilgergruppe habe ich die steinernen Zeugen einer viertausendjährigen Geschichte dieser Stadt betrachtet.

Wie merkwürdig, daß an manchem Abend eine Gruppe von Teilnehmern nur Staub und Schmutz gesehen hatte, nur Trümmer und Armut und Mühsal, nur den Gestank von den Abfällen und die Unordnung wahrgenommen hatte, während andere auf den gleichen Wegen zutiefst ergriffen war von den Zeugnissen der Vergangenheit, von dem Geist der Geschichte, von der Sprache der Steine, die die Wahrheit verkündeten, und von der Heiligkeit des Ortes, der von Gottes Gegenwart kündet.

Es liegt an unseren Augen, ob wir hier schon die Herrlichkeit des Herrn in seiner Stadt wahrnehmen können; – in der Ewigkeit freilich wird das himmlische Jerusalem sie allen offenbaren.

40. Träume – zu trotzen dem menschlichen Messen, (Sach. 2,5 ff.)
    Träume – die Grauen und Grenzen vergessen. (2,8)
41. Träume – von Zions geheiligten Hallen, (Sach. 2,14)
    Träume – vom Ziel, zu dem Pilger dort wallen. (Ps. 122)
42. Träume – vom Schutze der Stadt ohne Mauern, (Sach. 2,8)
    Träume – von feuriger Herrlichkeit Schauern. (2,9)

Die Freude der Gottesstadt

Als Kinder haben wir das Weihnachtslied gesungen:

>»Tochter Zion, freue dich, jauchze laut, Jerusalem!«

Damals haben wir wenig geahnt von dem Sinn dieser Verheißung. Für den Propheten und für die Heilige Stadt sind die Träume eine Wirklichkeit und ein Grund zur Freude: »Siehe, ich komme und will bei dir wohnen!« (V. 14 f.) Weihnachtsfreude berührt uns im innersten Gemüt: »Jesus ist kommen, Grund ewiger Freuden!« Für Sacharja war diese Freude ein Vorausahnen der Zukunft, für uns ist es eine geschichtliche Vergangenheit.

In der zweiten Weihnachtsfreude sollten wir uns üben, sie ist der heutigen Christenheit weithin verlorengegangen: »Jesus kommt wieder in Herrlichkeit...« so singt es ein Jubellied. Auf seine Wiederkunft sich mit Freude vorzubereiten, das könnte der Inhalt eines Christenlebens sein.

Die dritte Freude aber findet ihren Grund in einem gegenwärtigen Erscheinen des Herrn, nämlich in unseren Träumen, wenn wir nur bereit sind, auf sie zu achten:

>»Ich will bei dir wohnen, und du sollst erfahren, daß mich der Herr Zebaoth zu dir gesandt hat!« (V. 15)

Mit der Botschaft seiner Träume will der lebendige Herr schon jetzt in unserem tiefsten Herzen wohnen als Grund unserer Freude.

>»Sei nur fröhlich, wohlgemut,
>Daß der Herr dir solches tut;
>Zion, Gott wird dich schon stärken,
>Auf den Herren mußt du merken.«
>»O ihr Engel, Himmelserben,
>Freuet euch mit Zion hier;

Denn die jetzt hat wollen sterben,
Soll nun leben für und für
Und sich freuen ohne Zahl
In dem schönen Himmelssaal.
Zion, wer will dich nun scheiden
Von dem Lamm und ew'gen Freuden?«
(Joachim PAULI 1636–1708)

Gott will in Zion wohnen, – das kann als sehr persönliche Verheißung verstanden und erlebt werden: Gott will in Dir wohnen und in Deinem tiefsten Herzen regieren als Grund innerster Kraft. Gott will Dir nahekommen, auch in den Träumen!

Herr, komm in mir wohnen,
Laß mein' Geist auf Erden
Dir ein Heiligtum noch werden;
komm, du nahes Wesen,
Dich in mir verkläre,
Daß ich dich stets lieb und ehre.
Wo ich geh, sitz und steh,
Laß mich dich erblicken
Und vor dir mich bücken.
(G. TERSTEEGEN, 1697–1769)

Religiöse Träume sind also bestimmt und geeignet, dem Glaubensleben die ganz persönliche Nähe der Herzensinnigkeit zu verleihen und damit die Frömmigkeit dem Alltag wiederzugeben.
Unsere Väter lebten in dieser mystischen Welt der Bibel, wir haben sie verdrängt zugunsten eines verstandesmäßigen Rationalismus. Die Träume könnten uns davon überzeugen, wie wir uns nach der überweltlichen Geborgenheit der Gottesnähe sehnen.

Die Stille der heiligen Stätte

Gott, der Herr der Heerscharen, mag sich auch im Zornesfeuer eines Krieges oder einer Katastrophe offenbaren, in der wir Menschen sein Walten nicht mehr wahrnehmen, weil wir uns ein eigenes Gottes- (oder Götzen-)bild vom »lieben Gott« hergestellt haben, den wir uns mit weißem Bart vorstellen wollen. Das Alte Testament kennt noch das Zittern vor dem Zorn Jahwes.

Doch schon dem Elia begegnete der Herr nicht im Sturm, nicht im Erdbeben und nicht in der Feuersbrunst, sondern in dem »stillen, sanften Sausen«. (1. Kön. 19)

Innerste Stille ist die Haltung und zugleich die Stätte, an der wir dem lebendigen Gott begegnen. Es gilt nicht nur äußerlich von Jerusalem, sondern gerade von der »Inneren Burg«, von der die Heilige Therese schreibt, was wir bei dem Propheten Habakuk lesen (2,20):

»Der Herr ist in seinem heiligen Tempel. Es sei vor ihm stille alle Welt!«

Die ganze Heilige Schrift ist erfüllt von der Ehrfurcht vor der Majestät Gottes, die die Antwort der Stille herausfordert:

»Wenn du das Urteil läßt hören vom Himmel, so erschrickt das Erdreich und wird still.« (Ps. 76,9)

In der Stille der Meditationen und der Träume kann sich Gott dem Menschen kundtun und seinen Willen offenbaren.

Über lange Zeit hin haben wir unsere Meditationsübungen begonnen mit einem Psalmwort, das uns die Tür zur Anbetung, das Tor zur inneren Tempelburg erschließen kann:

»Seid stille und erkennet, daß ich Gott bin!« (46,11)

Der doppelte und verschiedene Sinn dieses Wortes wird deutlich, wenn wir jeweils nach einer Pause entweder das vorletzte Wort, »Gott« oder das letzte Wort »bin« betonen. Dann wird die Wirklichkeit Gottes deutlich: Ich, Gott, bin da, bin bei dir!

Die Begründung, mit der der Prophet uns zu Stille auffordert, gibt er mit einem Wort zur Himmelfahrt:

Seid stille; »denn er hat sich aufgemacht aus seiner heiligen Stätte!« (V. 17)

Von Jerusalem aus ist der auferstandene Herr gen Himmel gefahren, um bei uns zu sein. Er hat unsere irdischen Grenzen von Raum und Zeit überschritten, um zu jeder Zeit und an jedem Ort uns nahe zu sein. Dies als Wirklichkeit zu erfahren, hat er uns das Geschenk der Stille und der Meditation hinterlassen. Der Prophet Daniel ist uns dafür ein Vorbild. Von ihm heißt es:

»Daniel ging hinein in sein Haus (er hatte aber an seinem Söller offene Fenster gegen Jerusalem); und er fiel des Tages dreimal auf seine Knie, betete, lobte und dankte seinem Gott, wie er denn bisher zu tun pflegte.« (Dan. 6,11)

Von der Haltung des Daniel, der auf dem Dach seines Hauses sich einen Raum der Stille bewahrt hatte, singt ein altes Gemeinschaftslied (aus dem Gedächtnis zitiert):

»Selig, wer im Weltgebrause
Nach der heil'gen Gottesstadt,
Nach dem ew'gen Vaterhause
Stets ein Fenster offen hat!«

Eine besonders heilsame Übung der Gruppenhypnose, die der niederländische Zahnarzt COSTER entwickelt hat, lehrt die Patienten, im hypnotischen Bilderleben, in einem einsamen Schloß einen Raum der Stille aufzusuchen, dort die Tür hinter sich zu schließen und sich von allen Ängsten und Sorgen abgeschirmt zu erholen. Unter den Bildern, die wir in den allwöchentlichen Gruppenhypnosen unseren Patienten anbieten, ist dieses besonders beliebt.

Wie arm sind wir geworden in der Fähigkeit, biblische Bilder lebensnah zu meditieren, daß wir uns heute aus der Hypnosewissenschaft Anregungen leihen müssen!

Könnten wir uns nicht nach dem Vorbild des Daniel einen inneren Raum der Stille schaffen, zu dem wir möglichst zu regelmäßigen Zeiten im Gebet spürbar Stufe um Stufe emporschreiten, bis wir ganz, ganz still sind.

Dann mahnt uns Jesus selbst: »Geh in dein Kämmerlein, und schließe die Tür hinter dir zu!« (Matth. 6,6) Will dann die alte Angst uns folgen und anklopfen, – die Tür bleibt verschlossen. Will die Sorge uns heimsuchen – sie kann nicht vordringen zu uns. Kummer und Klagen, Verzagtheit und Verzweiflung müssen fernbleiben, solange wir das Fenster in dem Söller der Stille nach Jerusalem geöffnet halten.

Solche Stille ist es dann, die uns im Zwiegespräch mit den Träumen als den Boten Gottes Klarheit und Kraft vermittelt.

> »Zions Stille soll sich breiten
> Um mein Sorgen, meine Pein;
> Denn die Stimmen Gottes läuten
> Frieden, ew'gen Frieden ein.
> Ebnen soll sich jede Welle,
> Denn mein König will sich nah'n;
> Nur an einer stillen Stelle
> Legt Gott seinen Anker an.
> Was gewesen, werde stille,
> Stille, was dereinst wird sein.
> All mein Wunsch und all mein Wille
> Gehn in Gottes Willen ein.«
> (Rudolf Kögel, 1829–1896)

Blicken wir dann noch einmal zurück – gleichsam von der höheren Warte des inneren »Söllers der Stille« auf das dritte »Nachtgesicht« des Propheten Sacharja, auf den Mann mit der Meßschnur und auf den Mut durch die feurige Mauer, auf die Gesetze der Geschichte, die dem zerstreuten Volk des Herrn wieder das Heil verheißen in der ewigen Stadt.

Bis zu dem letzten Bilde der Bibel begleitet die Verheißung dieses Traumes das Hoffen der Frommen: Jerusalem ist wieder erwählt, seine »Leuchte ist das Lamm«, der »helle Morgenstern« (Offb. 21,23; 22,16).

43. Träume – symbolhafte Bilder zu künden, (Sach. 2,1ff.)
    Träume – den Sinn der Geschichte zu finden. (Sach. 2ff.)
44. Träume – zu sammeln, was Feinde zerstreuen, (Sach. 2,24)
    Träume – zu suchen, das Heil zu erneuen. (2,8ff.)
45. Träume – von himmlischen Herrlichkeitsthronen, (2,9)
    Träume – wie Gott bei den Menschen will wohnen. (2,14)
46. Träume – der Freude vom kommenden Herrn, (2,14)
    Träume – der Stille vom leuchtenden Stern. (2,17)

5. Das vierte Nachtgesicht: Der Hohepriester Josua wird gereinigt, und der Sproß »Zemach« wird die Sünde wegnehmen (Sach. 3)

Der Wortlaut (im Auszug)

Und mir ward gezeigt der Hohepriester Josua,
stehend vor dem Engel des Herrn; und der Satan stand zu seiner Rechten, daß er ihm widerstünde. (V. 1)
Und der Herr sprach zu dem Satan: . . . Der Herr schelte dich, der Jerusalem erwählt hat!
Ist dieser nicht ein Brand, der aus dem Feuer errettet ist? (V. 2)
Und Josua hatte unreine Kleider an, und stand vor dem Engel, welcher antwortete . . . zu denen, die vor ihm standen: Tut die unreinen Kleider von ihm! Und er sprach zu ihm: Siehe, ich habe deine Sünde von dir genommen, und ich habe dich mit Feierkleidern angezogen. (V. 3,4)
Und er sprach: Setzt einen reinen Hut auf sein Haupt! . . . (V. 5)
Und der Engel des Herrn bezeugte Josua und sprach: (V. 6)
So spricht der Herr Zebaoth: Wirst du in meinen Wegen wandeln und meines Dienstes warten, so sollst du regieren mein Haus und meine Höfe bewahren; und ich will dir geben von diesen (Engeln), die hier stehen, daß sie dich geleiten sollen. (V. 7)
Höre zu, Josua, du Hohepriester, . . . sie sind miteinander ein Wahrzeichen. Denn siehe, ich will meinen Knecht Zemach kommen lassen. (V. 8)
Denn siehe, auf dem EINEN Stein, den ich vor Josua gelegt habe, sollen sieben Augen sein. Siehe, ich will ihn aushauen, spricht der Herr Zebaoth, und will die Sünde des Landes wegnehmen auf EINEN Tag. (V. 9)
Zu derselben Zeit, spricht der Herr Zebaoth, wird einer den anderen laden unter den Weinstock und unter den Feigenbaum. (V. 10)

Überschrift und Gliederung

Träume erscheinen in ihrer Symbolsprache oft wirr und lassen keinen Sinn erkennen. In der Predigtlehre wurde ich vor 50 Jahren unterwiesen, von einem Bibeltext den Leitgedanken, den »Hauptscopos« zu finden und von daher den Sinn zu erschließen. Seit 40 Jahren suche ich in der Psychotherapie meinen Patienten zu helfen, eine Überschrift über ihren Traum zu finden, damit der Inhalt einen Bezugspunkt und damit Klarheit und Ordnung gewinnen kann.
Die Träume dieses vierten Nachtgesichtes tragen, so glaube ich zu erkennen, den Leitgedanken

DER NEUE MENSCH.

Psychoanalyse und Traumwissenschaft haben viel zur Kenntnis des alten Menschen beigetragen und versucht, auch einen neuen zu schaffen. Der Traum des Propheten aber zeigt, wie Gott diesen neuen Menschen auch durch Träume gestaltet.

Träume wollen den Menschen erretten wie den »Brand aus dem Feuer«

Vernichten sollte das Feuer das Brandscheit, aber es wurde rechtzeitig herausgerissen, und aus dem Feuer der Vernichtung wurden Flammen der Läuterung und Errettung. Das gilt für den angeklagten, aber begnadigten und geretteten Hohenpriester Josua, das gilt für die errettete und wieder erwählte Stadt Jerusalem. Das gilt auch zu allen Zeiten für Menschen, die sich dem Feuer der Nähe Gottes ausgesetzt sehen wie Mose vor dem brennenden Dornbusch (2. Mos. 3).

Der heilige Gott selbst ist »ein verzehrendes Feuer«. (5. Mos. 4,24) Mit vernichtendem Feuer fährt er hiernieder auf die Baalspriester auf dem Berge Karmel (1. Kön. 18,24ff.). »Verzehrendes Feuer« geht aus »von seinem Munde« (Ps. 18,9; 50,3) (Hebr. 12,25).

Als vernichtendes Feuer soll auch das Wort Gottes hereinbrechen über die falschen Propheten,

»die falsche Träume weissagen ... und erzählen sie und verführen mein Volk...« denn »Ist mein Wort nicht wie ein Feuer, spricht der Herr, und wie ein Hammer, der Felsen zerschmeißt?« (Jer. 23,29–32)
Jesus war gekommen, daß er mit seinem Wort »ein Feuer anzündete auf Erden...« (Luk. 12,49) und die Jünger (auf dem Wege nach Emmaus) erlebten und bezeugten es: »Brannte nicht unser Herz in uns, da er mit uns redete?!« (Luk 24,32)

Die Propheten, wie auch Sacharja, waren gepackt von einer lodernden Begeisterung, da der lebendige Gott mit ihnen redete, auch in den Träumen. Zum Pfingstfest fiel dann der Heilige Geist auf die Gemeinde Jesu »mit Zungen wie von Feuer«. (Apg. 2)

Ein Sehnen und Verlangen nach dem Feuer echter, brennender Liebe und Begeisterung geht durch die Kirchen und Gemeinden, aber da sehe ich nicht weniger »falsche Propheten« am Werk als einst Jeremia; da erlebe ich als Arzt (schon mehrhundertfach), wie im Namen des »Heiligen Geistes« Menschen gewaltsam zu einem automatischen Sprechen gedrängt werden, das mit wahrem »Zungenreden« kaum den Namen gemeinsam hat und diese armen Opfer eines trügerischen Begeisterungstaumels in ernste seelische Erkrankungen stürzt.
In meinem Buch »Die künstlich gesteuerte Seele« (Stuttgart 1970) habe ich eine Serie von Bilderlebnissen veröffentlicht, die ein 52jähriger Arzt protokollierte (S. 150–162). Sie sind hier nicht mit ihren Auswertungen auch für das Traumerleben zu wiederholen. Nur ein einziges Protokoll sei wegen der unmittelbaren Beziehung zu dem Traumbild des Sacharja hier auszugsweise wiedergegeben:
»Auf hohem Sockel lagen die steinernen Tafeln des Gesetzes; darauf, ebenfalls in Stein, die Taube als Sinnbild des Heiligen Geistes. Da begann der Stein zu glühen, er wandelte sich in die Bibel, aus der helle, lodernde Flammen schlugen; die steinerne Taube wurde zu einem lebendigen Adler, der sich erhob und die mächtigen Schwingen ausbreitete. Dazu erklang die Stimme: ›Mein Wort ist Feuer und Leben!‹.«

In vielen gelehrten Büchern über den Propheten Sacharja lese ich, welche Stellen des hebräischen Textes später hinzugefügt oder verändert wurden, welche ähnlichen Bilder sich in anderen religionsgeschichtlichen Urkunden finden, welche

Meinung verschiedene Forscher über die Bedeutung der einzelnen Wörter geäußert haben.

Aus anderen psychologischen Werken über Träume – auch religiösen Inhaltes – erfahre ich die archetypischen Bilder, die den Träumen zugrunde liegen, die Mandala-Symbole, sobald sich nur irgendwie eine Vier-Zahl erkennen oder konstruieren läßt. Ich erfahre von der mythischen, der alchemistischen, der astrologischen, der symbolischen Bedeutung der Bilder – aber ich suchte bisher vergeblich nach Zeugnissen von Menschen, die dem Sacharja gleich in ihren Träumen dem heiligen, lebendigen Gott begegnet waren, der noch heute redet und rettet, ruft und mitreißt. Er will durch Träume eine brennende Liebe wecken und in einer Zeit drohender Katastrophen gegenwartsnah uns gewiß machen: Das Feuer – auch der Leiden – ist nicht zu deinem Untergang bestimmt, sondern zur Läuterung, daß du andere anstecken kannst mit der gelassen-nüchternen und doch zutiefst beseligten Freude: Gott spricht noch jetzt seelsorglich tröstend, berufend und rettend – ganz persönlich.

Träume wollen den Menschen reinigen, als würde er mit neuen, kostbaren Gewändern angetan

Josua trägt schmutzige Kleider. Sie werden entfernt und zugleich mit ihnen wird die Sünde von Josua genommen. Er erhält kostbare reine Leinengewänder, offenbar als neue Amtstracht des Hohenpriesters; denn unmittelbar danach wird er mit einem reinen Turban als Zeichen seiner neuen Würde gekrönt.

Sacharja muß hier nicht persönliche Verfehlungen von Josua meinen; vielleicht soll das Reinigen des Hohenpriesters und seiner Gewänder auch stellvertretend für die Sünde des Volkes gemeint sein.

Sicher ist aber der wesentliche Gehalt dieses Traumbildes: vor dem heiligen Gott und seinem Engel können wir nur als von Herzen demütige, bußfertige, gereinigte Menschen stehen und einen priesterlichen Auftrag empfangen.

In gleicher Weise hatte Mose einst den Aaron zum Hohenpriester geweiht: »Mose legte ihm den leinenen Rock an . . . und tat ihm den Leibrock an . . . und tat ihm das Amtschild an und in das Schild ›Licht und Recht‹ und setzt ihm den Hut auf sein Haupt und setzte an den Hut oben an seiner Stirn das goldene Blatt der heiligen Krone . . .« (3. Mos. 8,7–9)

Der Bericht von der Reinigung und der Buße trägt einen »Aufforderungscharakter« in sich selbst. Religiöse Träume sind ein Zeichen der »Güte Gottes, die zur Buße ruft«. (Röm. 2,4) Die Verheißung des Propheten (Deutero-)jesaja spricht von dieser trostreichen Freude:

». . . zu schaffen den Traurigen zu Zion, daß ihnen Schmuck für Asche und Freudenöl für Traurigkeit und schöne Kleider für einen betrübten Geist gegeben werden . . .« (Jes. 61,3) Über diese Worte predigte Jesus und sprach: »Heute ist diese Schrift erfüllt vor euren Ohren!« (Luk. 4,21)

Bis hin zu den Bildern des Sehers Johannes (und seither bis zur Gegenwart!) bleiben die »weißen Kleider«, »gewaschen und hell gemacht in dem Blut des Lammes« der Inbegriff für die Freude der gereinigten und erlösten Gemeinde (Offb. 3,18; 7,9,14; 19,13).

An den Traum einer 26jährigen Medizinstudentin erinnere ich mich genau: »Ich knie in einer (katholischen) Kirche vor dem Kreuz nieder. Da gewahre ich, daß ich nackt bin. (Zuvor hatte ich schmutzige Kleider an.) Da kommt mein Freund und hängt mir einen sauberen Mantel um.«
Rein psychoanalytisches Traumverständnis würde bei diesem Traum nicht ausreichend tief mit einer ausschließlich sexuellen Deutung den eigentlichen, den geistlichen Sinn ergründen, von dem die Träumerin sagte: »Vor dem Angesicht Jesu bin ich nackt und bloß; da bedarf ich eines neuen Gewandes.«

Auch später wurde ich noch manchmal Zeuge, besonders bei Pfarrern (beider großen Kirchen), daß Träume unmittelbar zu einer Herzensbuße und -beichte führten.
Träume wollen und können das persönliche geistliche Leben vertiefen. Wenn sie nämlich einen Menschen erleben lassen: hier stehe ich vor der Majestät des himmlischen Königs, dann führen sie zu einer Selbsterkenntnis, die alle psychologischen Maßstäbe übersteigt: Sie erkennen ihre Sünde vor Gott, aber auch seine reinigende Gnade: »Siehe, ich mache alles neu!« (Offb. 21,5)

Träume wollen den Menschen heiligen wie zu priesterlichem Dienst
Den Höhepunkt der Priesterweihe, die Sacharja im Traum miterlebt, ist die Krönung mit jenem turbanartigen Hut, den wir im 2. Buch Moses (28,36 ff.) genau beschrieben finden:

»Du sollst auch ein Stirnblatt machen von feinem Golde und darauf ausgraben, wie man die Siegel ausgräbt:
  HEILIG DEM HERRN!
und sollst es heften an eine blaue Schnur vorn an den Hut . . . und es soll allewege an seiner Stirn sein, daß er sie (die Kinder Israels) versöhne vor dem Herrn!«

Träumen ist sicher eine weltliche, eine profane, natürliche Wesensart und Dimension eigen. Sie handeln von Körperempfindungen und seelischen Erlebnissen, von Ängsten und Wünschen, von Aggressionen und von Liebe. Sie haben die Aufgabe, das Unerträgliche zu verarbeiten und für die Gesundheit der Seele zu sorgen. Doch nicht länger dürfen wir ihre geistliche, ihre heilige, ihre überweltliche und übernatürliche Wesensseite und Aufgabe verkennen.

Schon die sprachliche Grundbedeutung des hebräischen Kadosch, des griechischen hagios oder des lateinischen sanctus weist hin auf das »Abgegrenzte«, das »Unnahbare«. »Wer kann stehen vor dem Herrn, solchem heiligen Gott?« (1. Sam. 6,20)
Von dieser unnahbaren Heiligkeit schreibt Paulus:
». . . der Selige und allein Gewaltige, der König aller Könige und Herr aller Herren, der allein Unsterblichkeit hat, der da wohnt in einem Licht, da niemand zukommen kann . . .« (1. Tim. 6,15 f.)

Dieser unnahbar heilige Gott aber kommt von sich aus dem Menschen nahe, objektiv in dem »heiligen« Wort der »Heiligen Schrift« und subjektiv in den Träumen. So finden wir die gewaltigsten Aussagen über das Wesen und die Würde, die Erhabenheit und Herrlichkeit, das Gericht und die Gnade, die Macht und die Majestät des himmlischen Herrn in den Offenbarungen, die er Menschen durch die Träume zuteil werden läßt.

Nach seinem Traum von der Himmelsleiter ruft Jakob darum aus: »Wie heilig ist diese Stätte! Hier ist nichts anderes denn Gottes Haus, und hier ist die Pforte des Himmels!« (1. Mos. 28,17)

Heilig wird ein Ort nicht dadurch, daß Menschen ihn »Gotteshaus« nennen, sondern dadurch, daß der lebendige Gott durch Menschen mit Heiligem Geist dort bezeugt wird. »Heilig dem Herrn« soll darum auch die menschliche Seele sein, nicht, weil sie nach dem Kirchenvater TERTULLIAN (etwa 150 bis 225) als »naturaliter christiana« (natürlicherweise christlich, Apologeticus XVII) bezeichnet werden kann, sondern weil sie von dem lebendigen Gott erwählt wurde zur Stätte, da seine himmlischen Engelsboten der Träume uns begegnen.

C. G. JUNG betont darum mit Recht die Bedeutung der menschlichen Seele, die bestimmt ist, »jenes Auge zu sein«, das das göttliche »Licht ... schauen« soll (in: Psychologie und Alchemie, Traumsymbole des Individuationsprozesses, Freiburg 1972 S. 27).
»Nicht ich – Gott selbst hat sie (die Seele) vergottet«, schreibt er. Damit aber erkennt er der Seele eine selbständige und zudem noch durchaus synkretistische (also alle Religionen umfassende) göttliche Bedeutung zu, während sie nach der Heiligen Schrift Ort der Offenbarungen sein soll, ein Ort der Gott erst geweiht, geheiligt werden soll.

Als der Engel des Herrn dem Mose in einem feurigen Busch erschien, mahnte er:

»Zieh deine Schuhe aus von deinen Füßen; denn der Ort, darauf du stehst, ist ein heilig Land!« (2. Mos. 3,5)

Wieder wird eine Stätte, hier ein ganzes Land, zum »Heiligen Land« durch die Gegenwart und Erscheinung Gottes.

Der weise Bischof Franz von SALES (1567–1622) sagte einst: »Eine einzige Menschenseele ist ein Bistum, groß genug für einen Bischof.«

Religiöse Träume wollen unsere Seele wandeln, daß sie ein »heiliges Land« werde, in dem Jesus Christus selbst unser Seelsorger sei. Das heißt »Heilig dem Herrn« über Sinne und Seele schreiben.

In seiner Berufungsvision sah Jesaja die Engel vor dem Thron des Herrn, die riefen: »Heilig, heilig, heilig ist der Herr Zebaoth, alle Lande sind seiner Ehre voll!« (Jes. 6,3)

So sind Priester und Volk, Tempel und Zionsberg, die Stadt Jerusalem und das ganze Land »Heilig dem Herrn«, weil sie ihm und seinem Wort offen stehen, ihm zugehören und geweiht sind.
Die Heiligkeit ist die verborgene Herrlichkeit des Herrn, so daß beide Worte der Beschreibung des Herrn auch in den Träumen eng miteinander verbunden sind.

Gewaltig wirkt die Vision der Räder und der Tiere, des Feuers und der Farben, der Glut und des Glanzes, die einen Hesekiel zu Boden werfen und überwältigen:

»Dies war das Ansehen der Herrlichkeit des Herrn. Und da ich's gesehen hatte, fiel ich auf mein Angesicht.« (Hes. 1,28)

Wiederum aber wäre es nur allzu verfehlt, wollten wir solche Erfahrungen allein der Zeit der Entstehung der Bibel vor vielen hundert Jahren vorbehalten. Ein Protokoll vom 16. Juli 1968 von dem gleichen Arzt (der S. 57 genannt war) lautet:

»Den Höhepunkt der Bilder und des Erlebens bildete das Schauen und Erfahren der Herrlichkeit Gottes (die hebräischen Worte ›kabod Jachwe‹ erklangen dabei), und die göttliche Allmacht und Majestät wurden sichtbar im Blick auf die ganze Welt (im Vergleich: ganz ähnlich den Bildern der Erde, die die Astronauten später [!] aufnahmen). Dazu hörte ich eine ›Stimme‹ unendlich gütig und trostreich:

> ›Der Wolken, Luft und Winden
> Gibt Wege, Lauf und Bahn,
> Der wird auch Wege finden,
> Da dein Fuß gehen kann‹

Dann hörte ich die gleiche Stimme: ›Du Kleingläubiger, warum bist du so furchtsam?‹ Dann schloß sich ein Vorhang in tiefem, herrlichem Blau, mit kostbaren Perlen geschmückt, vor der ›Kabod Jachwe‹, und ich fand mich ganz klein in einer Ecke kniend und betend. Ich küßte den ›Saum des Gewandes‹ und stimmte ein in das Halleluja unter Tränen. Und ich schämte mich in tiefer, anhaltender Reue meines Mangels an Glauben.
Der Anfang dieser Bilder ist noch nachzutragen: Perlenbesetzte, lichtblaue Schmuckbänder unbeschreiblicher Schönheit führten empor zu gleißenden, diamantbesetzten, strahlenden Gewölben, aus denen ich ›die Stimme‹ hörte: ›Gott ist Licht, und die ihn anbeten wollen, die müssen sich in Ehrfurcht von seinem Lichte füllen lassen!‹ (Dieses Wort ist nicht biblisch, erreicht aber mit der Tiefe seines geistlichen Gehaltes die Aussagen des Neuen Testamentes.)
Noch zur Zeit der Niederschrift dieser Zeilen, also 16 Jahre später, wirken diese Bilder und Worte in unverminderter Eindruckskraft nach und zählen zu den tiefsten Erfahrungen des Lebens überhaupt.
Während der Bilder aber erklang ein ›Chor der Engel‹, der sang:

> ›Das war so prächtig,
> Was ich im Geist gesehn.
> Du bist allmächtig,
> Drum ist dein Licht so schön.
> Könnt' ich an diesen hellen Thronen
> Doch schon von heute an ewig wohnen!‹

Diese Worte, vor 1821 von Johann T. Hermes gedichtet, zeigen, wie unsere Ahnen noch in den Bildern der Bibel lebten und wie arm unsere Zeit geworden ist, die sich so wissenschaftlich und aufgeklärt dünkt und über dem Denken unter der Stirn die Bilder der Träume und die Sinnbestimmung über der Stirn vernachlässigt hat: ›Heilig dem Herrn!‹«

Seit Rudolf Otto uns in seinem Werk »Das Heilige« die Bedeutung des »tremendum«, des Zitterns vor dem Herrn, und des »fascinosum« als des ehrfürchtigen

Schauerns nahegebracht hat, können wir von der Heiligkeit nicht mehr als von einem bloßen Zustand oder einer Eigenschaft sprechen, die wir Gott oder seinen Dienern zuerkennen, sondern es ist die dynamische Tat der »Heiligen« wie das Neue Testament die Nachfolger Jesu Christi nennt.

»Ihr sollt heilig sein; denn ich bin heilig!«
Das ist das Gebot des Alten wie des Neuen Testamentes (3. Mos. 19,2 und 1. Petr. 1,16).

Die religiösen Träume der Bibel wie der Gegenwart fordern vorwiegend zum ethischen Handeln in der Zukunft auf.

Träume wollen den Menschen berufen

zum Wandeln auf göttlichen Wegen
wie der älteste Knecht Abrahams auf dem Weg nach Mesopotamien (1. Mos. 24, bes. V. 40), zum Dienen für den Herrn wie Samuel (1. Sam. 3) und zum Bewahren seiner Höfe wie die Gemeinde zu Sardes »bewahrt hatte das Wort der Geduld« (Offb. 3,10).

Sacharja hört im Traum, wie der Engel in feierlicher, (im Hebräischen rhythmischer) Sprache den eigentlichen priesterlichen Auftrag erteilt und ihn an eine Bedingung knüpft:

»Wenn du auf meinen Wegen wandelst und meines Dienstes wartest, dann sollst du mein Haus regieren...« (Sach. 3,7)

An zahlreichen Stellen des Alten und des Neuen Testamentes erfahren wir das Gebot:

»Fragt, welches der gute Weg sei, und wandelt darin!« (Jer. 6,16)
Besonders dem Paulus liegt es am Herzen:
»Wandelt nur würdig dem Evangelium!« (Phil. 1,27; Kol. 1,10)

Dieses Gebot ist mit einer besonderen Verheißung verbunden, die besonders für die Träume gilt:

»Ich will dir den Weg zeigen, den du wandeln sollst!« (Ps. 32,8)

Buchstäblich steht diese Wegweisung durch Träume schon über dem Beginn des Lebens Jesu, als Joseph im Traum den Befehl erhielt, bei Maria zu bleiben (Matth. 1,20), später, nach Jesu Geburt, nach Ägypten zu fliehen (2,13) und nach der Gefahr wieder in das Land Israel zurückzukehren (2,20).
Die Weisen aus dem Morgenland und der Apostel Paulus, die mit einem feinen Ohr für den Willen Gottes auf die Träume merkten und ihnen folgten, waren schon genannt (vgl. vorn S. 48).
Nun ist hier bei Sacharja nicht einmal vom Gehorsam gegen die Traumbefehle Gottes, sondern gegen Gottes Willen allgemein die Rede. Welche innere Kraft und starke Zuversicht wird früher wie heute einem Menschen zuteil, der gewiß ist: Dies ist Gottes Weg und Wille für mein Leben!

Abraham sprach zu seinem Knecht, den er nach Mesopotamien sandte:

»Der Herr, vor dem ich wandle, wird seinen Engel mit dir senden und Gnade zu deiner Reise geben!« (1. Mos. 24,40)

Beispiele von Reisenden unserer Tage waren vorn berichtet, die nach religiösen Träumen sich auf ihrer Reise begleitet wußten; wie auch der mehrfach erwähnte Paulus: (vgl. S. 53 und 213)

»Fürchte dich nicht, ich bin mit dir!« (Apg. 18,9f.)

Für einen Priester ist es erst recht entscheidend, ob er sich auf seinen äußeren und inneren Wegen bewußt von Gottes Willen leiten läßt. Wer dies früher und heute als selbstverständlich ansieht, der kennt nicht die vielen eigenen Wege und Nöte der Priester aller Kirchen, denen die Vollmacht verlorengegangen ist,

»... mein Haus (zu) regieren und meine Höfe (zu) bewahren.« (Sach. 3,7)

Wenn es die Kirchen mit dem ewigen Worte Gottes und mit ewigen Werten zu tun haben, die zu hüten sie berufen sind, dann müssen sie sie »bewahren«, d. h. lateinisch: »conservare«, also »konservativ sein«.

In den zeitbedingten Fragen dagegen, wo es um wirkliches Fortschreiten geht, also etwa bei Naturwissenschaft, echter Menschenkunde oder Technik, da dürfen und sollen auch Kirchen und ihre Vertreter Schritt halten mit modernen Erkenntnissen.

Biblische Träume, wie hier die des Sacharja, könnten uns mahnen zu prüfen, wie weit heute nicht das Gegenteil geschieht. Da gebärden sich Pfarrer »progressiv«, um nur ja modern zu erscheinen, und weichen ab vom ewig gültigen Wort Gottes. In anderen Bereichen des Lebens und der Technik dagegen gesellen sie sich zu denen, die den technischen und zivilisatorischen Fortschritt verdammen.

Dem Herrn treu zu dienen, das heißt, sein Wort geduldig und beharrlich bewahren, wie die Gemeinde zu Sardes (Offb. 3).

> »... Laß mich dein Wort bewahren rein,
> Laß mich dein Kind und Erbe sein.
> Dein Wort bewegt des Herzens Grund,
> Dein Wort macht Leib und Seel' gesund,
> Dein Wort ist's, das mein Herz erfreut,
> Dein Wort gibt Trost und Seligkeit.«
> (Johann OLEARIUS 1671)

Religiöse Träume also enthalten eine dreifache Aufgabe:
Ihren Wahrheitsgehalt an der ewig gültigen Heiligen Schrift zu prüfen, ihre Berufung zum Handeln für Gott in die Tat umzusetzen und ihren Trost der Gegenwart Gottes in starke Glaubensgewißheit umzusetzen.

Träume wollen hören lehren auf die Zeichen der Zeit, wie auch Jesus aufgerufen hat, sie zu beachten (Matth. 16,3ff.)

Die Mahnung zum Zuhören – auch auf die Worte des Traumbildes – ist keineswegs nur eine Redensart, ein Füllwort, wie wir etwa gedankenlos sagen: »Hör mal...« So wichtig ist das richtige Zuhören, daß Jesus selbst das Jesaja-Wort zitiert:

»Mit den Ohren werdet ihr hören und werdet es nicht verstehen...
mit hörenden Ohren hören sie nicht...« (Matth. 13,14,13)
Moderne Lernpsychologie hat festgestellt: Bei einmaligem Hören bleiben nur 15% der
»bit-Informationen« im Gedächtnis haften. Besondere Aufmerksamkeit (ein »überwacher
Bewußtseinszustand«), hohe Konzentration und außerordentliche Bedeutsamkeit der Mitteilung können einen wesentlich höheren Anteil des Gehörten haften lassen.
Bevor wir 1956 die erste deutsche Telefonseelsorge mit ihrer Nummer bekanntgaben, haben wir (wie auch später) drei Jahre hindurch die Mitarbeiter im Zuhören geübt. Sie sollten achten lernen auf den Wortlaut, auf die Klangfarbe der Stimme, auf das, was »zwischen
den Zeilen« mitgeteilt wurde, auf die Gemütsverfassung und Gesinnung des Sprechenden
usw.

Träume unterliegen besonders schnell dem Vergessen, und zumeist sind sie schon
einige Sekunden nach dem Aufwachen der Erinnerung wieder entflohen. Wir
können uns üben und schulen, wegen der ungewöhnlichen Bedeutung ihres Inhaltes schon beim Träumen selbst konzentriert aufzumerken, unmittelbar nach
dem Aufwachen das Geträumte niederzuschreiben und besonders bei den religiösen Träumen betend nochmals auf den Inhalt zu achten, daß uns so wenig als
möglich entweichen möchte.

Zusätzlich ist uns die Möglichkeit gegeben, im Autogenen Training einen Traum deutlicher zu erinnern, und jeder kann durch das Erlernen biblischer Meditation die Träume als
Bilder wieder zurückrufen.

Dem Propheten Sacharja wurde im Traum abermals der »Sproß Zemach« angekündigt, wie auch sonst wichtige Trauminhalte wiederholt erscheinen.
Jesus wird nicht müde zu mahnen, wir sollten auf die »Zeichen der Zeit achten«.

»Könnt ihr denn nicht auch über die Zeichen dieser Zeit urteilen?!« (Matth. 16,3)

Von den Propheten des Alten Testamentes wird uns berichtet, wie genau sie das
Kommen des Sprosses, des Messias, und wie sie die Geschichte des Volkes Israel
vorhergesagt haben. Wer die Bibel und wer die Weltgeschichte kennt, muß erschüttert stehen vor der Erfüllung und Wahrheit dieser Weissagungen.
Nun aber hören wir aus dem Mund Jesu und aus der Offenbarung über die Endzeit und deren Zeichen; über die Wiederkunft Jesu und wie sie sich ankündigt.
Den Sehern der alten Zeit sind diese Ereignisse durch Träume und Gesichte bekanntgegeben, uns aber sind sie in der Heiligen Schrift gegeben, damit wir auf
diese »Zeichen der Zeit« achten sollten.

Achten bedeutet nicht: rechnen, wohl aber handeln, warten, beten und sich vorbereiten.
Die Urgemeinde kann uns ein Vorbild sein für die Haltung:
»Seid gleich den Menschen, die auf ihren Herrn warten!« (Luk. 12,36)

Hier ist nicht der Raum, die vielfältigen und wichtigen Fragen der biblischen Prophetie zu behandeln. Sie müssen jedoch genannt sein wegen der prophetischen
Träume, die uns zur nüchternen Wachsamkeit rufen.

Ein Beispiel aus der Politik der letzten Jahrzehnte sollte uns zu denken geben: Spätestens von 1935 an, als die Nürnberger Gesetze erlassen wurden, konnte den aufmerksamen Lesern der Bibel durch die »Zeichen der (nationalsozialistischen) Zeit« deutlich werden: Hier sind Verbrecher am Werk.

Wer damals aufmerksam beobachtete, wußte Jahre hindurch zuvor: Es wird ein Krieg ausbrechen. Im Krieg wurde es spätestens bei der Kriegserklärung gegen die USA deutlich: Dieser Krieg geht verloren. Warum konnten nicht mehr Menschen damals die Zeichen der Zeit beachten und mehr Menschen sich von der Heiligen Schrift die Maßstäbe ihres Urteilens und Handelns geben lassen?

Entsprechendes gilt von dem politischen Radikalismus der Gegenwart, der Grund zu ernsten Warnungen gibt.

Vor der Wiederkunft Jesu soll das Volk Israel wieder in sein Land zurückkehren, werden viele »falsche Propheten« auftreten (Matth. 24,4f.,11), werden Kriege und Naturkatastrophen gehäuft auftreten (24,6), wird das Evangelium in der ganzen Welt verkündigt werden (24,14). Viele der Zeichen, die Jesus nennt, sind inzwischen eingetroffen, andere noch nicht.

Das berechtigt nicht zu einem Berechnen der Wiederkunft Jesu, wohl aber zu aktivem Handeln und erhöhter Wachsamkeit.

Religiöse Träume aber können uns helfen, viel aufmerksamer noch zu achten auf das Wort Gottes, auf die Zeichen der Zeit und auf den persönlichen Willen Gottes für unser Leben.

Träume wollen den Menschen der liebenden Gegenwart Gottes gewiß machen und wollen seinen Charakter prägen, wie der Name Gottes graviert ist in heiligen Schmuck

Ein Stein, der »ausgehauen« wird, läßt zunächst an ein Standbild denken, bei dem etwa ein Mensch gestaltet werden soll nach dem Vor- und Ebenbilde Christi, wie etwa auch Adam einst geschaffen wurde nach dem Bilde Gottes. Träume können und sollen solcher Menschenbildung dienen.

Der Zusammenhang legt aber näher, an einen Schmuckstein zu denken, der vorne am Ornat des Priesters befestigt wurde. Ob es sich dabei um einen Edelstein mit sieben Facetten handelt (wie ELLIGER annimmt), oder ob es sich um sieben verschiedene Edelsteine handelt, die den sieben Augen Gottes entsprechen sollen, das lassen die Worte des Traumes nicht deutlich genug erkennen. Die sieben Augen Gottes weisen dabei auf seine umfassende und liebende Fürsorge hin, auf seine beständige Güte und Gegenwart.

Eine andere Möglichkeit des Verstehens mag an sieben Buchstaben denken, die in den Edelstein eingraviert werden. Das Diadem des Hohenpriesters trug ohnehin die Inschrift »Heilig dem Herrn«. Sie besteht hebräisch aus sieben Buchstaben.

Das Schnitzen, Gravieren, Aushauen, von dem dieses Wort spricht, heißt griechisch: charassein und gab dem Wort »Charakter« den Namen. So münden beide Bilder von dem »Stein« in die gleiche Botschaft: Gott will den Charakter des Menschen bilden, will sein Wesen gestalten, daß es seinem Willen und Wesen ähnlicher werde. Bei dieser »Arbeit am eigenen Charakter« können die Träume durch ihre vertiefte Selbsterkenntnis und ihre klaren Weisungen einen erheblichen Beitrag leisten. Das gilt um so mehr, wenn die Aufgaben als Gottes Weg und Wille erkannt werden.

Der Traum des Sacharja verheißt die Vergebung der Sünden. Noch heute handeln Träume, auch in der Form des Gebetes, von der Reinigung und Heiligung des Herzens.

Am 14. April 1984 träumt ein 70jähriger Pfarrer das Gebet:
»Herr, erweise mir die unverdiente Barmherzigkeit,
daß ich mich demütiger von dir reinigen lasse,
treuer deinen Willen tun lerne und
tiefer deine Weisheit erkenne! Amen.«
(Er hatte zuvor ein Buch der Mystikerin Teresa von Avila gelesen.)

Träume laden ein zu einem Leben in Frieden wie zu einem Gespräch in gastlicher Geselligkeit

Sprichwörtlich galt in Israel als Inbegriff des äußeren und inneren Friedens das gegenseitige Einladen in den Garten unter Feigenbäume und Weinstöcke. Für Sacharja ist dies mehr als ein bloßer Wunschtraum; es ist die Verheißung des Herrn: Er selbst will Frieden schaffen, wenn der Messias kommt, wenn durch ihn die Sünde der Menschen hinweggenommen wird, – dann wird dieser Frieden herrschen als sein Geschenk an die Menschen.

Seit Jahren werde ich – auch in den Kirchen – Zeuge zahlloser Diskussionen und Propagandaveranstaltungen zum Thema »Frieden«. Bisher habe ich dabei noch (fast) nie die psychologischen wie theologischen Wege der Bibel nennen hören, die zum Frieden führen: Wer die Vergebung seiner Sünden erfährt, wird demütig und damit selbst friedfertig. Er kann auf dieser Grundlage anderen Menschen (oder Gruppen) verzeihen, muß nicht mehr eigenes Machtstreben durchsetzen wollen und kann harmonische Gespräche führen mit den Menschen, die die gleichen Erfahrungen gesammelt haben.

Nicht der äußere Friede allein schafft schon neue Menschen; sondern erneuerte Menschen stiften äußeren Frieden, nachdem sie den inneren gewonnen haben.

Einer der wichtigsten »Dienste für den Frieden«, vielleicht der wichtigste überhaupt, besteht darin, daß wir Menschen helfen, sich als Kinder Gottes zu wissen und dann als Brüder und Schwestern in wahrer Eintracht miteinander zu leben.

Viele halten solche Ansicht für eine Utopie. Als Verheißung von Gottes Wort ist sie aber schon jetzt überall Wirklichkeit, wo Menschen nach diesen »Träumen« leben.

Warum sollen wir nicht gesellige Gemeinschaft pflegen mit vertrauten Menschen, mit ihnen z. B. auch über ernstere Fragen, über die eigenen Träume etwa, sprechen?!

Eine 30jährige Hausfrau, (früher war sie Kinder-Krankenschwester) berichtete bei solcher Gelegenheit: »Im Frühling dieses Jahr träumte ich von einer paradiesischen Landschaft. Mit meiner früheren Unterrichtsschwester, einer guten Freundin, stehe ich auf einem hohen Berg. Auf dem Berg steht das Kreuz von Golgatha. Unter uns breitet sich eine sonnige, innig erleuchtete, überirdische und friedensreiche Landschaft aus. Leider finden wir keinen Weg dorthin.«

Dieser Traum, wie mehrere ähnliche, weiß um ein wirkliches Friedensreich unter dem Kreuz von Golgatha. Den Weg dorthin ernstlich zu suchen und entschlossen zu beschreiten, ist unsere durch die Bibel und die Träume gewiesene Aufgabe. Auch von dem – besonders umfassenden und reichhaltigen – vierten »Nachtgesicht« des Sacharja sollen als Zusammenfassung nochmals die wichtigsten Erkenntnisse dieser religiösen Träume mitgeteilt sein:

47. Träume – sie bergen die wandelnde Kraft,
      die einen neuen Menschen erschafft. (Sach. 3,4)
48. Träume – vom Brand, aus dem Feuer zu retten, (Sach. 3,2)
      Träume – von göttlicher Gegenwart Stätten. (3,1)
49. Träume – von Priestern auf heiligen Stufen,
      Träume – die Sünder zur Umkehr zu rufen. (3,4)
50. Träume – das menschliche Wesen zu ändern, (3,4)
      Träume – von feierlich weißen Gewändern.
51. Träume – da Engel prophetisch erschienen, (3,1)
      Träume – zum priesterlich demüt'gen Dienen. (3,7)
52. Träume – vom Haupt, das »Geheiligt dem Herrn«, (2. Mos. 28,36,39)
      Träume – vom Heil, das den Heiden noch fern.
53. Träume – vom heiligen helfenden Handeln, (3,7)
      Träume – auf göttlichen Wegen zu wandeln.
54. Träume – Vergebung und Heil zu erfahren, (3,9)
      Träume – die Höfe des Herrn zu bewahren. (3,7)
55. Träume – von Schicksal, von Schuld und vom Bösen,
      Träume – vom »Sproß«, der sein Volk wird erlösen. (3,8; 6,12)
      (Jes. 32,1; Jer. 23.5)
56. Träume – von Augen auf formlosem Stein, (3,9)
      welcher zum Standbild gestaltet soll sein.
57. Träume – als wahrhafte »Zeichen der Zeit«, (3,8; Matth. 16,3)
      Träume – vom Frieden nach Trübsal und Streit. (3,10)

6. Das fünfte Nachtgesicht: Der goldene Leuchter und die zwei Ölbäume künden die Macht des Heiligen Geistes (Sach. 4)

Der Wortlaut (im Auszug)

»Und der Engel, der mit mir redete, kam wieder und weckte mich auf, wie einer vom Schlaf erweckt wird, (V. 1)
und sprach zu mir: Was siehst du? Ich aber sprach: Ich sehe; und siehe, da stand ein Leuchter, ganz golden, mit einer Schale obendarauf, daran sieben Lampen waren, und je sieben Röhren an einer Lampe; (V. 2)
und zwei Ölbäume dabei, einer zur Rechten der Schale, der andere zur Linken. (V. 3)
Und ich antwortete und sprach zu dem Engel, der mit mir redete: Mein Herr, was ist das? (V. 4)
Und der Engel antwortete... Weißt du nicht, was das ist? Ich aber sprach: Nein, mein Herr. (V. 5)
Und er antwortete: ... Das ist das Wort des Herrn... Es soll nicht durch Heer oder Kraft, sondern durch meinen Geist geschehen, spricht der Herr Zebaoth. (V. 6)

Und ich antwortete...: Was sind die zwei Ölbäume zur Rechten und zur Linken des Leuchters... (V. 11)
Was sind die zwei Zweige der Ölbäume, welche stehen bei den zwei goldenen Rinnen, daraus das goldene Öl herabfließt?... (V. 12)
Und er sprach: Es sind die zwei Gesalbten, welche stehen bei dem Herrscher aller Lande. (V. 14)

Überschrift und Gliederung

Hauptinhalt und Mittelpunkt dieses »Nachtgesichtes« ist sicher die *Macht des Heiligen Geistes.*
Ein dreifaches Traumbild enthüllt sein Wesen und seine Aufgaben für uns: Der Leuchter verbreitet sein Licht, sieben Lampen und sieben Röhren sorgen für seine Fülle, und zwei Ölbäume (als Sinnbilder für zwei Gesalbte) lassen sein Zeugnis nie verstummen.

Das erste Traumbild: der Leuchter,
Träume wollen durch die Macht des Heiligen Geistes Licht bringen

Der goldene, siebenarmige Leuchter ist seit der Zeit des zweiten Buches Mose (25,31–40) der Inbegriff der Offenbarung Gottes an sein Volk auf dem Sinai.

Dem Mose hatte Gott genaue Anweisungen gegeben, wie der Leuchter aus einem Zentner feinen, getriebenen Goldes »mit Röhren, Schalen, Blumen und Knäufen« gestaltet werden sollte.
Freilich mußte dieser Leuchter jeden Tag neu gereinigt und von außen gefüllt werden. So war auch das alte Volk Israel angewiesen darauf, daß die Priester täglich neu durch ihre Opfer das Heil vermittelten.

Sacharja aber träumt von einem Leuchter, dem aus unerschöpflicher Fülle von selbst das Öl zuströmt, von einer beständigen Kraft des Heiligen Geistes, die keiner menschlichen Erneuerung bedarf. (Die sieben Röhren bezeichnen die Fülle.)
Zum Pfingstfest aber wurde dieser Traum erfüllt, und es bedurfte nicht einmal mehr des Sinnbildes dieses Tempelleuchters.

Im Jahre 70 hat Titus den siebenarmigen Leuchter aus dem zerstörten Jerusalem nach Rom im Triumphzug getragen, wie es bis heute im Titusbogen abgebildet zu sehen ist.
Der siebenarmige Leuchter aber, die »Menorah«, blieb bis heute Inbegriff der Offenbarung Gottes an sein Volk. Er ist heute auf einem Hauptplatz Jerusalems als Denkmal für die Geschichte des Volkes Israel errichtet und ziert Staatswappen und Briefmarken Israels.

Mose gab auf Gottes Geheiß seinem Volk das Gesetz als Licht auf dem Weg durch die Wüste:

»Herr, dein Wort ist meines Fußes Leuchte und ein Licht auf meinem Wege« (Ps. 119,105)

Der siebenarmige Leuchter blieb dem Volk Israel in der babylonischen Gefangenschaft und in der 1900 Jahre währenden Zerstreuung in alle Welt Inbegriff ihrer Hoffnung auf die Heimkehr nach Israel:

»Wenn der Herr die Gefangenen Zions erlösen wird, dann werden wir sein wie die Träumenden...« (Ps. 126)

Von der Sehnsucht nach der irdischen und nach der himmlischen Heimat waren die Bücher der Propheten des Alten Bundes erfüllt. In zwei Staaten lebten die Juden gewaltsam getrennt und hofften auf eine Wiedervereinigung in Juda wie in Israel. Doch das Licht der göttlichen Verheißung und das Wissen: ›Gott führt uns‹ brachte sie wieder zusammen.

Auch für unser Volk wie für jeden Einzelnen gilt: Wir haben soviel Grund, auf eine gnädige Zukunft zu hoffen, als wir uns führen lassen von dem Licht seines Wortes und seines Geistes.

Träume scheinen meist auf den ersten Blick so dunkel und rätselhaft wie ein Bild von Leuchter und Schalen, von Röhren und Ölbäumen. Wenn wir aber mit der Gewohnheit der ersten Nachtgesichte zu fragen beginnen: »Herr, wer sind diese?« dann beginnen die scheinbar dunklen Bilder mit der Klarheit des Heiligen Geistes zu leuchten:

Das *Licht der Erweckung* (»... wie einer vom Schlafe erweckt wird« V. 1) hilft uns (nach den Erkenntnissen von BEHN und GRUEHN und von dem norwegischen Forscher SEIERSTAD) nicht nur theoretisch zuzustimmen: Ja, es gibt einen Heiligen Geist, sondern sich praktisch zu öffnen: Komm zu mir, Heiliger Geist! Nur so können wir uns bereiten für die dritte Stufe, für die Offenbarungserlebnisse, für die Erweckung mit ihren visionären Bildern.

Dann sehen wir unser eigenes Leben mit der Klarheit dieses Geistes: Wir bedürfen der Reinigung wie die Röhren der Leuchter im Tempel sie brauchten. Wir sind berufen zu leuchten nach der Bestimmung eines jeden Leuchters. Er mag aus Gold oder aus Ton sein. »Ihr seid das Licht der Welt!« (Matth. 5,14)

Berufen zu leuchten, das ist nicht das künstlich starre Strahlen der Pfingstler, sondern die Folge des inneren Erleuchtet- und Durchleuchtetseins, von dem uns die Mystiker berichten. Leuchten von der Wirklichkeit und Freude: Der lebendige Gott führt dein Leben, wie er sein Volk geführt hat. Er will deinem Leben Klarheit bringen – auch durch Träume –, und als gereinigter Mensch kannst du anderen leuchten, ihnen Vorbild sein, sie mit Freude anstecken und mit der Gewißheit des Heiligen Geistes.

> O komm, du Geist der Wahrheit,
> Und kehre bei uns ein!
> Verbreite Licht und Klarheit,
> Verbanne Trug und Schein!
> Gieß aus dein heilig Feuer,
> Rühr' Herz und Lippen an,
> Daß jeglicher Getreuer
> Den Herrn bekennen kann!
>> (Philipp SPITTA 1801–1859)

Das zweite Traumbild:
Sieben Lampen und sieben Röhren sorgen für die Fülle (des Öls)

Täglich die Lampen reinigen und Öl nachfüllen, das war die heilige Aufgabe der Priester im Tempel, wie es auch die weltliche im Hause war.

Unserer Zeit scheint das Bild fern zu liegen; denn moderne Zivilisation beschert uns elektrisches Licht und Ölheizungen, die nur seltener und oft von der Ferne der neuen Zufuhr von Energie bedürfen. Dennoch lehren uns Blockaden, Golfkrieg und Energiekrisen: Wir bleiben abhängig von dem regelmäßigen Zustrom« der Kraft.

Sacharja träumt: Durch sieben Röhren strömt sieben Lampen aus einer unerschöpflichen Schale die vollkommene Fülle (denn sieben ist die heilige Zahl der Vollkommenheit) des Öles, der Leuchtkraft zu, derer die Lampen bedürfen. Und selbst die Schale empfängt noch ihr Öl ohne menschliches Zutun unmittelbar aus den darüberhängenden Ölbaumzweigen.

Die Aussage dieses Bildes ist uns weniger geläufig, da wir Öl in elektrische Energie umzuwandeln pflegen, bevor wir sie mit einem Schalterdruck zum Leuchten bringen.
Einer Öllampe aber strömt automatisch jeweils soviel Öl zu, als sie zum Leuchten braucht.

Für das geistliche Leben gilt ein entsprechendes Gesetz: Nicht so sehr von dem Zustrom der inneren Kraft des Heiligen Geistes hängt es ab, wie weit wir mit klarem Blick und leuchtendem Wesen ein wirksames Zeugnis ablegen können (das kann gelegentlich auch richtig sein), der Traum des Sacharja zeigt zunächst die umgekehrte Reihenfolge: Beginne zu leuchten, zu wirken für deinen Herrn und in seinem Geist, dann werden dir die Kräfte zuströmen, derer du bedarfst.

Solange wir uns mit Minderwertigkeitsgefühlen und dem Empfinden der Unfähigkeit erfüllt oder auch von Schuldgefühlen belastet unwürdig fühlen, etwas für das Reich Gottes zu tun, seine Aufgaben zu erkennen, ein mutiges Bekenntnis abzulegen, dem Nächsten in Not tatkräftig zu helfen, solange mögen wir müßig über die Rätsel des Heiligen Geistes grübeln.
Wenn wir aber nach dem Vorbild Jesu uns wache, klare Augen schenken lassen – gerade auch durch die Träume – und uns innerlich offen halten für den Willen Gottes, dann werden wir »die Kraft des Heiligen Geistes empfangen« (Apg. 1,8), werden wachsen an und mit unseren Aufgaben und werden den Ruf des Herrn zu tatkräftiger Barmherzigkeit vernehmen:
»Tue das, so wirst du leben!« (Luk. 10,37)

Das Achten auf die Träume birgt eine Gefahr, die uns Sacharja vermeiden hilft mit dem Bild von dem Leuchter: Träume wollen und dürfen uns nicht aus der Wirklichkeit in eine Scheinwelt entführen und uns von der notwendigen Tat fernhalten; sie wollen uns dafür vielmehr die Klarheit und die Kraft verleihen. John WESLEY sprach diesen Gedanken mit dem Gebet aus:

»O Herr, laß nicht zu, daß wir unnütz dahinleben!«

R. KIPLING mahnt in seinem weltberühmten Gedicht »If«:

»Wenn du auch träumst, doch nie zum Träumer werden...«,

und ich habe es lebenslang mit dem Lied vom Grafen Zinzendorf (1700–1760) gehalten:

>»Wir wolln uns gerne wagen,
> In diesen Tagen
> Der Ruhe abzusagen,
> Die's Tun vergißt.
> Wir wolln nach Arbeit fragen,
> Wo welche ist,
> Nicht an dem Amt verzagen,
> Uns fröhlich plagen
> Und unsre Steine tragen
> Aufs Baugerüst.«

Paulus gibt uns dafür Beispiele in seinem ebenfalls von »Nachtgesichten« geleiteten Leben.

>»Ich habe viel mehr gearbeitet, als sie alle.« (1. Kor. 15,10)

konnte er bezeugen und es erklären:

>»Ich vermag alles durch den, der mich mächtig macht, Christus!« (Phil. 4,13)

Die Leuchtkraft des Heiligen Geistes offenbart sich nicht in Hochstimmungen schwärmerischer Gefühlsseligkeit, sondern in der Alltagskraft, im Namen Gottes zu wirken.

58. Träume – vom Leuchter, am Ölbaum gespeist, (Sach. 4,2 ff.)
    Träume – vom Licht, das uns siebenfach gleißt.
59. Träume – vom Ölbaum, der ewiglich fließt,
    Träume – vom Geist, der in Gold sich ergießt. (4,12)
60. Träume – zu leuchten als Licht in der Welt, (Matth. 5,14)
    daß sich die Finsternis endlich erhellt.
61. Träume – von niemals versiegender Kraft, (Sach. 4,6)
    vom Werk, das der Herr durch uns schafft.

Das dritte Traumbild:
Zwei Ölbäume (= zwei Gesalbte) lassen sein Zeugnis nie verstummen

Zwei Ölbaumzweige lassen unaufhörlich ihr Öl in die Schale zu den Leuchtern rinnen. Der Engel erklärt dieses rätselhafte Bild:

>»Es sind die zwei Gesalbten, welche stehen bei dem Herrscher aller Lande!« (V. 14)

Die Geschichte, auch die des Alten Testamentes, ist reich an Beispielen, wie die Propheten Gottes häufig zu zweit aufgetreten sind, um sich gegenseitig zu stützen und gemeinsam das Wort Gottes zu verkünden: Jesaja und Micha, Haggai und Sacharja wirkten zusammen, und vermutlich bezieht sich unser Schriftwort auf Josua und Serubabel.

Aus meinem persönlichen Leben weiß ich von der herzlichen Brüderlichkeit zu berichten, in der wir zu zweit in den Jahren 1948 bis 1950 in dem großen Zelt des EC (des Jugendbundes für Entschiedenes Christentum) in der Einmütigkeit des Geistes evangelisiert haben, der Arzt Dr. VENZMER und ich vor jeweils über 2000 Hörern und gemeinsam die Nächte hindurch Seelsorge übten.

Später wüßte ich allenfalls über die Entfernung hinweg die Gemeinsamkeit des freundschaftlich-kollegialen Wirkens mit Paul TOURNIER zu nennen. Das aber bleibt wahr: »Wo aber zwei oder drei unter euch eins sind in meinem Namen, da bin ich mitten unter ihnen.« (Matth. 13,18)

Wenn einmal in der Endzeit die »letzte Drangsal« der 1260 Tage anbrechen soll, dann will Gott, so ist uns verheißen, seinem Volk zwei gewaltige Zeugen senden, die den Heiligen Geist vermitteln.

Von ihnen schreibt die Offenbarung (11,4):

»Diese sind die zwei Ölbäume und zwei Leuchter, stehend vor dem Herrn der Erde.«

Mag also die letzte und offenkundige Erfüllung dieser Traumweissagung noch auf sich warten lassen, grundsätzlich sollte uns bewegen, ja erschüttern beim Lesen der Propheten, was Josua (21,45) schrieb:

»Von allen Segensverheißungen, die der Herr dem Haus Israel gegeben hatte, ist nicht eine einzige unerfüllt geblieben: Alle waren eingetroffen!«

Ahnen wir, was dieses Wort – auch für die Träume – bedeutet?! Müssen wir dann nicht die Weissagungen der Schrift auch für die Gegenwart prüfen? Seit 50 Jahren bin ich von beidem überwältigt und bestürzt: Von der Wahrheit und der buchstäblichen Erfüllung dieser Weissagungen einerseits und von der mangelnden Bereitschaft der Menschen, diese Tatsache zur Kenntnis zu nehmen.

Gott braucht zu allen Zeiten, am meisten aber in der Endzeit Zeugen, die Träger und Vermittler des Heiligen Geistes sein sollen. Dazu ist Pfingsten geworden, daß durch den Heiligen Geist jeder diesen Ruf und diese Vollmacht erhalten kann. Wir sind nicht *Archäologen*, die Vergangenes ausgraben, wir sind nicht *Museumswärter*, die Altertümer bewahren, wir sind nicht *Briefträger*, die unbeteiligt eine Botschaft überbringen, sondern wir sind *Zeugen*,

»Das wir gehört haben, das wir gesehen haben mit unseren Augen, das wir geschaut haben und unsere Hände betastet haben von dem Wort (= logos, = Sinn!) des Lebens... das verkündigen wir euch!« (1. Joh. 1,1,4)

wir sind auch *Bettler* (LUTHER), die um den Heiligen Geist bitten (Matth. 5,3) (!)

»Selig sind, die um den Heiligen Geist bitten!«

Und wir sind berufen, im Namen Jesu Christi *Seelsorger*, ja seine *Stellvertreter* zu sein.

John Gayner BANKS, der unvergessene Gründer des Lukas-Ordens, begründete dieses höchste Amt mit den Worten: Jesus hat heute keine anderen Hände zum Wirken, zum Beten und zum segnenden Handauflegen für die Kranken als die deinen: Stell sie ihm zur Verfügung!

Jesus hat heute keine anderen Füße, sein Evangelium in die Welt der Finsternis als Licht zu tragen als die deinen: Stell sie ihm zur Verfügung.

Er hat heute keine anderen Augen, die Not zu sehen und die Kranken, keine anderen Ohren, ihr Rufen zu hören als die deinen: Laß alle deine Sinne verwandeln, daß sie zu seinen Sinnen werden! Gib ihm deinen Mund, daß er seine Worte spreche. Das heißt, dem Heiligen Geist zur Verwandlung unserer Persönlichkeit Raum zu geben!

Die Schlußfolgerung: Nicht der Geist der Macht, sondern die Macht des Geistes!

Von den Pharaonen Ägyptens über Herodes bis zu Hitler und Hussein reicht die Geschichte von dem Mißbrauch der Macht. Und wenn es je Generationen gegeben hat, die dieses Mißbrauches Zeugen wurden, dann wären es die unseren, die Stalinismus und Konzentrationslager, Terrorismus und Folter, Kriege und nicht zuletzt Revolutionen mit Strömen von Blut beobachtet haben und bis zur Stunde in der ganzen Welt miterleben.

Wer sich dann einigermaßen offene Augen und ein unvoreingenommenes Urteil bewahrt hat, sieht eine Beziehung: Die erste Botschaft in der Geschichte, die die Macht des Rechtes über das Recht der Macht stellt, das sind die zehn Gebote, die Mose gegeben und die das Volk Israel durchgesetzt hat. Je weniger diese zehn Gebote ernst genommen und beachtet werden, um so schlimmer herrschen Gewalt und Unrecht.

Dann reicht es nicht, wenn wir mit der Heiligen Schrift fordern, daß »Schwerter in Pflugscharen« verwandelt werden sollen (Jes. 2,4).

Seit fast 60 Jahren verfolge ich bewußt die Genfer Abrüstungsverhandlungen, in denen immer eindringlicher der Friede gefordert und die Macht verdammt wird mit ihren Waffen. Kriege sind dadurch bisher kaum verhindert und der Geist der Macht ist nicht ausgerottet worden.

Den Zusammenhang gilt es zu beachten: Nur wo dem Heiligen Geist Gottes Macht und Raum gegeben wird, schwindet der tödliche Geist der Macht mit seinem Vertrauen auf Heer und Kraft. Nur die Abrüstung hat Aussicht auf ein Ergebnis, die beginnt mit der Ausrüstung durch den Geist Jesu, der ein Geist des Friedens ist.

Wer seine Träume durch Gott leiten und sich selbst dann von seinen Träumen leiten läßt, der findet den Weg zum Frieden und lernt, ihn zu stiften. (Matth. 5,9)

Zahllose Angst- und Alpträume sind mir von Patienten berichtet worden, die Bombenangriffe und Schlachtengetümmel, Sturmangriffe und Kriegsgreuel nicht haben verarbeiten können.

Immer wieder weist die Heilige Schrift auf den gleichen Zusammenhang hin, den die Engel schon in der Weihnachtsbotschaft verkünden:

»Ehre sei Gott in der Höhe, und Friede auf Erden...« (Luk. 2,14)

Nur wenn und wo Gott die Ehre gegeben wird, herrscht auch auf Erden Friede. Diese Wahrheit hat Paul GERHARDT (1607–1676) nach dem 30jährigen Krieg in die Worte gefaßt:

> Du bist ein Geist der Liebe,
> Ein Freund der Freundlichkeit,

Willst nicht, daß uns betrübe
Zorn, Zank, Haß, Neid und Streit.
Der Feindschaft bist du feind,
Willst, daß durch Liebesflammen
Sich wieder tun zusammen,
Die voller Zwietracht seind.

Das gilt auch von dem persönlichen Leben der Einzelnen. Der Weg zum Frieden führt von innen nach außen, nicht umgekehrt, wie die Mächtigen unserer Zeit wähnen.

Träume können entscheidend dazu beitragen, daß wir in uns und mit Gott Frieden finden und ihn dann auch in unserer unmittelbaren Umgebung verwirklichen.

Das hat Sacharja als Botschaft des Engels verstanden.

> 62. Träume – von menschlichen Mitteln der Macht; (Sach. 4,6)
>   Träume – wie Heiliger Geist uns bewacht. (4,10)
> 63. Träume – von Zeugen, gesalbt mit dem Geist,
>   Träume – der Zukunft, die Er uns verheißt. (Sach, 4,14; Offb. 11,4)

7. Das sechste und siebente Nachtgesicht: Die fliegende Schrift als Fluch der Schuld und die Frau im »Scheffel« als Gewicht der Gottlosigkeit (Sach. 5)

Die Träume des Sacharja enthüllen uns Geheimnisse vom gütigen Wesen des gnädigen Gottes, aber auch von dem heiligen Willen seiner Majestät. Wer die Barmherzigkeit Gottes nicht mehr verkündet, der bleibt den Trost schuldig, nach dem die Menschen dürstet, und wer den Ernst seiner Heiligkeit unterschlüge, der läßt die Irrenden ohne den Maßstab und den Halt der Ordnung.

> Die ersten fünf Träume betonten den Trost:
> Gott will schützen, die ihn lieben (1),
> Er wird vernichten, die sein Volk hassen (2),
> Er wird Jerusalem herrlich erneuern (3),
> Er wird sein Volk von Schuld befreien (4), und
> Er wird es zum Licht- und Geistträger der Welt erheben (5).
> Die folgenden zwei Träume aber zeigen,
> wie Gott mit verzehrendem Eifer gegen alle Sünde vorgeht.

Der Wortlaut (im Auszug)

> »Und ich hob meine Augen abermals auf und sah,
> und siehe, da war ein *fliegender Brief*. (V. 1)
> Und er sprach zu mir: was siehst du?
> Ich aber sprach: Ich sehe einen fliegenden Brief,
> der ist zwanzig Ellen lang und zehn Ellen breit. (V. 2)
> Und er sprach zu mir: Das ist der Fluch,
> welcher ausgeht über das ganze Land;

denn alle Diebe werden nach diesem Briefe ausgefegt,
und alle Meineidigen werden ... ausgefegt. (V. 3)
Ich will ihn ausgehen lassen ... über das Haus des Diebes
und über das Haus derer, die bei meinem Namen falsch
schwören, und er soll bleiben in ihrem Hause und soll
es verzehren samt seinem Holz und Steinen. (V. 4)
Und der Engel, der mit mir redete, ging heraus
und sprach zu mir: Hebe deine Augen auf und siehe!
Was geht da heraus? (V. 5)
Und ich sprach: Was ist's? Er aber sprach:
Ein Epha (Getreidemaß) geht heraus, und sprach:
Das ist ihre Gestalt (wörtl.: Schuld) im ganzen Lande. (V. 6)
Und siehe, es hob sich ein Zentner Blei;
und da war ein Weib, das saß im Epha
und warf den Klumpen Blei oben aufs Loch. (V. 7)
Und ich hob meine Augen auf und sah, und siehe:
zwei Weiber gingen heraus und hatten Flügel, die
der Wind trieb – es waren aber Flügel wie Storchflügel –
und sie führten das Epha zwischen Erde und Himmel. (V. 9)
Und ich sprach zu dem Engel, der mit mir redete:
Wo führen die das Epha hin? (V. 10)
Er aber sprach zu mir: Daß ihm ein Haus gebaut werde
im Lande Sinear und es daselbst gesetzt werde
auf seinen Boden.« (V. 11)

Überschrift und Gliederung

Wenn wir von einem Traum eine Überschrift suchen, so stehen uns zwei Wege
zur Verfügung: wir können von dem objektiven Wortlaut ausgehen und ihn
stichwortartig zusammenfassen, – wir können und sollen jedoch auch nach dem
subjektiven Erleben fragen: Was sagt mir dieser Traum. Beide Fragen gelten auch
für die Träume der Bibel, die wir sehr persönlich innerlich und bildhaft nacherleben sollen.

Dann aber schauen wir auch die Träume des Sacharja, wie LUTHER uns gelehrt
hat, mit den Augen, die Jesus Christus öffnet, und sehen auch bei diesen »Nachtgesichten«, »was Christum treibet«. Mir persönlich erschien in diesem zweifa-
chen Traum

der Maßstab der Schuld und die Gewalt des Gewissens.

Vom Ausmaß und der Form der Schuld kündet das Bild,

die bleibend gelten,

von Raummaß (»Epha«) und dem Bleigewicht, das die Schuld

verschließen und verbannen will.

Der Weg zur persönlichen Seelsorge dieser Träume führt jedoch zunächst über
die Kenntnis seiner Bildbegriffe.

Das erste Traumbild: der fliegende Brief

Träume sind fliegende Briefe am Himmel und vom Himmel als persönliche Botschaften Gottes an uns gerichtet, damit wir sie lesen und beachten sollen. Auch scheinbare Äußerlichkeiten wie die Maße sind dabei wichtig.

Zwanzig Ellen lang und zehn Ellen breit, das ist genau das Maßstabverhältnis der Stiftshütte des heiligen Tempels, das 2. Mos. 26 bes. V. 15 ff. angegeben ist.
Damit knüpft dieses Traumbild an das Bild der Leuchter aus der Stiftshütte an.

Gottes Gesetz, Gottes Heiligtum und Heiligkeit schweben also über dem Heiligen Land, das ja selbst im gleichen Maßstab 200 km lang und 100 km breit ist und Gottes Gesetz widerspiegeln soll.
Träume sind also Briefe heiligen Inhaltes; schon die wissenschaftliche Schriftpsychologie (»Graphologie«) und noch mehr die Stilanalyse BUSEMANNS lehren uns, wie auch die Äußerlichkeiten der Form und der Maße bedeutsam sind.

Raumaufteilung und Rand, Sauberkeit und Sorgfalt, Schriftbild und vor allem der Stil verraten uns den Charakter des Absenders.

Die Bibel kann uns von dem Gesetz des Mose an lehren: Schrift ist »Heilige Schrift«.
Worte gewinnen Gewalt als »Heilige Worte«.
Wenn wir schreiben und sprechen, so folgen wir damit dem heiligen Vorbild von Gottes Wort und stehen in der Ver-antwortung vor seinem Vor-bild. Darum mahnt Jakobus so eindringlich, die »Zunge im Zaum zu halten« (Kap. 1 und 3).
Johann HEERMANN bittet und singt darum (1585–1647)

> »Hilf, daß ich rede stets,
> Womit ich kann bestehen;
> Laß kein unnützlich Wort
> Aus meinem Munde gehen!
> Und wenn in meinem Amt
> Ich reden soll und muß,
> So gib den Worten Kraft
> Und Nachdruck ohn' Verdruß!«

Heute werden gelegentlich Worte der Reklame oder der politischen Propaganda an Flugzeugen über den Himmel gezogen. Wir aber sollten am Himmel über der Weite der Wolken die ewig gültigen Gesetze erkennen:

Die erste Tafel der Gesetze will mit dem zweiten Gebot Gottes Wort heilig gehalten wissen: die Meineidigen und die Lügner werden mit eisernem Besen ausgerottet; es ist ein gerechter Gott, der durch den gleichen Sacharja wenig später gebietet:

»Rede einer mit dem andern Wahrheit, richtet recht,
Schaffet Frieden in euren Toren!« (8,16)
Zu den schwersten Aufgaben der Seelsorge zählte es, mehreren kirchlichen Amtsträgern beizustehen. Hohe und höchste Berliner Kirchenführer hatten mit ihnen (in verschiedenen Jahren zwischen 1961 bis 1991) gebetet und hatten sie ihres Wohlwollens versichert, insge-

118

heim jedoch davor und danach bei entsprechenden Sitzungen selbst im Sinne des Gegenteiles gewirkt. Daß sie nicht Menschen, sondern Gott im Gebet belogen hatten, setzte schwere seelische Verletzungen und erschütterte bleibend das Vertrauen zur Kirche.

Die Bibel findet harte Worte und dringende Mahnungen und Beispiele gegen die Lügner, die voreinander die Atmosphäre des Vertrauens zerstören, und gar den Meineidigen, die sich vor Gott versündigen.

»Leget die Lüge ab und redet die Wahrheit, ein jeglicher mit seinem Nächsten, sintemal wir untereinander Glieder sind.« (Eph. 4,25) so mahnt Paulus.

Noch härter urteilt David im 5. Psalm (V. 7):

»Du bringst den Lügner um!«

Hinter solchen Behauptungen scheint uns eine unbiblische Grausamkeit zu stehen. Aber wir haben Grund, auf den Wortlaut zu achten: Hier ist nicht gesagt, Gott bestrafe jede Unwahrhaftigkeit mit dem Tode, sondern: wer ein Lügner ist, also bis in den Grund seines Wesens unwahrhaftig und unaufrichtig ist, der vergiftet sich selbst mit der Lüge.

In unserer Zeit, die von wissenschaftlichen Erkenntnissen über »psychosomatische Medizin« und den »psychogenen Tod« erfüllt ist, also den Tod durch seelische Einflüsse, muß uns schon psychologisch einleuchten: Der Geist von Lüge und Betrug läßt der Seele keine Luft zum Atmen.

Als Ananias nach dem Bericht der Apostelgeschichte unterschlagen und »Gott belogen« hatte, stürzte er tot zu Boden, und seiner Frau Saphira geschah drei Stunden später das gleiche. Wir unterschätzen die Macht des Gewissens! Darum mahnt Paulus so klar:

»Wer gestohlen hat, der stehle hinfort nicht mehr, sondern schaffe mit den Händen etwas Gutes, daß er habe, zu geben dem Dürftigen!« (Eph. 4,28)
Die Massenmedien wollen uns seit Jahren lehren, wie gebannt nur auf die Fehler der Mächtigen zu starren, die die Welt in Gefahr bringen, und die Reichen zu kritisieren, deren Habsucht die Dürftigen darben läßt.

Aber die schlichte und nüchterne Ethik des Alltages ist schmählich vernachlässigt worden: wahrhaftig, ehrlich und demütig sein!

»Es ist dir gesagt, Mensch, was gut ist und was der Herr von dir fordert: nämlich Gottes Wort halten und Liebe üben und demütig sein vor deinem Gott!« (Micha 6,8)

Durchaus aktuelle Bezüge läßt ein Kommentar zu dem Propheten Sacharja erkennen, den Karl ELLIGER in der Reihe »Das Alte Testament Deutsch« (Band 25, Göttingen 1956) Jahrzehnte vor der ersten »Hausbesetzung« in Deutschland geschrieben hat. Dort lesen wir (S. 111) zu diesen Versen:

»Das Gesicht ... redet nicht von den Sündern ganz allgemein ... vielmehr mit Bedacht nur von zwei Klassen, ja im Grunde nur von einer bestimmten Klasse von Bösewichtern...
Der mit ›Meineidige‹ wiedergegebene hebräische Ausdruck denkt nämlich ganz speziell an

Leute, die im Wirtschaftsleben betrügen. Es ist daher kaum zu bezweifeln, daß das Stück 5,1–4 seine Spitze gegen diejenigen ... richtet, die sich die herrenlosen Güter der Exilierten angeeignet und sich in deren Besitz häuslich eingerichtet hatten und die sich nun den Ansprüchen der ... ehemaligen Besitzer gegenübersahen.

Daß es bei diesen Auseinandersetzungen zu manchem Meineid und Betrug kam, daß mancher mindestens Teile seines Vermögens den ›Dieben‹ lassen mußte ... ist kein Wunder...«

Von kirchlichen Vereinen zur Unterstützung von Hausbesetzern habe ich in den letzten Jahren viel gelesen und gehört. Doch konnte ich trotz entsprechender Bemühungen nicht erfahren, wo heute noch im Religions- oder Konfirmanden-Unterricht die zehn Gebote gelernt würden, deren neuntes lautet:

»Du sollst nicht begehren deines Nächsten Haus.« (2. Mos. 20,17)
(Der Grund liegt jedoch sicher in der mangelhaften eigenen Information.)

Ganz gewiß setzen sich die Propheten des Alten Testamentes nachhaltig für eine soziale Gerechtigkeit ein und vertreten die Anliegen der Armen. Mit heiligem Ernst aber lassen sie die Gebote uneingeschränkt gelten und stellen stets das Wort und den Willen Gottes an die oberste Stelle vor allen politisch-sozialen Zielen. Die Diebe als Vertreter der häufigsten Sünde wider die Gebote der zweiten Gesetzestafel sollen nach diesem Wort ebenfalls ausgefegt und ihre Häuser ebenfalls dem Erdboden gleichgemacht werden. In einem »Heiligen Land« ist für sie kein Raum.

Über zwei Millionen Diebstähle in der Bundesrepublik werden jährlich statistisch erfaßt. Diese Zeilen schreibe ich am Tag, nachdem ein Bankräuber in Düsseldorf das Leben von neun Geiseln bedroht hatte. Terroristen pflegen sich durch zahlreiche Bank-Raubzüge ihre Mittel zu verschaffen und wollen unseren Rechtsstaat in ein Land von Chaos und Mord verwandeln.

Gott aber hat in seinen Geboten eine Ordnung gesetzt, an die wir im Traum erinnert werden. Sein himmlisches Gesetz bleibt gültig, und es kommt der Tag, an dem offenbar wird:

»Irret euch nicht, Gott läßt sich nicht spotten; was der Mensch sät, das wird er ernten!« (Gal. 6,7)
Wir haben einmal ein entsetzliches Strafgericht bei dem Ende des angeblich »tausendjährigen« Reiches miterlebt, das mit Schuldigen und Spöttern, mit Unschuldigen und Opfern in Schutt und Asche sank.

Gottes Ratschlüsse mit seinen Wegen durch die Weltgeschichte kann ich nicht verstehen und darum auch nicht erklären; aber vertrauen kann ich, daß der Herr im Himmel Gerechtigkeit, aber auch Gnade walten läßt. Denn so offenkundig wie sein Gericht die Übeltäter heimsucht, so gilt erst recht, was Jesus uns aus den Psalmen verstehen gelehrt hat (36,6; 57,11):

»Herr, deine Güte reicht, so weit der Himmel ist, und deine Wahrheit, so weit die Wolken gehen!«

Wenn wir mit den Augen Jesu gen Himmel blicken, so erkennen wir ihn aufgetan und sehen nach der Botschaft der Buße den Trost des Heiligen Geistes aus dem Himmel herabfahren (Matth. 3,15 ff.).

Die Heilige Schrift enthält Worte der Warnung und Gesetze der Gerechtigkeit, die seiner Güte nicht widersprechen. Sie sind nicht bestimmt, die Depressiven zum Entsetzen zu bringen, sondern uns allen den Weg zur Demut zu weisen.

> »O wahrlich, wir verdienen solch strenges Strafgericht;
> Uns ist das Heil erschienen, allein wir glauben nicht.
> Ach, lasset uns gebeugter um Gottes Gnade flehn,
> Daß er bei uns den Leuchter des Wortes lasse stehn!«
> (Philipp SPITTA 1801–1859)

Das zweite Traumbild: Die Frau im »Scheffel«

In einem krugartigen, etwa eimergroßen Getreidemaß, das »Epha« heißt, sitzt eine Frau. Das Epha war zugleich Wappen und Sinnbild des jüdischen Volkes in Babylon geworden. Nun sollen Geiz und Gottlosigkeit, Schlechtigkeit und Schuld gefangengesetzt werden in dem eigenen Maß für den verbreiteten Betrug mit falschem Gewicht (Hes. 45,10). So sagte darum schon Jesus:

»Mit welcherlei Maß ihr messet, werdet ihr wieder gemessen werden; – womit jemand sündigt, damit wird er auch bestraft.« (Matth. 7,2)

Mit Flügeln wie denen eines Storches, der weite Strecken überwinden kann, soll so die Sünde in ihr Ursprungsland, nach Sinear in Babylon zurückgebracht werden in ihr Gefängnis, das mit einem zentnerschweren Bleiklotz verschlossen ist.

Babylon, dort hatte einst Nimrod sein erstes Weltreich zu gründen versucht (1. Mos. 10,10),
Babylon, dort sollte die Ursünde der Überheblichkeit gegen Gott in dem Bau des selbstherrlichen Turmbau-Tempels ihren Höhepunkt finden (1. Mos. 11),
Babylon, dort soll in »der großen, reichen Stadt am Meer« (Offb. 18,19) das Endgericht der Vernichtung über alle Sünde und Habgier hereinbrechen. (Offb. 17–18)

Und wo liegt sie, die »große Hure Babylon?« Ernste und fromme Gottesmänner haben sie in Mesopotamien gesucht und in London, in Rom und in New York. Gute Gründe wußten sie dafür zu nennen. Viel wichtiger jedoch ist die Antwort auf die Frage: Wohin befördern wir die eigene Schuld, die Last des persönlichen Gewissens? die Eigensucht, die Habgier, den Geiz, den Eigennutz, das Übervorteilen der anderen, den Neid, die Eifersucht, die Ichhaftigkeit?
Können wir sie verdrängen und verschließen mit einem Bleigewicht, – oder drückt uns die Zentnerlast dann erst recht, und alle Versuche des Verdrängens enden nur in Träumen, die noch stärker bedrücken?!

Dem Volk Israel war noch ein anderer Weg gewiesen, wie im 3. Buch Mose (Kap. 16) zu lesen steht:
Zwei Böcke sollten zum Versöhnungsfest die Sünde des Volkes auf sich nehmen. Der eine wurde als Opfer geschlachtet; denn Schuld kann nur durch Blut gesühnt werden.
Der andere aber wurde sinnbildlich mit der Schuld des Volkes beladen und als »Sündenbock« in die Wüste geschickt.

Seit der Traumwissenschaft von FREUD nennen wir diesen Weg die »Projektion«. Andere beschuldigen, statt ehrlich sich selbst zu prüfen, das heißt »Sündenböcke« zu suchen und protestierend anzuklagen, statt den einzigen Weg zu beschreiten, der zum Aufheben der eigenen Schuld führt: die demütige Wandlung.

So zeigen uns die Träume des sechsten und siebenten Nachtgesichtes die verhängnisvollen Folgen der Sünde:

Sie führt zu Flucht und Untergang; denn der Herr will sein Haus reinigen, wie auch Jesus die Peitsche ergriffen und die Händler und Wechsler verjagt hat (Matth. 21).
»Der Tod ist der Sünde Sold ...« (Röm. 6,23) sagt Paulus.

In seiner verzweifelten Gegenwehr gegen diese Erkenntnis, die auch in den Träumen immer wieder durchbricht, sucht der Mensch vorwiegend mit zwei »Abwehrmechanismen« sich wiederum in seinen Träumen wie auch in der wachen Wirklichkeit zur Wehr zu setzen:

Er verdrängt sein Gewissen und sucht es fest einzuschließen, oder aber er verwandelt die Regungen seines Gewissens in zumeist affekterfüllte Anklagen gegen andere, er »projiziert sie«.

> 64. Träume – die heiligen Maßstab verkünden,
>   sich mit der Macht des Gewissens verbinden. (Sach. 5)
> 65. Träume – das Recht und die Wahrheit zu suchen,
>   Träume – die segnen und Träume, die fluchen. (Sach. 5,3)
> 66. Träume – die Last des Gewissens zu lösen,
>   Träume – die fliehen dem Fluch von dem Bösen. (3. Mose 16)

Die angedeutete Lösung: Flügel zwischen Himmel und Erde

Bleiben nun die Träume und Nachtgesichte Sacharjas bei dem Fluch und dem Untergang stehen, bei der Heiligkeit des Herrn, der nur mit dem Blut des Opferlammes versöhnt werden kann, so daß wir nur verweisen können auf die Erfüllung der Hoffnungen des Alten Bundes in dem Blut Jesu Christi? Der Prophet ahnt in seinen Träumen die Lösung, wenn er von zwei Frauen spricht, die »mit Storchenflügeln« das Epha mit der Schuld zwischen Himmel und Erde emportragen.

GOETHE hat nicht die Tiefe dieser Botschaft erkannt, wenn er im Faust sagte: »das Ewig-Weibliche zieht uns hinan«, und dabei offen läßt, ob er Maria oder Gretchen meint.

> Blicket auf zum Retterblick,
> Alle reuig Zarten,
> Euch zu seligem Geschick
> Dankend umzuarten.
> Werde jeder beßre Sinn
> Dir zum Dienst erbötig,
> Jungfrau, Mutter, Königin,
> Göttin, bleibe gnädig!

Der »Chorus mysticus« aber beschließt den »Faust«:

> Alles Vergängliche
> Ist nur ein Gleichnis;
> Das Unzulängliche,
> Hier wird's Ereignis;
> Das Unbeschreibliche,
> Hier ist's getan;
> Das Ewig-Weibliche
> Zieht uns hinan.

GOETHE hat das »Ewig-Weibliche« vergöttlicht und in die Nähe der Erlösung gerückt, und das Mariendogma der katholischen Kirche erkennt der Gottesmutter eine Rolle als »Miterlöserin« zu, ohne daß sich in der Heiligen Schrift dafür Grundlagen finden. Auf der anderen Seite wird noch immer die Frau, besonders im Bereich des Zölibates, als Inbegriff der Versuchung oder gar der Sünde betrachtet.

Zahlreiche Mönche in den Klöstern des Berges Athos haben mir allen Ernstes (und wider alle Tatsachen) versichert: Auf dem Athos gibt es keine Sünde, weil es keine Frauen dort gibt und weil alle Sünde von den Frauen stammt.

In dem Traum des Sacharja ist eine Frau mit der Sünde der Gottlosigkeit in das »Epha« verbannt, und zwei andere Frauen, die an Engelwesen erinnern, tragen mit ihren »Storchenflügeln« die Sünde in die Ferne.
In den Träumen alter und neuer Zeit kommen Frauen als Doppelwesen und in der doppelten Rolle vor: als Verführerin mit ihren sexuellen Reizen (aber warum sollte das für sich sündhaft und böse sein?) und andererseits als Heilige, als Inbegriff erhabener Befreiung.

Solange solche Frauenbilder in den Träumen getrennt erscheinen, pflegen auch die Menschen zerrissen zu leben. Ein Patient berichtete kürzlich seinen Traum:
»Ein wunderschöner Engel mit allen Zeichen körperlicher Schönheit stieg zum Himmel empor mit einem Brief von mir, auf dem stand nur ein Wort: Dankbarkeit. Der Engel trug die Züge meiner Freundin.«

Von einem »fliegenden Brief«, von fliegenden Frauen mit Storchenflügeln träumt Sacharja.

»Ich habe euch getragen auf Adlersflügeln« (2. Mos. 19,4)

so tröstet uns die Heilige Schrift und weckt damit unser Vertrauen. Doch weder die Weite des Storchenfluges noch die Höhe des Adlers vermitteln die letzte Geborgenheit, von der der 139. Psalm spricht, der uns die Antwort erteilt auf die Fragen des Sacharja nach Schuld und Gericht in den Träumen.
Zuvor jedoch sei ein Traumlied zitiert, das unter dem Einfluß von Drogen geschrieben wurde und von den Adlersflügeln handelt. (Ausführlich mitgeteilt in meinem Buch »Die künstlich gesteuerte Seele«, Stuttgart 1970, S. 159f.)

> »Auf Adlers Flügeln getragen
> Übers brausende Meer der Zeit,
> Getragen auf Adlers Flügeln,

123

Bis hinein in die Ewigkeit.
Schau nicht auf die Wogen hinieden,
Was sie geraubt und gerafft,
Denn unter den Flügeln ist Frieden
Und auf den Flügeln ist Kraft!«

Wichtiger als die Erfahrung von Höhe und Weite im Traum ist gerade die der Nähe Gottes. Eben davon handelt, möglicherweise in einem Traum erhabener Schönheit des Bildes und der Sprache der 139. Psalm: (Hier der Auszug)

»Ich gehe oder liege, so bist du um mich
und siehst alle meine Wege. (V. 3)
Führe ich gen Himmel, so bist du da,
Bettete ich mir in die Hölle,
siehe, so bist du auch da! (V. 8)
Nähme ich Flügel der Morgenröte
und bliebe am äußersten Meer, (V. 9)
so würde mich doch deine Hand daselbst führen
und deine Rechte mich leiten. (V. 10)
Spräche ich: Finsternis möge mich decken!
so muß auch die Nacht Licht um mich sein. (V. 11)
Denn auch Finsternis ist nicht finster bei dir,
Und die Nacht leuchtet wie der Tag ... (V. 12)
... Deine Gedanken ... sind mehr denn des Sandes am Meer;
Wenn ich aufwache, *so bin ich noch bei dir!* (V. 18)«

Ein Traumprotokoll eines 62jährigen Pfarrers berichtet über diesen Psalm:
Als ich gestern abend (heute morgen) mit der Frage einschlief, welche Antwort ich wohl in meiner Predigt auf die Frage nach dem Gericht Gottes in diesen Träumen erteilen sollte, da erwachte ich heute früh mit einem Traum, der ganz deutlich nur ein einziges Wort enthielt: *Barmherzigkeit.*
Auch in dem Ernst seiner Heiligkeit, die sich uns in manchen Träumen kund tut, leuchtet die Morgenröte seiner Gegenwart und Barmherzigkeit, derer wir uns getrösten.
Seit meiner Kindheit begleitet mich ein Lied (von Ph. F. HILLER, gest. 1769), von dem hier nur der erste Vers genannt sei:

»Mir ist Erbarmung widerfahren,
Erbarmung, derer ich nicht wert,
Das zähl' ich zu dem Wunderbaren,
Mein stolzes Herz hats nie begehrt;
Nun weiß ich das und bin erfreut
Und preise die Barmherzigkeit!«

Eine ernste Frage ergibt sich aus dem Traum des Sacharja zum Abschluß: Wenn uns in den Träumen unser Gewissen anklagt, wenn wir mit den alten Philosophen oder mit einer modernen Ethik anfangen zu fragen, was recht und was unrecht ist, wenn wir vor einer Entscheidung stehen und nicht nur nach eigenem

Zweckmäßigkeits- und Gutdünken, sondern nach Gottes Willen fragen, – wie und wo finden wir da Antwort?

Wenn dann die Bibel ein Nachschlagewerk wäre, – wenn das Gewissen immer eine klare, – immer eine richtige, immer eine christliche Antwort gäbe, – wenn wir einen Seelsorger wüßten, der vom Heiligen Geist geleitet wäre, wenn er antwortet.

Da klaffen die Idealbilder der Ethik-Bücher von der Wirklichkeit und der Möglichkeit des praktischen Lebens meilenweit auseinander. Da werden einige Gebote vergessen oder vernachlässigt, andere (besonders das sechste) zum fast einzigen Maßstab für die Sünde erhoben, da wird das Gewissen durch menschlich – allzu menschliche Maßstäbe verbogen und fast unfähig gemacht, noch auf die Heilige Schrift und ihren Geist zu merken. Solange dieser Notstand des Gewissens und der Schuldfrage herrscht, haben wir doppelten Grund, um Gottes Weisung durch die Träume zu bitten.

67. Träume – von Flügeln mit Storchengefieder,
    kehren mit alter Belastung doch wieder. (Sach. 5,9)
68. Träume – auf Adlersflügeln im Chor,
    steigen zu himmlischen Höhen empor. (2. Mose 19,4)
69. Träume – mit morgengerötetem Schein
    fliegen in himmlischen Frieden hinein. (Ps. 139,9)
70. Träume – der göttlichen Gegenwart Hort,
    weisen uns Wege an jeglichem Ort. (Ps. 139,10)
71. Träume – einst dunkler Bedeutung Gesicht,
    wandeln noch finstere Nächte in Licht. (Ps. 139,11)
72. Träume – was immer an Ängsten geschah,
    rufen den Trost dir: der Herr ist noch da! (Ps. 139,18)

8. Das achte Nachtgesicht: die vier Kriegswagen von Gericht und Gnade (Sach. 6,1–8)

Der Wortlaut (leicht gekürzt)

»Und ich hob meine Augen abermals auf und ich sah, und siehe: da waren vier Wagen, die gingen zwischen zwei Bergen hervor; die Berge aber waren ehern. (6,1)
Am ersten Wagen waren rote Rosse,
am anderen Wagen waren schwarze Rosse, (6,2)
am dritten Wagen waren weiße Rosse,
am vierten Wagen waren scheckige, starke Rosse. (6,3)
Und ich antwortete ...: Mein Herr, wer sind diese? (6,4)
Der Engel antwortete ...: Es sind die vier Winde, die hervorkommen unter dem Himmel, nachdem sie gestanden haben vor dem Herrscher aller Lande. (6,5)
An dem die schwarzen Rosse waren, die gingen gegen Mitternacht, und die weißen gingen ihnen nach; aber die scheckigen gingen gegen Mittag. (6,6)
Die starken gingen und zogen um, daß sie alle Lande durchzögen. Und er sprach: Gehet hin und durchziehet die Erde! Und sie durchzogen die Erde. (6,7)
Und er rief mich und redete mit mir ...: Siehe, die gegen Mitternacht ziehen, machen meinen Geist ruhen im Lande gegen Mitternacht. (6,8)«

Überschrift und Bedeutung: Die vier Wagen, ihre farbigen Rosse und ihr Auftrag

Zwischen zwei eisernen Bergen (oft auf den Zionsberg und den Ölberg gedeutet) am Eingang des Himmels brechen mit dem Ungestüm des Sturmwindes vier Kriegswagen in die vier Himmelsrichtungen los, um den göttlichen Auftrag zu erfüllen. Die vier Farben der Pferde lassen dabei eine Beziehung zu den Himmelsrichtungen erkennen, die ohnehin mit den Tageszeiten in der üblichen Weise genannt sind: rot deutet den Sonnenaufgang und damit den Osten an, Mitternacht, schwarz und Norden gehören zusammen; doch bleibt dann unklar, warum die weißen Pferde ebenfalls nach Norden ziehen und was die »scheckigen« mit dem Mittag, dem Süden zu tun haben.

Vollends dunkel bleibt der Auftrag, den die Rosse und die Wagen empfangen. Sollen es »Spähwagen« sein, die den Zustand der Erde erkunden sollen? oder – wie andere sagen – Kriegswagen, die das Gericht über die ganze Erde tragen?

Der achte Vers berichtet, daß die nach Norden ziehenden Wagen den Geist Gottes auf das Land (sicher Babylonien), niedersinken ließen. Dies würde auf eine Heilszeit für die ganze Erde schließen lassen.

Wagen und Rosse gelten andererseits von der Heuschreckenvision des Propheten Joel (vgl. unten) bis zu den vier apokalyptischen Reitern als so deutlicher Hinweis auf die Schrecken und Greuel des Krieges, daß viele Ausleger durch so entgegengesetzte Bedeutungen in Verlegenheit geraten.

Zum Wesen der Träume jedoch gehört es, daß nicht *eine* Deutung den Anspruch erheben darf, den allein richtigen Sinn zu erfassen, sondern verschiedene und auch gegensätzliche Wahrheiten »verdichten« sich in einem Traumbild, das keineswegs den Gesetzen der Logik folgt, wohl aber häufig sehr verschiedenartige Wahrheiten gerade durch das Zusammenfassen in einem einzigen Bild hervorhebt.

Praktisch befragen wir dann im psychotherapeutischen Gespräch den Träumer nach seinen »Einfällen« für die ich in meinem Buch »Träume – selbst verstehen« rund 40 verschiedene Einzelfragen mitgeteilt habe (vgl. die Fragen S. 132, 133). Mit dem Propheten Sacharja und den anderen Träumenden der Bibel ist kein persönliches fragendes Gespräch möglich, wohl aber können und sollen wir – dem Sacharja gleich – die Boten und die Botschaften Gottes betend befragen. Das bedeutet aber an diesem Beispiel: Was sagt die Heilige Schrift sonst über Rosse und über Wagen?

So wie in der analytischen Traumarbeit der Psychotherapie ein Traum den anderen erklärt und jeder »Einfall« auf den Zusammenhang Licht werfen kann, so pflegt durch die Einheit des Heiligen Geistes der verschiedenen Verfasser biblischer Bücher auch oft eine Stelle der Heiligen Schrift die andere zu erläutern, gerade auch bei den Träumen.

Aussagen anderer Schriftstellen über Rosse, Wagen und andere Mittel des Krieges

Schon in dem ersten seiner »Nachtgesichte« hatte Sacharja Reiter erblickt, die auf verschiedenfarbigen Rossen die Erde ausspähend durchzogen hatten (vgl. vorn S. 82ff.).

Immer wieder tritt dabei, auch bei den vier Schmieden und den vier Hörnern, die Zahl »vier« bedeutungsvoll hervor, so daß C. G. JUNG gewiß von einem »Mandala« sprechen würde.

Die Grundgedanken der Gegensätze zwischen dem Unheil (der babylonischen Gefangenschaft, dem Gericht über die Diebe und Meineidigen) und auf der anderen Seite dem Heil (durch die Erwählung und den Neubau Jerusalems, durch die Fülle des Heiligen Geistes, durch die Verheißung des Messias, durch die Verbannung der Schuld) durchziehen alle acht Träume. Das Schlußbild von den Reitern kehrt dabei zu dem Anfangsbild zurück, unterstreicht seine Bedeutung und schließt damit einen Kreis.

Gott sendet seine Reiter aus zu Gericht *und* Gnade, zu Krieg *und* Frieden, zu Unheil *und* Erbarmen. Das war der gewaltige Grundgedanke der Offenbarung des einen einzigen Gottes in der ersten monotheistischen Religion: Nicht verschiedene Himmelsmächte streiten miteinander um den Menschen und in ihm, sondern in der Hand eines einzigen Gottes liegen Freude *und* Leid beschlossen, Geburt *und* Tod, Verbannung *und* Heimkehr, Fluch *und* Segen.

Zu allen Zeiten mußte der Glaube an diesen kompromißlosen einen und einzigen Gott unerträgliche Spannungen schaffen, von denen schon die Bibel Zeugnis ablegt und von denen die täglichen Erfahrungen der Krankenseelsorge zu sagen wissen: »Wie kann ein Gott der Liebe zulassen, daß ich so leide?« »Wie kann er Hunger, Kriege, Bosheit, gar einen Holocaust zulassen?«

Viele ziehen daraus die Schlußfolgerung: »Gott ist tot«. Das mag von der menschlichen Wunsch- und Klischee-Vorstellung eines »lieben Gottes« gelten, nicht aber von dem Herrn »Zebaoth«, dem Gott der Heerscharen.

Seine Rosse und Reiter also bergen im Traum wie in der Wirklichkeit beide Botschaften: Unheil *und* Heil. Mit der Logik des Verstandes können wir es nicht erfassen, in den Träumen und der Wirklichkeit aber beides erfahren, wie das Volk Israel in der Wüste *und* im »gelobten Land«, in der Knechtschaft *und* der Freiheit, in grenzenloser Verfolgung *und* in der vorausgesagten Heimkehr die Führung Gottes erlebte.

Die vier »apokalyptischen Reiter« von Sieg und Krieg, von Not und Tod waren schon genannt (Offb. 6,1–8); mit ihren (fast) genau übereinstimmenden Farben beziehen sie sich auf die Nachtgesichte des Sacharja und bedeuten hier das unendliche Ausmaß des Unheils vor dem Ende der Welt.

Im Jahre 1927 veröffentlichte der Prediger Friedrich HOFFMANN (meiner Erinnerung nach aus Gotha) ein Büchlein: »Der weiße Herzog«. Es handelte von dem Reiter auf dem weißen Pferde nach Offb. 6,2 und schilderte aus einem inneren Gesicht heraus einen mächtigen Führer, der jahrelang von Sieg zu Sieg schreitet. Er genießt fast göttliche Ehren und berauscht sich selbst und sein restlos beherrschtes Volk durch seine Erfolge. In Wahrheit aber führt er als einer der apokalyptischen Reiter Europa und sein Volk mit einem Blutzoll ohnegleichen und mit grenzenlosen Zerstörungen in den Untergang als ein lügenhafter, grausamer und selbstsüchtiger Tyrann.

»Der weiße Herzog« wanderte in den Jahren der nationalsozialistischen Herrschaft von Hand zu Hand. In den Gemeinschaftskreisen wurde es abgeschrieben und weiter verbreitet. Jeder mußte beim Lesen das Abbild des »Führers« erkennen.

Mehrfach wurde HOFFMANN von der geheimen Staatspolizei verhaftet und verhört. Er berichtete mir selbst, wie er sich dort schützte und verhielt: »Das Buch ist doch nachweislich 1927 gedruckt; also kann doch nicht eine Staats- und Militärmacht gemeint sein, die erst mehrere Jahre später entstand. Außerdem: ist etwa unser Führer grausam? ist er lügenhaft? ein Tyrann? Also kann er doch nicht gemeint sein!«

HOFFMANN wurde überschüttet mit Einladungen zu Predigten und Vorträgen über die Offenbarung. Die Veranstaltungen wurden von der Gestapo überwacht. Äußerst vorsichtig nur und ohne Anspielungen auf die Gegenwart legte HOFFMANN die Bibel aus. Nur im kleinsten vertrauten Kreis von Freunden sprach er über seine Sicht der Zeit. 1939 war er das letzte Mal in unserem Haus zu Gast und sprach ungemein klarsichtig in einer Zeit des allgemeinen Siegestaumels von dem sicheren kommenden Untergang.

Wenn er freilich im unmittelbaren Zusammenhang mit dem »weißen Herzog« in der Person HITLERS den Weltuntergang voraussagte, dann irrte er darin.

In weitesten Teilen aber kann sein Buch als Beispiel für eine erfüllte Weissagung gelten, die als eine Art von biblischem Gesicht des 20. Jahrhunderts in der letzten Vorkriegs- und Kriegszeit Tausende von Gemütern bewegt hat.

Immer wieder begegnet uns in der Heiligen Schrift das Thema des Endgerichtes. Die Seher der Bibel haben es mehrfach verglichen mit einer der schlimmsten Plagen, die im Altertum (besonders im Vorderen Orient) bekannt waren, mit Heuschreckenschwärmen. Wenn dann freilich solche Heuschrecken als riesige gepanzerte, rasselnde Kriegswagen geschildert werden oder als fliegende, Feuer und Tod verbreitende Riesenungeheuer, dann können wir jenen Mann verstehen, der mir im letzten Krieg nach dem Lesen dieser Gesichte sagte: »Könnte denn irgendein Prophet, der vor vielen hundert Jahren einen Panzer- oder Luftangriff schaute, ihn mit den Worten seiner Zeit noch genauer geschildert haben?«

Lassen wir aber die Bibel selbst sprechen, ohne dabei vorschneller und gefährlicher allegorischer Deutung Raum zu geben:

Jahrhunderte vor der Geburt Jesu schreibt der Prophet Joel, was er von dem »Tag des Herrn« sieht (im 2. Kapitel nach der Übersetzung LUTHERS, im Auszug):

»... ein finsterer Tag, ein dunkler Tag...; gleichwie sich die Morgenröte ausbreitet über die Berge, kommt ein großes und mächtiges Volk... (V. 2)

Vor ihm her geht ein verzehrend Feuer und nach ihm eine brennende Flamme. Das Land ist vor ihm wie ein Lustgarten, aber nach ihm wie eine wüste Einöde, und niemand wird ihm entgehen. (V. 3)

Sie sind gestaltet wie Rosse und rennen wie Reiter. (V. 4)

Sie sprengen daher oben auf den Bergen, wie die Wagen rasseln, und wie eine Flamme lodert im Stroh, wie ein mächtiges Volk, das zum Streit gerüstet ist. (V. 5)

Sie werden laufen wie die Riesen und die Mauern ersteigen wie die Krieger; ein jeglicher wird stracks vor sich daherziehen und sich nicht säumen. (V. 7)

Keiner wird den anderen (be)irren; sondern ein jeder wird in seiner Ordnung daherfahren, und sie werden durch die (anderen) Waffen brechen und (selbst) nicht verwundet werden. (V. 8)

Sie werden in der Stadt umherrennen (-fahren), auf der Mauer laufen und in die Häuser steigen und wie ein Dieb durch die Fenster hineinkommen (einbrechen). (V. 9)

Vor ihm erzittert das Land und bebt der Himmel; Sonne und Mond werden finster, und die Sterne verhalten ihren Schein...« (V. 10)

Selbst angesichts dieser Schrecken wagt der Prophet es, von dem »Heer« und dem »Tag des Herrn« zu sprechen, an dem sein Wille geschieht.

Durchaus vergleichbar kündet der Seher Johannes (Kap. 9) das Verderben durch die Riesenheuschrecken:

»Aus dem Rauch kamen Heuschrecken auf (über) die Erde; und ihnen ward Macht gegeben, wie die Skorpione auf Erden Macht haben. (V. 3)
Und die Heuschrecken sind gleich den Rossen, die zum Kriege bereitet sind; ... (V. 7)
und hatten Panzer wie eiserne Panzer, und das Rasseln ihrer Flügel wie das Rasseln an den Wagen vieler Rosse, die in den Krieg laufen; (V. 9)
und hatten Schwänze gleich den Skorpionen, und es waren Stacheln an ihren Schwänzen; und ihre Macht war, zu beschädigen die Menschen fünf Monate lang.« (V. 10)

Solche Stellen prophetischer Weissagung bergen manche Gefahren. Offenkundig können sie Ängste wecken, sie verleiten manche Menschen zu einem gebannten Starren auf alle Unheilsnachrichten und zu einer Weltuntergangsstimmung. Manche beginnen auch, das nahe Weltende zu berechnen und das Ausbleiben immer wieder durch Rechenfehler zu erklären, die sie dann berichtigen. Die »Zeugen Jehovas« bieten ein trauriges Beispiel für diese Fehlhaltung, die dem Wort Jesu radikal entgegensteht: »Wenn aber solches alles anfängt zu geschehen, so erhebet eure Häupter darum, daß sich eure Erlösung nahet« (Luk. 21,28). Schon jetzt veranlaßt die nahe Jahrtausendwende manche »chiliastische« neue Endzeitspekulationen, die Veranlassung geben, an das Jesuswort zu erinnern: »Handelt, bis daß ich wiederkomme« (Luk. 19,13), nicht etwa: rechnet, bis daß ich wiederkomme. Wie aber sollen sich beide Haltungen miteinander vereinen lassen? Einerseits gilt es, die biblischen Weissagungen, Träume und Prophetien ganz ernst zu nehmen und sich auf die Wiederkunft Jesu ernstlich vorzubereiten (eine heute durchaus unübliche Haltung). Andererseits haben wir soviele dringende Gegenwartsaufgaben zu lösen, wir stehen so unermeßlicher Not gegenüber, nicht nur sozial, sondern gerade auch gesundheitlich, seelsorgerlich und nicht zuletzt wissenschaftlich, daß beim Erkennen und Anpacken dieser Nöte für ohnehin ungewisse Zukunftsgedanken Zeit und Kraft fehlen müssen. Mir hat die erste theologische Vorlesung, die ich am 1. Nov. 1935 hörte, eine unvergeßliche Antwort erteilt, die hier (in eigene Worte gebracht) lautet: Wir vertreten (auch in diesem Buch)
1. einen realistischen Pessimismus (auch im Blick auf die Endzeit),
2. einen religiösen Optimismus (auch von der innersten Pflege geistlicher Bilderlebnisse her) und
3. eine Überwindung des realistischen Pessimismus durch den religiösen Optimismus.
Eine Hauptaufgabe für die Seelsorge lautet darum: Wie kann die Glaubenshaltung so gestärkt werden, daß die Wirklichkeit und Kraft aus der religiösen Überzeugung alle Ängste überwiegt und überwindet? Eine rein intellektuell getragene Überzeugung, die sich auf einen Glauben der vernunftgemäßen Anerkennung

stützen würde, ist dazu nicht imstande, Bilderlebnisse aber, die in der rechten Hirnhälfte verwurzelt sind, geben dem Glauben einen Grad unumstößlicher Gewißheit.

Die Inhalte religiöser Träume sind freilich so vielfältig, daß sich mindestens in dem hier vorgegebenen Rahmen keine allgemein gültige und umfassende »Traumseelsorge« entwickeln läßt. Wohl aber können wir zur eigenen Besinnung des Träumenden wie auch als Grundlage für Besprechungen in einer »Traumseelsorge« eine Reihe von Fragen zusammenstellen, die einen tieferen Zugang zu den Träumen ermöglichen.

L Fragen an die (religiösen) Träume als Seelsorge an der eigenen Seele

Noch einmal sei an den weisen und vorbildlichen Seelsorger Samuel KELLER erinnert, der so eindringlich 1918 forderte und begründete, ein Pfarrer solle sich gründlich mit den Erkenntnissen der Psychoanalyse beschäftigen, aber ja nicht, um sie selbst anzuwenden, sondern um seine Beichtkinder und Seelsorgesuchenden besser zu verstehen und um die Träume als einen Weg der Seelsorge einzusetzen.

Wenn Thomas KRONHOLZ 1951 in seinem Büchlein beschwörend fragte: »Wo bleibt die Seelsorge?« so hat diese Frage noch nichts von ihrer Dringlichkeit verloren. Das gilt auch trotz (und manchmal wegen) der grundsätzlich begrüßenswert zunehmenden Verbreitung des »Clinical Pastoral Training«.

Der Mangel an Seelsorge betrifft ja nicht nur deren psychologische Seite, sondern vor allem die geistliche Seite der Seelsorge, die *beide* buchstäblich »not-wendig« sind. Die »Ich-Nähe« der Träume und die (mit der Zeit zunehmende) Erkenntnis: »Hier hat der lebendige Gott selbst eine persönliche Botschaft für mich«, entfaltet eine starke und heilsame Wirkung.

Diese Seelsorge kann noch unmittelbarer und als Gespräch erlebt werden in jenem »außerwachen« Bilderleben, in dem es fast jedem Meditierenden oder autogen Trainierenden gelingt, »auf der Bergeshöhe« der Gestalt eines weisen Einsiedlers zu begegnen (vgl. hinten S. 183 ff.) und mit ihm ein Gespräch zu suchen. Die Einsicht, bei dem Gesprächspartner handle es sich doch um das eigene »Über-Ich« (nach FREUD) oder um das eigene Gewissen, ändert nicht die vielfach offenkundige oder gar überwältigende Erfahrung: hier spricht Gott durch einen Boten oder Bevollmächtigten mit mir persönlich.

1. Fragen zur Thematik der Träume

Fragen zu Bibel und Gesangbuch

Welches Wort aus der Bibel (oder aus dem Gesangbuch) fällt mir dazu ein?
Welches Bibel-(Gesangbuch-)Wort finde ich dazu?
Welches Bibel-(Gesangbuch-)Wort erklärt mir der Traum?

Fragen zur Botschaft von Gott

Erinnert mich der Traum an ein früheres religiöses Erlebnis?
Erinnert er mich an einen früheren (religiösen?) Traum?
Enthält mein Traum eine wichtige Frage?
Enthält der Traum eine Botschaft von Gott?
Enthält der Traum einen Gedanken des Trostes, der Ermutigung oder der Weg-
   weisung?
Enthält der Traum einen Hinweis auf persönliche Fragen meines Glaubens?

Fragen nach den Werten

Von welchen höchsten Werten handelt der Traum?
Ist der höchste Wert meines Lebens dabei?
Hilft mir der Traum, diesen Wert zu finden oder ihn besser zu verwirklichen?
Sagt der Traum etwas über den Sinn meines Lebens?

2. Fragen zu einem bestimmten Ruf von Gott

Fragen zu Buße und Wandlung

Weckt der Traum Gedanken oder Empfindungen von Schuld oder schlechtem
   Gewissen?
Enthält der Traum die Aufforderung zur Buße?
Ist in dem Traum ein Gefühl der Angst vor Gott, vor seiner Strafe oder seinem
   Gericht erkennbar?
Weckt der Traum eine vertiefte Selbsterkenntnis?
Enthält der Traum den Aufruf zu einer Wandlung?
Welchen Anstoß zur Charakterbildung (Wandlung oder Reifung) gibt mir der
   Traum?
Zeigt mir der Traum, welche Verhaltensweise ich ändern sollte?

Fragen nach dem Willen Gottes für mein Leben

Wodurch kann mich dieser Traum mit Gott näher in Verbindung bringen? und
   auf welche Weise?

Welche geistliche Erkenntnis vermittelt mir der Traum?
Enthält der Traum eine Frage Gottes an mich?
Welche Antwort soll ich Gott darauf erteilen?
Enthält der Traum eine Antwort auf eine wichtige Lebensfrage
    oder gar die Lösung eines Konfliktes?
Enthält der Traum den Ruf zu einer Aufgabe für Gott?
    Für mich selbst? Für andere?

Fragen zum Gebetsleben

Enthält mein Traum ein Gebet als Antwort?
Welchen Grund zur Dankbarkeit gibt mir der Traum?
Wie kann ich diese Dankbarkeit in die Tat umsetzen?
Kann mich der Traum zur Anbetung leiten?
Sollte ich lernen, auch schriftlich zu beten?
Könnte ich ein Tagebuch meiner Träume mit einem Buch meiner Gebete verbin-
    den? und was lehrt mich dabei dieser Traum?

3. Fragen zu meinen eigenen Gemütsempfindungen

Vertiefung der Affekte

Stärkt dieser Traum meinen Glauben? und inwiefern?
Zu welcher tiefer begründeten Hoffnung ermutigt mich der Traum?
Weckt der Traum in mir eine vertiefte Liebe?
    zu Gott und Jesus Christus?
    zu einem Menschen (zu wem)?
    Wie soll sie sich kund tun?
Könnte sich eine Vertiefung von Glaube, Hoffnung oder Liebe auch (im mündli-
    chen oder schriftlichen) Gebet äußern?
Zeigt mir der Traum etwas von dem Sinn meines Leidens?
    Enthält der Traum eine Trostbotschaft von Gott?
                eine Friedens- oder Freudenbotschaft?
                eine Kraft von Gott?

Die zukunftweisende Bedeutung meines (letzten) Traumes

Welche Botschaft des Traumes will ich behalten?
Welches Bild des Traumes soll mich innerlich begleiten oder welches sollte gar
    äußerlich gestaltet werden (vgl. Ikonen)?
Zeigt mir der Traum ein Ziel?
Hilft mir der Traum zur Freude auf die Ewigkeit?

Fragen zur Religiosität

1. Welches Wort aus der Bibel (oder aus dem Gesangbuch) fällt mir dazu ein?
2. Welches Bibel-(Gesangbuch-)Wort finde ich dazu?
3. Enthält der Traum einen Gedanken des Trostes, der Ermutigung oder der Wegweisung?
4. Enthält der Traum einen Hinweis auf persönliche Fragen meines Glaubens?
5. Weckt der Traum Gedanken oder Empfindungen von Schuld oder schlechtem Gewissen?
6. Enthält der Traum die Aufforderung zur Buße?
7. Ist in dem Traum ein Gefühl der Angst vor Gott oder seiner Strafe erkennbar?
8. Welchen Grund zur Dankbarkeit gibt mir der Traum?
9. Zu welcher tiefer begründeten Hoffnung ermutigt mich der Traum?
10. Kann mich der Traum zur Anbetung anleiten?
11. Enthält der Traum eine Antwort auf eine wichtige Lebensfrage oder gar die Lösung eines Konfliktes?
12. Enthält der Traum den Ruf zu einer Aufgabe für Gott?
13. Weckt der Traum eine vertiefte Selbsterkenntnis?
14. Enthält der Traum eine Frage Gottes an mich?
15. Welche Antwort soll ich Gott erteilen?
16. Auf welche Weise sollte das geschehen (im mündlichen oder schriftlichen Gebet)?
17. Enthält mein Traum ein Gebet als Antwort?
18. Wodurch kann mich dieser Traum mit Gott näher in Verbindung bringen?
19. Welches Bild des Traumes soll mich innerlich begleiten oder welches sollte gar äußerlich gestaltet werden (vgl. Ikonen)?
20. Welche geistliche Erkenntnis vermittelt mir der Traum?
21. Welchen Anstoß zur Charakterbildung (Wandlung) gibt mir der Traum?

3. Kapitel

Außerwache physiologische Bilderlebnisse

A Hypnotische und autogene Bilderschau

1. Einleitung

Unter den Bilderlebnissen sind die »unterwachen« der Träume besonders bekannt und verbreitet. Doch schon 1914 wies Siegfried BEHN darauf hin: Es gibt auch besonders eindrucksvolle religiöse Bilderlebnisse in einem überwachen Bereich als Visionen, als Wandlungs-, Berufungs- und Offenbarungserlebnisse. Von ihnen soll noch im vierten Kapitel gesprochen werden.
Besonders die Kennzeichnung von unterwachen und überwachen Bewußtseinszuständen leuchtet ein und ist mindestens bei religionspsychologischen Forschern verbreitet; doch blieb der Begriff der »außerwachen Bewußtseinszustände«, den ich in verschiedenen Veröffentlichungen eingeführt habe (vgl. Schrifttumsverzeichnis), bisher weithin unbekannt. An dieser Stelle aber ist auf die enge Verwandtschaft der verschiedenen Arten des Bilderlebens ebenso hinzuweisen wie auf die Unterschiede:
Wer darauf achtet, wird häufig im Bereich seiner Träume auch auf solche mit religiösem Inhalt stoßen. Doch auch im Bereich der außerwachen Bewußtseinszustände des Autogenen Trainings und der Hypnose werden religiöse Erlebnisse oft schon durch die bloße Richtungsvorstellung nach oben ausgelöst und können auch zu ungemein anschaulichen und bedeutungsvollen Erlebnissen führen. Davon sollen die folgenden Abschnitte berichten.

2. Zur Technik und Methodik
   der »hypnotischen und autogenen Bilderschau«

Dieses Verfahren bezeichne ich in der Fremdhypnose als geleitete, bzw. »begleitete Bilderschau«, in der Selbsthypnose dagegen als »autogene Bilderschau« oder mit den griechischen Begriffen als »hypnotische« oder »autogene Imagogik«. Die Technik dieses Verfahrens wurde in einer umfassenden Arbeit unter dem Titel »Die Praxis des Autogenen Trainings, Selbsthypnose nach I. H. SCHULTZ« (Trias Verlag Stuttgart 1989) dargestellt.

Die »Technik der Hypnose und der Selbsthypnose« muß hier als bekannt vorausgesetzt werden. Die jeweilige Versuchsperson liegt oder sitzt bequem ausgestreckt, nachdem der Arzt mit den Grundformeln das Erlebnis von Schwere, Wärme, Ruhe von Herz und Atmung u. a. herbeigeführt und sich von dem Eintreten der Kreislaufumschaltung überzeugt hat. Unabhängig von anderen Übungen der Oberstufe sagt er dann die folgenden Formeln, meist in mehrfacher Wiederholung, die beim Autogenen Training grammatisch in der ersten Person von den Übenden sich selbst eingegeben werden:
»Vor Ihrem inneren Auge entwickelt sich ein Bild. – Sie stellen sich vor oder Sie sehen, Sie sind am Ufer des Meeres. – Das Bild wird deutlicher. – Das Bild steht klar vor Ihnen.«
Sobald das Meer, die »wallende See«, die »sai-vala«, die der Seele den Namen gab, in irgendeiner Form bildhaft vor Augen steht, lautet die nächste Formel: »Sie gehen ganz ruhig, Schritt für Schritt, immer weiter und immer tiefer hinunter auf den Grund des Meeres.«

Schon die Erfahrungen auf dem Meeresgrund weisen eine Fülle von Beziehungen zum religiösen Erleben auf und führen oft zu negativen wie positiven Klärungen. Unechte Fehlhaltungen des Glaubens offenbaren sich in mehr oder minder durchsichtigen Symbolen. Die wahre Einstellung der sexuellen Triebhaftigkeit gegenüber wird vielfach offenkundig. Unzählige Male schon wiederholte sich auf dem Meeresgrund auch der siegreiche Kampf des heiligen Georg mit dem Drachen. Bestürzt erleben manche Geistliche ihre berufliche Umwelt. So sah ein 45jähriger Pfarrer das grauenhafte Treiben in einer Räuberhöhle, ehe er gewahrte, daß er sich dabei in seiner Kirche befand (und ehe ihm in der Krypta dieser Kirche die unvergeßliche Vision des lebendigen Jesus Christus auf seinem Thron wieder Trost gab).
Auch zahlreiche andere Bilder religiösen Inhalts vermitteln Aufschluß über die Haltung der jeweiligen Versuchspersonen. Eine 42jährige katholische Ärztin z. B. sah sich bei jedem Weg auf den Meeresgrund begleitet von ihrem Beichtvater, der sie schützte und beriet. Ein 62jähriger evangelischer pensionierter Bankbeamter fand bei jedem neuen Weg in die Tiefe an der gleichen Stelle den unbestatteten Leichnam eines Mannes, vor dem er regelmäßig niederkniete und für den er betete, bis nach dem zehnten Besuch der Leichnam nicht mehr an dieser Stelle lag, sondern nach der Gewißheit des Patienten bestattet war und Frieden gefunden hatte.
Aus der Menge der biblischen, insbesondere der prophetischen Bilder, die die Versuchspersonen erleben, sei das dreimal aufgetretene Bild eines Feldes voller Totengebeine genannt, das nach Berührung mit dem Zauberstab mit neuem Leben erfüllt wurde, so daß die Gerippe mit Fleisch und Blut auferstanden. Glaubwürdig versicherten zwei der Versuchspersonen, daß sie nie das Alte Testament oder gar darin das 37. Kapitel des Propheten Hesekiel gelesen hätten.
Ihren eigentlichen Wert und ihr Wesen aber erschließen diese Übungen erst in Verbindung mit dem – erstmals von DESOILLE empfohlenen – Aufstieg auf einen Berg.
BERTA empfiehlt einen etwas anderen Weg: Er läßt die Versuchsperson die Gondel eines Ballons besteigen und den Ballon »immer höher hinauf in das Reich der

Wolken« schweben. Da das aktive Hinaufsteigen im Durchschnitt bessere Ergebnisse bringt, haben wir uns nach sorgfältigen Vergleichen für diesen Weg entschieden.

3. Zum Inhalt der hypnotischen und autogenen Bilderschau

Vier Gruppen von Erlebnissen pflegen sich bei dieser Übung einzustellen:

a) *Lichterlebnisse,* von der Mehrzahl der Teilnehmer erfahren. Oft wird dann die linke Seite – zuvor kalt gestellt – jetzt als heilsam und warm durchströmt empfunden. Diese Lichterlebnisse sind auch mit einem gesteigerten Wohlbefinden, einer »Euphorie«, verbunden und vielfach mit dem Erlebnis, der Erdenschwere enthoben zu sein. So leiten sie über zu

b) den eigentlichen *religiösen Erlebnissen.*
Auf der Bergeshöhe erhalten die Teilnehmer die Formel: »Sie schauen sich um, was Sie sehen und erleben.«
Drei Versuchspersonen nur fanden den Himmel leer. Nur das Blau konnten sie sehen. Bei einem 21jährigen Ingenieur flog erst in der dritten Übung ein Hubschrauber an dem Berg vorbei. Im weltanschaulichen Sinn erscheint es gerechtfertigt, bei den hier erwähnten drei Teilnehmern von »Atheisten« zu sprechen.

Als typisches Beispiel, wie schwer dann Voraussagen möglich sind, mag der Bericht eines 31jährigen Ingenieurs gelten, der lediglich die Tatsache gehört hatte, daß religiöse Erlebnisse häufig seien. »Mir kann das nicht passieren, denn in meinem Leben spielen solche Fragen überhaupt keine Rolle«, so hatte er sich, seinem späteren Bericht zufolge, gedacht. Auf der Höhe des Berges sah er ein Kreuz aufgerichtet, an dem Jesus Christus lebend hing und zu ihm sagte: »Wie lange willst Du noch der Entscheidung ausweichen? Du weißt doch längst, daß Du sie treffen mußt.« Der Ingenieur war aufs tiefste betroffen und berichtete im persönlichen Gespräch, erst jetzt erinnere er sich einiger Erlebnisse vor 18 Jahren, in denen er sogar den Wunsch hatte, Pfarrer zu werden. Dann aber sei er von all diesen Fragen abgekommen. Er bezeichnete dieses Christusbild als sein stärkstes religiöses Erlebnis. Mehr als 25 Personen berichteten über vergleichbar intensive Begegnungen mit Jesus Christus, die alle Merkmale echten Glaubenserlebens tragen und sich bei einigen häufig und regelmäßig wiederholen, bei einer Patientin z. B. bisher über einhundertmal (vgl. S. 150 ff.).
Ein 47jähriger Pfarrer übte auf dem hohen Berg: »Ich sehe und erlebe Glauben.« Zunächst schaute er dabei nur die blaue Farbe, die sich dann zu einem Himmelsdom wölbte. Darin entfaltete sich schließlich eine weiße Rose. Im Inneren der Rose erschien dann ein rotes Herz mit einem schwarzen Kreuz darin, also das Wappen Luthers, das schließlich wie eine Sonne am Himmel leuchtete.
Bei der weiteren Formel: »Ich sehe und erlebe Hoffnung«, stand vor ihm auf dem tiefblauen Hintergrund des Hochgebirgshimmels die Spitze des Montblanc, auf der sich ein Kreuz erhob. Auf dem weiten Weg zu dessen Gipfel mit anderen Pilgern zusammen erfuhr er, wie in einem Umwandlungsvorgang ihm schließlich Flügel wuchsen, so daß er wie ein Schmetterling – voller Bewunderung für die Schönheit der mit ihm Fliegenden – immer leichter die sonst unüberwindlich schwere Bergstrecke fliegend zurücklegte und nun von

der Gewißheit und Freude erfüllt war, daß er, innerlich und äußerlich erneuert, sein Ziel erreichen werde.

Keineswegs alle religiösen Erlebnisse tragen jedoch spezifisch christliches Gepräge. Einige sind recht allgemein gehalten: Erlebnisse der Größe, der Güte oder der Allmacht Gottes im Angesicht der Weite seiner Schöpfung, die sich zu Füßen des Berges ausbreitet, sind ebenso vertreten wie allgemeine Erfahrungen sittlicher Läuterung, der Reinigung in einem Bergquell oder des Empfindens von Ehrfurcht, Demut und Dankbarkeit.

Manche Versuchspersonen lassen, ihrer persönlichen Eigenart entsprechend, eine Verbindung von religiösen mit künstlerischen und, recht selten, auch mit erotischen Erlebnissen erkennen.

Typisch ist dafür das Protokoll eines 40jährigen amerikanischen Psychologie-Professors, der nur für kurze Zeit nach Berlin gekommen war, um diese Übungen kennenzulernen, so daß sie in einer Sitzung durchgeführt werden mußten. Auf dem tiefsten Meeresgrund sah er eine bildhübsche Nixe, mit allen Kennzeichen weiblicher Schönheit. Sie begleitete ihn hinfort, auch am Meeresufer nicht bereit, sich von ihm zu trennen. Gemeinsam bestiegen beide die Gondel des erwähnten Ballons und sahen im Reich der Wolken eine goldene Orgel als einzigartiges Kunstwerk gestaltet. Auf einer Wolkenbank saß ein Organist und spielte eine Fuge von Johann Sebastian Bach, der sie ergriffen lauschten.
Beim Rücknehmen waren beide nicht bereit, sich zu trennen; es bedurfte einer 20minütigen Überredung, ehe die Zustimmung zu einem kurzfristigen Abstieg erteilt wurde.

Engelwesen, die gelegentlich auf einer Treppe oder Leiter (Jakobsleiter!) am Himmel auf- und niedersteigen, Erlebnisse des Paradieses, der himmlischen Herrlichkeit, des goldenen Jerusalem mit den Perlentoren u. a. m. gehören zu jenen Bildern, die verhältnismäßig häufig erlebt werden und zugleich manche prophetischen Bilder der Bibel, besonders der Offenbarung Johannes, in neuem Licht gegenwärtiger Erfahrungen verständlicher erscheinen lassen.
Der Weg auf die Bergeshöhe ist weiterhin verbunden mit zahlreichen Arten von

c) *Klärungserlebnissen,* die wiederum nicht selten religiösen Charakter tragen. Das gilt nicht nur für ausstehende Entscheidungen, wenn etwa formelhaft die Frage gestellt wird: »Was sollte ich tun? Was ist meine Berufung? Wohin führt mein Weg?« Überraschende Einsichten, nicht selten in bildhafter Form und immer in Übereinstimmung mit dem Gewissen, geben dann den folgenden beruflichen Schritten ein außerordentliches Maß an innerer Gewißheit.

Ein berufliches Klärungserlebnis erfuhr eine 24jährige Frau in den USA. Sie war eine durchaus nüchterne Geschäftsfrau, die bei der ersten (hier hypnotischen) Bilderschau mit dem »Ballonerlebnis« so überwältigt von der Freiheit des Fluggefühles war, daß sofort danach ihr Entschluß feststand: »Ich werde Fliegerin.« Schon am nächsten Tage meldete sie sich zur Pilotenausbildung an. Durch mehrere Monate verglich sie die realen Flugerlebnisse mit denen der autogenen Imagogik, die sich nun gegenseitig durchdrangen. Ihre Überzeugung, in dem Freiheitserleben des Fliegens ihre Lebensbestimmung gefunden zu haben, hat bei unverminderter Begeisterung keine Änderung erfahren. Sie ist heute Fluglehrerin (2$^{1}/_{2}$ Jahre nachbeobachtet).

Von einer anderen, kleinen Gruppe von Klärungserlebnissen sei wiederum ein besonders kennzeichnendes ausgewählt. Ein 62jähriger, wegen Krankheit vorzeitig pensionierter Bankbeamter litt an vielfältigen körperlichen Erscheinungen einer spastischen Lähmung und an depressiven Verstimmungszuständen mit schweren Schuldgefühlen, seit sechs Jahre zuvor seine Mutter verstorben war. Er klagte sich vielfältiger Lieblosigkeit und ganz konkreter Unterlassungssünden seiner Mutter gegenüber an. In hypnotischer und autogener Imagogik suchte er mehrfach (mit der oben geschilderten »Ballonmethode«) das »Reich der Wolken« auf, fand dort die Paradiesespforte und begegnete schließlich seiner Mutter. Ohne jede Einwirkung von außen erlebte er an drei verschiedenen Tagen ein je halbstündiges Gespräch mit ihr, das schließlich mit einer ausdrücklichen Verzeihung endete. Diese Erlebnisse bewegten den Patienten außerordentlich stark. Sie führten zwar nicht zu einer Heilung (allenfalls zu einer gewissen Besserung) seines köperlichen Zustandsbildes, wohl aber zum endgültigen Verschwinden seiner Depressionszustände und seiner Schuldgefühle (drei Jahre nachbeobachtet).

Die Hauptbedeutung des bildhaft geschauten Weges auf die Bergeshöhe dürfte jedoch in den

d) *Gewissenserlebnissen* liegen. In symbolhafter Form werden sie ausgelöst durch die praktisch immer wirksame Formel: »Ich schaue mich um, ob ich die Höhle eines Einsiedlers entdecke; ich suche ein Gespräch mit ihm.« Dieser weise Eremit weiß fast immer bei schweren Entscheidungen und sonstigen Lebensfragen Rat, und seine Antworten tragen meist in erstaunlicher Weise den Gesetzen psychotherapeutischer und seelsorgerischer Beratung und Menschenführung Rechnung, besonders wenn er z. B. Gegenfragen stellt oder scheinbar andersartige Weisungen gibt, z. B.: »Warum willst Du voreilig Pläne schmieden? Warte lieber ab, dann wirst Du selbst wissen, was zu tun ist.« Andere Antworten lauteten: »Frage nicht so viel, denke lieber nach!«, oder: »Was ist denn wichtiger, jetzt die kurze Erleichterung oder die Lebensaufgabe für die ganze Zukunft?«

Ein etwa 50jähriger Mann entdeckte auf dem Tisch des Eremiten ein modernes Telefon und erfuhr zu seiner Überraschung, der Einsiedler habe eine direkte Telefonverbindung mit Jesus. Einer 40jährigen Ehefrau in ernster Krisensituation bot der Einsiedler neben der Höhle ein möbliertes Zimmer an, damit sie es im Bedarfsfall nicht so schwer hätte, ihn zu erreichen. Dadurch fühlte sie sich sichtlich geborgen und beruhigt.

Der Gestalt des Einsiedlers kommt in seelenärztlicher wie in seelsorgerischer Hinsicht erhebliche praktische Bedeutung zu, liegt doch in der Psychoanalyse das viel behandelte und in der Seelsorge gleichwichtige, doch hier noch kaum gesehene Problem der Übertragung und Abhängigkeit vom Ratgeber vielfach bedrückend auf dessen Verantwortung. Eine Hauptaufgabe jeder Seelenleitung besteht dann darin, die Ratsuchenden zu reifer, innerer Selbständigkeit zu führen. Die Richtungsvorstellung nach oben mit der Gestalt des Einsiedlers löst diese Aufgabe nach den bisherigen Erfahrungen in idealer Weise. Statt ihren Arzt oder ihren Seelenhirten zu fragen, lernen die Ratsuchenden nun, auf die Stimme des eigenen Gewissens zu lauschen: »Was soll ich nur tun in dieser Lage?«, so bestürmen die ewig Unselbständigen nur allzuoft ihre Ratgeber. Äußerst wirksam und befreiend lautet dann die erzieherische Antwort: »Fragen Sie doch Ihren Einsiedler!«

Ein 26jähriger katholischer Theologiestudent bringt am 21. Februar eine herausgerissene Tagebuchseite mit folgendem Kurzprotokoll einer spontanen, kritischen Bilderschau des Autogenen Trainings in der Grundstufe mit:

»Ein älterer Mann saß in einem Sessel und las in einem großen Buch. Er legte es zur Seite und ging zu einem Bücherregal, wo er urinierte oder onanierte (dies war mein Empfinden). In meiner Erinnerung befand sich an der gleichen Stelle ein Kreuz (Kruzifix).«

Einfälle und Folgerungen:

»Jesus von Nazareth war doch ein Mann! Ja! Betätigte er sich auch sexuell? Nein! Jesus wurde von der Kirche kastriert!«

Frage: »Wenn heute alle ärztliche Erfahrung lehrt, daß Enthaltsamkeit – von Einschränkungen abgesehen – vom Trieb des Menschen her nicht eingehalten werden kann, warum sollte dann eigentlich Jesus enthaltsam gelebt haben? Warum äußert sich die Schrift nicht zu dieser Frage?«

Der Patient sprach in dieser Stunde ausführlich von seinen Onanie- und Zölibatsproblemen, denen er sich nicht gewachsen fühlte. Als Ergebnis unterbrach er zunächst sein Studium und schob das Examen auf. Während der folgenden drei Jahre war er als Mitarbeiter bei einem Verlag tätig; von seinem späteren Ergehen ist nichts bekannt.

B Meditationserlebnisse

1. Meditation als Umschaltung
in einen »außerwachen« Bewußtseinszustand des religiösen Erlebens

Religiöse Bilderlebnisse werden oft stark verallgemeinert als »Meditation« bezeichnet. Dabei meint solche Meditation einen Zustand vertiefter Entspannung, die nicht selten mit Heilwirkungen verbunden ist.

An dieser Stelle ist nicht zu wiederholen, was ich in einer größeren Monographie unter dem Titel »*Meditation*« in Forschung und Erfahrung, in weltweiter Beobachtung und praktischer Anleitung 1973 (in den Verlagen Georg Thieme und J. F. Steinkopf) bereits veröffentlicht habe. Auch meine Bücher »Träume selbst verstehen« (1. Aufl. 1972 Thieme Verlag Stuttgart, 6. Aufl. Trias Verlag Stuttgart) und »Praxis des Autogenen Trainings« (7. Aufl. Trias Verlag, Stuttgart 1991), die alle von Bilderlebnissen in außerwachen physiologischen Bewußtseinszuständen handeln, sind hier nicht zu wiederholen.

Als eine Art Grundlage wird ihr Hauptinhalt hier vorausgesetzt. Hier jedoch geht es nach kurzer Klärung der Begriffe um einen Vergleich zwischen den vielen ähnlichen und doch wesensverschiedenen Arten der religiösen Bilderlebnisse. Weithin ist es üblich, vorwiegend religiöse Übungen östlicher Herkunft, besonders aus dem Buddhismus, oder hinduistische Yogaübungen als Meditation zu kennzeichnen.

Im vorliegenden Buch dagegen (mit wenigen Ausnahmen auf Seite 49 f.) verstehen wir hier unter »Meditation« eine Erlebniswelt christlicher Bilderschau, die ein vertieftes Erleben von Glaubenswahrheiten erstrebt und durch ihre Entspannung oft heilende Wirkungen erzielt, die jedoch nicht Hauptziel der Übungen sind.

Im Unterschied zu vielen ähnlichen Büchern legen wir auch bei der Meditation auf eine klare Grenzziehung Wert und suchen »Nebelwörter« (nach F. MELZER) zu vermeiden; dennoch soll innerhalb des christlichen Glaubens nicht noch weiter nach Einzelkirchen oder Konfessionen unterschieden werden.

Persönlich bekennt sich der Verfasser theologisch voll zu seiner lutherischen Glaubensüberzeugung, pflegt jedoch sowohl in der seelsorgerlichen Arbeitsgemeinschaft des Ökumenischen St. Lukas-Ordens in vielen Teilen der Welt als auch vorwiegend in einem römisch-katholischen Exerzitienhaus seit zwei Jahrzehnten regelmäßige Übungen der Bilderschau meist mit katholischen Priestern, aber auch mit Geistlichen und Laien anderer Kirchen.

2. Meditation und Autogenes Training im Vergleich

Vergleich zwischen christlicher Meditation und Autogenem Training

a) Unterschiede	Meditation	Autogenes Training
Grundsätzlicher Bereich	seelsorgerisch	medizinisch
Grundansatz	innen	außen
Ausgang	Herzenshaltung	Körperhaltung
Wesen	geistliche Gebetshaltung	ärztliche (Heil)methode
	Versenkung	Entspannung
Grundwirkung	Frieden	Ruhe
	christusgemäße »πραΰτης«	Gelassenheit
Weg	Herzensfrömmigkeit	richtige Technik
Übungsdauer am Anfang	10–20 Minuten	2–4 Minuten
Übungen	in freier Gestaltung	nach festem Schema
Formeln	Bibelworte als Leitlinien des Lebens	formelhafte Vorsatzbildung
Lernen	gebunden an religiöse Grundhaltung bei Christus	gebunden an Regeln und Reihenfolge
Grundvorgang	innere Wandlung	Umschaltung
Ziele	Verbindung mit Gott	Erholung
	Gewissensvertiefung	Resonanzdämpfung der Affekte
	Heil	Heilung

b) Ähnlichkeiten		
Harmonisierung	von innen	von außen
Entspannung	als Folge innerer Geborgenheit	durch die Zielvorstellung von Schwere und Wärme
Einwirkung auf den Organismus	als Folge einer gläubigen Gebetshaltung	durch formelhafte Vorsatzbildung

140

Heilwirkung	als Folge zentraler Harmonisierung	durch zielgerichtete Schaltvorgänge
Konzentration	als Folge der Ausrichtung auf die bergende Mitte	durch systematisches Üben
Änderung der Grundhaltung	als Folge einer bleibenden Wandlung des Wesens	durch Vollzugszwang, z. B. zur Ruhe
Wandlung des Charakters übereinstimmende körperlich-seelische Ergebnisse	als Folge der Christuserkenntnis und Christusnachfolge	durch Selbsterkenntnis und Selbstverwirklichung

c) Erlebnisse	Meditation	Autogenes Training
Schweregefühl durch Muskelentspannung	als Folge der Konzentration auf das Gebet	durch Konzentration auf den eigenen Körper
Leichtigkeit (Schweben, Fliegen, Fallen) durch Innervierung einzelner Fasern im entspannten Muskel	als Folge einer inneren Richtungsvorstellung nach oben während der Gebetsversenkung	spontan: durch noch nicht oder nicht mehr vollständige Entspannung der Gesamtmuskulatur experimentell: durch Vorstellen einer Muskelspannung besonders im Rücken (Flug- und Fallträume)
Wärme durch Kreislaufumschaltung	als Folge starker und echter emotionaler Beteiligung	durch die Zielvorstellung der Gefäßerweiterung im Unterhautzellgewebe
Lichterlebnisse	als Folge vertiefter Anbetung	durch vertiefte Gesamtentspannung

3. Die Hauptaufgabe des vorliegenden Buches: gegenwartsnahe Beispiele

Die überwältigende »Ich-Nähe« und umgestaltende Kraft biblischer Bilderlebnisse mutet Außenstehende oft wie ein Wunder an. Sie wirken gewinnend, ansteckend und wecken einen ähnlichen Glauben, zumal die Teilnehmer und Zeugen der hier berichteten Erfahrungen heute noch unter uns leben.

Zwei kürzere Protokolle von geistlichen Erfahrungen (4) und visionsähnlichen Erlebnissen bei Oberstufenübungen des Autogenen Trainings (5) sollen als durchaus typische Berichte folgen, ehe eine lebenslange Protokollserie den überragenden Einfluß dieser religiösen (außerwachen) Bilder belegt (C). Wenn dieses Verfahren in der Fremdhypnose eingesetzt wird, bezeichne ich es als geleitete, bzw. »begleitete Bilderschau«, in der viel häufigeren Selbsthypnose dagegen als »autogene Bilderschau« oder mit den griechischen Begriffen als »hypnotische« oder »autogene Imagogik«. (Zu methodischen Einzelheiten ist zu verweisen auf die Monographie: »Praxis des Autogenen Trainings«.)

4. Protokoll von Oberstufenübungen mit fast buddhistischem Inhalt

Eine 46jährige Hausfrau bringt zum Oberstufenkursus am 21. Januar 1985 die folgenden Aufzeichnungen, die hier (mit ihrer Zustimmung) im vollen Wortlaut wiedergegeben werden:

»Mein Weg in den Keller

Langsam steige ich die Treppe Stufe für Stufe hinab. Sie ist breit, macht nach sieben Stufen einen Bogen von 90 Grad und führt mit weiteren sieben Stufen in ein Kellergewölbe. An ihrem Fuße muß ich für einen Augenblick innehalten, die Augen müssen sich erst an das gedämpfte, indirekte Licht gewöhnen. Dann erblicke ich in der Mitte des hinteren Drittels des Raumes, etwas erhöht sitzend, Buddha. Seine Hände liegen im Schoß, die Innenflächen zeigen nach oben. Sein Gesicht spiegelt das Erhabensein über die menschliche Unzulänglichkeit wieder. Seine Augen sind voller Güte.

Zuerst zögernd, dann immer schneller, laufe ich auf ihn zu, bis er mich auffordert näherzukommen. Dann klettere ich in seinen Schoß, kuschele mich in seinen rechten Arm und erlebe Geborgenheit.

Nach einiger Zeit sagt er zu mir: ›Jetzt mußt Du gehen, doch Du kannst jederzeit wiederkommen.‹ Voller Zuversicht löse ich mich aus seinem Arm, klettere vorsichtig auf den gestampften Boden hinunter und gehe zur Treppe. Ein fahler Lichtschein, der vom Eingang bis zur letzten Stufe fällt, zeigt mir den Weg. Ich steige Stufe für Stufe empor, bis mich der Tag und die Welt vollends wiederhaben.

Bei meinen früheren Besuchen in dem Keller hatte ich Schwierigkeiten, das Gefühl der völligen Geborgenheit einfach anzunehmen oder gar zu genießen. Heute gehe ich ganz bewußt in den Keller, wenn ich Ruhe und Geborgenheit suche.

Doch ich begegne keineswegs nur Buddha. Wenn ich z. B. im Autogenen Training unsere Adventskerze betrachte, so nehme ich sie in beide Hände und gehe mit ihr in eine alte, wunderschöne Kirche. Inbrünstig bete ich dann: ›Herr, bitte nimm mich so, wie ich bin; ich habe nicht die Kraft, mich zu ändern!‹

Neulich fragte ich Gott: ›Wozu gibt es diese Träume?‹ Er antwortete mir (ohne Bilder): ›Ohne Träume würdest Du an der Wirklichkeit verzweifeln!‹

Zu Buddha gehe ich immer nur, um Ruhe und Geborgenheit zu finden und um Kraft zu schöpfen. Habe ich aber Sorgen oder Probleme, dann wende ich mich an Gott.

Viel habe ich im vorigen Sommer gelernt: In Süd-Ost-Asien bekam ich in Kathmandu plötzlich Fieber. Vorsichtshalber ließen wir einen Arzt kommen. Seine Untersuchungsmethode wich erheblich von der hiesiger Ärzte ab. Er glitt ganz sanft mit seinen Händen über meinen Körper. Anschließend nahm er meine beiden Hände zwischen die seinen und sprach leise aber eindringlich zu mir. Verstehen konnte ich ihn nicht. Wohl vorsichtshalber hat er mir noch ein Antibiotikum verordnet.

Nach der Behandlung stellte sich bei mir eine wunderbare Ruhe ein, die ich bis dahin nicht kannte. Noch ein halbes Jahr hindurch konnte ich mir diese Ruhe immer wieder herbeiholen. Vermutlich wirkte bei dieser Behandlung eine Suggestion mit, da ich ohnehin für die Gedanken des Buddhismus empfänglich bin.«

Die vielen theologischen und religionspsychologischen Fragen, die das vorstehende Protokoll aufwirft, lassen sich hier nicht einmal nennen, geschweige denn beantworten. Es soll hier auch nicht eine Nähe oder gar Gleichwertigkeit der verschiedenen Religionen begründen; als einziges Zeugnis solchen Inhaltes kann es eher wie eine Ausnahme die entgegengesetzte Regel bestätigen. Das Beispiel kann und soll hier nur begründen, daß die religiösen Bilderlebnisse im Autogenen Training grundsätzlich nichts über den Wahrheitsgehalt des Inhaltes aussagen, wenn sie sich auch in diesem Buch fast ausschließlich auf spezifisch christliche Inhalte beziehen.

Die eigene Auseinandersetzung der Patientin mit diesen Fragen wird noch aus einem weiteren Protokoll deutlich, das sie schon am 7. November 1984 geschrieben hatte, aber erst zur Klärung nachreicht:

»Ich ging wieder in den Keller. Zuerst betrat ich ein altes Gewölbe, ursprünglich weiß getüncht; Spinnweben hingen von der Decke. Ich fragte: ›Was soll ich hier?‹ Nachdem ich mich nochmals umgeschaut hatte, bemerkte ich einen Durchgang, der in ein feines, weißes Licht getaucht war. Decke und Wände schimmerten golden, und in der Mitte saß auf einer Lotosblüte Buddha in segnender Haltung.

Auf meine Frage, warum ich immer wieder Buddha begegne, verschwand er, und statt dessen sah ich ein Taufbecken aus schlichtem, grauem Stein. Maria, das Jesuskind im Arm, trat heran und legte es hinein. Leichten Fußes stieg ich die Kellertreppe wieder empor ans Tageslicht.

Bei meiner ersten Begegnung mit dem Buddhismus 1978 sind mir Zweifel gekommen, ob ich meine christlich geprägte Weltanschauung weiter vertreten kann. Die Toleranz des Buddhismus wie auch seine Bescheidenheit haben mich gefesselt. Einige Tage vor diesem Bilderleben hatte ich mich entschlossen, mich wieder ganz dem christlichen Glauben zuzuwenden.«

Die außerwachen Bilderlebnisse haben dieser Patientin entscheidend geholfen, in ihren zentralen religiösen Fragen eine eigene, persönliche Entscheidung zu finden. Diese Entscheidung oder Bestätigung lag bei allen anderen Patienten völlig im Einklang mit dem christlichen Glauben, keineswegs immer jedoch mit allen Lehren ihrer Kirche. Das kann aus dem folgenden Bericht eines Kaufmanns deutlich werden, der sich durch seine Bilder zu einer besonders selbständigen und tiefen, eigenständigen Glaubenshaltung durchrang.

5. Protokoll von zwei Gruppenhypnosestunden mit Christuserscheinungen

Einem 54jährigen Kaufmann verdanken wir das folgende Protokoll einer hypnotischen Bilderschau, in der keinerlei religiöse Fragen angesprochen waren:

»Der Pavillon des Friedens«

Am Freitag, dem 16. November 1984 um 18 Uhr nahm ich zum erstenmal im I. H. SCHULTZ-Institut in Berlin an einer Gruppenhypnose teil. Außer Herrn Dr. THOMAS waren mit mir insgesamt sieben Patienten und der assistierende Herr WÖRNER anwesend.

Nach einleitenden Worten empfahl Dr. THOMAS, mit dem geistigen Auge einen Park zu durchschreiten, 16 Stufen hinabzusteigen und dann einen Pavillon zu betreten. Hier befanden sich ein übermöblierter und ein leerstehender Raum. Aus dem einen Raum sollten wir Gegenstände entnehmen und den anderen damit nach eigenen Vorstellungen möblieren. Ich stellte in den leeren Raum ein zweisitziges Barocksofa, einen Polstersessel und einen kleinen Tisch. Die vier vorhandenen Fenster dekorierte ich verhältnismäßig aufwendig mit Gardinen.

Als von draußen die Gestalt der Angst immer zudringlicher und lauter Einlaß begehrte, ging ich zur Tür, um dort durch das Schlüsselloch zu gucken. Ich wollte die an die Tür schlagende Angst nicht in den Raum lassen, sondern sie abweisen.

Auf dem Weg vom Sofa zur Tür bemerkte ich, daß im Winkel zwischen der Decke und der Wand des Raumes ein nebelartiger Lichtschein entstand, der immer heller wurde. Da bildete sich aus dem Nebel ein Kruzifix in der Höhe von 20–30 cm heraus. Das Kruzifix wurde schnell immer größer, bis der Christuskörper die Größe eines natürlichen Menschen erreicht hatte. Der Körper war leblos und schien aus dunkelbraunem Holz geschnitzt zu sein. Der Name RIEMENSCHNEIDER fiel mir ein.

Vor dem Kruzifix entdeckte ich plötzlich eine mit rotem Samt bespannte Kniebank, die vorher nicht dort stand. Ich kniete mich hin, um zu beten. Während ich vor dem lebensgroßen Christus kniete, ertönte aus dem Körper, der sich nicht bewegte, eine Stimme, die klar und deutlich zu mir sagte: »Ich bin für dich gestorben.«

Ich war wie erstarrt und konnte nicht begreifen, was hier geschah. Nachdem ich die gleichen Worte einige Male gehört hatte, trat tiefe Stille ein. Ich war derart ergriffen, daß ich zu weinen anfing. Durch meine Tränen hindurch sah ich plötzlich, wie sich der Kopf des Körpers in verneinender Form langsam hin und her bewegte, während der sich bewegende Mund zu mir sagte: »Ich strafe dich nicht.«

Ebenso klar wie deutlich, wiederholten sich diese Worte dreimal. Ich fühlte mich außerstande, meine Tränen zu unterdrücken. Ich kniete noch vor dem Kruzifix, als ich hörte, wie wir aufgefordert wurden, den Pavillon wieder zu verlassen und die 16 Stufen aufwärts zu gehen.

Der Christuskörper entschwand langsam meinen Blicken und zog sich, wie er entstanden war, in den hellen Lichtschein zurück. Nun erwachte ich auch aus der Hypnose und trocknete meine wirklich vorhandenen Tränen. Wie in einem Trancezustand verabschiedete ich mich und ging zu meinem Auto.

Während des Fußweges wurde mir klar, daß ich keine Absolution brauche, weil mir der Schöpfer meines Lebens auf unerklärbare und ebenso wunderbare Weise vergeben hatte. Als ich im Auto saß, begann ich derart zu weinen, daß ich mehrere Minuten nicht zu mir kam. Ergriffenheit, Demut und Glücksgefühl wie auch Dankbarkeit hatten tief in meine Seele gegriffen. Noch während der Heimfahrt hatte ich zu tun, mich zu beruhigen.

Die bereits fest vorbereitete Reise zu meinem Beichtvater im Ausland sagte ich ab; eine weitere Absolution brauchte ich nicht.

Während des Zeitabschnittes, in dem ich aus der Hypnose erwachte, entstand in mir der Wunsch, in einer ebensolchen oder sehr ähnlichen Verfassung zu sterben, wenngleich ich mir selbst ein langes Leben wünsche. Ich kann mir keine schönere Sterbestunde denken, als eine, in der man sich uneingeschränkt in Gottes Hand weiß.

Mit jeder Faser meines Daseins lebe ich gern und freue mich über jeden Tag, den Gott mir schenkt. Ich verspüre keinerlei Todessehnsucht. Den Zeitpunkt meines Ablebens betrachte ich als eine ausschließliche Entscheidung meines Schöpfers.

Die Fortsetzung dieses Erlebens

Am Freitag, dem 30. November, nahm ich zum zweiten Male an einer Gruppenhypnose im I. H. SCHULTZ-Institut teil.

Etwa eine Stunde vor Beginn führte ich von meinem Arbeitsplatz aus mit meiner Frau ein Telefongespräch, bei dem ich mich stark erregte. So zweifelte ich, ob ich nicht besser zu meiner Frau gehen, als stark verärgert zur Hypnose fahren sollte. Ich entschied mich schließlich doch zu fahren.

Auf Wunsch der Patienten wurde die bereits geschilderte Bildvorstellung von dem Pavillon wieder aufgenommen. Bei mir war der Raum noch so möbliert, wie ich ihn am 16. d. Mts. verlassen hatte. In abweichender Verfassung befand sich nur der Fußboden. Er bestand jetzt aus gelbem Marmor oder Kunststein, der mit braunen Schichten durchzogen war. Ich hatte das starke Bedürfnis, mich auf diesen glatten Boden hinzuknien und für meine Frau zu beten. Ich flehte zu Gott, er möge meiner Frau die Kraft geben, mit ihren Problemen fertig zu werden.

Der Raum hatte, ohne daß ich Einzelheiten bemerkte, seine Dimension verändert. Ich konnte in eine vor mir in Blickrichtung liegende, gleißende Helligkeit sehen. Erst später bemerkte ich, daß das hinter mir liegende Gebiet im Dunkeln lag. Während ich betete, kam rechts von mir aus dem Dunkel ein in Richtung Helligkeit schreitender Mensch, den ich zwar sah, aber nicht beachtete. Als er bereits einige Schritte an mir vorbei war, sprach er mit weicher, aber klarer Stimme zweimal die Worte: »Ich habe dich gehört.« Erst jetzt sah ich bewußt zu dem Menschen hin.

Er trug ein langes sandfarbenes Gewand und in der rechten Hand einen braunen Holzstab, der vom Boden bis zur Schulterhöhe reichte. Die untere Hälfte des Stabes war glatt und gerade, während die obere Hälfte einem Korkenzieher ähnlich gedreht erschien. Das Gesicht, das ich seitlich sehen konnte, war schlank und bärtig, die Haare dunkler und knapp schulterlang.

Ich habe versucht, alle meine Kräfte zusammenzunehmen und rational zu denken. Nach meinem ersten Erlebnis fürchtete ich jetzt, einer Täuschung zu unterliegen. Ich sagte mir selbst, daß das jetzige Geschehen nicht Wirklichkeit sein kann und versuchte, es so gut ich konnte zu verdrängen.

Der Wanderer war inzwischen eine Wegstrecke weitergeschritten und nur noch im Umriß zu sehen. Aus der vor mir liegenden Helligkeit setzten sich die Farben eines Regenbogens ab. Der Bogen krümmte sich und schloß sich zu einem Kreis, der immer näher auf mich zukam.

In der Art eines runden Bilderrahmens blieb das Mittelfeld des Kreises hell und ziemlich farblos. In diesem Mittelfeld aber bildeten sich dunkle Konturen, die sehr bald als ein Gesicht zu erkennen waren.

Zuerst glaubte ich, die Abdrücke des (angeblichen Turiner?) Sterbe- bzw. Leichentuches Jesu Christi zu erkennen, von dem ich vor Jahren eine Abbildung gesehen hatte. Die Gesichtszüge wurden immer klarer und deutlicher und entsprachen genau dem Christusgesicht, das ich bei meinem ersten Erlebnis am Kruzifix gesehen hatte. Das jetzige Gesicht öffnete die Augen, sah mich ruhig an und sprach mit sich bewegenden Lippen noch einmal ganz klar und unüberhörbar: »Ich habe dich gehört.« Für mich gab und gibt es keine Zweifel mehr, mein Gebet wurde und wird von Gott dem Herrn erhört.

Wie bei meinem ersten Erlebnis habe ich auch jetzt aus tiefer Ergriffenheit geweint und wachte auch weinend aus der Hypnose auf. Von keinem Menschen und zu keinem Preis würde ich mir diese befreienden Tränen abhandeln lassen.

Es stellt sich mir nicht mehr die Frage, ob Christus lebt. Ich weiß es! Ich würde mich zu keinem Zeitpunkt mehr auf eine entsprechende Diskussion einlassen.

Meine einzige Frage lautet, womit habe ich die Gnade zu diesen Erlebnissen verdient? Gott, der Herr, wird es wissen. Und das genügt mir.

Dieser Kaufmann wurde inzwischen acht Jahre lang weiter begleitet (im ärztlichen Sprachgebrauch »nachbeobachtet«). Die äußerst günstige Entwicklung seiner tiefen, mystischen Frömmigkeitshaltung (und seiner Gesundheit) haben angehalten. Die hier mitgeteilten Erlebnisse bildeten die bleibende Grundlage seiner Glaubenshaltung.

6. Erlebnisse bei der »Richtungsvorstellung nach oben«

Bilderlebnisse bei der Richtungsvorstellung »nach oben« wenden sich aus naheliegenden Gründen bevorzugt religiösen Themen zu, und zahlreiche Teilnehmer an Kursen und Übungen wissen von tiefen Erfahrungen ihrer christlichen Glaubensüberzeugung und von visionärer Christusschau zu berichten.

Hier soll jedoch, weit weniger naheliegend und doch typisch, zunächst von der Bilderschau eines keineswegs christlich überzeugten Kursusteilnehmers berichtet werden, die auf die häufig verdrängten religiösen Probleme hinweist.

Ein 37jähriger Angestellter folgt der Einladung, seine zunächst nur mündlich berichteten Erlebnisse auf der Bergeshöhe auch schriftlich mitzuteilen. Sie zeigen deutlich die beiden wichtigsten Anliegen seines Lebens: Die zwiespältige Auseinandersetzung mit den Fragen des Glaubens und mit der für ihn übermächtigen Sexualität:

Mein Kampf mit dem Gipfelkreuz

»Ich bin im Licht schnell auf den Gipfel geschwebt; dort stand zu meiner unangenehmen Überraschung ein großes Kreuz, das ich sofort abgesägt habe. Es ist mir nicht gelungen, es ganz zu zerkleinern, so daß ich es den Berg hinuntergeworfen habe.

Sofort wuchs auf dem Gipfel ein neues Kreuz, ich verwandelte mich in die gegeißelte Jesusfigur und hing selbst am Kreuz mit großen Leiden. Ich habe versucht, mich loszureißen. Eine Hand war dann los, aber die anderen Nägel hielten mich weiterhin fest.

Ich rief um Hilfe und hoffte, der Einsiedler würde kommen und helfen. Er kam – es war mein Vater – und nahm mich vom Kreuz und trug mich ins Haus. Er wusch meine Wunden und sagte: ›Ich liebe dich, du kannst mich lieben, du brauchst nicht Gott zu lieben; denn du hast (jetzt) mich.‹

Er nahm mich in die Arme und drückte mich an sich. Dabei schaute er aus dem Fenster und sagte, ich solle mir das weite Bergpanorama anschauen, was ich widerwillig tat. Ich sah mit dem Fernrohr hinaus, holte mit dem Zoom einen Gipfel immer näher und sah wieder ein Kreuz und dachte, wenn offenbar auf allen Gipfeln ein Kreuz stehe, wie soll ich es schaffen, alle Kreuze zu zerstören?

Langsam bekam ich einen neuen Körper ohne Wunden und war völlig heil, als ich mich wieder betrachtete. Ich wollte unbedingt weg, um meine Ruhe zu haben und flog zum Mond, legte mich in die Mondsichel, schaukelte und ruhte aus.

Jetzt fiel mir mein Schlüssel ein, den ich vorgestern (in der hypnotischen Bilderschau) ins Meer geworfen hatte; ich machte einen Sturzflug ins Meer und dachte, bei dieser Gelegenheit könnte ich ja gleich mein Schwert mit nach oben bringen auf den Berg (und damit der Übung folgen, die ich gestern gelesen hatte).

Zuerst habe ich den silbernen Schlüssel zum Mond gebracht, dann wollte ich das Schwert holen, aber es war zu schwer; ich brauchte kräftige Muskeln, die plötzlich stark wuchsen und ganz dicht wurden; mit der neuen Kraft habe ich das Schwert mitnehmen können. Es war golden. Ich kehrte dann zurück auf den Berg; mit dem Schwert konnte ich leicht das dort stehende Kreuz abschlagen und zu Staub zerkleinern, der weggeweht wurde.

Den Kreuzstumpf habe ich mit dem Schwert ausgebohrt bis alles weg war. Das Schwert ließ ich stecken. Drumherum entstand ein kleines schönes Haus mit halbrunder Kuppel. Zur Tür dieses Hauses paßte der silberne Schlüssel. In dem Haus fühlte ich mich beschützt, frei und wohl; aber ich schaute auf das im Loch steckende Schwert und erschrak, daß der Schwertgriff auch aussah wie ein Kreuz.

Jetzt wurde das Schwert ganz schlaff und fiel zusammen in das Loch. Ich machte einen Deckel drauf und stellte mich drauf, aber plötzlich wuchs das Schwert wieder heraus, es wurde senkrecht nach oben immer größer und hob mich mit dem Deckel, auf dem ich stand, empor.

Ich wurde durch die Kuppel gedrückt nach oben in die Wolken, ins All, in die unendliche Freiheit. Ich wollte eigentlich nie wieder zurück. Dann aber habe ich zum Vorbereiten der Rücknahme gedacht, mein Körper ist hier auf der Erde und muß hier bleiben; mein Geist aber ist frei und kann sich jederzeit die Freiheit schaffen, die er braucht, jetzt, nachdem ich das Gefühl der Freiheit im All einmal erlebt habe.«

Der Friedenswunsch von der Bergeshöhe

Ein anderer Kursteilnehmer, ein 37jähriger Arzt, nimmt an einer Übungsstunde teil, obwohl er unmittelbar von einem 36stündigen Krankenhausdienst kommt. Sein – später überreichtes – Protokoll lautet:

»Zunächst nehme ich nur schemenhaft einen steilen Berg wahr. Er trägt eine schneebedeckte, schüsselförmige Krone, die in die Wolken eingehüllt liegt. Die Annäherung erfolgt sprunghaft und zunächst undeutlich, dann aber erscheint das Bild des Berges immer deutlicher in sonnenüberfluteten Farbtönen.

Problemlos steige ich über einen bequemen, schneckenförmig gewundenen Weg aufwärts. Nach einiger Zeit wird der Blick auf die Umgebung frei: Tief unten liegen abgerundete Berge in einer Sonnenlandschaft. Der ›Durchbruch‹ durch die Wolkendecke, die den Bergkegel umgibt, ist mühelos.

Auf dem kraterförmigen Sonnengipfel erscheint alles in leuchtenden Farben wie im Blick durch einen getönten Motorradhelm oder eine angenehm abgedunkelte Sonnenbrille.

Plötzlich schwebt über dem Krater und himmelwärts eine leuchtende, weißgekleidete Gestalt, die an eine Christusfigur (!) erinnert. Das Gesicht bleibt undeutlich (auch ist die Zeit zu kurz). Klar aber höre ich die Segensworte: ›Friede sei mit dir!‹

Der Rückweg vom Berg ist problemlos. Nach dem Zurücknehmen der Bilder bleibt mein Berg als Doppelbild noch bis zu dem endgültigen Zurücknehmen – auch des körperlichen Zustandes – erhalten.

Ein tiefer innerer Friede aber wirkt noch immer – jetzt seit über einer Woche – nach und begleitet mich in meinen Dienst.«

Solche religiösen Wirkungen von rein innerweltlich eingestellten außerwachen Bewußtseinszuständen, – hier verbunden mit der vorgestellten Bergeshöhe – sind weithin unbekannt, können aber nicht nur geistliche, sondern bei Pfarrern auch praktische berufliche Bedeutung gewinnen.

7. Erlebnisse bei einer selbsthypnotischen Levitationsübung

Protokoll einer Übung in dem Kursus »Selbsthypnose für Fortgeschrittene« am Mittwoch, dem 15. 5. 1985

»Ich stelle mir vor, ich beuge den Rücken weit nach hinten.«
Bei dieser Übung erwartete ich – auch nach den früheren Erfahrungen – ein Leichtigkeits-ein »Levitationserlebnis«.
Überraschend war dagegen die gedankliche, nicht optische Klarheit, mit der ich mich (genau dem Wortlaut entsprechend) »mir selbst vorstellte«, also mich aus einer Entfernung von etwa drei Metern liegen und den Rücken nach hinten beugen sah. Dabei erhob sich allmählich dieses »zweite Ich«, so daß ich die Augen nach oben wenden mußte, um dem Bild zu folgen.
Das Wenden der Augen nach oben aber brachte sogleich das Bild der Verklärungskirche auf dem Berge Tabor vor die inneren Augen mit dem Wort (das ich früher oft meditiert habe): »Da sie aber ihre Augen aufhoben, sahen sie niemand als Jesum allein.« (Matth. 17)
So sah ich deutlich das goldene Mosaik in der Kuppel der Verklärungskirche und vernahm (wiederum mehr gedanklich als akustisch): »Wenn ich erhöht werde von der Erde, so will ich sie alle zu mir ziehen.« (Joh. 12,32) Stark und deutlich spürte ich dabei als eindrucksvolles Erleben den Zug nach oben.
Dann erschien in leuchtenden Farben ein Bild, erst mehr wie ein Gemälde mit den großen Toren im Vordergrund, dann allmählich übergehend zu dem Panorama des Jerusalem-Modells vom »Holy-Land-Hotel« in Jerusalem, das nicht faßbare Erleben des himmlischen Jerusalem mit den Worten und dem Klang des Liedes:

> »Noch einmal schaute ich im Traum die Stadt Jerusalem.
> Sie glänzt am Strom im neuen Kleid, hell wie ein Diadem.
> Hier leuchtet Gottes Herrlichkeit, hier gibt es keine Nacht,
> Und durch die offnen Tore wird Unreines nicht gebracht.
> Hier gibt es keine Tränen mehr, kein Leid und kein Geschrei.
> Der auf dem Throne sitzt, verheißt: ich mache alles neu!
> Jerusalem, Jerusalem, du bist des Lammes Braut,
> Von nun an bis in Ewigkeit am Lebensstrom erbaut.
> Wohl dem, du heilige Gottesstadt, der deine Schönheit schaut!«

Schwer zu beschreiben ist dabei das starke »Heimatgefühl«, erfüllt von Dankbarkeit, Liebe und Gewißheit unter dem Wort: »Unsere Heimat aber ist im Himmel, von dannen wir auch warten des Heilandes Jesu Christi, welcher unseren nichtigen Leib verklären wird, daß er ähnlich werde seinem verklärten Leibe.« (Phil. 3,20 f.)
Das starke Erleben wurde abgeschlossen durch die beiden Liedverse von J. T. Hermes (1776):

Das war so prächtig,	Ich bin zufrieden,
was ich im Geist gesehn;	daß ich die Stadt gesehn;
du bist allmächtig,	und ohn' Ermüden
drum ist dein Licht so schön.	will ich ihr näher gehn
Könnt' ich an diesen hellen Thronen	und ihre hellen, goldnen Gassen
doch schon von heute an ewig wohnen!	lebenslang nicht aus den Augen lassen!

148

8. Eine Predigtmeditation als Offenbarungserlebnis

Der gleiche Pfarrer hatte für einen Gottesdienst am 29. September 1991 eine Predigt zum Thema »Anbetung« vorbereitet über das Losungswort dieses Tages 5. Mos. 26,10: »Du sollst anbeten vor dem Herrn, deinem Gott...« Wie auch sonst üblich, war die Predigt am Freitag zuvor aufgeschrieben, doch diesmal nur in den ersten drei Teilen von dem Wesen, den Gründen und dem Ziel der Anbetung. Doch fehlten Gedanken und Überschrift für den vierten Teil.

Ein Meditieren des Gotteswortes brachte keine Klarheit und Antwort. Die Niederschrift des folgenden Erlebens aber lautet:

»Mit dem Gebet: ›Herr zeige mir, was ich in dem vierten Teil der Predigt sagen soll‹, schlief ich ein. Ebenso eindeutig wie logisch unverständlich träumte ich den Liedvers:
>   ›Ein Oberster kam einst zu Jesu bei Nacht
>   Und frug, was zu Erben des Himmelreichs macht; –
>   Da sagte ihm Jesus die Wahrheit ganz fein:
>   Ihr müsset von Gott geboren sein!
>   Wer nicht aus Gott geboren,
>   Geht ewig einst verloren,
>   Drum sag' ich Dir: wahrlich in Christo gilt nur
>   Eine neue Kreatur!‹

Nach dem Aufwachen konnte ich keine Beziehung zwischen diesem Lied und dem 3. Kapitel des Johannesevangeliums einerseits und dem Thema der Anbetung andererseits entdecken; andererseits war dieser Traum die klare Antwort auf meine Frage in Gebet und Meditation: ›Was soll ich predigen?‹

Nochmaliges Lesen und Meditieren des Johannes-Kapitels aber zeigte: Dort ist ja von der ›Wiedergeburt im *Heiligen Geist*‹ die Rede, so daß es im Folgetext heißt: ›Die ihn anbeten, die müssen ihn im Geist und in der Wahrheit anbeten!‹ Nun war der Grundauftrag des Predigtschlusses klar: Die Folge der Anbetung ist die Gabe des Heiligen Geistes.

In einem starken inneren Erleben haben hier Meditation, Gebet und Traum einen bildhaften Zugang zur Heiligen Schrift erschlossen.«

Dieses Protokoll bedarf keiner Deutung oder Auswertung.

C Außerwache, vorwiegend autogen-hypnotische, fast lebenslange Bilderschau einer Buchhändlerin

1. Einleitung: Angaben zur Person

Eine 41jährige stattliche Dame bittet wegen ihres Nikotinmißbrauchs und einiger persönlicher Probleme um einen Rat. Sie lernt in wenigen Wochen im Autogenen Training und in einer allwöchentlichen hypnotischen Bilderschau eine innere Welt symbolhafter Einsichten erkennen, die bald die wichtigsten Erfahrungen ihres Lebens bilden. Bis zum Juni 1983 erlebt sie 319 Mal äußerst eindrucksvolle innere Bilder von meist je 60 bis 110 Minuten Dauer. Einer Veröffentlichung nach ihrem Tod (der im August 1983 erfolgte) hat sie ausdrücklich zugestimmt.

Wiederholt setzte sie die hypnotischen Bilder zu Hause in den Nachtträumen fort, so daß beide Bilderbereiche gelegentlich ineinander übergehen und hier nicht voneinander geschieden werden sollen. Über fast jede Bilderschau fertigte sie ein ausführliches Protokoll an, deren rund 5000 eng beschriebene Seiten vier Bände füllen. Nur ein kleiner Teil dieser Aufzeichnungen läßt sich hier zitieren. *Methodisch* folgte die Bilderschau dem Einstellen des Autogenen Trainings (auf dem Liegesofa des Praxiszimmers) anfangs mit der Formel: »Vor Ihrem inneren Auge entwickelt sich ein Bild ... das Bild führt Sie hinunter auf den Meeresgrund« oder »Das Bild zeigt Ihnen wichtige Ereignisse aus Ihrer Vergangenheit.« Nach einigen Wochen bedurfte sie solcher Einleitung nicht mehr; ihr genügte das Niederlegen, und nach wenigen Minuten stellten sich die Bilder spontan ein. Andererseits diente ihr die Anwesenheit des Arztes trotz dessen rein passiver, beobachtender Haltung als eine Art Katalysator. Während er über ein Jahr lang (1964/65) in Washington D. C. eine Professur wahrnahm, gingen die Bilder soweit zurück, daß sie für einige Wochen in die USA reiste, um in weiteren hypnotischen Sitzungen die Erlebniswelt ihrer Bilder zu beleben.

1. Thema: Frieden mit der Mutter

Inhaltlich beginnen ihre Bilder damit, daß sie sich mit der (rund zehn Jahre zuvor verstorbenen) *eigenen Mutter* auseinandersetzt. Frau A. Z. war als ein unerwünschtes Kind auf die Welt gekommen und hatte lebenslang unter einem Liebesmangel gelitten.

Am 8. 5. 1965 sucht sie auf einem Friedhof das Grab der Mutter auf, gelangt dort in immer tiefere Erdschichten und findet sie dann selbst. Sie kniet mit viel Überwindung vor ihr nieder und sagt: »Gott hat mir aufgetragen, dich um Verzeihung dafür zu bitten, daß ich dich nicht genügend geachtet habe.« Doch erst zwei Tage später wird ihr eine Antwort zuteil, als sie in einer Kirche den Sarg ihrer Mutter entdeckt und dort unter einem großen Tulpenstrauß die »Farbe« und die »Welt des Friedens« findet.

In dem fortdauernden Ringen um die rechte Vergebung für ihre Mutter empfängt sie die Aufgabe, aus einem Brunnen zu schöpfen. In dem Wasser sieht sie ein Bild der Liebe und für sich selbst die Aufgabe, solche Liebe weiterzugeben.

Wieder begegnet ihr (am 21. 6. 1964) in der Tiefe ihre Mutter, und sie erkennt, nur im gemeinsamen Beten würden sie beide die Vergangenheit bereinigen können. Aber sie kann die Mutter nicht zum Knien bewegen. Da verfällt sie auf eine List: die Mutter liebte Blumen über die Maßen. So pflückt sie besonders schöne rosa Rosen, befestigt sie an einem plötzlich erscheinenden Kreuz und legt sie auf die Erde. Nun muß sich die Mutter auf die Knie hinunterlassen, um die Blumen zu betrachten, und beide beten.

2. Thema: Die Bedeutung der Kirche

Spätestens vom dritten Jahr an liegt das Schwergewicht bei den recht anschaulich mitgeteilten tiefen *religiösen Erlebnissen:*

Am 18. 5. 1964 sieht sie sich wieder in einer Kirche, in deren Fußboden ein Kreuz eingelassen ist, gerade so groß, daß sie dieses Kreuz mit ihrem Körper bedeckt.

»Ich hatte gerade ›das Leben einer Nonne‹ gelesen und mir schon wiederholt gedacht, daß ich wohl gut eine Nonne sein könnte. Es gibt nur drei Berufe, die den Menschen ganz und gar fordern und die ihm auch gestatten, sich völlig zu geben: die Mutter, den schaffenden Künstler und den klösterlichen Menschen.«

Immer wieder sieht sie sich in einer Kirche, obwohl sie selbst keiner Konfession angehört. Einmal betet sie in einer Kapelle und bekreuzigt sich. Da bildete sich in ihrer Brust, wie sie es deutlich spürt, ein Kreuz aus Holz, und vor ihren Augen erscheint das Bild von Christus. Mir ist, »als ob er mir mit dem Arm dabei etwas entgegenkommt. Er fragt mich, ob es denn so schwer sei, an ihn zu glauben.« Dann fordert er mich auf, das Kreuz auf den Altar zu legen. Meine Gegenfrage, was aber mit den vielen hohlen Stellen in dem Kreuz würde, beantwortet er: »die werde ich schon nach und nach mit dem Richtigen auffüllen.«

Als sie jedoch aufstehen will, hat ihr Körper ohne das Kreuz den Halt verloren und besteht nur mehr aus zwei schlaffen Hälften. Erst als die Höhlen mit den alten Gesangbüchern ausgefüllt werden, die in der Kapelle ausliegen, kann sie wieder gehen. Noch andere Kirchen sucht sie auf, gelangt aber (am 10. 6. 1964) zu der Erkenntnis, »daß ich in den Kirchen kein Glück habe«.

Bei einer späteren Besprechung dieser Bilder erklärt sie: »Der Wert der Kirche liegt in dem Wort vom Kreuz und in den Liedern, aber nicht in ihrer Organisation.«

3. Thema: Vom Beten

Am 28. 6. 1964 kniet sie abermals in einer Kirche und sieht, wie eine weiße, zunächst unsichtbare Mariengestalt sich vom Altar löst und durch die Reihen der Beter schreitet. Jeden segnet sie dabei mit dem Zeichen des Kreuzes.

Eine Woche später will sie die Richtung nach oben in ihrem Bilderleben einstellen. Eine kurze Leiter erscheint ihr; als sie jedoch beginnt, auf den Sprossen aufwärts zu steigen (vgl. Gen. 28), wächst die Leiter immer höher, und der Himmel gewinnt unendliche Weite. Vergeblich hält sie Ausschau nach Engeln oder Seelen.

»Das einzige, was ich sehe, sind lange Linien, die, von der Erdkugel kommend, verschieden weit in den Himmel hineinreichen. Es sind nicht allzuviele, die sich da emporstrecken. Sie haben verschiedene Farben: Lobpreis, Trauer, Notruf. Die roten Linien sind die längsten. Sind es die Notrufe oder nicht vielmehr die Danksagungen der glücklichen Menschen?! Die meisten Linien aber sind ganz kurz und von grauer Farbe. Die sind nur gedankenlos dahergeplappert. Dazwischen steigen viele rosa Linien empor; das sind die Gebete von Kindern; sie haben noch nicht die Kraft, so weit zu reichen, wie es später einmal ihre Bestimmung ist.

4. Thema: Wer ist Jesus Christus?

Eine Frage aber bewegt sie Jahre hindurch, und am 5. Juli 1964 richtet sie sie an Jesus Christus selbst, der lange Zeit bei einer gelben Linie der Anbetung verweilt: »Was bist Du?« Die Antwort macht sie nachdenklich: »Gottes und der Menschen Sohn!« Nach langer Zeit erst fügt er hinzu: »Wie ihr alle!«

»Also unser Bruder, unser Bruder, in dem sich alle göttlichen Gaben vereinigen, und nicht unser Herr!« So will sie jubeln; doch Jesus unterbricht sie: »Du kannst auch ein paar Linien übernehmen!« und weist mir ein kleines Gebiet zu, in dem ich über die Linien streichen soll.

Die Aufzeichnungen verlieren sich allmählich in Einzelbruchstücken. Einen »weisen Mann auf der Bergeshöhe« sucht sie auf und will sich bei ihm als Novize melden; er aber vertröstet sie auf eine spätere Zeit. »Sie kann nicht glauben«, so erklärt ein Begleiter dem Weisen ihre Persönlichkeit. Auch Jesus ist mit auf der Bergeshöhe: »Warum fragst Du mich nicht selbst, wenn Du Zweifel hast?«

Am 1. Dezember 1964 nimmt die Ratsuchende wieder die Aufzeichnungen auf. Viermal nur konnte sie sich inzwischen ausreichend auf eine innere Bilderschau konzentrieren, und da sie den Inhalt auch nicht sogleich aufschrieb und durcharbeitete, ging er verloren.

Am 20. 6. 1965 schreibt sie in einem Brief nach Washington D. C.: »In all' den Monaten habe ich nur sechs Aufzeichnungen. Die Ursache ist allein darin zu finden, daß ich keine Resonanz habe und keine Erklärung für die Vorgänge weiß.« Die Bilderlebnisse aber hält sie für so wichtig, daß sie sich nach den Möglichkeiten einer Fortsetzung in den USA erkundigt und diese dann wahrnimmt.

Am 17. 10. 1965 sieht sie sich auf dem Meeresgrund in einem großen Raum mit vielen Türen. »Welche soll ich öffnen?« fragt sie. »Die, auf der ›Jesus‹ steht?« Nein, das ist noch zu früh. »Wiedergeburt?« »Nein, davor muß erst die Geburt klar sein.«

5. Thema: Die eigene Geburt und der Glaube

»Jetzt sehe ich mich im Kreißsaal. Ich denke an meine eigenen Kinder. In den neun Monaten waren sie von Liebe umfangen und sind auch aus dieser Liebe geboren, die, die nicht mehr leben und die, die noch lebt. Über die ersten habe ich noch nie so bitterlich geweint wie jetzt. Ich hätte sie auch bei ihrem Sterben so mit meiner Liebe umfangen müssen. Daß ich es nicht tat, ist meine schwere Schuld.«

»Nun gehe ich im Kreißsaal von einem Bett zum anderen. Die erste Frau hat starke Schmerzen. Ich trockne ihr Stirn und Hände. Freut sie sich? Ja, von innen heraus ist sie froh und erträgt die Schmerzen tapfer, und aus ihren Augen blickt zugleich die große Freude. Bei der nächsten Kreißenden, zu der ich immer nur in den Wehenpausen sprechen kann, ist es schon schwieriger. Aber während ich zu ihr von dem Wunder des Wachsens jenes kleinen Wesens in ihr spreche und von ihrer Dankbarkeit und von der Liebe, die es schon jetzt braucht, da kommt schließlich doch in ihre Augen ein froher Schimmer, und sie sagt: ›Warum eigentlich auch nicht?‹

Im nächsten Bett nun ›liegt meine Mutter. Es ist meine eigene Geburt. Neben ihr steht mein Vater und dazwischen die Hebamme. Auch meiner Mutter trockne ich die Stirn und frage sie: Freust Du Dich denn nicht? Sie sieht mich an und sagt nur: Du hast mir meine ganze Kraft genommen. Dann schreit sie: ›Vater, hilf mir! Aaangst!‹

Nun knie ich neben dem Bett und rufe dringend: ›Vatii! nimm Du es wenigstens in Liebe auf!‹ Vater guckt zuerst nur verwundert, aber dann streckt er beide Hände hin, und da liegt in ihnen auch schon das Kind, und er nimmt es in seine Arme und drückt es an seine Brust. Ich aber gehe mit gesenktem Kopf durch die Tür aus dem Kreißsaal; allein hinaus in die Dunkelheit.

Da sind wieder die alten Fragen: ›Warum soll Gott die Liebe sein? Warum trage ich nur das Kreuz in der Brust? Macht es mich nicht vollends unbeweglich? Warum stehen Bibel und Kreuz vor Gott? Soll er wirklich vor 2000 Jahren gekreuzigt sein? Was hat Jesus getan?‹ Er hat Gott in Wort und Tat verkündet. Das Wort aber war das Zeichen, der Gedanke aus tiefstem Gottesbewußtsein.

Warum ist die Schuld da? Schuld gegen Gott? Will Gott, daß ich die Bibel glaube? Bin ich gefangen im Unglauben? Ist Unglauben dann Schuld? Brauche ich dann Vergebung? Nein, ich will nicht, daß mir vergeben wird!

Es gibt keinen persönlichen Gott! Warum sollte Gott so klein sein, daß er ein persönlicher Gott wäre? Warum sagen wir: Gott ist die Liebe. Vor der Liebe steht das Vertrauen. Wenn ich ihm vertraue, hat auch die Liebe in uns ein freies Feld.«

6. Thema: Gott spricht, besonders durch das Gewissen
»Warum meutere ich so sehr gegen die Bibel?«

Ist es nicht viel einfacher, diese Story beiseite zu lassen und nur die Gedanken auszuführen? Aber wieviele Menschen leiden daran, daß sie keinen tiefen Glauben haben!

Ich glaube an Gott; er ist die alles bewegende Kraft. Ich vertraue ihm und nehme seine erkennbaren und unerkennbaren Gesetze an. Ich will sie befolgen. Darum hat er mich mit dem Gewissen ausgestattet. Dem will ich folgen. Nie soll mich ein schlechtes Gewissen ruhen lassen, bis ich den richtigen Weg gehe. »Bitte, Gott, schärfe mein Gewissen!«

Je länger, um so intensiver arbeitet sie nun an dieser Aufgabe. In der Gegenwart Jesu kniet sie bei dem Einsiedler und betet dort gemeinsam mit Jesus, »daß den Glauben finde, der in das christliche Wort und in die christliche Gemeinschaft führt«.

So fragt sie nochmals den Einsiedler, der ihr deutlich erklärt: »Ich bin Dein Gewissen!« Dann gibt er ihr ein Buch. »Als ich es öffne, steigt ein Strahlenkranz heraus und bleibt über dem Buch stehen. Das Buch aber heißt: Wie komme ich Gott näher? Eben diese Frage richte ich an den Einsiedler. Er antwortet: »Du mußt noch viel bescheidener werden!«

Klar erkennt sie: Bevor ich etwas tun kann, muß ich mich selbst wandeln. »Herr ändere Du mich bitte; denn was Du mir aufträgst, ist eine Sendung.« Da lehrt Jesus sie zu beten: »Herr Gott, ich danke Dir, daß Du mich so geschaffen hast und mir die Kraft gibst, ein wahrer Mensch zu werden.«

Die verschiedenen Erlebnisse bilden eine Einheit: »Gott hat angefangen, mit mir zu sprechen. Seit ich am letzten Sonntag früh meine Geburt gesehen habe, bin ich wie im Traum. Wie benommen hänge ich meinen Aufgaben nach. Ich stottere schon im Geschäft und kann keinen Brief diktieren.«

»Als ich gestern meine Gedanken aufschrieb, ging ich noch einmal zu dem Einsiedler. Beinahe liebevoll sagte er zu mir: ›Du wirst noch einmal mein liebes Kind!‹ Vor ihm lag ein dickes Buch, in dem ich nur ein immer wiederholtes Wort las: ›Gott!‹ nichts weiter. Über seinem Herzen zeigte er mir in dem Gewand eine kleine schräge Klappe: ›Das ist mein direkter Zugang zu Gott.‹«

»Da stehe ich wieder in dem großen Raum mit den vielen Türen. Durch eine tritt mein Vater zu mir mit dem Baby, also mit mir selber. Er gibt es mir: ›Hier, nimm Du es und ziehe es auf!‹ ›Wie kann ich das? Ich bin noch zu jung (18 Jahre), und es ist nicht mein Kind!‹ ›Egal, sagt mein Vater, immer noch besser als bei der Mutter!‹ Und er läßt mich allein. Immer schneller und schneller laufe ich nun mit dem Kind, für das ich jetzt allein verantwortlich bin.«

7. Thema: Die Wirklichkeit des Heiligen Geistes

Am 31. 10. 1965 legt sie wieder den Weg auf den Meeresgrund zurück. »Durch das Hauptportal bin ich in eine Kirche eingetreten. Man ist mitten im Gottesdienst, anscheinend katholisch; denn eine ganze Anzahl Priester und Ministranten stehen am Altar. Nur der Bischof ist noch nicht da. Nun soll ich seine Stelle übernehmen.« »Aber ich habe keine Ahnung, was zu tun ist und in welcher Reihenfolge.« Aber ich bin ganz ruhig. Ich umfasse den Kelch und erhebe meine Hände.

Da spüre ich die Stille um mich und hinter mir. Dann sinke ich in die Knie und über die Gemeinde senkt sich der Geist Gottes. Ich spüre, wie er auch in meinen Kopf eindringt, immer tiefer sinkt und schließlich in der Höhe des Herzens stehen bleibt und die Brust erweitert. Es herrscht eine Atmosphäre des völligen Gleichklanges im Raum.

Nun wende ich mich wieder der Gemeinde zu, sie kniet noch, völlig gefangen von dem Erleben des Heiligen Geistes und seines Wirkens. Ich gehe durch die Reihen zu jedem Einzelnen, küsse ihn auf die Stirn und sage zu ihm, während ich ihn aufrichte: »Laß' ihn seinen Platz in Dir finden und wirken!«

Bei der Besprechung wenige Tager später (am 4. 11. 1965) taucht die Frage auf, ob das Datum dieser Bilderschau, der 31. Oktober, als Reformationstag etwas mit dem Inhalt zu tun haben könne, mit dem »allgemeinen Priestertum aller Gläubigen«.

8. Thema: Zum Dienen in der Kirche berufen?

Das gleiche Motiv beschäftigt die Ratsuchende noch wiederholt. Am 27. 2. 1966 findet sie sich wiederum in einer Kirche. »Ich fühle, daß mir ein Talar umgelegt wird und daß ich in dieser Kirche einen Dienst tun soll. Ich versuche, mich zu wehren; denn ich kann das doch gar nicht. Aber die Menschen stehen um mich herum, und ich weiß, daß ich ihnen die Beichte abnehmen soll. Da kommen sie, die Leiter der vielen Buden auf der Straße des Bösen und bekennen die Sünden, die sie in ihren Buden begehen.

Während sie aber sonst gewohnt waren, die Absolution zu empfangen, heiße ich sie mitzukommen in den Hof der Kirche, wo ein Brunnen mit frischem Wasser sprudelt. Dort soll sich jeder einer gründlichen Reinigung unterziehen.

Einer murrt, daß sie so etwas nicht gewohnt seien. Ich sage, das wäre mir ganz gleich, und in vier Wochen, wenn sie wieder zur Beichte kämen, ginge es so weiter; dann würde sich in ihnen schon langsam ein Fortschritt zeigen.«

In der Besprechung erklärt sie genauer: »Eine einzige Absolution kann doch keine Wunder wirken; wir müssen den Menschen doch helfen, schrittweise Jesus ähnlicher zu werden!«

Eine Erkenntnis aber, das ergibt die Besprechung dieser Bilder, überwältigt sie: »Ohne den Heiligen Geist kann ich nichts tun!«

Die kommenden Wochen sind mit aufschlußreichen Bemühungen ausgefüllt, in denen sie gemeinsam mit Jesus und unter seiner Anleitung eine verschmutzte Kirche kniend scheuert. Zum Teil werden ihre Äußerungen bei aller Glaubensinnigkeit recht kritisch: Am 2. 7. 1966 faßt sie ihre Bilderschau zusammen: »Eine Kirchenindustrie wurde ins Leben gerufen, die nur Gott und sich selbst predigt, aber den entscheidenden Partner, den Menschen, in seinem Ichbereich nicht aufrichtet, sondern ihn duckt und empfangsunfähig macht.«

Durch mannigfache Schwierigkeiten führt sie der Weg der nächsten Monate. In ihren Nöten tröstet sie (am 17. 10. 1966) das Wort Jesu: »Birg dich nur in mir«, und als sie einmal angsterfüllt ausruft, sie könne nicht weiter fortschreiten, »ich sehe niemand«, antwortet Jesus ihr: »Wer zweifelt, sieht nicht.«

Da frage ich ihn: »Herr, was willst Du?« Ein Wort nur ist seine Antwort: »Besinnen!«. Da erkenne ich meine Aufgabe, und ich neige mich, daß die Stirn den Boden berührt: »Herr hilf mir, daß ich die Menschen, die mir begegnen, zur Besinnung führe!«
In dieser Haltung betet sie unwillkürlich den Herrn an: »Herr Jesus Christus« und erkennt ehrfürchtig: »So bist Du doch nicht nur unser Bruder!« und sie fährt fort (am 2. 2. 1966): »Warum kann ich nur dein Kreuz nicht loslassen?« Er aber antwortet: »Folge meinem Wort!« Dabei meint er das Folgen nicht so sehr als Gehorchen, sondern als »Verfolgen«. »Da stieg Christus, der gekreuzigte, von seinem Kreuz hernieder, und verschmolz mit dem lebenden Jesus, bis sich beide wieder voneinander trennten. Jetzt sah ich links von mir den lebenden Jesus und rechts den Gekreuzigten. Damit war mir endlich die Klarheit zuteil, um die ich solange gerungen hatte: »Wer ist Jesus Christus?« (vgl. 4. Thema S. 152). Andere Mahnungen Jesu scheinen ihr nicht minder bedeutsam: »Lies die Bibel, und Du wirst selber finden, welche Fehler Du begehst.«

9. Thema: Nur die Bilder sind wahr

Am 19. 1. 1966 ist sie wieder auf dem Berg: »Ich möchte schon seit dem vorigen Mal Jesus sehen; ich glaube, ich erfahre etwas von ihm. Ich bin auf Golgatha und knie vor dem Kreuz. Ehe ich aber den lebenden Jesus finde, muß ich zum Einsiedler. Vor mir ist eine Sandmulde; in ihr hockt oder kniet Jesus und meditiert. Ich knie mich etwa 1 1/2 m neben ihn. Nach einer Weile frage ich Jesus – ohne zu sprechen –, ob ich ihn auch nicht störe. Er sagt nein; im Gegenteil es wäre Zeit, mit jemand, der stillschweigen könne, Gott in sich eingehen zu lassen. Ich solle mich nur weit öffnen und auf ihn horchen, dann würde auch ich Gott in mir spüren. –
Nach einer langen Weile sagte er: ›Du machst es richtig, höre nicht auf das, was sie nach meinem Tode von mir sagen. Mein Tod muß sein, aber glücklich zu schätzen ist nur der, der Gott selber in sich spürt.‹ – Jesus richtet sich auf, erhebt sich und schreitet davon. Ich richte mich ebenfalls auf, knie aber weiter, senke den Kopf und bete: Herr, laß ihn sein Werk vollenden.«
Seither beginnen mehrere der Bilderlebnisse mit den Worten (wie am 26. 1.): ich will Jesus suchen. Anfangs steht sie meist vor dem Gekreuzigten, vom 26. 1. an unterscheidet sie zwischen dem gekreuzigten und dem lebendigen Jesus, der nun neben ihr steht und sie »mit einem Strahlendiadem um Herz und Haupt« begleitet.
Das Protokoll vom 9. 2. 1966 beginnt mit den Worten:
»Ich mißtraue allem, was ich denke, so sehr, daß ich es gar nicht mehr aufschreiben mag. Das einzige, was ich für wahr halte, sind meine Bilder.«
Auf der Bergeshöhe ist der Einsiedler diesmal äußerst heftig zu ihr: Er schlägt sie wiederholt ins Gesicht »Dein Wille ist so böse«, sagt er, sie ist tief erschüttert und findet schließlich nach einem langen Weg einen prächtigen Tempel. – »Dort finde ich den Knaben Jesus; ich frage ihn, was ich tun soll. ›Ich habe dir doch schon gesagt, meinem Wort folgen‹, sagt er. ›Aber was ist dein Wort in diesem, doch von anderen geschriebenen Buch?‹, frage ich. ›Wenn tief dein Inneres dort die Wahrheit erkennt, dann ist es mein Wort‹ antwortet er.«

Er sagt ihr auf ihre Frage auch zu, sie dürfe mit ihren Fragen jederzeit zu ihm kommen. »Ich habe meinen Jüngern soviel gesagt und erklärt, da kann ich es auch für dich tun.« »Man sagt, daß Dein Wort oft mehrdeutig ist«, sagt sie, und er darauf: »Ist nicht auch das Leben vielschichtig, so daß man es von vielen Seiten betrachten kann?« »Aber der Wille, was soll er mit vielseitiger Betrachtung?« »Entscheide Du Dich für das, was Dir wichtig erscheint, und lerne, Deine Mißerfolge zu tragen«, ist seine Weisung.

Während der folgenden drei Monate fragt sie jeweils vier Gestalten, die sie gleichberechtigt nebeneinander sieht: Buddha, Krischna, Mohammed und Jesus.

Vom 2. 7. 1966 an aber sieht und sagt sie, ohne daß je ein negatives Wort über einen der Religionsstifter gefallen wäre, »nur Gott gilt und Jesus«. Seither blieben alle anderen verschwunden.

10. Thema: Jesus allein!

»In der Kirche (in der Straße des Bösen) setze ich mich zur Rechten von Buddha. Wir sind in tiefer Ruhe. Nach einer Weile frage ich aber doch, ob ihn das Kreuz nicht störe. Buddha entgegnet: Warum denn?« Da sehe ich eine Verbindung zwischen dem Brustinneren von Buddha und dem Mittelpunkt des Kreuzes. Jesus aber spricht: »Der Mittelpunkt des Kreuzes ist auch die Mitte des Lebens.«

Wenn ich aber Jesus ansehe, dann überkommt mich das schmerzliche Gefühl, daß ich ihm helfen muß. Nicht ihm persönlich, sondern seiner Sendung. Ich frage ihn, was ich tun kann. Er antwortet: »Strahle!«

Als sie wenig später den Einsiedler fragt, wie sie wohl das Böse in ihrem bisherigen Leben erkennen könne, da es doch offenbar bis in ihre frühe Kindheit zurückreiche, antwortet er: »Ein Blitzstrahl wird es Dir erhellen.« »Aber wie kann ich bis in diese frühe Zeit zurückgelangen?« *»Bete dich zurück!«* Und in der Tat war es eine innerste Gebetshaltung, aus der heraus die Patientin die folgenden Jahre hindurch ihre Bilderlebnisse als eine geistliche Wirklichkeit erlebte.

Im Unterschied zur Psychoanalyse lernte sie dabei ihre Vergangenheit kennen und durchforschen nicht als einen Spielball von Zufall oder blindem Schicksal, sondern in mehrfacher Hinsicht geführt von den Symbolgestalten ihres »Tauchers«, der sie die »Tiefen« ihres »Unbewußten« verstehen ließ, als auch von dem »Einsiedler«, der ihr die Fragen nach Ziel und Sinn ihres Lebens beantwortete.

Vor allem aber ist es die Persönlichkeit Jesu Christi selbst, zu dem sie aufblickt, und er ihr in den wichtigsten, den geistlichen Fragen Weisung erteilt: »Herr, hilf mir glauben!« das ist ihr Grundanliegen. »Du glaubst ja«, antwortete ihr der Herr, »Du hast Deine Wahrheiten; festige sie!« »Ich bin aber nicht tief und nicht fest genug, und ich habe keine Sprachgewandtheit. Ich bin ein schlechter Vertreter dessen, was ich glaube.«

»Herr, wandle und festige meinen schwachen Glauben!« bittet sie abermals. »Meinst Du, daß ich Dich so geschaffen habe, um Dich jetzt schon zu ändern?! Tue wie ich Dir gesagt habe!«

Nun richte ich die gleiche Frage an Buddha, der auch in dem Raum ist. Der aber antwortet: »Strecke Dich nach dem, was Dir gesagt wurde und frage Deinen Einsiedler! Jeder Mensch hat seine Aufgabe; sei glücklich, daß Du die Deine vernimmst!«

Am 18. Mai 1966 erlebt sie bedeutsame Bilder: Der Taucher ergreift nach langem Vorgespräch ihre Hand und führt sie durch einen schier endlosen Schacht in die Tiefe. Dunkle Gestalten begegnen ihr unterwegs und bitten sie, die Helligkeit droben zu grüßen.

Als ich genau hinschaue, erkenne ich tief unten einige Gestalten, andere sagen mir ihre Namen. Da ist GOETHE, und hier SOKRATES. Was tut er? Er ergreift meine Kugel und hebt sie in die Höhe. Ich frage ihn: »Kann man das Ganze nehmen und in der Hand halten?« »Ja, es ist denkbar, aber es wäre nicht gut.« Sie fragt nach FRIEDRICH II., nach HEBBEL und KANT und erfährt, die wären in anderen Seitenschächten, wo sie sie später aufsuchen kann. Sie fragt auch nach MOSES. »Mit ihm ist es merkwürdig«, erfährt sie: »Teile von ihm sind bis zu uns gekommen, andere sind weiter oben geblieben.« Schließlich frage ich: »Darf man überhaupt hierher kommen?« »Wer die Urkraft und das Urwissen sucht, der gelangt bis zu uns. Aber das sind nur wenige.« Nach zwei Menschen fragt sie, die ihr nahe stehen: war mein Gesanglehrer hier? »Nein, aber er sucht noch den Weg.« Und Dr. THOMAS? »Er ist hier, aber er weiß es selber nicht.«

Am 3. 6. 1966 bewegt sie ein ähnliches Erleben bis zu heftigem Weinen: »Ich spüre, wie eine große Hand mir über das Haar streicht, und ich höre eine gewaltige Stimme: »Es wird Dir gelingen!« Da wage ich es, Gott selbst zu fragen: »Was ist mit Jesus?« »Er ist mein lieber Sohn« und nach einer Weile: »Ich habe noch andere liebe Kinder!«

»Ist es richtig, wenn KRISHNA sagt, daß es noch andere Wege zu Dir gibt als die persönliche Zielgerichtetheit?« »Es ist nicht alles richtig, was KRISHNA sagt; aber dieses stimmt.« Gott selbst beendet dieses Fragen: »Mein Segen ist mit Dir!« Lange hält danach die starke Gemütsbewegung an und mündet in ernsten selbstkritischen Fragen, ob nicht in solchem Erleben eine eigene Selbstüberheblichkeit zum Ausdruck komme.

Am 8. 6. 1966 sucht sie den Einsiedler: »Den Einsiedler kann man nicht rufen, man muß zu ihm hinaufsteigen. Auf dem Wege treffe ich Jesus. Ihn frage ich, was ich tun soll. ›Gib mir Deinen Kern.‹ Er betrachtet ihn gründlich und sagt: ›Er hat sich gut entwickelt. Warte noch eine Weile, dann wirst Du das Reich des Vaters schauen!‹«

Abermals sucht sie eine Antwort bei BUDDHA: »Du sollst nichts tun. Um Dich bildet sich eine Hülle des Göttlichen, und wenn es soweit ist, wird sie in Dich fallen.«

KRISHNA aber antwortet: »Suche weiter Deinen Kern, öffne Dich der Wahrheit, und Du wirst selber Wahrheit werden und zum Göttlichen entschweben.«

Durch den Einsiedler spricht Gott zu ihr: »Du hast noch einen langen Wallfahrtsweg vor Dir. Du hast die Sendung zu strahlen.« Kann ich mich der Sendung nicht auch entziehen? »Ja, Du kannst Dich verriegeln; aber dann kannst Du nicht weiter nach der Wahrheit suchen, und das wirst Du nicht fertig bekommen!«

»Herr, Herr, kannst Du nicht die Bürde der Sendung von mir nehmen?« betet sie weiter. »Werde ich nicht die Grenze dessen, was mir aufgetragen ist, überschreiten und dadurch meine Aufgaben hinfällig machen?« »Nein, Du kennst Deine Grenzen sehr wohl, und Du bist zu ehrlich, um sie überschreiten zu wollen.«

Dann trat von rechts FRIEDRICH der Große heran. Er war schon ein alter Mann und ging schwer auf seinen Stock gestützt. Auf seinem Weg lag ein großer Stein. Dazu wollte ich ihm etwas erklären und beginne: »Aber Majestät, Sie müssen doch verstehen...« Er unterbricht mich: »Schweige sie still! lerne sie erst einmal, ihre Pflicht zu tun und Pflichten gegen das abzuwägen, wozu man sich gerufen fühlt. Mein Land hat mich nötig gehabt, und da habe ich die Pflicht gewählt.«

Am 16. 6. 1966 tritt Jesus wieder zu ihr, und sie fragt ihn: »Müssen denn die Menschen glauben?« »Ja, spricht der Herr, Ihr werdet bald an einem Abgrund des Wissens stehen, und das Wissen wird Euch verschlingen, wenn Ihr nicht im Glauben gefestigt seid.« Werden wir jemals Gott wissen? frage ich weiter. »Nein, weder Gott noch Kern werdet Ihr je wissen. Euren Kern könnt Ihr nur spüren und Gott erkennen!«

Über den Abschluß dieser Serie von Bildern liegen keine Protokolle vor, sei es, daß keine angefertigt und abgegeben wurden, sei es, daß sie verloren gingen. Im Gedächtnis des Berichterstatters aber sind sie fest verankert, und ihr Inhalt wirkt bis in die letzten Protokolle fort. Immer wieder begegnet die Ratsuchende auf der Bergeshöhe dem Kreise ihrer Weisen, die sie um Rat angehen kann. Zu den mehrfach genannten klassischen vier Stiftern der Weltreligionen hat sich MOHAMMED gesellt.

Aber auch PLATO und SOKRATES, selbst ALEXANDER der Große und CÄSAR sind anwesend, und aus späterer Zeit KARL der Große; vor allem aber stehen die großen Philosophen, KANT, FICHTE, SCHELLING und HEGEL sowie einige der größten Dichter (außer GOETHE auch SCHILLER und SHAKESPEARE) bereit, ihr auf ihre ernsten Fragen zu antworten.

Inhaltlich und sprachlich lauten diese Antworten so überaus kennzeichnend für die jeweilige Zeit und die Persönlichkeiten, daß die wenigen hier bereits angeführten Beispiele dafür bereits ungemein kennzeichnend sind.

Prüfend vergleicht sie immer wieder die Antworten der Weisen der Weltgeschichte und bemerkt äußerlich mit Erstaunen, daß jedesmal der Kreis kleiner geworden ist, wenn sie neu auf der Bergeshöhe Antwort sucht. Erst fehlen nur SOKRATES und ALEXANDER der Große und schließlich auch die Philosophen gar und die Religionsstifter. Am Schluß ist JESUS allein auf der Bergeshöhe, der ihr Antworten erteilt. Das überwältigt sie und verläßt sie als Bild nicht bis zu ihrem Lebensende.

11. Thema: »Mein« Kreuz

Ein Gedanke und eine Bilderfolge lassen sie hinfort nicht mehr los: »Es ist das Kreuz, das mich fesselt! Alle anderen Inhalte, die die Kirchen bringen und von denen sie manche besser nicht verkündigen sollten, sind für mich nicht mehr da.« »Ich zweifle nicht an dem Glauben, sondern ich muß Stellung nehmen gegen das, was die Menschen daraus gemacht haben. Kämpfte nicht Jesus immer wieder an gegen das Pharisäische in der damaligen Kirche und in den einzelnen Menschen?!«

»Einer muß kommen, der tief und fest im Glauben steht und die wahre Not der Menschen sieht, der die enge Grenze zum Überschwang und zum Wahn beachtet, aber nicht fürchtet, der die Fackel des Glaubens lodern läßt. Vor lauter Nüchternheit und Scheu können wir sonst weder Gott noch uns selbst finden. Ich habe diese Lauheit und Ohnmacht satt!«

»Die Antwort gibt Dir Dein Kreuz!« ruft mir der Reiter zu und führt mich auf einem schmalen Pfad durch das Dickicht zu einer Waldlichtung, an deren Seite eine Wand mit einem hohen Kreuz daran steht. Es beginnt erst in einer Höhe von anderthalb Metern. Ich streiche über das dunkle Holz, soweit ich reichen kann. »Soll ich es versuchen?« »Nein, Deine Zeit ist noch nicht gekommen.« Angstvoll befangen frage ich weiter: »Kann man vor seinem Kreuz auch entfliehen?« »Nein, wer erst einmal soweit gekommen ist, daß er es gefunden hat, der stellt sich ihm auch!« »Ich meine eigentlich nicht mein Kreuz, sondern das Kreuz schlechthin.« »Nein, es gibt nur ein persönliches Kreuz!« »Kann ich das mitnehmen?« »Nein, das Kreuz hat seinen Platz!«

»Nun schaue ich hinter die Wand und erblicke eine lange Reihe weiterer Kreuze in dem Boden, von denen sich die vorderen gerade lösen und in den Himmel entschweben.«

Das Thema des Kreuzes aber läßt der Patientin keine Ruhe. Am 14. November vermißt sie beim Beten den Halt eines Kreuzes. »Kann ich nicht ein Kreuz haben?« »Ja das kannst Du«, antwortet eine Stimme, und vor mir an der Wand erscheint ein Kreuz. Nein, es sind mehrere in verschiedenen Formen. Meine Augen sind nicht so gut, und ich kann sie in ihren verschiedenen Gestalten nicht ausreichend unterscheiden. Jedenfalls tauchen die verschiedenen Kreuze auf und treten auch wieder zurück. Manche vermischen sich mit anderen, aber keines ist das richtige. Vielleicht erwarte ich das aus der Gedächtniskirche? Aber das gerade taucht nicht auf.

Aber, was ist das? ich erschrecke! Über den schwarzen, sich vor dem grauen Hintergrund überdeckenden Kreuzen legt sich ein helles, ein strahlendes Kreuz mit dem Gekreuzigten daran. Nicht mein Auge reflektiert es, sondern aus meinem Herzen heraus scheint es dorthin und wird dann zugleich von meinem Herzen und von den Augen wahrgenommen. »Nein«, ist meine erste Antwort, »das kann ich nicht glauben, – das glaube ich nicht!« »Nein, das kannst Du nicht«, sagt die Stimme, »aber es ist Dein Kreuz, Du wirst es kosten, und dann wirst Du es kennen!«

Das Kreuz aber bewegt die Patientin keineswegs nur im Blick auf ihre persönlichen Probleme. Am 14. Jan. 1967 sucht sie, ihrer Gewohnheit gemäß, wieder den Grund des Meeres auf und besucht dort das Schiffswrack. Da erhebt sich dieses Wrack vom Meeresgrund, taucht aus den Wellen und fährt, von Winden schnell getrieben, über das Wasser. Ich stehe auf der Brücke des Schiffes, halte weiter das Bibelbuch fest an meine Brust gepreßt und blicke auf den klaren Himmel und die Wolkenbänke, die von der Morgensonne beleuchtet werden. Scharen von Möwen segeln vor und neben uns. Sie verbreiten Ruhe in meinem Herzen. Aber die Bibel in meinen Händen verursacht auch weiterhin schmerzliche Empfindungen. Meine Haut ist verspannt. Ich frage:

»Jesus, bist Du da?« Da erscheint er neben mir auf der Brücke. »Wie kommt es, daß Du da bist, und ich habe Dich nicht bemerkt?« »Ich bin überall, wo Du bist!« lautet seine Antwort. »Sieh, hier habe ich die Bibel! Was sagst Du zu ihr?« Jesus kniet auf der Brücke nieder, senkt den Kopf auf den Boden und verharrt in dieser Stellung (um zu beten?). Ich öffne die Bibel und lese sie Jesus vor. Das Schiff gleitet schnell über das Wasser, uns beide auf der Brücke, Jesus rechts in kniender Stellung, ich links, stehend, die Bibel in den Händen, hoch erhoben und mit starker Stimme lesend.

Voller Entsetzen und tiefster Anteilnahme gewahrt sie erst jetzt die Tränen in den Augen Jesu: »Herr, Du weinst?« »Sieh, was sie aus meinen Worten gemacht haben. Ihre falsche Auslegung hat soviel davon entstellt, daß nicht einmal die Gutwilligen daran glauben können. Sie sehen nur mein Kreuz und nicht mein Leben! Sie blicken nur gebannt auf die Geschichte, in die Vergangenheit zurück, aber sehen nicht die Gegenwart und die Zukunft!« Was aber läßt das Schiff so eilig dahinfahren? Ich blicke mich um: Der Mastbaum selbst ist ein Kreuz, *das* Kreuz; hoch und kräftig nimmt es den Wind auf. Und an diesem Kreuz nun hängt der Gekreuzigte. *Kraft also ist das Kreuz!*

Als ich dies nun weiß, zieht ein Wetter auf. Im Nu ist der Himmel mit dunklen, schweren Wolken bezogen. Donner toben um uns, Blitze zucken von allen Seiten; die See geht hoch. Das Schiff rast über die Wellen; aber nichts kann mehr ängsten. – Jetzt weiß ich, was das Kreuz bedeutet!

12. Thema: Eine Lebens-Müde will sterben

Am 1. 7. 1966 beginnt sie ihr Protokoll: »Ich bin auf der Straße des Todes. Sie ist breit, uneben, einsam, braungrau in ihrer Farbe. Die Beleuchtung in gleichem Ton ist nebelig verhangen. Ich komme zur Pforte des Todes und klopfe an. Es wird geöffnet, nur ein Spalt, so daß ich kaum hineinsehen kann. Offenbar ist hinter der Pforte ein Vorraum mit schwarzen Wänden, die den Blick in die weiteren Gefilde verwehren.

Ich begehre Einlaß. Kurzes Schweigen; anscheinend wird gesucht. Dann: »Deine Zeit ist noch nicht gekommen!« und die Tür wird wieder geschlossen. Ich errege mich und trete mit dem Fuß heftig auf die Erde. Dann klopfe ich noch einmal an der Pforte, und wieder wird geöffnet. Ich wiederhole mein Begehren und füge hinzu: »Vielleicht ist es bald soweit!«

Eine Stimme sagt: »Ich sehe im Terminkalender nach« und dann: »nein, sie ist auch für die nächsten Jahre nicht vorgemerkt.« Ich antworte: »Es muß doch aber auch möglich sein, vorzeitig aufgenommen zu werden.« »Die Möglichkeit besteht schon, aber wer das will, der muß erst einmal einen Fragebogen ausfüllen.«

In dem Vorraum erhalte ich nun einen langen Fragebogen, zunächst über meine Bindungen: Kinder – ja; Eltern – nein; Beruf und Verdienst – ja, Wohnung – ja, besonderes Unglück – nein; Besonderheiten – ich lebe mein Leben nicht so, wie ich müßte. »Hier liegen aber keine Anlässe vor«, sagt die Stimme wieder. »Warum willst Du denn aufgenommen werden?«

»Müde!« sage ich. »Müde des Denkens, Suchens und Bessermachen-wollens; und keine Hoffnung, das Ziel zu erkennen und den Weg zu finden.« – Wie ich es mir denn gedacht hätte? Krankheit – das ginge ja nicht; ob ich an Selbstmord gedacht hätte? »Ja, gedacht schon; aber der Schock für die Kinder –« »Das mußt Du schon selbst entscheiden! So wie Du bist, kannst Du erst in zehn Jahren wiederkommen.«

Ich überlege: Dann ist die Älteste gerade 21 Jahre alt. – »Kann man nicht einfach so vor Müdigkeit sterben?« Nein, das ginge nicht. Das einzige wäre noch ein Unfall; aber ich wäre kein Typ für Unfälle. – Ich überlege: Ein Autounfall, das wäre schon eine Möglichkeit. Aber meist fährt eins meiner Kinder mit mir, und das würde ich dann mit hineinziehen. Das geht also auch nicht. Was tun?

»Geh diesen Gang entlang, im letzten Raum ist eine Beratungsstelle für solche Fälle!« Ich gehe zu dem Raum und treffe dort einen Mann im weißen Kittel. Auch er fragt mich, warum ich denn sterben wolle. »Müde, so ganz und gar müde«, antworte ich. Wohin ich denn glaube, daß ich im Tode käme? »Zum Ursprung, ich möchte zu meinem Ursprung zurück!«

Daraufhin tritt er mit mir an ein Fenster und heißt mich hinausblicken: Sonnig-strahlende Helle in Unendlichkeit, durchsetzt mit mehr spür- als sichtbaren Kraftpartikelchen. »Dies, sagt er, ist der Ursprung, das, was Sie erwartet. Sie werden eines dieser wesenlosen Partikelchen sein. Glauben Sie, daß Sie etwas von der Zeit verschenken sollten, in der Sie wesenhaft da sind?«

Ich habe keinen Zweifel an der Richtigkeit dieser Darstellung und fühle mich im Augenblick hinauskatapultiert aus dem Raum und dem Reich des Todes. Oben aber höre ich: Jesus fragt nach mir. Er fordert mich auf, mit ihm nach Golgatha zu gehen und ihm mein Kreuz in der Brust zu überreichen. Er vereinigt mein Kreuz mit dem seinen. Nun steige ich zu seinem Kreuz empor und bin selbst gekreuzigt. »Endlich, spricht Jesus, denkt jemand daran.« Jetzt erst erkenne ich: So nur findet das Kreuz des Einzelnen seinen Sinn, wenn es mit dem Kreuz Jesu verschmolzen ist.

Jetzt weiß ich auch, warum ich nach dem Weg in eine Glaubensgemeinschaft suche, weil nur der rechte Glaube den Weg zum rechten Handeln freimacht. Das Handeln aber ist die Aufgabe des Menschen. Wer sucht, der handelt nicht.

Das Kreuz hat einen Längs- und einen Querbalken. Handelndes und denkend spürendes Wirken schließen einander nicht aus, sondern gehören zusammen.

Unter einer Kirchenkuppel, so schließt diese Bilderschau, ruht sie schließlich mit ihren Kindern nach langem Weg und betet: »Herr, hier sind wir. Nimm uns, wie wir sind, und laß uns Dir dienen!«

13. Thema: Die Wunden Jesu

Seit ihren ersten Bilderlebnissen haben das Kreuz Jesu und der Gekreuzigte selbst eine ständig wachsende Anteilnahme bei der Patientin gefunden. Wieder steht sie (am 11. 9. 1966) erschüttert auf Golgatha. »Du bist ein ganz anderer als der Lebendige«, so schaut sie weinend zu ihm auf. »Das haben die anderen aus mir gemacht!« Jetzt erkenne ich es: Seine Wunden, das sind ihre Entstellungen!

»Hast Du denn nicht selbst etwas aufgezeichnet?« »Doch das habe ich.« Auf Befragen berichtet er noch Einzelheiten: »Es liegt irgendwo unter der Erdoberfläche versteckt; es sieht aus wie bei einem dunklen Felsenloch; es könnte ein Brunnen sein, in dessen Steinwand es in einen Riß seitlich hineingeschoben ist.«

Nun frage ich im Blick auf die Wunden Jesu den lebendigen Gott selbst: »Hat denn in der Zwischenzeit niemand das gesehen, was Jesus gesehen hat?«

»Doch, immer wieder einmal hat ein Mensch es geschaut.« »Und warum haben sie es nicht verkündet?« »Weil sie keinen Mut hatten.« »Aber einer muß es doch tun!« »Tu Du es!« »Aber nein, ich kann es nicht!« Und wieder wendet sie sich an Jesus: »Warum soll ich es sein, die Deine Lehre wiederholt?« »Weil Du meine Wellenlänge hast!« »Aber ich habe nicht Deine Kraft!« »Die kann ich Dir durch meinen Geist geben.« Da haucht mich Jesus an, und ich spüre, wie sich meine Kraft vermehrt, aber nur in der Bahn seines Hauches.

Der Gedanke an ihre Sendung läßt sie nicht mehr los; denoch pflegt sie auch die anderen Bilder weiter. Auf dem Meeresgrund besucht sie wieder das Wrack eines gesunkenen Schiffes. Ein »großes, schwarzes Buch« findet sie dort. Es ist die Bibel; doch ihr gefällt nicht alles, was dort zu lesen ist. »Ich nehme das Buch in meine beiden Hände und schlage es ein paarmal heftig auf den Tisch; aber es geht nicht kaputt. Noch ein paarmal versuche ich, es zu öffnen, damit ich wenigstens ein paar Seiten daraus entfernen kann. Aber es ist unmöglich; meine Hände kleben an dem Buch.

Als ich sie endlich mit Gewalt losreiße, bleiben Haut- und Fleischfetzen daran hängen. So verwundet, nehme ich meine Zuflucht bei dem Einsiedler.« Der ermahnt sie: »Ich habe Dir doch gesagt, daß Du bei mir bleiben sollst. Hier bei mir wäre Dir das nicht passiert. Du denkst auch zuviel an den Tod.« Eine Weile läßt er mich allein; da steigt Angst in mir auf. Als er zurückkommt, nehme ich mein Herz aus der Brust und reiche es ihm: »Sieh, mein bebendes Herz!« »Du mußt es dem Vater reichen; dort wird es ruhig.« Und so ist es. Schon der Gedanke daran verleiht mir Ruhe.

Da kommt eine sanfte Helligkeit auf mich zu. In ihr ist Jesus. »Es ist doch ganz leicht«, ermutigt er mich, und er betet mit mir.

14. Thema: Die Blutende Vase

Am 15. 11. will sie in einer Felsenlandschaft aus zerschlagenen Figuren eine weiße Vase formen. »Aber ich fand nicht den richtigen Ansatz und nahm die Vase schließlich aus mir selbst. Sie war voller Blut.« Dieses Bluten kann sie nicht stillen und fragt: »Blutet sich mein Herz hier aus? Erst als ich meinen Verstand und mein Herz herausnehme und in die Vase werfe, hört sie auf, neu zu bluten.«

Da geht sie mit der Vase im Arm auf die Straße des Bösen und begegnet dort ihrem früheren Mann. »Sieh' mal, was Du angerichtet hast!« »Ich?« fragt er entrüstet: »Was kann ich denn dafür? schließlich ist es doch Deine Vase!« Sie nimmt Herz und Verstand wieder aus der Vase heraus, die neu zu bluten beginnt.

Sie geht dann mit ihrem Mann zurück bis zu der Zeit ihrer Verlobung. Da war die Vase klein und weiß und sauber. Sie wirft ihrem Mann vor, in dem »Haus der Perversionen« und dem »Haus der Paarungen« auf der Straße des Bösen die Vase zum Bluten gebracht zu haben. Nun geht sie in die Kirche, um die Vase zu reinigen; dort aber wird ihr Entsetzen noch vergrößert: Zahlreiche Frauen sieht sie dort knien und beten, die alle ihre Vasen draußen vor der Tür abgestellt haben.

Es ist grotesk und zum Lachen, aber ich bin nur böse: »Sofort geht ihr auch hinaus und nehmt eure Vasen! Entweder ihr seid ganze Menschen, dann geht ihr wieder mit euren Vasen in die Kirche hinein, oder eure Vasen führen ein Sonderdasein. Als halbe Menschen verunreinigt ihr die Kirche! Und jetzt könnt ihr sie erst einmal mit mir scheuern!«

Selbst wer nicht der psychoanalytischen Symbolik kundig wäre, müßte aus diesen bildhaften Andeutungen verstehen, welchen schweren seelischen Verletzungen die Patientin in ihrer Ehe ausgesetzt war und wie sie bestrebt ist, selbst als ein ganzer Mensch in dieser Kirche Gott zu dienen.

15. Thema: Der Auftrag Jesu zu wirken

Ich möchte zu Jesus. Diesmal bringt mich der Reiter durch einen langen Schacht im Felsen zu einer rechteckig behauenen Kammer. Die Gestalt Jesu liegt vor mir in dem steinernen Sarg. Schmerz ist in seinem Gesicht gezeichnet. Ob er weiß, was aus seiner Gemeinde geworden ist? Der Sarg ist etwa in Kopfhöhe. Ich knie auf einer Art Podest davor, so daß ich ganz nahe bei ihm bin. Eine enge Verbindung stellt sich zwischen mir und Jesus her. Ich spreche ihn an: »Lebst Du?« – »Ja!« »Kannst Du sprechen?« – »Ja«, aber er kann nur kurz sprechen, und es liegt an mir, die Fragen so zu stellen, daß die Antworten dann doch größere Zusammenhänge ergeben können.

»Bist Du wirklich Jesus?« »Ja!« (Die nächste Frage weiß ich nicht mehr.) Er antwortet: »Neu!« »Was ist neu?« »Das Leben!« »Kennst du uns heutige Menschen?« »Ja!« »Gilt Dein Glaube noch heute für uns?« »Ja! Immer!« »Kann man zu Gott auch auf einem anderen Wege kommen?« »Nur durch mich!« – Jetzt trifft ein Lichtkegel von oben in sein Herz und strahlt durch ihn hindurch. Dieses Bild bleibt erhalten.

»Was kann ich tun?« »Glauben!« »Und was noch?« »Weitergeben!« »Werde ich das können?« »Durch mich!« »Kann irgend jemand außer Dir Gott schauen?« »Durch mich!« »Bist Du müde?« »Nein!« »Bist Du verändert?« »Weiser!« »Was kann ich sonst noch tun?« »Bete!«

Es war sehr schwer sich loszureißen. Ich flehte: »Laß mich hier bei Dir!« Er antwortete befehlend: »Du wirkst!« »Darf ich wiederkommen?« »Jederzeit!« »Wo finde ich Dich?« »In der Tiefe Deines Herzens.« »Wo finde ich Gott?« »Fühlst Du es nicht? Er füllt Dich aus!«

Immer wieder fielen in den Bildern der letzten Wochen die Worte »Aufgabe« und »Wirken« und »Sendung«. Als Antwort aber, wie denn das aussehen sollte, hörte ich nur: »Strahlen!« »Aber würden denn da die Menschen mitmachen?«

Die Worte stehen mir nicht zu Gebote, daß ich ihnen sagen könnte, was hilft. Aber ich kann versuchen, ihnen den Weg zu zeigen, wie sie sich selber helfen können.

Die Menschen sind, das erkennt sie deutlich (am 4. Nov. 1966) mit Pfählen an den Boden festgeschraubt. »So nehme ich mir einen Pfeil, bohre ihn mir in die Brust und bin alsbald so fest von dem Pfeil an den Boden gefesselt, wie alle anderen auch. Jetzt bin ich in meinem Elend ihnen gleich. Wie aber kann ich den Stab entfernen? Aus der Brust geht es nicht. Also muß ich es durch den Rachen versuchen. Langsam und vorsichtig, damit nichts abbricht. Der untere Teil des Stabes kommt mir bereitwillig entgegen. Mit seiner

Hilfe nun ist es möglich, verschieden lange Stäbe herauszuholen und sie möglichst weit von mir zu werfen: »Neid« ist nur ein kurzer Stab; »Eifersucht« schon ein längerer. »Feilschen um Anerkennung« ist schon ein ziemlich langer Stab, und Mißtrauen ein weiterer. Ein Stück aber, das sich nicht rühren will, ist »Nächstenliebe«. Richtige Nächstenliebe kenne ich nicht. Sie ist mir nur ein Wort, aber nicht ein Begriff. Auch mangelnde Hilfsbereitschaft und Geiz werden sich nur miteinander lösen lassen, gleichzeitig von oben und unten. Nächstenliebe aber kann ich nur üben, wenn ich zuvor gelernt habe, mich selbst zu lieben. Ich erwidere, den Haß gegen mich selbst, der mich früher so oft gequält hat, den habe ich lange nicht mehr so deutlich empfunden. Kurz darauf aber sehe ich, wie ich mich selbst mit Füßen trete, und ich versuche gar, mich selbst zu zertreten.

Am folgenden Tag gehe ich an dem Grabe Jesu vorüber und will noch weiter hinunter. Da stehe ich vor einer engen Öffnung. Der Fels hebt sich hier in hellem bräunlichen Ton von der schweren Umgebung ab. Er hat die Form eines Nadelöhrs. Das ist meine Frage: Kann ich, darf ich, werde ich durch diese schmale Öffnung hindurchkommen? Da sagt etwas in mir, daß ich zuvor die Reste des Pfeiles in mir beseitigen müsse. Ich greife tief in mich hinein, spüre, daß mangelnde Hilfsbereitschaft und Geiz sich schon aus ihrer Verwachsung gelöst haben und meinem Griff folgen werden. Jetzt bekomme ich sie zu fassen, und langsam gleitet meine Hand wieder zurück und zieht die beiden Teile des Stabes mit hinaus. Dann drehe ich die fehlende »Nächstenliebe« noch aus der Verschraubung des Kopfes. Die Wunde schließt sich, und die Lücke wächst zu. Ich steige wieder zurück durch das Öhr und befinde mich in schwarzer Dunkelheit. Da ergreift eine leichte Hand die meine und führt mich ein Stück des Weges. Dann läßt sie mich los, und ich stehe wieder allein in der Finsternis. Kein Gang umgibt mich mehr, sondern nur noch Weite. Ich suche etwas, was mir Führung bedeuten könnte.

Da, da ist ein Ton, ein hoher, zarter Ton, den ich mit meinem rechten Ohr wahrnehme. Er weist mir den Weg. Ich folge ihm und lausche aufmerksam auf die Richtung, aus der er kommt.

Nach einer Weile spüre ich, daß etwas neben mir mitgleitet, und eine Stimme spricht: »Hast Du keine Angst?« »Nein«, antworte ich, »ich vertraue.« Erst jetzt bemerke ich, daß ich auf einem schmalen Grat wandere, der nach beiden Seiten steil abfällt. Weit, weit unten höre ich auf beiden Seiten Wasser rauschen. Ich habe aber dennoch keine Angst, weil ich weiß, daß der Ton mich auch weiterhin den rechten Weg führen wird. Nun bin ich bei dem Ursprung des Tones angelangt und stehe unter ihm. Er verstummt, und wieder herrschen nur Dunkelheit und Stille um mich. Aber ich weiß, daß dies noch nicht das Ende des Weges ist, und so suche ich nach einem anderen Zeichen, das mich leitet.

Da, links von mir klingt ein neuer Ton auf. Ich fange ihn mit dem linken Ohr ein. Er liegt abwärts. Nun folge ich diesem Ton und fühle mich trotz der Abgründe sicher: »Der Du mich führst, Du beschützt mich auch!« denke ich. Dann bin ich auch bei dem Ursprung dieses Tones angekommen, bin am Ziel meines Weges und am tiefsten Punkt meines Selbst. Es ist ein dunkler Raum mit gewölbtem Boden und gewölbter Decke. Wegen der Dämmerung spüre ich die Formen mehr als ich sie sehe. Ich spüre eine Anwesenheit in dem Raum und frage: »Werde ich noch weiterkommen?« Die Stimme der Anwesenheit sagt: »Nein, aber wenn Du an die Wände klopfst, dann werden sich Reichtümer erschließen, von denen Du noch nichts ahnst.« »Werde ich Gott noch erkennen?« Die Stimme antwortet: »Du wirst mich nie sehen. Niemand kann mich je sehen. Aber ich bin in Dir und in Deinem Nächsten. Erkenne Deinen Nächsten, und Du wirst mich erkennen!«

Jetzt weiß ich, daß mir heute viel gegeben wurde, ich weiß aber auch, daß ich jetzt nicht mehr erfahre werde. So trete ich den Rückweg an, erst geleitet von dem tiefen, dann von dem hohen Ton. Auf dem Rückweg halte ich bei dem Grabe Jesu inne, um ihm ehrfurchtsvoll zu danken.

Bei der Heimkehr begrüßt mich der Einsiedler: »Dies war die glücklichste, die wichtigste und die schönste Stunde Deines Lebens!«

Noch eine Woche später schreibt die Patientin: »Jetzt kann ich noch nicht meine Aufgabe suchen. Ich bin noch so erfüllt, daß ich ein Selbst habe, daß ich den Weg zu ihm gnadenvoll geführt wurde. Ich gehe den Weg wieder und wieder, zunächst im herrlichen, weiten Dunkel, die Abgründe weiter verhüllt, nur dem Ton folgend, dankbar für Ziel, Weg und Führung.« Noch Wochen hindurch wirkt dieses Erlebnis auf sie beglückend und harmonisierend weiter.

16. Thema: Jesus in Ketten

Die kommenden Wochen sind mit aufschlußreichen Bemühungen ausgefüllt, in denen sie gemeinsam mit Jesus und unter seiner Anleitung eine verschmutzte Kirche kniend scheuert. Zum Teil werden ihre Äußerungen bei aller Glaubensinnigkeit recht kritisch: Am 2. 7. 1966 faßt sie ihre Bilderschau zusammen: »Eine Kirchenindustrie wurde ins Leben gerufen, die nur Gott und sich selbst predigt, aber den entscheidenden Partner, den Menschen, in seinem Ichbereich nicht aufrichtet, sondern ihn duckt und empfangsunfähig macht.« Durch mannigfache Schwierigkeiten führt sie der Weg der nächsten Monate. In ihren Nöten tröstet sie (am 17. 10. 1966) das Wort Jesu: »Birg dich nur in mir«, und als sie einmal angsterfüllt ausruft, sie könne nicht weiter fortschreiten, »ich sehe niemand«, antwortet Jesus ihr: »Wer zweifelt, sieht nicht.«

Immer wieder aber bewegt sie das Schicksal der Kirche. Ihr »wichtigstes Bild« erlebt sie am 18. 11. 1966: »In einem Gewölbe unter einer Kirche sitzt Jesus. Beide Hände, beide Füße sind in Ketten. Die Fußketten sind an der Wand angeschmiedet, die Handketten enden in Eisenkugeln. Jesus sitzt auf einem Stein, er stützt das Kinn auf die innere linke Hand, der Ellbogen ruht auf dem Knie. Das Auge ist dem Boden zugekehrt, seine Haltung drückt Niedergeschlagenheit aus.« – Das Bild geht mir nahe; ich lasse es wieder und wieder entstehen, dann ich kann an die Richtigkeit des Bildes nicht glauben. Aber es zeigt sich immer wieder im gleichen Inhalt und Gehalt. Ich fragte mich, ist dies *eine* Kirche vielleicht nur? Mein Blick geht über die Erde, in dämmrigem Licht sehe ich auf weiter Fläche Kirchen verteilt, unter allen spüre ich das Gewölbe mit Jesus. Heute nun sehe ich einzelne Kirchen, die mir bekannt sind. Ich trete vor die Altäre, spüre, wo ist Jesus hier? Überall das Gewölbe mit Jesus inmitten. Im Aachener Dom spüre ich ihn nicht, ich kenne ihn wohl zu wenig. Wenn ich jetzt noch in einige Kirchen gehe, so finde ich sogar welche, in denen er klagt (in der Wies', in der Kapelle bei Tölz). Was ist in Assisi? Ich stehe vor dem Grab des heiligen Franz. Unter ihm im Gewölbe Jesus, der hat die Hände vor das Gesicht geschlagen: »Auch hier? auch hier! Die Liebe erdrückt mich.« Unter dem heiligen Peter in Rom liegt Jesus hingestreckt, die Hände flehend erhoben: »Vater, gerade hier lasse es nicht geschehen!« Ich bin wie vor das Herz geschlagen. Hier muß doch etwas geschehen; man muß zuerst einmal wissen, was geschehen ist. Ich stehe bei Jesus und frage ihn: »Was sollen Deine Ketten bedeuten?« Er antwortet: »Meine Ketten sind ihre Betriebsamkeit!« Wer hat das getan? »Die, die mir folgten; zum Teil wissen sie es nicht besser, und zum Teil sind sie böse!« Ich kann die Fragen nicht formulieren, die gestellt werden müßten, dies ist Jesus, und er ist elend. Noch einmal streckt er seine umketteten Hände hin. »Sieh, was sie mit mir gemacht haben.« Ungeweintes Schluchzen, empörtes Geschehenlassen ist in seiner Stimme. »Warum hast Du es denn geschehen lassen?« frage ich ihn. »Gewaltlosigkeit« ist seine Antwort: »Aber sie hatten Dich doch vor sich. Sie hatten das Kreuz mit Dir auf dem Altar!« »Das ist es ja! Sie haben von mir und Gott gesprochen und nur sich und die Kirche gemeint!« »Aber Du warst doch da, sie haben vor Dir gekniet!« »Ja, sie haben gekniet, aber ihre Herzen waren nicht beteiligt. Und sie haben nach ihrer Wirkung gesehen und haben falsch geredet. Und sie haben mein Bild begrabbelt und es hin und her bewegt!« »Aber es waren doch auch Menschen in der Kirche. Konntest Du denn nicht unmittelbar zu ihnen hinwirken?« »Ja, es waren Menschen in der Kirche und sie waren versenkt und offen für Gott und die Lehre. Aber die anderen haben keinen Gleichklang zwischen uns aufkommen lassen. Sie haben einen Schleier von Weihrauch und Glöckchen und Worten zwischen uns gezogen, der nicht zu durchdringen war.« Nun schweigen wir, ich stehe dabei, bin erschüttert, sehe wie Jesus in den Kirchen Stück um Stück tiefer gleitet, wie um seine Arme und Füße Glied um Glied der Ketten wachsen. »Was kann nur helfen, der Heilige Geist?« frage ich. »Ja, auch vom Heiligen Geist haben sie gesprochen«, sagt Jesus in Ketten, »aber er war für sie außen und nicht innen, und so konnte auch er nicht helfen.« – »Wenn also Jesus in seinen Ketten im Gewölbe nicht zu uns kann, können wir dann nicht zu ihm?« Ja, das kann ich sehen. Eine Anzahl Menschen sitzen bei Jesus im Gewölbe; enge Verbindung zwischen ihnen wächst. »Aber dürfen diese Menschen auch in der Welt mit ihren Geschäften stehen, oder sollen sie sich ausschließlich der Lehre widmen?« Jesus beantwortet diese Frage selbst: »Hütet Ihr Euren Weinberg und singt Gottes Lied; das ist es, was der Vater von Euch erwartet!«

Wochen und Jahre hindurch bis zu ihrem Tod läßt das Bild von »Jesus in Ketten« die Patientin nicht mehr los; in jeder Bilderschau begegnet es aufs neue. Am 26. 11. 1966 sagt »Jesus in Ketten« zu ihr weiter: »Die nach mir haben mich für die Nachwelt am Kreuz festgehalten; aber die mich liebten, hatten keine Grabstätte von mir, wo ihr Geist dem meinen hätte begegnen können. Meine Auferstehung ging an ihnen vorüber; sie kehrte zwar auch in manche Herzen ein, aber nur wie ein Hauch, nicht in einer wesenhaften Gestalt, die dem ans Stoffliche gebundenen Menschen einen dauerhaften Erinnerungshalt hätte geben können. So blieb nichts, als meine letzte Station, das Sterben, das eindrucksvolle, unschuldige, demütig im Namen Gottes für die Menschen angenommene Sterben am Kreuz. Das ist etwas, was den Menschen, ob liebender Anhänger, ob hassender, oder mitgezogener Gegner, oder ursprünglich Unbeteiligter bis in die tiefste Seele unauslöschlich durchdringt. Hierfür ist er erlebnisfähig, hier blutet ihm das Herz, hier schlägt ihm das Gewissen, hier ist etwas, woran auch der Unbeteiligte nicht ganz unberührt vorbeikommt, was ihn zumindest mit permanentem Unbehagen erfüllt. Und hier nun ist die Bresche im Menschen, durch die meine Lehre Einzug halten kann, die Lehre, aufgehängt an ihrem Schöpfer.« Noch am 16. 12. 1966 weint sie, sobald sie in hypnotischer oder autogener Imagogik Bilder sieht; dann ist sofort »Jesus in Ketten« zu sehen. »Warum kannst Du Dir nicht helfen«, fragt sie ihn. »Gott hat mich unversehrt geschaffen und er gestattet nicht, daß man mich so anrührt und in Ketten legt.« »Diesmal sitzt Jesus in Ketten in einem Gewölbe unter einer Kirche, wie in einer ganz feinen Federzeichnung zusammengesetzt aus Menschen, die Ketten tragen und in ihren Fesseln verzweifelt leiden.« Es ist ein Bild, das an das Herz greift; es sind nicht die, die Jesus in Ketten gelegt haben, sondern die, die darunter zu leiden haben, daß diejenigen, die in den Kirchen die Lehre Jesu künden sollten, falsch künden und Jesus in Ketten gelegt haben.«

»Was ist mit der Bibel?« fragt sie. Zunächst verharrt Jesus ruhig, dann, als ich Stellen vorlese, die über ihn berichten, beginnt er leise zu stöhnen; es wird stärker, wenn nun über sein Leben erzählt und es deutend ausgelegt wird. Es ist eine Qual, ihn so und darüber leiden zu hören; er kann nicht hören, wie sein Wort durch falsche Auslegung entstellt wird.

Darum bittet er laut: »Mein Gott, laß mich das nicht hören, verschleiere meine Ohren, sie predigen ja so, daß die Menschen nicht glauben können!«

Noch am Tage der Berichterstattung, drei Monate nach der Schau von »Jesus in Ketten«, weint sie in tiefem Schmerz über diese Bilder und birgt wieder und wieder ihr Antlitz in den Händen des Einsiedlers, der sie zu trösten versucht.

17. Thema: Die Handauflegung

Mehrere Wochen hindurch (erstmals am 29. 1. 1967) sammelt sie tiefgreifende Erfahrungen mit der Handauflegung. Erstmals sucht sie recht verzweifelt bei dem Einsiedler Trost und birgt ihr Gesicht in seinem Schoß, um zu weinen. Ungemein tröstend erlebt sie da das Auflegen seiner Hände auf den Kopf. Das wiederholt sie am 4. 2. 1967 und »ich versuche nun zu ergründen, was eigentlich durch die Berührung der Hände geschieht«.

Mein Mann, meine Kinder und noch jemand hatten mir schon öfter gesagt: ihre Schmerzen vergehen, wenn ich ihnen die Hände auflege. Ich dachte immer, das ist doch gesponnen; aber jetzt merke ich, wie in meiner Handfläche eine Art von Leben ist, das in den anderen Körper hineinstrahlt. – Noch immer suche ich ja den letzten Frieden mit meiner Mutter. Also gehe ich zu ihr und frage sie: »Wo bist Du verletzt?« »Sieh, mein zerrissenes Herz!« erwidert sie.

Da bringe ich sie zum Einsiedler: »Kannst Du ihr helfen?« Da lege ich ihr die Hand auf das Genick. Das fällt mir schwer; denn ich habe sie nie gut berühren können. Ich spüre, es tut ihr gut. Der Einsiedler aber steht auf und befestigt draußen ein Schild an seiner Tür, auf dem steht: »Werkstatt geschlossen wegen Vollbeschäftigung.« Der Mann hat Humor! Nun zeigt mir der Einsiedler, wie ich richtig und ruhig betend die Hände aufs Haupt legen soll, und im Wechsel dazu bringe ich ihm die Not meines Lebens und erfahre, wie ich bei ihm unter der Auflegung der Hände Frieden finde.

Hier ist auch der Ansatzpunkt für das Verhältnis der Menschen zueinander. Unter der Berührung überträgt sich die Haltung des Vertrauens. Im Geist sucht nun die Patientin einen Verwandten und eine Freundin nach der anderen auf und spürt in sich hinein, was sie beim Auflegen der Hände empfindet oder empfinden würde. Farben erscheinen da bei manchem; Empfindungen der Harmonie oder des Mißklanges. Bei einer Hausangestellten sieht sie ein Messer als Ausdruck von deren Haß. Bei Jesus dagegen erlebt sie einen völligen Gleichklang.

»Allmählich lerne ich, jeden Menschen so anzuschauen, als würde ich für ihn unter Handauflegung beten. Das läutert die eigenen Empfindungen und läßt den anderen besser verstehen. Aber manchmal ist das zu schwierig. Da bitte ich Jesus, mir zu helfen. Er lehrt mich: ›Wirf nicht Deine Schmerzen, Spannungen, Dein Mißtrauen und Deine Ängste gegen die Menschen zurück, sondern was sie nicht ertragen können, das wirf auf mich. Dann kannst Du ehrlich und entspannt zugleich sein!‹ So habe ich durch die Handauflegung eine neue Beziehung zu meinen Mitmenschen aufbauen gelernt.«

18. Thema: Die Fäden der Schuld und die Arbeit am eigenen Charakter

»Ich knie auf dem Teppich meiner Schuld nieder und versuche vergeblich, mich zu beugen. Zu viele wirre Fäden sind hier zu einem undurchdringlichen Geflecht miteinander verwoben und wollen sich auch mit kraftvollem Ziehen nicht voneinander lösen lassen. « Viele polypenartige Arme des Todes versetzen Frau A. Z. in atemlosen Schrecken, und die gelähmten Glieder vermögen den Mächten der Hölle keinen Widerstand mehr zu leisten. »Endlich rettet mich der Einsiedler und trägt mich nach oben, so daß die Polypenarme nun ins Leere greifen, aber dennoch weiter nach Beute suchen.« Der Kampf ist auch noch nicht beendet. Einige Polypenarme haben noch ein Bein von ihr gepackt und zerren heftig daran. Der Einsiedler mahnt mich, an die rettenden Worte zu denken, die mich befreien können.

Nur mühsam, eines nach dem anderen, fallen sie mir ein: »Liebe und Zuversicht strahlen!« Erst jetzt gewahre ich, daß Jesus hier auf mich gewartet hatte. »Du mußt Dich nicht fürchten vor einer Gefahr«, spricht er. »Der Vater führt und bewahrt Dich!«

Noch immer aber liegt dort der Teppich der Schuld. Jesus heißt mich, Umschau zu halten. Da bemerke ich, wir befinden uns in der Kugel der Ungeduld. Sie ist die Grundlage, die Wurzel und die eigentliche Umwelt meiner Schuld. Nachdenklich verweile ich, will aber die Kugel verlassen. Es gelingt, und ich frage nach der Straße des Bösen, in der ich immer wieder Aufgaben fand. Da antwortet mir eine Stimme, ich gehörte zukünftig aber auf die obere Straße, die Straße des Guten. Oben frage ich einen Passanten, wo denn die Straße herkäme und wo sie hinführe. Da erhalte ich zwar die Antwort: »Sie führt von Gipfel zu Gipfel«; aber zu sehen und zu erleben gibt es hier nichts. Es ist ausgesprochen langweilig. Ich aber suche noch immer nach dem eigentlichen Ursprung meiner Schuld. Und hier ist nichts davon zu sehen.

Viele hilfreiche Hände sind hier auf der Straße des Guten. Sie helfen mir suchen. Ich öffne ihnen sogar meine Brust und lege mein Herz frei. Aber auch dort finden sie nur den guten Willen. Dort ist ein Knopf: »Wir werden einmal auf den Knopf des guten Willens drücken und sehen, was dann geschieht.«

Da gelange ich immer tiefer in ein Reich des tiefen Rot; auch die Menschen dort sind rot, und jeder von ihnen hat einen schwarzen Nagel im Kopf oder in dem Körper. Aber nur ein Stück weit sind die Nägel in die Menschen getrieben; in der größeren Länge und mit dem Kopf stecken sie noch außerhalb. Jetzt erkenne ich auch hier meine Aufgabe: Die Nägel sind die Spitzen, mit denen ich andere verletzt habe, und diese Nägel werde ich den Menschen nehmen müssen, indem ich meine Schuld jedem Einzelnen gegenüber bereue.

So beginne ich zu fragen: »Was habe ich getan, daß Du diesen Nagel trägst?« »Du hast mich ausgelacht!« erfahre ich vom ersten. »Du hast Dein Versprechen nicht gehalten!« von einem anderen. »Du warst achtlos, lieblos, unaufrichtig, Du hast mich getäuscht! ... enttäuscht!« »Werde ich je alle Anklagen erfahren und hören können?«

Jetzt bin ich an der Reihe und muß Rede und Antwort stehen: »Warum hast Du es getan?« »Aus Feigheit«, »weil ich etwas erreichen wollte!« »aus Gedankenlosigkeit!« Ich weiß nicht, was ich jedem antworten soll. Wird sich jetzt der Nagel aus jedem Einzelnen lösen und sich in meinem Körper an dieselbe Stelle bohren?

Nein! ich arbeite ja nicht an meinem eigenen Charakter, wie ich wähnte, sondern an meiner Existenz.

Was der Charakter ist, das weiß ich nicht, aber ich stelle mir vor, es ist etwas, das wir nach unseren Vorstellungen innerlich formen. Vielleicht sind es lebendige Personen, vielleicht auch nur einzelne Eigenschaften. Vielleicht werden sie erst vom Verstand aufgefaßt und wahrgenommen und dann in das Wesen hinein verarbeitet. Nein, ich arbeite nicht an meinem Charakter! Der göttliche Ursprung in mir weiß allein, welche Eigenschaften in mir angelegt sind und sich verwirklichen sollen.

Das Bereuen also nimmt die Nägel nicht zurück. Mancher brauchte ein Stück meines Herzens dazu; bei anderen wieder war ich ohnmächtig, weil ein Stück des Nagels eingewachsen und abgebrochen war, und nur Gottes Eingreifen konnte das Stück wieder herauswachsen lassen. Was ich tue, ist eine wirkliche Sühne; aber auch sie reicht nicht aus. Ich beginne noch einmal von vorn, stelle mich zunächst vor alle gemeinsam und sage zu ihnen: »Verzeiht mir!« und dann trete ich noch einmal vor jeden Einzelnen und füge zu der Welle meines Herzens und dem Lächeln einen Blick der Liebe hinzu. –

Mit einem Male aber sagt ein Mensch: »Du tust das ja doch nur um Deinetwillen!« und damit wendet er sich von mir ab. Ich erschrecke; ja, wirklich, warum sollten mir die Menschen ihre Nägel zurückgeben? Doch, um mich zu entlasten!

Noch aber gebe ich nicht auf, sondern wende mich an den nächsten: Ihm steckt der Nagel im Rücken, und ich muß ihn selbst herausreißen. Aber der Nagel rührt sich nicht: seine Spitze ist umgebogen und bildet einen Haken. Zu stark müßte ich da ziehen und würde zudem noch eine schwere Wunde reißen. So sehe ich überall nur Widerhaken! Was kann ich da nur tun? Während ich zu Gott bitte, zeigt er mir in der Tiefe vier Gruppen von Nägeln, mit denen ich nicht fertig werde; ich kann geschehenes Unrecht nicht wiedergutmachen. So kann ich nur Gott innig bitten, dieses Werk zu tun.

Nun schickt mich Gott zu dem Kreuz Jesu mit allen Nägeln, den schon entfernten, die mich in ihrer Fülle belasten, und denen, die noch nicht gezogen sind. Da zerlegen sich die Nägel in ihre Elementarteile und verwandeln sich in die Nägel, die Jesus ans Kreuz heften. So verwandeln seine Nägel meine Nägel der Schuld in eine weiche, leicht biegbare Substanz. Jetzt kann Gott sie entfernen.

In diesem Bild hatte die Patientin, (fast) lebenslang für sie gültig, eine Antwort gefunden auf die brennende Frage nach Schuld und Sühne. Dennoch ist eine Frage noch nicht völlig geklärt: Wie soll die Schuldfrage geklärt werden mit den Menschen, die ihr Eigensucht vorgeworfen hatten. Diese Menschen wenden sich auch jetzt noch von ihr ab. Ganz tief steigt sie hinunter, um eine Antwort zu finden, tiefer als je zuvor. Da sieht sie auf einer niedrigen Mauer eine dunkel gekleidete Frau sitzen. Sie ist mittleren Alters, schön, blaß und ernst. Der Schleier auf dem Kopf ist zurückgeschlagen. Mit einer Hand spielt sie in dem Wasser zu ihrer Seite. Ab und zu wirft sie eine Hand voll Wasser hoch, die Tropfen verspritzen in der Ferne, treffen Menschen, geben ihnen Schuld und verursachen Schuld. *Diese Frau ist die Schuld. Mehr Fragen als Antworten tauchen auf:* »Ist Schuld der eigentliche Beweggrund für den Menschen?« Ist seine Schuld der Knotenpunkt, an dem die Wege seiner Wahrheit in die Höhe und in seine Tiefe erst eigentlich beginnen? Das Bild jedenfalls beeindruckt mich.

Oberhalb des Mauerstücks, auf dem »die Schuld« sitzt, ist ein Bassin, in dem sich das für mich zunächst unsichtbare Wasser staut. Wenn das Bassin überzufließen droht, geht die »Schuld« nach oben, schöpft mit beiden Händen Wasser und gießt es über den gegenüberliegenden Rand des Bassins. Das sind die großen Katastrophen der Menschheit.

Ich habe hier nichts mehr zu tun, aber ich kann mich nicht von ihr trennen, und ich möchte bei ihr bleiben. Zunächst frage ich sie noch, warum sie den Schleier zurückgeschlagen hatte. Sie erwidert, daß nur selten ein Mensch so tief bis zu ihr herabsteige. »Ich könnte, wenn Du Deine Hand aus dem Wasser hebst, Deine Hand fassen, über sie streichen und die Schuld von ihr nehmen. Dann wird kein Mensch von ihr getroffen.« Erst hier sagt sie mir: Die Schuld gehört zum Menschen dazu. So muß ich also zurückkehren.

Jetzt erhebt sie sich, taucht beide Hände ins Wasser, streicht sie aneinander ab und streicht nun mir über Haar, Wangen und Schultern und symbolisch auch über den ganzen Körper. »Das Wasser, das die Schuld trägt, reinigt auch von der Schuld«, und ich spüre, wie sie mit ihrer Gebärde die Schuld von mir nimmt.

So steige ich wieder nach oben in den Raum mit den Menschen und knie gleich neben dem Eingang nieder. Ich senke den Kopf auf den Boden. Ich denke, will und weiß nicht. Ich weiß nicht einmal, ob ich danke. Dann spüre ich, wie die letzte Gruppe der Menschen sich zögernd auflöst, und einer nach dem anderen tritt zu mir heran und legt wortlos seinen Nagel zu den anderen auf den Haufen.

Nun aber wird mir ein Nagel nach dem anderen aus dem Herzen gezogen. Das ist die Schuld, die mir andere angetan haben. Ich aber sehe deutlich das Zeichen des Vater-Unsers: »Vergib uns unsere Schuld, wie wir vergeben unsern Schuldigern!«

Die Nägel aus meiner Brust hat Jesus gezogen.

19. Thema: Die Angst und ihre Überwindung

Der Reiter bleibt auf einer gemeinsamen Wanderung mit mir stehen, deutet auf den Fußboden und sagt, hier sollte ich in die Tiefe. Ich vermisse irgendeinen Zugang oder eine Öffnung an dieser Stelle, aber der Reiter beharrt auf seinem Verlangen. Da schiebe ich etwas Boden mit dem Fuß zur Seite. Der Untergrund ist dunkel und zäh, und nur mit Mühe finde ich soviel Platz, daß ich bis zu den Knöcheln in der dunklen Masse stehe. Nun erkenne ich bildhaft, was hier unter dem Boden liegt. Es ist eine Ader dieses zähen Stoffes, die an dieser Stelle besonders breit ist, so breit, daß sie meine Höhe mehr als einmal faßt. Ich spüre: in dieser Ader muß ich ersticken, noch bevor ich auf der anderen Seite wieder heraus bin.

Ich weiß: *Diese Ader ist die Angst,* meine Angst, durch die ich hindurch muß. Nochmals vergewissere ich mich bei dem Reiter: »Muß ich hier hindurch?« »Ja, Du mußt!« erwidert er. »Müssen die anderen Menschen auch hindurch?« »Ja, sie müßten, aber nicht alle tun es.« Also gut! ich will durch meine Angst hindurch; aber Angst habe ich davor, Angst vor meiner Angst.

Weiter drehe ich mich jetzt in meine Angst hinein. Schon bin ich bis zur Brust in dieser zähen Masse, da wird die Angst noch einmal übermenschlich stark. So steige ich noch einmal hinaus und bitte: »Herr, laß es durchlässiger sein!« Bei dem erneuten Versuch preßt es mich nicht mehr so dicht um mich. Vielleicht aber muß ich ja die Angst so schwer auskosten, wie sie ist; darum bete ich nun; und so geschieht es. Die Masse umgibt mich von allen Seiten, aber ich kann jetzt wenigstens atmen.

Nun ist alles finster um mich; denn ich bin untergetaucht. Ich spüre nur, es ist Getier um mich, und ich muß danach greifen. Dabei ekle ich mich und erfasse über mir eine Spinne. Es ist unheimlich; aber als ich sie dann in der Hand halte, wird sie hell und ihre Umgebung auch. So ist es gar nicht mehr schlimm, sie auf meiner Hand tanzen zu sehen. – Jetzt nähert sich meine Hand einem Molch; ich bekomme es nicht fertig, ihn anzufassen. Noch ehe ich aber mit mir fertig gekämpft habe, ändert sich das Bild: Die Masse schließt sich noch enger um mich, wird zäher, und ich kann den Arm nicht mehr bewegen.

Jetzt ist das Getier nicht mehr entfernt von mir, sondern kriecht auf mich zu und an mir entlang. Es ist schaurig, und ich weiß nicht, was ich tun kann. »Jesus«, sage ich, »bist Du auch hier hindurch gegangen?« Als Antwort fordert er mich auf: »Bitte Gott um Transzendenz!« Jetzt sehe ich mich durchscheinend werden und erkenne, wie das Getier durch mich hindurch kriecht. Und dennoch berührt es mich nicht.

Kritisch aber frage ich mich: »Warum soll ich transzendent sein? Ich bin ein Mensch und will es auch bleiben.« Nun dauert es nicht mehr lange, und die dunkle Welt entläßt mich, und ich bin in einem strahlend hellen Raum, dessen einzige Grenze die dunkle Ader ist. Nun mache ich mich wieder auf den Rückweg, diesmal mit dem Kopf voran. In der Ader beginne ich, mit dem Getier zu sprechen: »Warum seid ihr hier?« frage ich sie. »Dies ist unsere Welt!« »Seid ihr gerne hier?« »Nein, aber wir können hier nicht heraus, und dieses Element entspricht unserer Gestalt.« »Kann ich etwas für Euch tun?« frage ich weiter. »Ja, Du kannst jedes Mal, wenn Du wieder hierher kommst, etwas von der Helligkeit draußen mitbringen. Dann wird es auch bei uns ein wenig licht werden.«

Auch das Thema von der Überwindung der Angst sieht die Patientin im Licht ihres häufigsten und dringendsten Anliegens. Das kommt in dem immer wiederholten Bild zum Ausdruck (am 3. 6. 1967):

»Ich gehe zum Kreuz von Golgatha; aber es ist leer. Jesus sitzt schräg davor. »Du hängst nicht am Kreuz?« Jesus antwortet: »Nein, Du hast mich abgenommen; für die meisten Menschen hänge ich noch am Kreuz. Aber Einige außer Dir noch, ihr habt mich abgenommen; denn für Euch lebe ich, und dann ist mein Platz nicht mehr am Kreuz.« Immer deutlicher erkenne ich es: Mit der ausschließlichen Verehrung von Jesus am Kreuz und nicht als Herr des Lebens ist auch die Kirche tot. Und sie *ist* tot.«

Noch aber ist die Aufgabe an der Ader nicht zu Ende geführt. So geht die Patientin am 23. 6. 1967 noch einmal zu einem bisher noch nicht besuchten Abschnitt dieser Ader und findet ihn erfüllt mit »Werkzeugen, die aus zwei gleichen Schenkeln bestehen«. Die Enden sind halbkreisförmig gebogen; die anderen Enden laufen in einem Gelenk zusammen, so daß das Werkzeug wie eine Zange wirkt. Um die beiden Schenkel liegt eine Klammer, die, zu den beiden Halbkreisen geschoben, diese immer fester und fester schließt. Die Tätigkeit dieser Werkzeuge, die sich selber handhaben, richtet sich gegen meinen Hals, den sie durchtrennen und vor allem zusammenpressen wollen.

Etwa 10 oder 12 dieser Werkzeuge sind gegen die verschiedenen Körperteile gerichtet und wollen sie würgen oder gar abtrennen: die Schienbeine, die Knie u. a. Erbittert kämpft sie nun gegen die Werkzeuge, die sie erwürgen wollen. In hartem Kampf gelingt es ihr, zuerst den Hals zu befreien und schließlich auch die Beine. Erst als alle Werkzeuge entfernt sind und an das Pech einer entfernten Aderwand geklebt sind, bilden diese »Zangen« einen Chor, mit dem ein Gespräch beginnt: »Meint Ihr, daß Eure Existenz sinnvoll ist?« »Wir können nicht zurück!« lautet die Antwort. »Was müßte denn geschehen?« »Die Menschen dürften keine Angst mehr haben; aber sie wollen ja Angst haben, weil sie sich einbilden, daß Angst sie schützt ... Die Menschen haben den Punkt in sich verschüttet, von dem aus sie die Verbindung mit Gott pflegen könnten. Sie ahnen, daß sie gegen die tiefste Bestimmung ihres Menschseins verstoßen leben und zahlen als Tribut ihre Angst. Statt sich Gott zu unterwerfen, liefern sich die Menschen lieber ihrer Angst aus.« »Dann wäret ihr also beide zu erlösen, – der Mensch und ihr?«

Bei diesem Gespräch spüre ich hinter mir einen hellen Schein. Ich drehe mich um und sehe Jesus. Er schaut mich gütig und freudig an, hebt mich mit beiden Händen auf (da ich noch immer knie), legt dann seine Hände auf beide Arme, drückt sie leicht und sagt: »Wie schön, daß Du Deinen Weg gefunden hast, den Weg aus der Angst, der nur über das Vertrauen zu Gott führt.«

Jetzt weiß ich es endgültig: Völlige Freiheit von der Angst ist nur in der Verbindung mit Jesus durch das absolute Vertrauen zu Gott zu erreichen.

Noch aber sind die Bilder über die Angst nicht abgeschlossen: Jesus überreicht ihr drei Dinge, deren Bedeutung zunächst schwer zu enträtseln ist: ein neues, lebhaft schlagendes

Herz, ein besonders weites, großes und kräftiges Herz und zum dritten einen Spaten. »Was soll ich damit tun?« Stumm deutet Jesus auf den Stamm seines Kreuzes und gebietet ihr, dort zu graben. Mit Mühe hebt sie schließlich aus dem Boden ein Loch aus, so tief wie der Spaten selbst und so weit, daß sie gerade darin stehen kann.

Nun schlägt Jesus die Ärmel seines Gewandes zurück und legt zunächst mein eigenes Herz in der Brust frei. Da erst bemerke ich, wie hart es ist, richtig aus Stein! An seine Stelle pflanzt er zunächst das lebendige, das lebhafte Herz ein, und unwillkürlich muß ich an das Wort von dem »neuen Herzen« und dem neuen, »gewissen Geist« denken. (Hes. 36,26) Dann aber reicht er mir noch zwei andere Herzen: das weite, von dem er sagt: »Das ist das Herz der Welt!« Schließlich aber entdecke ich selbst noch in der Grube zu Füßen des Kreuzes ein drittes Herz. Es ist ebenfalls lebendig und warm. Da entferne ich den Sand und reiche es Jesus, der nun alle drei Herzen miteinander und untereinander in meiner Brust so verbindet, daß ein einziges Herz daraus wird. Das von dem Stamm des Kreuzes ist noch erfüllt und gereinigt von dem Blut Jesu. Er aber verbindet dieses dreifache Herz durch die Adern des Erdreiches mit dem Herz der großen weiten Welt. Jesus aber spricht zu ihr: »Du mußt jetzt auch etwas mithelfen!« »Was kann ich tun?« »Glaube!« spricht er und wiederholt in Abständen noch sechsmal diese Mahnung: »Glaube!« »Aber wie kann ich glauben?« und »an wen kann ich diese Frage richten?« Jesus ist mir zu sehr Vorbild; nur der Chor der Werkzeuge ist noch erreichbar. So frage ich den: »Hat Jesus geglaubt?« »Nein, er hat gewußt. Jesus hat gesehen und erfahren. Darum brauchte er nicht zu glauben. In jedem Menschen ist der Punkt, in dem er Gott erfahren kann. Dann werden Erfahrung, Wissen und Glauben zu einer Einheit verschmelzen!«

Nun, die Wahrheit meiner Bilder weiß ich, die Wirklichkeit Jesu habe ich erfahren; also antworte ich getrost: »Herr, ich glaube« (Mark. 9,24) Jetzt strömt eine Welle in mir empor und überflutet mich; der Kreislauf ist wiederhergestellt, ungeahntes Leben erfüllt mich und geht zugleich von mir aus in alle Richtungen. Ich blicke auf Jesus; er sagt: »Nun bist Du an das Herz der Welt angeschlossen!«

Wo der Glaube in einem neuen Herzen wohnt, da ist die Angst endlich überwunden.

20. Thema: Die Freiheit und ihre Feinde

Der Erkenntnisdrang der Patientin scheint unerschöpflich. Am 5. 7. 1967 schreibt sie: »Ich befinde mich an der Quelle der Freiheit und suche den Weg von dort weiter hinunter. Zunächst aber trinke ich aus der Quelle, dann benetze ich mich mit dem Wasser, doch ich spüre keinerlei Wirkung. Also steige ich hinein und bewege mich abwärts. Es geht durch elastische Röhren schräg nach unten. Da gelange ich durch die Räume der Angst und der Schuld, die ich schon kenne, in ein noch unbekanntes Gemach, den »Raum der Sühne«. Dort steht eine *Betbank*. Alle diese Räume liegen in einer Ebene, die jedoch verbunden ist mit einer innersten Kugel, einem Kern, von dem aus man Gott suchen und finden kann. Das ganze zeigt etwa die Gestalt des Atomium in Brüssel.

Von drei der Kugeln kenne ich die Namen: Angst – Freiheit heißt die eine; Schuld – Sühne die andere, Stolz – Demut die dritte. In einer weiteren Kugel wohnt auch der Glaube; doch ich kann sie nicht alle erkennen. Sollte eine der Kugeln den Namen »Freiheit« tragen? Dieser Weg also führte nicht zum Ziel. Auf dem Weg zum Einsiedler begegnet mir dann ein »Dickwanst«; er lacht pausenlos und steckt mich dabei an; selbst der Einsiedler muß schmunzeln, als er ihn sieht. Nun rüsten wir gemeinsam ein Schiff aus auf dem Weg zur Freiheit. Zwei Laderäume füllen wir mit dem Lachen, den dritten nach einigem Nachdenken mit Herzenswärme, die wir uns freilich erst reichlich verschaffen müssen. Nachdem diese Ladung festgezurrt ist, ruft uns der Einsiedler noch einmal zu: Ohne Frohsinn und Güte werdet ihr die Freiheit nicht finden; ihr werdet sie brauchen!

»Die letzte Freiheit ist nur in Gott.« Das mag schon wahr sein, ich glaube auch an Gott; aber ich trage Sorge um die vielen Menschen, die nicht an Gott glauben; ich brauchte auch einen stärkeren Glauben, um ihnen zur Freiheit zu helfen. Als Antwort steigt in mir der Satz auf: »Weil ich bin, muß Gott sein!«. Diesen Satz trage ich jetzt auf einem Spruchband in meinen Händen. So gehe ich auf dem Meeresboden entlang und warte, was mir begegnen wird. Da komme ich zu einem Anker, der im Boden festliegt. Der Anker zeigt ein eingeschmiedetes Kreuz. Ich klimme die Kette hinauf und gelange auf ein großes Schiff. Es trägt hohe Aufbauten, die in vielen balkon- oder kanzelartigen Vorsprüngen auslaufen. In den oberen Decks sind diese Vorsprünge am reichsten verziert. Je weiter nach unten ich blicke, um so schlichter werden sie und enden schließlich in drei ganz einfachen Decks. Niemand ist zu sehen; aber ich weiß: drinnen sind viele Priester und Pfarrer. Das Schiff trägt so hohe Aufbauten, daß ich denke, es müßte umschlagen. Endlich entdecke ich vorn eine schmale Öffnung und dahinter viele Priester und Jesus am Kreuz. »Habt ihr auch Jesus an Bord?« »Ja!« erwidern sie. »Den lebendigen Jesus?« frage ich zurück, »wo ist er? ich sehe ihn nicht!« »Der Gekreuzigte ist die höchste Stufe des Christentums.« Jetzt kann ich nur noch weinen: »Seht doch einmal hinunter, was Ihr verschuldet habt!«

Neben dem Schiff, aber schneller als dies, treibt ein unübersehbar langes Floß. Menschen liegen darauf, festgebunden, so daß sie vom Wasser überspült werden, wenn das Meer in Bewegung ist, wie jetzt. Es gelingt ihnen kaum, den Atem so lange anzuhalten, bis sie nicht mehr unter Wasser sind.

»Kein schärferer Gegensatz ist denkbar«, so setzt die Patientin ihre unmittelbaren Bilder fort, aber auch ihre früheren Anliegen. Auf der einen Seite das Schiff mit seinen prunkvollen Aufbauten und den selbstgefälligen Priestern darauf, die auch noch herabsehen auf die Gefesselten, um ihr Leben Ringenden, die vermeintlich aus eigener Schuld und um ihres Unglaubens willen leiden müssen. Ich möchte jedenfalls alles tun, was ich kann, um den Verzweifelnden beizustehen. So springe ich von meinem Schiff auf das Floß. Hier ist mein Platz. Aber die Aufgabe ist zu riesenhaft, als daß ich sie - etwa gar allein - bewältigen könnte. So flehe ich Jesus heran, der alleine retten kann, und ich sehe sein Schiff in schneller Fahrt herbeieilen und an der Seite des Floßes festmachen. Zunächst greift er mit gewaltigen Händen in die Aufbauten, reißt einen Teil von ihnen in Stücke und gibt damit den Blick frei zwischen den Berufshelfern und dem Elend.

Aber eine große Gruppe von Priestern auf der Mitte des Decks bleiben sich selbst zugewandt, halten die Köpfe gesenkt. Einzelne freilich sind halb dem Meer und halb dem Deck zugewandt und sprechen gestikulierend und predigen noch immer – freilich nur den eigenen Ohren. Da fährt ein Blitz aus dem Himmel, schlägt in das Schiff und reißt es vollends in Stücke. Nun hat sich ein neues Floß gebildet, auf dem ausschließlich Priester ihre Zuflucht gesucht haben. Viele knien, manche haben ihren Kopf auf die Planken gelegt, und einige stehen aufgerichtet. Ein Teil aber predigt noch immer lautstark und ausschließlich den eigenen Ohren.

Nun führt Jesus sein Schiff längs zu diesem Floß. Er reicht seine Hand hinüber und hinunter zu einem der Priester. Der ergreift sie und läßt sich von Jesus retten. Jeden einzelnen fragt der Herr, warum er seine Hand ergriffen hat, und es sind die Knienden, die Bescheidenen, die ihm gefolgt sind und ihm antworten: »Wir möchten bei Dir sein und gleich Dir dienen und retten lernen.« Einige aber fragen Jesus: »Können wir bei Dir weiter predigen?« »Nein« antwortet der Herr: »Hier sind wir in der Gegenwart Gottes und beten nur in der Stille.« Da wenden sie sich kopfschüttelnd ab und bleiben auf ihrem Floß.

Jesus ist inzwischen auf »das Floß der Unglücklichen« hinuntergesprungen und schreitet zunächst majestätisch und tief erschüttert die ganze Strecke des Elendes entlang. »Hast Du es nicht gewußt, Herr?« frage ich ihn, aber er beantwortet diese Frage nicht. Zuerst aber müssen wir die tiefere Not der Menschen erkennen. Sie sind ja nicht nur gefesselt sondern angeschmiedet, genauer: angeschraubt an das Floß, und die langen Schrauben können nur von der Unterseite gelöst werden. Einen Halt vor den Fluten brauchen sie auf ihrem Floß, aber keine Fessel! Dies ist schon der erste Teil der Freiheit. Dem folgt dann der zweite, nachdem mit Hilfe des Tauchers die Patientin in mühevoller Arbeit alle Verschraubungen von der Unterseite gelöst hatte: Jetzt lädt Jesus sie alle ein, auf sein Schiff zu kommen. Es bietet Raum für alle!

21. Thema: Selbsterkenntnis

»Kannst Du die Elenden auf dem Floß nicht erlösen?« so frage ich Jesus noch immer ergriffen von deren Jammer. »Ja, ich werde sie erlösen; aber es wird sein wie damals: viele werden mich lieben und glauben, und andere werden hassen. Und ich werde es sein, auf den sie ihren Haß wieder entladen; und sie werden mich wieder töten.« Es ist nicht die Angst vor dem Tod, sondern die Hartherzigkeit derer, die nicht erkennen wollen, was allein zu ihrem Frieden dient.
Als ich dann meinerseits die Augen wieder öffne, finde ich mich in einer langen Allee wieder. Es ist finster. Rechts kann ich gerade noch eine Mauer erkennen, die in einer Rundung zu verlaufen scheint.
Leise frage ich: »Jesus, bist Du auch hier?« Ja, jetzt wird er auch für mich sichtbar und antwortet: »Ja, dies hier ist doch meine Heimat!« »Sind noch andere hier?« »Nein«, antwortet er: »Hier tritt kein fremder Fuß auf!« »Gibt es hier eine Hölle?« frage ich, weil es so finster ist. »Nein.« »Gibt es einen Himmel?« »Ja, aber er ist anders als in Eurer Vorstellung!«
In diesem Augenblick öffnet sich die Mauer zur Rechten und gibt den Blick frei auf einen Platz, auf dem ich als Einziges eine kleine, blaue Blume auf einem kurzen Stengel entdecke. Dieses Blau strahlt so fein gegen das Grau der Dämmerung und gegen das dunkelmatte Grün der Blätter. Ich blicke auf das strahlende Blau der Bündel von fein gegliederten Blütenblättern und der hellen blauen Tropfen, die die Blüte aus sich heraussprüht; sie fallen in das Dunkel um die Blume und verglühen. »Das kann doch nicht etwa der Himmel sein?!« Ob Jesus diese – gar nicht ausgesprochene – Frage verstanden hat? Und ist dies seine Antwort, als er sagt:
»Hier strömt der Atem Eurer Seelen!« Jedenfalls habe ich seine Antwort nicht verstanden. Wo soll denn hier Gott sein? Ganz nüchtern würde ich hier zunächst denken: »Das ist die blaue Blume der Romantik!« Soll das etwa heißen: Wenn Du Gott suchst, dann träumst Du? Ich will aber glauben und nicht romantisch träumen! Wahrscheinlich müßte man dann aber nicht von dem Punkt des Ich ausgehen, sondern von oben aus der Breite herausfassen. Aber kann denn diesen Bogen ein Mensch spannen?
Die Mathematik müßte helfen! Können wir nicht zwischen Punkt und All die Bahn des menschlichen Erfassens berechnen? Ich sehe, wie diese Bahn sich spannt. Jesus ist in ihr. Er reicht uns die Hände. »So kommt doch!« ruft er. Erreichen könnt ihr diese Welt, errechnen nicht! Der Weg aber heißt »Selbsterkenntnis!«
Da sehe ich in einem Spiegel – mich selbst, so wie ich heute bin; mit Doppelkinn, Falten, mit angespanntem Gesicht und glatten Haaren groß und schwer. Das erste Mal entspricht es so wahrscheinlich der Wahrheit. Sonst hatte ich von mir immer eine jugendlichere Vorstellung. Ich dachte mich schlanker, kleiner und frischer.

Ich bin es also! Merkwürdig! diese Gestalt läßt mich ruhiger sein als die jüngere. Da sage ich zu meinem Spiegelbild: »Geh' zum Einsiedler!« Das tut es nun, geht zweimal rundherum und sagt: »etwas gefühlvoll und romantisch, aber sonst ganz ordentlich!« Dann setzt es sich nieder und sagt in der Richtung zu mir: »Wir wollen doch einmal sehen, was stärker ist, Deine Strahlen oder meine Nüchternheit.«

So komme ich also nicht weiter. Wie soll ich mich erkennen, wenn mindestens zwei ganz verschiedene Bilder von mir sich miteinander streiten? Darum gehe ich zum Einsiedler. »Du mußt Dein altes Spiegelbild überwinden!« sagt er; »vorher kannst Du das neue nicht haben!« So nehme ich das alte und schlage es gegen Wand und Boden; es zerbricht in viele Teile; aber nur einen kurzen Augenblick lang liegen die Scherben auf dem Boden; dann ziehen sie sich wieder empor und nehmen von neuem die Gestalt des jungen Spiegelbildes an.

Nun nehme ich den Spiegel mitsamt seinem Bild in den Arm und gehe hinaus, – zunächst zu dem Reiter. Und er, stets ernst, fängt schallend an zu lachen und kann sich kaum beruhigen. Also weiter zum Taucher! Auch er, der stets freundlich zu mir war, kann sich das Lachen nicht verbeißen und prustet mehrmals heraus. Das muß ja wohl richtig sein; aber mein Spiegelbild habe ich trotzdem noch immer.

Also gehe ich damit auf die Straße des Bösen! Dort springt mein Bild aus dem Rahmen, tanzt vor mir her und lockt: »Mach doch mit! Dann haben wir doch viel mehr Fez!« Das ist verführerisch; denn ich fühle mich wirklich jung und leicht und möchte gerne mitmachen! Aber ich weigere mich. Da kommen doch soviele meiner Schwierigkeiten her, daß ich nicht würdig genug sein kann! Ich muß das jugendliche Bild also loswerden!

Ich stecke es in einen Gully, aber es kommt wieder hoch. Ich lasse es in der Kirche an einer Wand stehen; aber es kommt wieder zu mir zurück. Ich vesuche, es in einer Bude loszuwerden; aber es gelingt nicht. »Ich erkenne mich doch nicht mehr in Dir!« sage ich zu dem Bild, und spreche damit die Wahrheit. Da endlich verschwimmt das Bild, löst sich in ein wolkiges Grau auf und schrumpft zusammen zu einem winzigen Punkt. Der aber wird zu Nebel, der größer wird, sich verdichtet und schließlich die Gestalt meines Spiegelbildes etwa um 30 annimmt – heiter, gutherzig und gelöst.

»Du bist ein lieber Kerl«, sage ich, »aber Du bist auch nicht mein heutiges Spiegelbild.« Da wird das Gesicht bekümmert und fragt: »Kannst Du mich denn gar nicht gebrauchen?« »Doch«, sagte ich, »laß mir Dein gutes Herz!« Wieder schrumpft jetzt auch dieses Bild zusammen, doch nicht zu einem kleinen Punkt, sondern zu einem neuen Spiegelbild, das nur wenige Jahre jünger ist als ich, aber es blickt traurig drein. »Du bedenkst zu viel! darum bist Du so betrübt. Aber Du bist eben auch nicht mein heutiges Spiegelbild. Darum gib mir Dein Herz und laß mich Du sein!« Jetzt spüre ich, daß in meinem Herzen etwas zuwächst und daß mich eine tiefe Traurigkeit überfällt. Aber der Spiegel ist leer; ich kann ihn zerschlagen, und seine Scherben bleiben auf dem Boden liegen. So kann ich mich auf den Weg zum Einsiedler begeben und meinem heutigen Spiegelbild begegnen.

Etwas schleppend gehe ich den Weg zum Einsiedler und stehe ihm nun mit dem Spiegelbild gegenüber. Ermahnend klingt diesmal seine Stimme, als er sagt: »Wie kannst Du Gott suchen oder gar zu finden hoffen, wenn Du nicht völlig ehrlich Dich ihm nahst?! Zur Ehrlichkeit aber gehört es, daß wir uns genau so annehmen, wie wir sind. Glauben heißt doch ›Ja-sagen‹, und wir können nicht zu Gott ja sagen, ehe wir nicht zu seiner Schöpfung und zu uns selbst ja zu sagen gelernt haben, auch zu unserem Leib, unserem Aussehen und unserem Alter.«

Während ich darüber noch nachdenke, sehe ich eine Frauengestalt, die ihren grauen Rock über den Kopf zieht. Sie trägt ein langes Gewand, das in der Taille stark zusammengeschnürt ist. Der Unterrock ist unten weit, und die erhobenen Hände dehnen auch den Überrock oben weit aus. So wandelt sich die menschliche Gestalt in eine zweiteilige Figur, in eine geometrische Pyramide (vergleichbar der Form einer Sanduhr). Mit ihrem breiten Fuß steht sie rund auf dem Boden, während eine zweite mit ihrer Spitze auf der unteren steht. Doch nicht nur eine solche Figur erblicke ich, sondern viele, die eine endlose Reihe bilden.

Die unteren Pyramiden sind grau und ihre Böden schwarz. Diese Pyramide stellt das Unbewußte dar. Die unteren Böden gehen dabei nicht ineinander über, sondern jede Form steht für sich; und doch sind die Böden einander völlig gleich in Größe, Stoff und Farbe. Die oberen Böden sind das wache Bewußtsein, bei manchen ganz weiß, bei anderen grau durchwölkt oder von grauen Streifen durchzogen oder einfarbig grau.

Die Gleichheit der schwarzen Böden im Unbewußten ist bedingt durch die Gleichheit der menschlichen Strebungen; doch ich kann nicht erkennen, ob das von Anfang an mehrere Strebungen sind oder eine einzige, die sich später aufgefächert hat. »Und was ist mit der Wahrheit?« fragt der Einsiedler. »Die Wahrheit ist der Filter, in dem sich die Spitze des Unbewußten und die Spitze des Bewußtseins berühren.«

Daß im Austausch von oben nach unten dieses Filter der Wahrheit passiert werden muß, das ist mir klar; aber auch von unten nach oben? Können denn starke Eindrücke in das Unbewußte absinken, ohne daß sie von der Wahrheit ausreichend gefiltert sind?

Jetzt sehe ich, wie ein solcher »Eindruck« auf der oberen Pyramide aufschlägt wie ein Kieselstein. Als er sich oben bei dem weißen Teil der Pyramide einbettet, nimmt er ebenfalls die weiße Farbe an. Immer weiter sinkt er ab bis zu dem schwarzen Grund der unteren Pyramide.

»Wonach strebst Du eigentlich? Welches ist Dein Lebensziel?« fragt mich der Einsiedler. Ich sehe und spüre, wie ich auf dem mittleren Teil der oberen Pyramide auf der Grenze zwischen dem grauen und dem weißen Bereich eine Heimat finden möchte, aber so, daß ich auch aus den tieferen Schichten der unteren Pyramide emporholen kann, was ich brauche.

»Was geschieht denn mit dem Stoff aus dem ›Unbewußten‹ der nach oben gelangt?« »Er strahlt!« »Von sich aus?« »Nein, dieser Stoff, durch die Wahrheit geläutert, reflektiert nur die Strahlen Gottes.« Bei der Wahrheit ist nur zu bedenken, daß sich gelegentlich Irrtümer bei der Übersetzung einschleichen; denn das Unbewußte spricht eine andere Sprache, meist die der Bilder.

Nochmals fragt der Einsiedler: »Welches ist also dein Ziel?« Spontan antworte ich: »Leben.« »Und was verstehst du darunter?« »Gutes an meinem Weg zu hinterlassen.« Nach kurzem Nachdenken füge ich hinzu: »und Liebe!«. »Und auf wen soll sich diese Liebe richten?« »Auf Gott!« antworte ich noch immer spontan; aber ich bin doch ein wenig skeptisch, ob diese Antwort auch ganz wahr ist.

Am 1. 12. 1967 nimmt die Patientin das Bild wieder auf. »Jetzt verwandle ich mich selbst in diese Doppelpyramide, die vor dem Spiegelbild bei dem Einsiedler steht. Ich lasse ihr Arme wachsen, und die Ellenbogen ruhen in der Taille, dort wo innen das Filter der Wahrheit ist. Die Unterarme sind angewinkelt, und die Hände umfassen fest das Spiegelbild von beiden Seiten. Dann stelle ich einen regen Austausch zwischen dem Inhalt der oberen und der unteren Pyramide her. Aus dem Filter entströmt freier Stoff und ergießt sich über das Spiegelbild. So wird aus dem einfachen Glas ein schwerer Kristallspiegel.

Nun erscheint das Spiegelbild viel kräftiger, farbiger und stärker als ich selbst bin. »Übertreibungen habe ich aber gar nicht gerne!« Dann höre ich die Töne des Bildes; sie sind höher oder tiefer als meine und von großer Reinheit, ohne doch lauter zu sein. Auch hier widersprecht ich: »Das sind nicht meine Töne!« Das Spiegelbild aber erwidert: es wolle mir ja nur zeigen, was ich noch erreichen könne. Dennoch gefällt mir auch diese Antwort nicht. Da sehe ich in der Ecke des Raumes einen kleinen »Minimotor« stehen. Er sieht aus wie ein Bleistiftanspitzer. Ich frage, was das bedeuten soll und erfahre: Alles Geflecht an Lügen und Übertreibungen wird in diesem Gerät auf seine wahre Bedeutung zurückge-führt. Erst muß ich nur lachen, weil ich das komisch finde. Dann aber meine ich: Dieses Gerät will ich mir anschaffen und täglich benutzen! Danach erst entdecke ich seine enge Verbindung zu dem Wahrheitsfilter meiner Doppelpyramide.

So sage ich: »Gut, am besten drehe ich mich gleich selber durch diesen Minimotor! Ich fin-de mich zum Kotzen!« »Das ist nicht wahr«, antwortet das Gerät selbst, »aber den Aus-druck, den drehe ich durch!« Er tut es, und ich nehme das Ergebnis an. »Schön«, sage ich, »aber blöde bin ich doch!«. »Auch diesen Ausdruck drehe ich durch«, und so wirbt das Gerät für sich selber: »Alle Lehrer brauchen mich dringend!« und ich füge hinzu (von der eigenen Berufserfahrung her) die Damen und Herren Verleger für ihre Bücher nicht min-der. So bietet mir das Gerät von »armselig« und »anfechtbar« oder »besserungs-bedürftig« bis »unzulänglich« und »unbefriedigend« bis »zerfahren« eine Fülle von Ausdrücken aus dem gebildeten Schriftdeutschen an.

Diese Erkenntnis aber hilft mir nicht weiter. »Wenn ich nicht selbst durch diesen Minimo-tor geläutert werden kann, gibt es vielleicht ein anderes Gerät?« Und schon kann ich es se-hen: Es ist größer und kräftiger, ein »Rüttler« der alle Teile der Persönlichkeit gründlich durchschüttelt. Danach fühle ich mich gelockert, und einige Organe kann ich auch neu wieder zusammensetzen. Nur bei dem Kopf gelingt das nicht. Er ist eine zu »harte Nuß«.

Durch die offene Tür aber blicke ich in den Nachbarraum, in dem offenbar ein Hand-werksbetrieb wie in alten Zeiten seine Werkstatt hat. Ich wende mich an den zunächst Sit-zenden: »Sieh Dir doch mal meinen Kopf an; da ist irgend etwas nicht in Ordnung!« Er stellt mir ein paar dutzend Fragen, aber er findet nichts.

So gehen wir in einen zweiten Raum, in dem ein Mann mit grauer Schürze steht. »Meister, hier behauptet eine, ihr Kopf wäre nicht in Ordnung. Aber ich kann nichts finden. Sie ha-ben ihn doch selbst gemacht. Sehen Sie ihn sich doch noch einmal an!« Nun blickt mich der Meister fragend an: »Ich kreise immer um mich selbst!« klage ich. Er dreht eine Schraube fester und meint: »Vielleicht war es das. Aber mein Kopf sei so prall voll.« »Die Pflicht übt da zuviel Zwang aus!« Der Minimotor aber weigert sich, etwas zu ändern: »Die Pflicht ist eingebaut!« sagt er. »Wenn wir den Kopf durch den Minimotor drehen, dann wird sie ganz lax und hat nichts mehr zum Regeln.«

Schließlich gelangt mein Kopf in den Rüttler und kommt mit einer gelockerten Hülle wie-der zum Meister zurück. Der wirft die Hülle zu Boden und schält einen goldenen Stab, wie ein Zepter geformt, heraus und übergibt ihn mir behutsam.

Den Stab bewundere ich, aber mein Kopf sitzt noch immer zu fest. Da läßt sich der Mei-ster meine beiden Hände zeigen. In der einen ruht der goldene Stab, in der anderen aber halte ich einen runden Gegenstand fest, den der Meister nun auch durch den Minimotor von seiner überflüssigen Hülle befreien läßt. Da kommt eine dicke Herren-Taschenuhr an einer goldenen Kette zum Vorschein. »Deine Gefahr ist nicht der Müßiggang. Laß Dir von ihr die Stunden sagen, aber nicht die Tage tyrannisieren!« Die Uhr soll Dir helfen, ein Mensch zu sein und die Leiter Deines Glaubens Stufe um Stufe hinabzuschreiten. Auch Je-sus ist vor Dir hinuntergestiegen, Stufe um Stufe, und auf jeder lebte er in der ganzen Wahrheit.

Darum geht auch unsere Theologie den falschen Weg. Sie beginnt außerhalb des Men-schen und fragt nicht nach seinem Wesen, seinem Fassungsvermögen und seiner Not. Ohne den Glauben an Jesus kann ich nicht leben und nicht sterben. Aber ehe ich Gott nicht in den Herzen der sehnenden und seufzenden Menschen erlebt habe, kann ich seiner auch nicht auf dem Thron der himmlischen Herrlichkeit gewahr werden.

22. Thema: Die Trennung zwischen »Ober- und Unterkörper« und deren Überwindung

Von den über 5000 Seiten ihrer Protokolle beschäftigen sich $^9/_{10}$ mit religiösen Fragen (von denen hier einige der wichtigsten genannt sind); doch kaum $^1/_{20}$ mit Problemen der körperlichen Liebe. Das aber ist ihr Fragenkreis am 23. 2. 1968, als sie schreibt:
Ich kann meinem Körper nicht entweichen. In diesem Fall, das spüre ich, zieht Gott sich zurück. Dieser Teil des Lebens bleibt unerlöst. Voller Qual flehe ich darum zu Gott: »Mach doch bitte in diesem Fall eine Ausnahme!« Aber schon ergreift Nüchternheit wieder von mir Besitz. Warum sollte dies ein Recht auf eine Ausnahme bilden? Welche Arroganz, dies anzunehmen. Kann ich dann nur folgern, daß ich nicht – oder höchstens zum Teil erlöst werde?
Kämpfe, Leiden und Qual sind zu mächtig. Dann sehe ich mich plötzlich ganz klein an der Hand eines mächtigen Wesens, von dem ich lediglich diese Hand und ein kleines Stück des Armes wahrnehmen kann. Dann nähert sich mir auch die andere Hand, greift in meine Brust und setzt dort sorgsam etwas ein; es ist ein Samenkorn oder eine kleine Pflanze. Eine mächtige Stimme spricht dazu: »Hüte es gut!«
Das will ich auch tun, und ich weiß jetzt, daß es nicht Gefahren von außen bedrohen, sondern daß ich von innen in stetem Fleiß ihm die beste Nahrung zuzuführen habe.
Dieses befreiende Bild vertiefte sich noch am nächsten Tage, als ich über die Voraussetzungen für das »Hüten« nachdachte. Das Saatkorn muß lockeren Boden finden, keimen und Wurzeln schlagen. Den lockeren Boden aber findet es nur durch den Pflug, der tief Furche um Furche zieht. Solchen Pflug führt ein Mann; wer, das sehe ich nicht. Da fällt es mir schwer, niederzuschreiben: »Mann meines Lebens, führe Du den Pflug!« Tagelang ringe ich nun um die Worte: »Mann meines Lebens!« Soll ich nur dem Wunsch nachgeben, um jeden Preis gelöst zu werden? Soll ich nach einem lebenden Mann ausschauen? Oder war der frühere N. N. wirklich »der Mann meines Lebens«? Ich will ehrlich sein, mich aber auch nicht mit einem Verstorbenen in Verbindung setzen!
Da gehe ich noch einmal alle die Spannungen in meiner Brust durch. In letzter Verzweiflung ergreife ich das Schwert, trenne unterhalb des Kreuzes meinen Unterkörper ab, so daß der Oberkörper schwerelos in den blauen Himmel entschweben konnte, während der Unterkörper teils in den dunklen Wolken, teils unter ihnen blieb. Nun versuchte ich, meinen Unterkörper über die Wolkendecke zu ziehen; aber es gelang mir nicht. Ich mußte mich nämlich dazu auf die Wolken stützen. Die hielten aber diesem Druck nicht stand, und ich purzelte nach unten, wieder dem Unterkörper entgegen.
So gelange ich persönlich aus diesen Bildern zu dem Schluß, daß man ein natürliches Herz unter so außergewöhnlichen Umständen wohl nur in einem zurückgezogenen Leben der Meditation finden kann oder als Nonne mit pflegerischen Aufgaben. Aber das ist ja Quatsch; denn wer weiß denn, was dann alles los ist, an Dingen, die das Herz erst recht zu Granit versteinern und es unfähig machen, tiefe, echte religiöse Empfindungen und Übungen mit dem natürlichen Leben des Herzens zu verbinden?!

23. Thema: Das Böse und seine Überwindung

In dem folgenden Bild sieht die Patientin sich selbst und eine große Zahl von Kranken und Leidenden. Sie strömen zu dem »Brunnen der Heilung«, den Jesus speist. Ein junges Mädchen mit einem blonden Haarkranz gießt anteilnehmend das »Wasser der Heilung« über die Wunden. Als ich das sehe, weiß ich mit einem Mal, warum ich mir mein Pferd so sehr in meine Nähe wünsche:

Es ist einfach da und tut, was das nächste ist. Es kennt nicht Gut noch Böse. Es hat keine Hoffnung und kein Mitleid, es ist einfach nur da. Und ich denke, daß ein Mensch erst dann richtig helfen kann, wenn er nicht auf den Hilfsbedürftigen die Penetranz seiner persönlichen Einstellung richtete.

Ich stehe vor dem Brunnen (am 13. 6. 1968) und weiß: auch ich brauche Heilung. Drei schwarze Kugeln des Bösen sind in meiner Brust und drücken mich zu Boden. Nach langem Mühen erst gelingt es dem Reiter, diese Kugeln zu entfernen und in einen Eimer zu werfen, der zuvor mit dem Wasser aus dem Brunnen der Heilung gefüllt war.

Das Wasser der Heilung wird die Kugeln des Bösen schon auflösen, so daß dann alles verdunsten kann; denn weggießen läßt sich das Wasser nicht so einfach; es müßte sonst vorher einen chemischen Wandlungsvorgang durchmachen. So weiß ich nicht einmal, wo ich den Eimer abstellen kann und nehme ihn darum zunächst mit zu der Straße des Bösen. Unter der Straße des Bösen ist jene Landschaft, in der Jesus wohnt. Ich weiß, er würde den Eimer schon annehmen; aber dort sehe ich jetzt so viele Menschen, die all' ihr Böses zu Jesus bringen, daß ich es nicht auch noch tun will. Also gehe ich eine Straße nach rechts, die in die Wüste führt. Dort müßte wenigstens das Verdunsten schneller gehen; denn hier unter dem Deckel schlägt sich höchstens der Dampf mit dem Bösen darin nieder. Also setze ich mich in der Wüste hin, öffne den Deckel und nehme den Eimer zwischen meine Beine. Als ich aber nachdenke, finde ich einen Fehler: Auch beim Verdunsten bleiben winzige Teile der Kugeln erhalten, und die würden sich dann doch irgendwo niederschlagen, und das unverwandelte Böse wäre wieder da und würde noch andere, unschuldige Menschen treffen. Also ist dies auch kein Weg.

Die drei Kugeln waren ja einst aus dem Pechsee in meine Brust gelangt und hatten sich mit meinem Herzen und den anderen Organen untrennbar vermischt. »Die müßte ich wieder voneinander trennen können! Wenn mir doch das Wasser der Heilung wieder gesunde Organe geben könnte, dann würde ich mit dem schwarzen, bösen Pech vielleicht fertig werden!«

Da kommt mir der Einfall: Heißt es nicht: »Denn wo man singt, da laß Dich fröhlich nieder – böse Menschen haben keine Lieder!« Also beginne ich, aus vollem Hals alle meine Lieblingslieder zu singen und den Takt dazu auf den Eimer zu schlagen. Da wird auch schon das Ergebnis deutlich: Das Pech aus dem See hat sich in drei feste Kugeln zusammengeballt, aber Herz und Lunge und die anderen Organe lagen unversehrt und rein für ihren Dienst bereit. Jetzt stehe ich auf, gehe ein Stück, und plötzlich ist Jesus doch neben mir.

Dann streicht Jesus mit seiner Hand über eine jede der schwarzen Kugeln, die Teilchen wenden sich, und ihre weiße Kehrseite kommt zum Vorschein. Am Schluß hält er drei weiße Kugeln in seinen Händen. Fassungslos vor Freude stehe ich ihm gegenüber und muß doch zweifeln: »Es braucht doch nur jemand zu kommen, der seinerseits über die Kugeln streicht, und sie wären wieder schwarz!«

In seiner Güte versteht der Herr auch meinen Unglauben, nimmt wieder eine der Kugeln nach der anderen in seine Hände und zerreibt sie dort in feinen Sand. Der fällt zu Boden und vermischt sich dort mit dem anderen Sand, oder er wird vom Winde verweht.

Lange aber währt die Erleichterung nicht, mit der ich mich über die Reinigung meiner Brust freuen kann. Ich spüre und sehe, wie sich das Pech meinem ganzen Körper mitgeteilt hat. Der Reiter rät mir, den ganzen Körper auseinander zu nehmen und jedes Teil von dem Wasser der Heilung reinigen zu lassen. Während das eine Ich nun mit seinen vielen Teilen in dem Wasser liegt, entwickelt das andere Ich eine zunehmende Abneigung gegen das Schwarz.

Schwarz war der Pechsee, schwarz auch die Fäden der Schuld, mit denen ich die Wände des Schachtes beflochten hatte. Das also sollte meine erste Aufgabe sein: ich steige hinunter und befreie wieder die Wände des Schachtes und reiße dort alle schwarzen Fäden wieder heraus. Wohin ich jetzt blicke, überall entdecke ich schwarze Fäden und Stellen; wohl niemals werde ich sie alle entfernt haben können.

Da bemerke ich, wie die schwarzen Fäden, die ich beim Einsiedler niedergelegt habe, sich in kleine schwarze Schlangen verwandeln, die nach allen Richtungen fortzukriechen drohen. Haben sie erst eine gewisse Entfernung überschritten, so sind sie nicht wieder zurückzuholen. Sollte in diesem abermals aussichtslosen Bemühen etwa wieder die Musik helfen?! Schnell besorge ich mir eine Flöte und pfeife fröhliche Lieder darauf. Und siehe, die Schlangen kehren alle wieder zurück.

Mit unendlicher Mühe durchsucht die Patientin nun nochmals den Schacht und die Nebengänge, hebt ihren Grabstein an und entdeckt darunter ganze Schlangennester, findet Schlangeneier, wohin sie blickt. Alle Fäden, Schlangen, Nester, Eier formt sie nun zu einer großen Kugel, die sich äußerlich nur durch ihre Größe von den drei Kugeln aus ihrer Brust unterscheidet. In die allerunterste Welt will ich sie rollen, damit sie keinen Schaden mehr anrichten kann. Aber unterwegs treffe ich wieder auf Jesus. »Hast Du immer noch kein Vertrauen zu mir«, so spricht er mich freundlich kopfschüttelnd an. »Willst Du immer noch versuchen, mit eigener Kraft diese Aufgaben alle zu lösen?! Gib mir doch das Böse!«

Ich frage den Einsiedler (am 4. 4. 1968), warum ich unter so starkem Druck sitze, warum ich ein so langweiliger und stoffliger Geselle und eine so schwere Belastung für meine Kinder und meine Umgebung bin. Der Einsiedler sagt: »Du sitzt unter einer Kappe!« »Woraus ist denn die?« »Aus Stoff!« »Und woraus besteht der Stoff?« »Aus den grauen Gedanken, die Dir entsteigen! Du greifst sie mit den Händen aus der Luft und fügst sie zusammen. Und unter diesem Stoff fühlst Du Dich erdrückt.«

»Und was kann ich tun?« »Rege Dich! bleib nicht an einem Fleck sitzen, dann können sich die Gedanken auch nicht so verdichten!«

Ich weiß nicht genau, wie es zugegangen ist, aber ich stehe auf einmal vor einem langen, nach links laufenden *Brett* und knete eine graue Masse. Ich bin wohl selbst diese Masse, und die Form, die ich knete, hat Unebenheiten, die ich durch das Kneten beseitigen will. Habe ich aber an einer Stelle die Unebenheiten und Buckel weggebracht, so kommen sie an einer anderen Stelle wieder zum Vorschein. So knete ich die Masse zehn- oder zwölfmal durch und gelange, da ich die nächste Form ein Stück neben der vorhergehenden knete, die lange Tafel nach links.

Als ich so weit links bin, daß ich mich zu sehr von dem Einsiedler entfernt habe, knete ich wieder nach rechts zurück. Dort aber zeigt die Masse noch die gleichen Unebenheiten und Buckel. So komme ich also nicht weiter. Es muß etwas Festes in der Masse sein, das sich immer wieder durch den Stoff hindurchdrückt, den ich knete. Da fordert mich der Einsiedler auf zu prüfen, warum ich denn unentwegt und so vergeblich knete. »Ich will allein mit mir fertig werden!« erwidere ich. »Laß Dir doch helfen!« sagt er. Eigentlich hat er recht. Ich sehe doch selbst, wie unsinnig meine Arbeit ist. Viel zu lange schon habe ich mich mit mir selber aufgehalten. Warum will ich mich überhaupt ständig umformen?

Sind es die anderen, die auf meine Unebenheiten zeigen? Will ich sie etwa nur beseitigen, um es ihnen recht zu machen? Und wenn ich es ihnen recht mache, sie veranlassen, mich zu lieben! Damit ich nicht so alleine bin? Oder geht es mir um die Sache? Der erste Punkt scheint mir wahrscheinlicher, zumindest gewichtiger; denn ich habe solche Angst vor dem Alleinsein. – Oder kann man doch das Einsamsein lernen?

Zur Antwort führt mich der Reiter in die Wüste zu dem Dornbusch, bei dem ich schon einmal Jesus begegnet war. Damals hatte Jesus mit mir gebetet. Dieses Bild ist jetzt wieder ganz gegenwärtig. Nach einer Weile erhebt sich Jesus und entfernt sich still. Jetzt bin ich allein und bete weiter. Aber bin ich deshalb einsam? Jesus war doch neben mir, also war ich nicht einsam. Vor allem aber: Er hat doch zu Gott gebetet. Also muß doch Gott existieren! Dann ist doch meine Grundfrage damit beantwortet. Gott lebt doch! So kann doch eine innere Sicherheit entstehen, die Entspannung schafft und uns nicht ständig in der Hochspannung beläßt.

Das Bild ist noch nicht abgeschlossen: Irgend etwas hat mich am Schopf gepackt, und ich hänge nun da mit allen meinen Unebenheiten. Im Hängen und im leichten Pendeln ordnet sich nun die aus dem Kneten entstandene Form der Masse, und es entsteht etwas Menschengestaltiges. Nun denke ich mir ein Gestell, und da ist es auch schon konstruiert. Es fußt auf einem Punkt und weitet sich nach oben aus in Stäben und Drähten mit vielen Querverbindungen zu den äußeren Punkten und mündet nach oben wieder in einem äußeren, einzigen Punkt.

Dies ist die Form, gefüllt mit Menschen (in der reichlichen unteren Hälfte), die das Ziel Gottes ist. Sie hängen an den querverbindenden Stäben als kleine graue Gestalten und pendeln in dem nicht spürbaren Luftzug in leichten, regelmäßig-unregelmäßigen Wellen.

24. Thema: Meine Tränen

Ich sehe einen langen Flur, von dem rechts und links viele Türen abgehen. Hinter einer Tür höre ich ein herzzerreißendes Weinen. Und was sich hinter dieser Tür befindet, das muß meine Erstarrung sein, die mich weinen läßt. Hinter vielen Türen ist es stumm; wo es aber weint, da muß noch Leben sein. Von ihm kann ich vielleicht den Grund meiner Erstarrung und meiner Tränen erfahren.

Ich trete ein und finde tatsächlich ein Mädchen, das weint und die Hände vor das Gesicht geschlagen hat. Doch es entzieht sich mir, als ich ihr behutsam die Hände fortnehme, schlägt sie erneut vor das Gesicht und weint weiter. Dabei wird sie böse. Sie drängt mich, ohne die Hände herunterzunehmen, aus dem Zimmer und schlägt die Tür hinter mir zu. Aber ihr Weinen klingt unnatürlich, qualvoll und trotzig. Jedenfalls rufe ich ihr durch die Tür zu, »das Weinen ist doch Angabe! Hören Sie auf damit!« Tatsächlich ist es still danach; aber die Spannung hat noch zugenommen; ich spüre sie durch die geschlossene Tür.

Nun erschrecke ich, was ich wohl angerichtet habe, trete nochmals ein und finde sie erstarrt zu Stein. Nun frage ich mich voller Schrecken selbst: Ist sie erstarrt, weil ich ihr die Wahrheit gesagt habe, oder weil ich selbst innerlich böse mit ihr war. Aber jetzt kann ich mir vorstellen, was hinter den anderen Türen geschehen ist, aus denen kein Laut dringt: Dahinter liegen vor Leid zu Stein erstarrte Menschen, und zu ihnen werde ich auch gehören, wenn ich nicht lerne, meine Erstarrung zu lösen.

So hole ich sie alle aus ihren Zimmern und trage sie am Ende des langen Flures zusammen. Sie haben die verschiedensten Stellungen, vom Hockenden bis zum hoch Aufgereckten. Aber mit dieser Sammlung weiß ich nichts zu beginnen und weiß doch, erst wenn ich sie befreien kann, dann gibt es auch aus meiner Erstarrung einen Weg.

So sage ich zu den Versteinerten, ich würde mich zu ihnen setzen und mein Herz aus der Brust nehmen, um es ihnen zu geben. Es hätte zwar auch eine Schale aus Stein, aber darunter schlage es doch wenigstens noch. So hoffte ich, daß dieser Rest von Leben sie noch anstecken könnte. Während ich also mein Herz bei den Versteinerten lasse, gehe ich noch einmal auf den Flur zurück, weil ich einige Türen vorhin nicht geöffnet hatte.

Die erste dieser Türen eröffnet den Blick auf einen Strand mit einer Sandburg. Den Sand grabe ich fort und stoße darunter auf einen Ring. Er ist nicht ganz geschlossen, ich biege ihn auf, aber wenn ich ihn loslasse, dann schnellt er wieder in seine fast geschlossene Form zurück. Da erkenne ich: Auch dieser Ring ist meine Erstarrung, aus der ich mich mit eigener Kraft nicht befreien kann. So gehe ich zu der nächsten, bisher noch verschlossenen Tür, ob ich dahinter nicht einen Ausweg finde.

Hinter der Tür finde ich eine apathische Gestalt, die aber wenigstens kein Zeichen der Erstarrung zeigt. Sie sagt: »Ich bin deine Hoffnung; aber ich halte schon noch eine Weile durch.«

Hinter einer weiteren geschlossenen Tür finde ich meinen Glauben. Er sagt: »Ich werde Dich nie verlassen!«

Und wieder einige Türen weiter finde ich noch die Liebe. Sie ist in keinem schönen Zustand, als Gestalt gar nicht zu erkennen. Sie sieht aus wie ein Feld, das vertrocknet ist. Sie sagt zu mir, ich solle mir ja nicht einbilden, daß ich schon Liebe hätte, nur weil ich ein Pferd oder einen Hund gern hätte. Da ist noch viel zu tun bei Dir!

Danach (am 17. 3. 1969) gehe ich noch einmal hinaus auf den Flur und schaue nach meinem Herzen bei den Versteinerten. Es konnte nichts ausrichten, sondern umgekehrt haben die Erstarrungen das Herz noch zu einem viel langsameren Schlagen veranlaßt. So nehme ich es auf, setze es wieder in meine Brust und spüre, wieviel kühler es geworden ist. Es muß jetzt unbedingt wieder in Bewegung gebracht werden, damit es neues Leben gewinnt.

Die Bewegung, die ich brauche, suche ich bei dem Reiter, der auch wirklich mit mir ausreitet und mich dabei fragt: »Was liebst Du?« Spontan antworte ich ihm: »Den Himmel und den Boden, die Weite und den Wind. Der Wind streicht durch das Herz, und es wird alles leicht.« Der Reiter fragt mich weiter nach meiner Liebe. Ich sehe die Liebe als etwas Lebendiges und Durchblutetes. Ich sehe sie als ein längliches Stück am Boden liegen, und zu beiden Seiten stehen wohl Menschen, denen ich einmal meine Liebe zugewendet habe. Aber sie schlagen jetzt mit langen dunklen Knüppeln auf meine Liebe ein. Sie »dreschen« sie aus, bis nur noch ein trockener Strohhalm übrig bleibt.

Ratlos frage ich nun: »Jesus, was würdest Du tun?« »Ich würde es still und fromm hinnehmen!« »Und von wem?« »Vom Vater!« »Das muß ich lernen!«

So bleiben die beiden Aufgaben immer wieder über meinem Leben: »Was kann ich tun!« und »Was soll ich tragen?«

25. Thema: Jesus und Gott (auf der »Straße des Bösen«)

Am 16. Mai 1969 schreibt die Patientin: Ich stehe vor ›Jesus im Felsengrab‹. Ich möchte die brennende Sehnsucht nach Gott zu einer gewissen Erkenntnis, zu einem klaren Erlebnis werden lassen. Ich möchte es aus mir in eine große Höhe erheben – etwa in der Anbetung? Oder will ich nur der Stimme in mir einen Ursprung verleihen, so daß Gott dann das Geschöpf seines menschlichen Geschöpfes wäre? Nein, alles was ich mir denken kann an Kraft, Macht, Herrlichkeit, auch wenn ich es in ungeahnte Größe steigere, kann doch nur Menschenwerk bleiben. Gott aber ist unfaßbar und unbegreifbar. Wie aber gelange ich von der Ahnung dieses Unfaßbaren zum Wissen um seine Existenz? Noch immer ist es offenbar zu früh für eine Antwort.

So wende ich meine Aufmerksamkeit von Jesus zu (seinem Grab-)stein. Er ist jetzt anders in seiner Form, nicht so schön wie früher. Sein Schwergewicht liegt in dem ausladenden oberen Teil, der untere dagegen läuft spitz aus wie eine Zahnwurzel. Ich grabe ihn aus und balanciere ihn auf der rechten Hand zu »Jesus im Felsengrab«. »Sieh, was aus Deinem herrlichen Stein geworden ist!« In seinem Schmerz legt Jesus die linke Hand auf seine Augen. »Der Stein hat den Ton einer Glocke«, sagt er, »ich hätte sie öfter anschlagen müssen, dann wäre ein Brausen über die Erde gegangen. Das hätte die Menschen dann so durchströmt, daß sie sich innerlich neu geordnet hätten.«

Die Menschen haben in ihrer Dummheit aus meinem Wort der Freude und der Kraft den Weg zum Kreuz gemacht. In mir war ein Feld von Weizen herangereift. Ich wollte es den Menschen weitergeben, und es sollte weitere Frucht tragen. Aber der Samen, den ich in sie warf, ging nicht auf, sondern legte sich wie Mehltau auf mein Feld und erstickte die Frucht. Nur der dunkle Halm des Todes wuchs kräftig hoch. Es war der dornenvolle Weg, der mich ans Kreuz führte. Das war meine Stärke, die Überwindung der Welt; aber die Menschen haben ein jammervolles Mitleid daraus gemacht, nicht die barmherzige Tat an ihren Brüdern.

Als diese Saat meines Weizens dann in den späteren Generationen aufging, da waren es zu wenig, und die hatten nicht die Kraft, alle Felder zu bestellen. Das Kreuz aber ist das verpflichtende Opfer, das Leid, das Jesus für uns und mit uns trägt. Jesus aber höre ich, wie er mich ermahnt: »Lege Du die Bürde der Verantwortung ab! Sorge nicht, daß auf den Äckern der Menschen genau der Weizen wächst, der in Dir gereift ist. Er kann auf viele Weise grünen, blühen und Frucht tragen!«

Wieder bin ich (am 23. 5. 1969) auf der »Straße des Bösen«. Ich bücke mich und reiße Platten aus der Straße; denn die Straße soll jetzt zur Landschaft werden. Wenn ich aber die Straße auflöse, muß ich erst sehen, ob sich auch die Buden darauf auflösen. Ich sehe in die Bude mit der Drehscheibe. Es sind keine Menschen mehr darin. Auch die Bude mit den Scheußlichkeiten ist leer. Die Türen zu den Kammern stehen offen, aber sie sind ausgeräumt.

Aber was mache ich mit der Kirche daneben? Sollte ich sie in eine Kapelle verwandeln, damit ich mich nicht an einer Kirche vergreife? Aber eine Kapelle in der Landschaft, das ist kitschig. Als Stätte der Andacht kann ich sie ebensowenig akzeptieren wie eine Kirche in ihrer bisherigen Gestalt.

Da sehe ich Jesus neben mir knien. Da geht er aus sich heraus und als ein breitbandiger Strahl steigt er empor und begegnet Gott. Ich knie neben ihm nieder, und eine starke Verbindung wächst zwischen uns beiden. Auch aus mir löst sich nun ein breiter Strahl und verläuft nahe, parallel zu dem Strahl von Jesus. »Warum hast Du das getan?« frage ich Jesus. »Ich habe mein Herz in den Händen getragen und habe es den Menschen dargeboten. Und das konnte ich nur von hier aus.« »Aber gab es denn keinen anderen Weg, denke doch an Franz von Assisi!« Das wird Jesus fast zornig: »Meinst Du, ich hätte mich versenken wollen und dann Anfechtungen haben sollen und die bekämpfen müssen, um mich dann wiederum zu versenken und in Naivität immer weiter so fortzufahren?«

Das bewältige ich noch nicht und kann es nicht verstehen. Aber zunächst wende ich mich der anderen Seite der Straße zu. In dem Kloster, aus dem die manipulierten Rufe »Glauben!« einst kamen, ist es jetzt ruhig. Auch auf dem Hof des Klosters herrscht jetzt ein maßvolles in sich gekehrtes Leben. Der Abt lädt mich ein, dort als Gast zu weilen.

Zur Zeit der Andacht gehe ich mit den Mönchen in die Kapelle. Im Gebet wenden sie sich alle dem Kreuz zu. Aber es geschieht noch mehr: Zu dem lebendigen Jesus sage ich: »Sieh nur, wie sie Tuch um Tuch über Dich breiten und Dich verhüllen, und wie sie immer noch Kette um Kette an Dich legen und Dich fesseln! Und sie merken es nicht einmal!« Jesus, der lebende Herr, ist anwesend, und niemand sieht ihn! Nach der Andacht frage ich den Abt, wo denn für sie der lebendige Jesus sei, und er antwortet: »Jesus lebt durch das Kreuz in uns fort.« »Seid Ihr arm!« kann ich ihm nur antworten.

Dann frage ich ihn, ob wir nicht eine Meditationsrunde bilden könnten. Er stimmt zu, und wir setzen uns im Garten in einen Kreis. Nachdem alle in innerer Ruhe sind, erscheint Jesus in unserem Kreis. Zwei der Mönche nehmen ihn wahr. Einer streckt beide Arme abwehrend aus und ruft empört und gebieterisch: »Hebe Dich hinweg!« Der andere sinkt auf die Knie, beugt gebrochen den Oberkörper zur Erde und bittet Gott um Vergebung für seinen Frevel, daß er etwas sieht, was es gar nicht gibt.

Das Böse lebt fort, und es nimmt unerwartet und sogar besonders fromme Gestalt an.

26. Thema: Die Weisheit und das Leben

Am 5. Juni 1969 erinnert sich die Patientin an ein Bilderlebnis, das schon sechs Jahre zurückliegt und sie damals (genau wie den Arzt) tief beeindruckt hatte. Dieses Bild nimmt sie jetzt wieder auf. Damals hatte sie bei ihren ersten Besuchen auf der Bergeshöhe zum erstenmal ihren Einsiedler kennen und als schlechthin maßgebende Autorität schätzen gelernt. Als sie ihn wieder aufsucht, findet sie an der schweren Bohlentür seiner Hütte mit einem Reißnagel einen Zettel befestigt: »Heute geschlossen; bin auf dem Einsiedlerkongreß.« Tief enttäuscht sinnt sie auf einen Ausweg: Mit Hilfe eines Fernrohres entdeckt sie den Ort des Kongresses: Es ist ein Kreuzfahrerschiff weit draußen auf dem Meer.

So eilt sie zur Küste hinunter, mietet ein Motorboot, fährt geschwind zu dem Kreuzfahrerschiff, weil sie doch so dringend einen Rat braucht. Dort sind in der Tat 350 Einsiedler in der großen Halle des Schiffes versammelt und – ihr kaum faßbar – sie beten nicht, sie diskutieren nicht, nein, sie streiten heftig miteinander. Schlimmer noch: Mit erhobenen Fäusten gehen sie aufeinander los und prügeln sich.

Wohl wußte sie schon früher: nicht alle Menschen folgen den gleichen Maßstäben, aber solche Gegensätze hätte sie doch nie für möglich gehalten. Vor allem aber ihr eigener Einsiedler, ihr ein Vorbild von Weisheit und Güte, war kräftig und heftig an den Prügeleien beteiligt. Diese Erfahrung hatte ihr entscheidend zum rechten Einordnen der inneren Gestalten geholfen und sie davor bewahrt, den Bildern eine religiös verbindliche Bedeutung zuzuerkennen (mit der Ausnahme einiger Christusvisionen).

Diesmal aber sucht sie den rechten Weg zur Erkenntnis. Sie findet und beschreitet auch diesen Weg, doch er endet an einer hohen, steilen Wand. »Hier muß ich selbst weiterschaufeln«, erkennt sie und beginnt, mit hohem, weitem Wurf die Erde in die Luft zu schleudern.

Sicher will mir dieses Bild eine Lebenssituation anzeigen, ich weiß aber nicht, worauf es sich bezieht und verstehe das Bild nicht. Immer noch suche ich dabei die Gemeinschaft der Einsiedler, aber ich weiß nicht, wo ich sie finden kann; zumal es inzwischen spät geworden ist. Endlich habe ich sie in einem Hochtal inmitten einer Welt des ewigen Eises gefunden. Doch nur noch drei der Weisen sind zurückgeblieben. Sie zeigen ein eher japanisches Aussehen.

»Könnt ihr mir die Bedeutung meines Weges und Bildes erklären?« frage ich sie. Nach kurzer Zeit der Sammlung sagt der erste: »In Luft löst sich alles auf.«

»In der Erde findest Du Geborgenheit!«

Und der dritte sagte: »Über allem aber scheint die Sonne!«

Bei diesen Worten hat der erste seine Worte in die Luft geworfen, der zweite hat sie in den Sand geschrieben, und der dritte hat auf die Sonne verwiesen. Aber die Bedeutung der Antworten kann ich nicht erkennen. Darum sage ich: »Ich danke Euch, aber: Könnt ihr mir das auch erklären?«

Der erste sagt: »Mache Dich frei – und bist Du nicht Luft?!« Der zweite: »Mache Dich frei – und bist Du nicht Erde?!« Und der dritte: »Das Leben von Luft und Erde ist die Sonne!« Ich folge jeweils ihren Worten und bin jetzt Luft und Erde, und ich spüre, daß beides nur aus Sonne existiert. Aber durchdringen kann ich es nicht. So sage ich zu ihnen: »Ich verstehe nichts von diesen Dingen; aber ich glaube gern, daß dies die Grundweisheiten unseres Lebens sind. Ich danke Euch dafür!« Als ich mich nun zum Abschied erhebe, bemerke ich, daß die anderen Weisen inzwischen zurückgekehrt sind, um die Worte der drei zu hören und zu bedenken. Nun sehe ich mich genau in diesem Kreise um, ob nicht Jesus sich unter ihnen befindet. Das ist aber nicht der Fall. Aber jetzt kommt er und tritt in den Ring.

»Wie kannst Du mich in dieser Gesellschaft erwarten?« fragt er mich. »Warum nicht«, entgegne ich. »Du willst es mir ja nicht glauben; aber ich bin doch das Leben selbst!« Darüber muß ich noch mehr erfahren. So wende ich mich zu dem einen der Weisen, er mag Tibetaner oder jedenfalls Mongole sein: »Lebt Ihr nicht?« frage ich ihn. »Sieh' uns an: Leben ist nicht Weisheit, jedenfalls nicht in Reinkultur. Weisheit nährt das Leben, sie lebt aber nicht selber. Wer aber das Leben überwunden hat, der ist einen Schritt näher zu Luft, Erde und Sonne gelangt. «

Als ich sie fragen will, ob ich nicht bei einem von ihnen bleiben und zuhören dürfte, wird klar: sie brauchen keinen Zuhörer, sie kümmern sich auch nicht um ihre Existenz: Sie *sind* und sie sind *weise,* das ist alles. Dort also ist nicht mein Bestimmungsort. So suche ich meinen Einsiedler und finde ihn in seiner Bergesklause. »Warum bist Du nicht bei den anderen Weisen?« »Dort gehöre ich nicht hin. Ich bin nur Dein *persönlicher* Einsiedler. Und sei froh, daß dies so ist!«

»Weisheit ist mehr als Wissen; aber Leben ist noch viel mehr als Weisheit und Wissen zusammen.« Wenn sich dies doch bis in unsere Theologie hinein herumsprechen würde, dann würde nicht soviel toter Kopfglaube herrschen und die leidenden Menschen leer lassen.

27. Thema: Tropfen, Tränen und Träume

»Eine Stauung in meiner Brust bedrängt mich«, schreibt die Patientin am 19. 6. 1969, »verbunden mit dem wohlbekannten Gefühl des Unglücklichseins. Was seid Ihr, frage ich die Tropfen. ›Jede Art von Tropfen, besonders Tränen und Träume‹ ist die Antwort. ›Aufgestaut waren sie, jetzt aber bilden sie einen Bach!‹ ›Wessen Tropfen, Tränen und Träume sind es denn?‹ frage ich zurück. ›Es sind Deine eigenen, aber auch die von anderen Menschen und von Tieren!‹ Diese Antwort will ich nicht wahrhaben. ›Muß denn das sein?‹ ›Ja, das ist Dein Los! Versuche durch das Tal zu gehen, und Du wirst es einsehen!‹

So wandere ich durch das Tränental aufwärts an dem Bach entlang. Mit dem stärkeren Gefälle fließt das Wasser aber immer reißender und mächtiger. Da sehe ich einen Mann mitten in dem Bett des Baches stehen, der sich mit angehobenen Armen und festgestemmten Beinen gegen den Aufprall der andrängenden Flut stemmt. Zeitweise hält er sich dabei noch an einem vorspringenden Felsen fest.

Der Mann ist Jesus. ›Wem stellst Du Dich hier entgegen?‹ frage ich ihn. ›Es ist die Not der Menschen!‹ ›Läßt Du sie in Dich eindringen?‹ ›Nein, ich halte sie mit meinem Körper auf,

lasse sie dann aber abfließen.‹ ›Und was erreichst Du damit?‹ ›Ich sagte Dir doch; ich bin das Leben!‹ ›Und warum führt Dich dann der Weg von hier nach Golgatha?‹ ›In Golgatha bin ich der Teich ihrer Tränen!‹ ›Und welche Tränen fließen in den Bach an meinem Gang? Und welche in Deinen Teich?‹ ›Ich bin das Brot ihrer Seelen.‹
›Und wenn Du den Fels nicht hättest, an dem Du Dich hältst?‹ ›Dann müßte ich weichen!‹ ›Und was ist der Fels?‹ ›Das ist meine Überzeugung.‹ ›Und wovon bist Du Zeuge?‹ ›Gott, der Vater, hat sich mir offenbart.‹ ›Wer sonst beugt sich so tief und ist doch so stolz? Diese Spanne also ist es?‹ ›Ja, die Spanne!‹
›Und was haben die Tränen mit den Träumen zu tun?‹ ›So viele Menschen wandeln ihre Träume in Tränen um; und aus den Tropfen werden dann Bäche und Ströme, deren sie nicht mehr Herr werden können. Ich will ihnen aber helfen, die Tränen in Träume zu verwandeln, die dann nicht länger zu einem Meer der Tränen hinunterfließen, sondern von den Engeln auf der Himmelsleiter emporgetragen werden.‹
›Und wie soll ich die ‚Tropfen‘ dabei verstehen? Rinnen nicht alle Tränen in Tropfen aus den Augen?‹ so frage ich weiter. ›Ja, aber die meisten Menschen wollen jede Änderung plötzlich und völlig erreichen. ›Tröpfchenweise‹, in kleinen aber regelmäßigen Schritten erschließen sich die meisten Ziele zuverlässiger.
Träume verstehen wir, und Tränen versiegen tröpfchenweise.
Der Einsiedler aber setzte das Gespräch fort, das Jesus mit mir geführt hatte: ›Ich will Dir noch eine andere Aufgabe für Deine Tränen zeigen!‹ Damit bedeutete er mir, ich solle ihm folgen, und er führte mich – es war nicht weit, in eine der vielen Kirchen, in denen ich ›Jesus in Ketten‹ hatte liegen sehen. Diesmal aber blieb er oben in der Kirche und ging nicht mit mir in die Krypta. ›Wenn Du doch soviel weinen mußt, weine hier über dem Altar!‹ Zuvor aber schaue ich mir dieses Altarbild an. Es ist dunkel, und ich kann nicht erkennen, was es darstellen soll. Außerdem ist es so überreich mit seinem goldenen Rahmen verziert und ausgeschmückt, daß goldene Zacken und Ranken von den verschiedenen Seiten das Bild verdecken.
Der Einsiedler aber wiederholt: ›Weine über diesem Altarbild!‹ Und nun fließen meine Tränen über dem Bild und über den Ziergestalten des Altars wie ein Strom. Ich mußte an ›Jesus in Ketten‹ denken in der Tiefe auch dieser Kirche. Und nun geschah das Ergreifende: die Tränen wuschen die dunklen Farben von dem Bild, immer heller und deutlicher erschien es vor den Augen der Betrachter. Und die Tränen spülten die Zacken und den Zierat der Figuren fort, so daß sie als schlichte Gestalten natürlich und überzeugend wirkten. – Das Bild aber stellte die Heilung eines kranken Kindes durch Jesus dar und den Segen, den er dabei durch das Auflegen seiner Hand spendete.
›Was aber kann ich für ‚Jesus in Ketten‘ tun?‹ frage ich den Einsiedler; denn die Frage bewegt mich seit Jahren. Hier aber erteilt er eine Antwort: Schon wenn Du hier bist, beginnen die Ketten zu schmelzen. Vor allem aber Deine Tränen über das verdunkelte Jesusbild bringen andere Menschen zur Besinnung und lassen sie teilnehmen an dem Werk, durch Tränen zu reinigen und zu befreien. (Vgl. vorn S. 37)
Und wenn jetzt wieder die Neigung zum Weinen mich überfällt, dann denke ich nicht mehr an meine kleinen Wehleidigkeiten, sondern an die große Aufgabe Jesu zur Rettung der Welt und an die Aufgabe der Kirche, diesen Jesus Christus wieder durch Tat und durch Wahrheit zu verkünden, statt ihn zu verschweigen.

28. Thema: Symbolgestalten des Seelenlebens
   (Einsiedler, Reiter, Taucher und »Schiffsbauer«)

»Seit Jahren begleiten sie mein Leben, und meist sprechen sie deutlich zu mir. Und doch habe ich sie noch nie nach ihrem Wesen und Willen gefragt. So wird es heute Zeit!« Mit diesen Worten leitet die Patientin ihre Gedanken am 28. 3. 1969 ein. Da sind manche Symbolgestalten, die in diesem Bericht meist aus Raumgründen fortgelassen wurden: Der Drache, der sie bedroht und auch beschützt, die heimtückischen Schlangen, die sie gefährden. Da sind die Pferde, deren wildes Leben unzertrennlich mit dem des Reiters verbunden ist. Da ist vor allem der Berg, der seine Arme ausstrecken und sprechen kann. Seine Bedeutung ist nicht weit verschieden von der ›inneren Burg‹ der Teresa von Avila.

Abgesehen aber von der Zentralgestalt des Jesus von Nazareth sind es vier ›Seelenführer‹, von denen der eine oder andere in fast jeder Bilderschau erscheint. Deren Selbstaussagen hat die Patientin zusammengestellt: ›Manchmal tauchen auch Zweifel in mir auf, ob ich bei dem Taucher alles richtig gesehen habe. Aber der Jubel über seine Begleitung ist größer.‹ ›Ich rufe den Taucher, aber ich trete ein wenig zur Seite, damit auch der Reiter neben ihm Platz findet, doch der versinkt, als der Taucher erscheint. Vergeblich versuche ich, beide zur gleichzeitigen Anwesenheit zu bewegen; aber es gelingt nicht. Nur einer von ihnen kann mich begleiten. Der Taucher erklärt es: ›Der Reiter hat den Himmel und die Erde und den Wind, und ich habe nur das Wasser.‹ ›Himmel und Wind aber sind auch über dem Wasser‹, entgegne ich.

›Ja, aber ich bin *im* Wasser, ich gehe mit Dir in die Tiefen Deiner Seele, wer aber geht mit Dir zu Jesus?‹ Er spricht bitter. Hat er wirklich eine so benachteiligte Aufgabe? Und was kann ich tun, um auszugleichen? Sind Taucher und Reiter nun einfach Wesenheiten in mir, die sich gegenseitig ablehnen? Aber ich kann mir auch nicht vorstellen, was sie in mir verkörpern sollen.

»Ich kann Dir die Erfahrung aller Deiner Bilder geben«, erklärt der Taucher, »die Du jetzt ablehnst«, »und Du kannst sie verstehen und kannst Dich ändern!« Da erscheint es mir, als beginne diese Wandlung schon jetzt: Ich knie neben Jesus in der Wüste, und auch der Reiter kniet neben mir. Vertritt dann der *Reiter* mehr diese Welt mit ihrem stürmischen Streben, so macht sich der *Einsiedler* mehr zum Sprachrohr meines Gewissens und einer höheren Weisheit. Nur – unfehlbar ist auch er nicht, und seine Beteiligung bei der Prügelei auf dem Schiff (vgl. S. 183) hat mich doch recht nachdenklich und zweifelnd gemacht.

Nur *Jesus,* der lebendige und allzeit gegenwärtige, hat mir nur Achtung und Anbetung und Anerkennung, Gebet, Gehorsam und Glauben abgenötigt, und darum muß auch ein heiliger Zorn mich packen, wenn ich so oft und so schwer seine Botschaft verzerrt und verschüttet sehe. Schiffe und *Schiffsbauer* spielen in den Aufzeichnungen und Bildern unserer Patientin eine nicht unwichtige Rolle. »Brückenbauer«, das wäre ein verständliches Symbol, doch sie kommen in den erwähnten 500 Seiten nur in ihrer lateinischen Urbedeutung als »pontifex« (Priester) vor und dann nicht in einem positiven Sinn. Hören wir aber die Patientin selbst: (am 24. 4. 1969)

In einem Schiff sehe ich das, was bisher aus meinem Leben geworden ist. Ein Schiff ist ja dazu da, auf dem Wasser zu schwimmen und gegenwärtiges Leben zu tragen. Mein Schiff aber liegt auf dem Meeresgrund. Es läßt sich nicht heben, und es liegt viel zu fest, als daß es zerstört werden könnte. Es widersteht jedem Versuch, daß man es bewegen und vielleicht anderwärts – kleiner – wieder zusammensetzen könnte.

So frage ich den Taucher, was das Schiffswrack bedeuten könnte. »An seinem Bug steht der Name!« lautet seine Antwort. Wir schaufeln den Bug frei und entdecken »AKRIBIE«.

186

Der Taucher berichtet mir weiter, diese Aufschrift ginge noch weiter. Dahinter lege ich noch das Wort »Wünsche« frei, will aber jetzt nicht alle Aufschriften entziffern, sondern das Innere besichtigen.

Dazu muß ich erst einmal das Vorderdeck säubern, die Sessel und großen Tische aus den Kabinen entfernen. Die Sessel sind mit Plüsch bezogen und mit Bommeln behängt. Der große Spiegel läßt sich nicht lösen, aber aus der Kombüse werfe ich Geschirr, Töpfe, Kannen, Krüge und Becher heraus. Das Schiff muß um jeden Preis leichter werden. Der Taucher übt vom Ufer aus Kritik an der Weise des Ausräumens; aber ich erkläre es ihm: »In diesem Schiff war ich zwei Jahre gefangen, und ich habe hier immer Rücksicht nehmen müssen. Das setze ich auch jetzt noch fort, und ich kann nicht einfach drin die Einrichtung zerstören, um sie bequemer herausschaffen zu können.«

»Und warum belastet Dich das so?« fragt fast anteilnehmend der Reiter: »Greif Du mal nach den Sternen und stehe zugleich auf festem Boden, während Du von lauter Troddeln umgeben bist!«

Das alte Bild, wohl eines der häufigsten in ihren Aufzeichnungen, will auch hier zu einer Antwort beitragen: »Wieder bin ich auf der Straße des Bösen; denn das Böse ist noch nicht verschwunden aus mir.« Wieder besuche ich dort die Kirche. Von dem Altar her wachsen dort Lanzen in den Raum, sie wachsen länger und länger, so daß ich schließlich aus der Kirche herausgetrieben werde. Schließlich kommen noch Knüppel von der Decke und beginnen, auf mich einzuschlagen. »Es ist eindeutig: die Kirche will mich nicht haben, sie treibt mich hinaus; da passe ich nicht hin!« Das sind ihre Worte der Schlußfolgerung.

Nun versammle ich noch einmal (am 9. 3. 1970) den Einsiedler, den Taucher, den Reiter und die anderen um mich. Endlich will ich es wissen: Jeden schlage ich an die Brust und frage alle einzeln: »Und wer bist Du?« Und keiner antwortet. Dann muß ich es selbst tun: »*Alle diese Gestalten sind einzelne Wesenszüge von mir. Alle zusammen, das bin ich. Und zugleich ist jedes einzelne eines meiner Ideale.*«

29. Thema: Der bleibende Sinn des Lebens: Das Bild Jesu verwirklichen

An einem Frühlingstag nach einer dienstlich bedingten Pause von vier Wochen bringt die Patientin die Aufzeichnungen von einer häuslichen Bilderschau: »Ich fühle mich einsam, verlassen und ohnmächtig und frage den Einsiedler, ob es da keine Hilfe gäbe, vielleicht jemanden, der mir mit seiner Liebe beisteht?«

Da kommt Jesus und sagt: »Wirf alles beiseite, was dich mühselig und beladen macht. Warum glaubst du nicht an einen ganz persönlichen Gott?« Ich frage ihn: »Wenn du heute leben würdest, könntest du mit deiner Botschaft von dem persönlichen Gott viele Menschen erreichen?« »Ja, ich liebe die Menschen, und Liebe bleibt nicht ohne Widerschein und Antwort.«

»Würdest du heute das gleiche verkünden wie damals?« Er antwortet: »Gott und die Schöpfung sind die gleichen, heute wie damals, also ist auch die Botschaft die gleiche. Nur die Menschen kennen diese Botschaft nicht.«

Dann stehe ich an dem Ufer eines klaren Sees. Von unten kommt mir freudig der Taucher entgegen. Ich reiche ihm die Hand und sage herzlich zu ihm: »Mein lieber Taucher!« Dann kommt auch der Reiter herbei. Beide legen sich gegenseitig die Arme um die Schultern, obwohl sie sich früher nicht gut verstanden hatten. Er erklärt mir: »Wir haben uns versöhnt!«

Danach müßte sich auch etwas in mir versöhnt haben. Jedenfalls aber freue ich mich über die Versöhnung und frage den Reiter, ob ich bei ihm aufsitzen darf. Er galoppiert mit mir durch das Tal bis zu einer Marienkapelle. Dort steige ich ab und knie vor der Marienstatue und sage zu ihr: »Du bist die bessere Mutter.« Und nun erzähle ich ihr alles, was ich an meiner Tochter in der Erziehung falsch gemacht habe, und was mich bedrückt. Da spricht Maria zu mir: »Wenn du doch alles weißt, warum änderst du es dann nicht? Wenn du dich täglich um dein Pferd kümmerst, warum wendest du nicht die gleiche Zeit und Sorgfalt für dein Kind auf?« Dann verweist mich Maria auf Jesus: »Er wird dir helfen.«

Nun ist auch Jesus in der Kapelle, und langsam erstehen in mir die verschiedenen Gestalten, in denen er mir begegnet war. Jede einzelne von ihnen hat mir eine besondere Erkenntnis vermittelt und Botschaft aufgetragen, und nun erkenne ich meine Aufgabe, mich täglich von jeder dieser Gestalten zu meinem Glauben und zu meinem Handeln leiten zu lassen, ihn in mir und durch mich leben zu lassen.

Eine dieser Gestalten freilich hat mich am tiefsten bewegt und mir die größte Aufgabe gestellt: Jesus liegt noch immer in Ketten, und uns allen gilt die Verpflichtung, ihn wieder zu befreien, damit er seine Botschaft von dem persönlichen Gott wieder und weiter verkünden kann.

Auf einem gesonderten Blatt ihres Protokolls faßt die Patientin als einen letzten Höhepunkt ihrer Bilderschau diese Erkenntnis in einer Tabelle zusammen, die hier ohne Änderung wiedergegeben sein soll:

	Jesus
im Felsengrab	der Weise
gehend – stehend	der Tätige
am Kreuz	der Gescheiterte
in Ketten	der Erbarmen Hervorrufende
auf dem Schiff	der Gewaltige
hinterm Dornbusch	der Bittende und Offenbarung Empfangende

30. Thema: Die Abschiedsfrage: Sind die Bilder Wahrheit?

Das letzte Protokoll beginnt mit einer unbekannten Stimme, die erstmals ihren Namen ruft: »Eine Frage muß ich dir stellen, Anneliese, warum suchst du Gott?« »Ich suche das Unfehlbare in mir; ich suche Gott, weil er das geben kann, was mir kein Mensch auf die Dauer gibt: Geborgenheit, Zuwendung trotz Distanz, Strenge und absolute Gerechtigkeit. Auch das Geborgensein erlebe ich als Teil der Natur in deren Gesetzmäßigkeit. Darum forsche ich in mir nach den Kontaktstellen zu Gott.« –

Eine Selbstbesinnung setzt ihre Gedanken fort: »Aber welche schreckliche Verstiegenheit; wie kann ich Gott in mir, in einem armen unvollkommenen Menschen suchen wollen? Andererseits, welches Glück wäre es, wenn ich glauben könnte, daß die Vollkommenheit, die Entsprechung der Gesetzmäßigkeit, die in uns selbst angelegt ist, endlich einmal durchbrechen könnte?!

Wir dürfen uns um ihre Entwicklung bemühen. Ab und zu werden wir uns des Schimmers dieser Vollkommenheit bewußt; dann erscheint uns Gott als Aufgabe und als gelegentliche Gnade. Bedeutet das aber zugleich: nicht Gott wird dieses Werk vollenden, sondern ich muß es selber tun?

Wofür habe ich nun gebetet, wofür bin ich dankbar? Daß ich so bin, wie ich bin, so selbstkritisch?

Aber, wo nehme ich die Kraft her, wer gibt mir die Zuversicht? Sollte dies alles ein ohnmächtiger Versuch sein, Gott nach meinem eigenen Willen zu bilden?

Besteht nicht die Möglichkeit, Gott einfach das große Übergeordnete und große Beseelende sein zu lassen und ihm sein Geheimnis nicht entreißen zu wollen? – Wirklich – welche beschämende Überheblichkeit!«

Am folgenden Tag liest sie sich selbst diese Sätze noch einmal durch und schreibt als letzte Eintragung in ihr Buch: »Wohl halten diese Gedanken einer intellektuellen Prüfung stand, aber sie wirken doch auf mich wie etwas Fremdes. Wo bleibt die Gewißheit, daß sich durch eigenes Suchen etwas Festes und Bleibendes finden läßt, in dem ich ruhen kann?«

»Ich bin doch ein Brunnen und nicht ein See. Der Brunnen bringt das Wasser, der See bewahrt es nur. Ich habe ein Herz von Holz. Über dieses Herz muß man tausend Tränen weinen. An mein Herz bin ich gebunden und möchte doch mit ihm frei werden.« –

Sieben Jahre später äußert die Patientin, inzwischen schwer gehbehindert und bereits vom Tode gezeichnet, in ihrer Klinik den dringenden Wunsch, sie möchte noch einmal die Bilder erleben können, die sie Jahrzehnte hindurch begleitet und getragen hatten.

Liegend im Krankenwagen wird sie gebracht. Auf diese Weise finden drei Besuche in den letzten Tagen vor ihrem Tod statt. Sie berichtet die wichtigsten Ereignisse der letzten sieben Jahre als eine Art Beichte.

Bei dem letzten Besuch kommt sie recht verzweifelt, weil sie nicht mehr imstande ist, trotz der Anregungen in der Praxis zu Hause selbst ihre inneren Bilder herbeizurufen. »So kann ich nicht leben und nicht sterben«, vertraut sie sich der Praxis-Mitarbeiterin an. Um so glücklicher ist sie, daß diese Bilder sich nun wenigstens in der vertrauten Umgebung der ärztlichen Praxis doch wieder mit voller Klarheit einstellen.

Drei Fragen bewegen sie in der letzten Stunde: »Wie finde ich bleibende Freiheit und Geborgenheit?« Und »welches ist die wirkliche Wahrheit?« Die Bilder erteilen ihr die deutliche, buchstäbliche Antwort: »Deine Wahrheit unterscheidet sich nicht von der letzten, der wirklichen. Du bleibst auch in deiner Schwäche geborgen.«

Die Patientin versucht, ob sie an diesen Sätzen irgend etwas ändern könnte; aber sie bleiben fest bestehen. Dies bestärkt ihre Gewißheit, mit der sie überglücklich Abschied nimmt: »Ja, diese Bilder sind Wahrheit.«

Während der fast 24 Jahre, die wir diese Patientin begleiten konnten, hatte sie bemerkenswerte Wandlungen erlebt: Ihre inneren Bilder hatten mit der Oberstufe des Autogenen Trainings begonnen und bei einer offenkundigen Begabung zu einer vermehrten Klarheit und Tiefe ihres Gemütslebens geführt. Zu keiner Zeit nahmen ihre Bilder einen selbständigen Charakter an, der Ähnlichkeiten mit einer Schizophrenie aufweisen könnte.

In vielfältiger Hinsicht hatte sich in dieser Zeit ihr persönliches Leben gewandelt: In ihrer Familie wie in ihrem Geschäft hatten eine ausgeglichene Stimmung und eine harmonische Atmosphäre die Arbeit und das Zusammenleben gefördert; von den – allmählich immer selteneren – Ausnahmen konnte sie in den Behandlungsstunden freimütig berichten. Vor allem aber gewann sie im Laufe der Zeit eine immer gewissere religiöse Überzeugung. Freilich vermißte sie eine Gemeinschaft, innerhalb deren sie sich über ihre geistlichen Erfahrungen aussprechen konnte. Die Bilderlebnisse bezeichnete sie als die wichtigste Bereicherung ihres Lebens. Im Laufe der Jahre hatte sie dabei eine außerordentlich lebendige, persönliche und kritische Frömmigkeitshaltung gewonnen, geprägt von der – ihr maßgebenden – Bibel, doch kritisch, ja schließlich gar ablehnend gegen die Organisationsform der Kirche. »Sie haben den lebendigen Jesus angekettet!« Das ist ihre wichtigste Erkenntnis.

Weil sie aber wieder und wieder bestätigt erhält: »Meine Bilder sind Wahrheit!« erwächst daraus für sie eine unausgesprochene Verpflichtung: Die außerwachen Zustände von Autogenem Training und Hypnose hatten sich schon in den ersten Jahren immer mehr überwachen Erlebnissen angenähert. Sie lebte in Gemeinschaft, im Austausch mit dem Jesus der Bibel, der ihr Leben völlig gewandelt hatte.

Sie erlebte seine Erscheinungen und seine Worte als echte Offenbarungen; doch schien das dritte Hauptkennzeichen zu fehlen: eine Berufung. Sie sprach nicht darüber außer in Fragen: »Was kann denn nur geschehen, wenn Jesus doch angekettet ist?« Über den engen Kreis ihrer Angehörigen und ihres »Betriebes« hinaus kann sie nicht wirken. »Ich kann nicht reden!« sagt sie und fügt im Blick auf ihre Bilder hinzu: »und es wird ohnehin zuviel gepredigt!« (vgl. S. 172)

Aber sie denkt offenbar an ihren eigenen Beruf als Buchhändlerin: »Müßten nicht wenigstens meine Protokolle veröffentlicht werden?« »Aber erst nach meinem Tod!« Das war ihr dringender Wunsch. »Sie müssen gekürzt werden!« Als Vermächtnis hinterließ sie mir diese Aufgabe. Sie enthält die Verpflichtung, um der innersten Heiligkeit des Inhaltes willen nur und genau die Erlebnisse dieser Buchhändlerin wiederzugeben.

2. Zusammenfassende Auswertung

Eine 41jährige Buchhändlerin lernt, von der Oberstufe des Autogenen Trainings aus ohne jede Einwirkung von außen (auch nicht von seiten des begleitenden Arztes) einen Weg zu finden aus der völligen religiösen Gleichgültigkeit zu lebhaftester Anteilnahme an allen Fragen des Glaubens und der Frömmigkeit.

Der Hauptwert dieser Bilder erschließt sich dem eigenen meditativen »Nacherleben« des Inhaltes, nicht einer vernunftgemäßen Bedeutungsanalyse.

1. Ihre Bilderschau ermöglicht ihr anfangs, sich mit Verstorbenen auseinanderzusetzen, dabei Konflikte zu bereinigen und Vergebung zu erleben ohne ein Abgleiten in okkulte oder auch nur parapsychologische Irrwege.

2. Ihre Bilderschau zeigt dabei eine bemerkenswerte geistliche Entwicklung und Reifung zu einer selbständigen christlichen Persönlichkeit.

3. Ihre Bilderschau schenkt ihr nicht nur vertiefte Einsichten, sondern geht einher mit einer intensiven »Arbeit am eigenen Charakter« (nach F. KÜNKEL).

4. Ihre Bilderschau entwickelt sich zu einer Kette von echten Offenbarungserlebnissen, die schließlich den Charakter unumstößlicher Gewißheit annehmen.

5. Ihre Bilderschau bedient sich einer ungemein anschaulichen und eindrucksvollen Symbolsprache, die biblische Wahrheiten in gegenwartsnahe Bilder kleidet.

6. Ihre Bilderschau enthält damit zugleich eine Anleitung zum selbständigen Meditieren biblischer Bilder.

7. Ihre Bilderschau läßt sie immer neu der Symbolgestalt des »Einsiedlers«, des personifizierten Gewissens, begegnen, die sie religiös selbständig und seelsorgerlich mündig macht.

4. Kapitel

Überwache Bilderlebnisse

A Vorstufen und Grenzbereiche

1. Das Wesen des »luziden Träumens« (nach LaBerge)★

Das luzide Träumen ist ein paradoxer Doppelzustand

Dieser Bewußtseinszustand vereinigt in paradoxer Weise zwei Gegensätze: die luziden Träumer schlafen tief und sind damit der äußeren Welt entrückt; gleichzeitig aber sind sie voll wach und verfolgen aufmerksam die innere Wirklichkeit ihrer Traumwelt (S. 159).
Deshalb kann der luzide Traumzustand grundsätzlich auf zwei Weisen herbeigeführt werden: Entweder schläft und träumt die Versuchsperson schon, und die wache Beobachtung wird hinzugefügt, oder bei der voll bewußten Versuchsperson wird zusätzlich das Träumen (als eine Art Tagtraum) eingeleitet.

Als anschauliches Beispiel wird von einem Träumer berichtet, der in einem Café einer hübschen jungen Dame gegenübersitzt, die vier Augen hat, als Träumer sagt er sich, wie komisch, die hat vier Augen. Als Kritiker würde er denken, das muß doch eine Figur aus dem Zirkus sein, und beim Durchbruch des vollen Wachzustandes würde der Beobachter hinzufügen: Vier Augen, das gibt es nicht, da habe ich bestimmt geträumt. (Beispiel zitiert von Fox 1962 auf Seite 161)

Insgesamt also erkennen die luziden Träumer, die Tatsache ihres Träumens auf drei Hauptwegen:
1. Sie bemerken Lücken bei dem rationalen Verständnis ihrer Bilder,
2. sie spüren *heftige Gemütsbewegungen, besonders Angst* und
3. sie erkennen unmittelbar den Traumcharakter ihrer Bilder (S. 163).

★ In ihrem Beitrag »Lucid Dreaming« im »Handbook of States of Consciousness« edited by Benjamin B. Wolman und Montague Ullman (New York, 1986) Seite 159 bis 198 schreiben Stephen LaBerge und Jayne Gackenbach über *»Lucid Dreaming«*. Aus dieser Arbeit ergeben sich einige wesentliche Forschungsergebnisse, die hier kurz zusammengefaßt werden. Weitere Neuerscheinungen im Schrifttumsverzeichnis.

Luzide Träume sind eine Form des »REM«-Schlafes

Physiologische Beobachtungen bei luziden Träumen zeigen: Die Augen der luziden Träumer können geöffnet oder geschlossen sein (S. 173). Das Polysomnogramm zeigt aber in jedem Fall einen *REM-Schlaf* an (S. 182 f.), so daß mehrere Autoren das luzide Träumen in die »Mikrowach-Zustände« der REM-Perioden einordnen (S. 183) (»REM« = Rapid Eye Movement).

Nach LABERGE (1988) ist inzwischen das luzide Träumen als eigenständiger Bewußtseinszustand physiologisch (bes. durch das EEG) eindeutig nachgewiesen.

Luzide Träume sind heftige Gemütsbewegungen, auch sexuelle Erregungen

Jedenfalls geht das luzide Träumen mit stark beglückenden Bildern und positiven Affekten einher, mit Wahrnehmungen also, wie ich sie von eigenen und anderen *LSD-Erlebnissen* kenne. Vermutlich also ist dieser Zustand mit einer starken Endorphinausschüttung verbunden.

Patricia GARFIELD berichtet 1979, daß zwei Drittel ihrer luziden Träume von starker *sexueller Erregung* begleitet waren, so daß die Hälfte von ihnen in einem Orgasmus endeten. So kommt sie zu dem Schluß, luzides Träumen *ist* »orgastisch«; sie fährt sogar fort: »Der Orgasmus ist ein natürlicher Bestandteil des luziden Träumens.« (Ich würde sagen: Sexuelle Phantasien und Tagträume *können* sich bis zum Orgasmus steigern.)

Nach den Untersuchungen von LABERGE 1985 zeigten zwei Männer im luziden Träumen starke sexuelle Erregung mit allen physiologischen Begleiterscheinungen bis hin zum männlichen Orgasmus, doch ohne Samenerguß.

Luzides Träumen als religiöses »Traumyoga«

Im 10. Kapitel seines Buches »Hellwach im Traum«, Paderborn 1987 schreibt LABERGE über »Traum, Tod und Transzendenz«: Der luzide Traum könne das Sterbeerleben weithin vorwegnehmen und den Glauben an das Weiterleben nach dem Tode stärken. Dafür berichtet er Beispiele. Vorwiegend aus der Welt des *»Traumyoga«*. Hier kann ein Mensch nicht nur zu *Lichterlebnissen* gelangen, sondern das luzide Träumen selbst als unmittelbare *»transzendentale« Erfahrung* in sich aufnehmen. So lernt er »das Jenseitige anzunehmen« (S. 276) und sich »dem Höchsten« zu überlassen. Hier wird das Sterben als ein »Geleiten des Tautropfens zurück in den funkelnden Ozean« gesehen.

Solche Ausdrucksweisen können als religiös gelten, jedoch nur im Sinne eines sehr allgemeinen Buddhismus. Jedenfalls wird hier dem Erleben eines überwachen Bewußtseins selbst eine religiöse Qualität zuerkannt.

George GILLESPIE (1988), ein Baptistenpfarrer und Theologiedozent, erlebte zwar im luziden Träumen die Gegenwart Gottes, doch erst überwältigende Licht- (und Flug-)Erlebnisse brachten ihm zentrale religiöse Erfahrungen.

Vor allem aber wird vielfach die Hilfe des luziden Träumens zum Erreichen des Nirwana im Buddhismus betont.

Einige Forscher sehen auch in den verwandten und häufigen »Out-of-body«- und »Near-death«-Erfahrungen wesenhaft religiöse Erlebnisse.

Weitere Einzelbeobachtungen

Für das Verstehen der luziden Träume könnte nach LaBerge die Hypnose entscheidend wichtige Beiträge leisten; denn posthypnotische Aufträge bringen recht ähnliche Erlebnisse; doch fehlen bisher systematische Untersuchungen. Aus Zitaten von Hearne 1978 geht hervor, daß nur bei Frauen die Häufigkeit der luziden Träume mit der der Fähigkeit zu hypnotischer Bilderschau entspricht. Beziehungen zur Intelligenzleistung fanden sich nicht.

Im Verlauf des luziden Träumens bestehen grundsätzlich zwei Möglichkeiten: Entweder die Fähigkeit zum wachen Beobachten läßt nach und hört schließlich auf, so daß die Gesichtswahrnehmungen in einen echten Traum übergehen. Das geschieht im ersten Jahr bei 18% der luziden Träumer. Während der folgenden zwei Jahre gelang es aber 99% der luziden Träumer, das wache Beobachten bis zum Ende des Traumes aufrechtzuerhalten.

Oder aber, und das empfindet die Mehrzahl der Versuchspersonen nach einem luziden Traum, sie hätten richtig geschlafen und keine äußeren Sinnesreize wahrgenommen.

2. Die luziden Traumzustände nach Judith R. Malamud

In dem Handbook of States of Consciousness von B. B. Wolman und M. Ullman (1986) schreibt Judith R. Malamud über den luziden Zustand beim Träumen. Nach schwer nachvollziehbaren unterscheidenden Begriffsbestimmungen zwischen dem luziden Traum nach Van Eeden, dem holländischen Psychiater und Schöpfer dieses Begriffes, von 1913 bis zu LaBerge 1980 unterscheidet sie fünf verschiedene Ebenen des luziden Traumes und schildert dabei verschiedene Grade der Bewußtheit.

Sie untersucht auch die Motive, warum Träumer ihre Träume beobachten wollen, so daß sie ein Gleichgewicht zwischen spontanem und kontrolliertem Erkennen und Handeln erreichen. Insgesamt also verfolgt diese theoretische wissenschaftliche Arbeit grundsätzliche Fragen der Beobachtung von Träumen, ohne daß sich Beziehungen für das religiöse Leben der Träumenden erkennen lassen.

3. Die sexuellen Phantasien als »überwache Bilderlebnisse«

In religiöser Sicht werden üblicherweise sexuelle Phantasien nur unter der Frage gesehen, wie sie als »Gedankensünden« zu meiden, zu bekämpfen und zu überwinden seien. Zwar dürfte es keinem Zweifel unterliegen, daß es sich bei ihnen um überwache Erregungszustände handelt, doch gelten sie als ethisch ausschließlich negativ und religiöser Haltung gerade entgegengesetzt.

Erst in jüngster Zeit wurden die »Inhalte und Funktionen sexueller Phantasien« erstmals umfassend wissenschaftlich untersucht und durch Uwe Hartmann (1989 im Enke Verlag Stuttgart in den »Beiträgen zur Sexualforschung«) veröffentlicht. Hier sind nur kurz Wert und Bedeutung dieser Phantasien als einer »entscheidenden Dimension der Sexualität« zur »Ersatzbefriedigung«, zur »Wunscherfüllung«, zur Vorbereitung und »Einübung der Sexualität« u. a. m. (S. 20) zu erwähnen.

In drei Hauptbereichen lassen sich dann sexuelle Tagträume von Masturbations- und Koitusphantasien unterscheiden, die »zu Erregung und Orgasmus notwendig« sind und sexuelle Störungen überwinden können. Die weiteren wesentlichen Verdienste dieses sexualmedizinisch ausgezeichneten Werkes sind hier zu nennen und einige Beziehungen zu religiösen Fragen zu erwähnen:

80 bis 90% aller Männer und Frauen üben regelmäßig sexuelle Phantasien, und zwar (nach eigenen Seelsorge-Erfahrungen) um so mehr, je stärker sie als »sündhaft« verdrängt und bekämpft werden. In einer vorbereiteten weiteren Veröffentlichung (über »ekklesiogene Neurosen«) ist von jenen unglücklichen und oft arbeitsunfähigen kirchlichen Amtsträgern zu berichten, bei denen die sexuellen Phantasien (im Sinne der von Alfons von Liguori so genannten »sakrilegischen Onanie«) sich auf die Gestalten (und Körperteile) Jesu Christi oder der Jungfrau Maria beziehen.

Weder ein überhebliches Verurteilen noch ein bedauerndes, aber kopfschüttelndes Verabscheuen solcher Zwangszustände (und auch kein Beten) befreien dann diese Verzweifelten von den unwiderstehlichen neurotischen Bilderzwängen, sondern nur das verständnisvolle Freigeben gesunder sexueller Phantasien. Hier liegen Aufgaben für eine echte, christliche Seelsorge, die bisher noch nicht ausgesprochen, geschweige denn geübt wurde.

Eine weitere ungemein sorgfältige und umfassende Arbeit von Dr. F. Strunz »Sexualität im Traum« nennt auch die religiösen (und pseudoreligiösen) Probleme, wenn etwa ein Homosexueller träumt, Jesus salbe sein Haupt mit seinem Sperma. Drei Viertel aller befragten Männer und Frauen geben an, daß sie in den phantasierten Tagträumen zur Onanie meist mehrere gegengeschlechtliche Partner mit herausragenden Geschlechtsmerkmalen und sexueller Aktivität »erphantasieren«. (In: »Ärztliche Praxis und Psychotherapie« Nr. 3, 13. Jg. Wien 1991)

Das verbreitete Bekämpfen und Tabuisieren der lustvoll erlebten überwachen Erregungszustände, nur weil sie sexuelle Erlebnisinhalte annehmen, führt zu einer immer mehr sich verfestigenden (»ekklesiogen«) Zwangsneurose und zu einem tiefen selbstmordgefährdenden Leiden der Betroffenen.

4. Die Klarträume »als Weg zu schöpferischer Freiheit«

Der Begriff des »Klartraumes« soll den des »Wachtraumes« und des »luziden Traumes« ersetzen. So fordert und begründet es an verschiedenen Stellen der Frankfurter Psychologieprofessor Paul Tholey (der darüber u. a. in dem Handbuch von Resch, Innsbruck 1990, und in dem Goldmann-Taschenbuch »Hilfe, ich träume!« 1984 je einen Beitrag schreibt):

»Klarträume sind solche Träume, in denen man völlige Klarheit darüber besitzt, und im Vollbesitz seiner Gedächtnis-, Verstandes- und Willensfunktionen handelnd eingreifen kann. (Dabei herrschen...)

1. Klarheit über den Bewußtseinszustand, in dem man sich gerade befindet,
2. Klarheit über die Handlungsmöglichkeit, dies oder jenes zu tun,
3. Klarheit des Bewußtseins im Gegensatz zur Trübung, Verwirrtheit oder Einengung des Bewußtseins,
4. Klarheit über die eigene Person, Situation und die eigenen Absichten,
5. Klarheit der Wahrnehmung dessen, was man sieht, hört, fühlt, riecht,
6. Klarheit über den Sinn dessen, was man gegenwärtig erlebt und tut, wobei man unter ›Sinn‹ sowohl den Zweck als auch den symbolischen Gehalt von Geschehnissen verstehen kann...
7. Klarheit der Erinnerung an die Erlebnisse in dem betreffenden Zustand.«

Tholey sieht einen besonderen Wert des Klartraumes darin, daß der Träumer nicht erst auf ein späteres Bewußtwerden und Erkennen seiner Traumgestalten angewiesen ist, sondern sich schon während des Träumens etwa den bedrohlichen Gestalten »stellt«, durch sein Handeln Einsicht in die Konflikte gewinnt und damit unmittelbar zu ihrer Lösung beitragen kann.

Tholey lehrt auch, durch bestimmte Techniken das Klarträumen herbeizuführen, und berichtet über seinen Plan, eine eigene »Klartraumtherapie« zu entwikkeln. Ein innerer »Selbstheiler« kann dann die Träume deuten und Ratschläge für das wachbewußte Leben erteilen.

In abschließenden Beispielen teilt er mit, wie ein Klarträumer seinen eigenen Leib verlassen und in den Körper einer anderen Traumgestalt schlüpfen könne, wie er gar dem Tod begegnen und zu »kosmischen« und zu »ozeanischen« Erlebnissen gelangen könne.

An diesen Stellen werden nach eigener Überzeugung und nach den Vorgeschichten einiger schizophrener Patienten erhebliche Gefahren deutlich, wenn nämlich (besonders labile) Persönlichkeiten die notwendig klaren Grenzen von Raum und Zeit verlassen und sich damit in Gefahr begeben, eben das klare Bewußtsein zu verlieren, das sie zuvor auch auf die Welt des Traumes ausdehnen wollten. Der grundsätzlich heilsame Umgang mit den eigenen Träumen (vgl. Kap. 2) wächst sich hier zu einer Bedrohung (»induzierter Psychosen«) aus, wenn die natürlichen Grenzen der Bewußtseinstrübung im Traum gewaltsam überschritten werden.

Die offenkundig wesentlichen heilenden Wirkungen der Klarträume lassen sich nach persönlicher Erfahrung in der Oberstufe des Autogenen Trainings gefahrlos erzielen.

5. Die Wahrträume als Prophetien der Gegenwart

Recht hoch, doch bisher wohl nicht statistisch ermittelt ist die Zahl der Menschen, die von *Wahrträumen* zu berichten wissen, also von späteren, meist wichtigen Ereignissen, die sie schon vorher »gesehen« haben. Doch droht eine Fülle von *Täuschungsmöglichkeiten:*
Wahrträume werden oft mit »*Déjà-vu*«*-Erlebnissen* verwechselt. Das heißt »das Bewußtsein des Schon-gesehen- und Erlebt-Habens, eine Erinnerungstäuschung«, die manchmal den Charakter einer festen Überzeugung annimmt. Sie bezieht sich meist nur auf einzelne Bilder, manchmal aber auch auf Gesamtsituationen. Oft erweckt sie auch den Eindruck des Vorauswissens oder der »Erinnerung des Gegenwärtigen«. (So lautet ein Buchtitel zu diesem Thema von H. BERGSON 1928.)
Als wissenschaftliche Quellen können nur die seltenen »Wahrträume« gelten, die *vor* dem betreffenden Ereignis aufgezeichnet wurden. Doch auch darüber liegt ein recht reichhaltiges Material vor.

Eine 54jährige Patientin U. P. schickt folgenden Traum, im Juli 1937 aufgezeichnet: »Ich befand mich mit meinem Mann bei schönem Wetter auf einer blühenden Wiese. Wir waren in bester Urlaubsstimmung. Plötzlich sah ich in der Ferne ein helles Leuchten und fiel dabei auf den Rücken.
Mein Mann schaute mich erstaunt an, und ich sagte voller Entsetzen zu ihm: ›Unsere alte Hauptstadt brennt und ist nicht mehr.‹ Mein Mann schaute auf, konnte nichts feststellen und machte ein skeptisches Gesicht.
Angsterfüllt wachte ich auf. Später mußte ich im Krieg noch oft im Blick auf das brennende Berlin daran denken.« Nachträglich hat diese Patientin den Traum als Wahrtraum und »Weissagung« erkannt und bezeichnet.

Katastrophen und Kriege finden sich in den »prophetischen« Träumen und Voraussagen relativ häufig. Das Beispiel einer eindrucksvollen, erst vier Jahre später erfüllten Voraussage erlebte ich am 10. Sonntag nach Trinitatis am 9. August 1938, als der greise Superintendent UNGNAD auf der Kanzel des Gemeindehauses in Kleinmachnow bei Berlin mit bewegter Stimme wörtlich sagte:

»Wenn Jesus heute auf der Höhe des Funkturms stünde und auf die Stadt Berlin herniederschaute, so würde er nicht weniger Tränen weinen über diese Stadt und sprechen: ›Wahrlich, wahrlich, hier wird kein Stein auf dem anderen bleiben darum, daß du nicht erkannt hast zu dieser deiner Zeit, was zu deinem Frieden dient!‹.« (Luk. 19,41 ff.) Obwohl ich den Inhalt damals in keiner Weise glauben konnte, stand ich damals unter dem überwältigenden Eindruck: Auch in der Gegenwart gibt es Propheten wie in den Zeiten der Bibel. –

Insgesamt ist also der Begriff der luziden Träume keineswegs einheitlich gebraucht; ihre Bedeutung vermischt sich mit den sogenannten »Wahrträumen« und »Klarträumen« nach THOLEY. Auch die folgende Übersicht stellt recht verschiedene Bedeutungen der »luziden Träume« zusammen: Sie bezeichnen einen paradoxen Doppelzustand des Schlafes und der wachen Selbstbeobachtung;

heftige Gemütsbewegungen im Schlaf, insbesondere Angst,

REM-Schlaf,

»Traumyoga« nach LaBerge und Gackenbach und
sexuelle Erregungen im Schlaf, bes. Orgasmusträume nach Garfield.

Bei unserem Verständnis von überwachen Bilderlebnissen glauben wir daher, an
die Überlieferung von James, Behn und Gruehn anknüpfen zu sollen, die die äußerst »ichnahen«, »heiligen« Wandlungs-, Berufungs- und Offenbarungserlebnisse als Hauptmerkmale nannten. Übergänge von außerwachen Bilderlebnissen
zu überwachen wurden in den Protokollen der Buchhändlerin A. Z. deutlich
(vgl. S. 150 ff.).

Erst während der Drucklegung dieses Buches wurden einige neue Werke von
Gackenbach, LaBerge, Tart und Tholey zum Thema der luziden Träume in
Deutschland zugänglich, so daß heute (Juli 1992) erstmals mit Recht von dem
einheitlicheren Bild eines umfassenden neuen Wissenschaftsgebietes gesprochen
werden kann, dessen wesentliche Merkmale sich in diesem Buch jedoch nur im
kritischen Schrifttumsverzeichnis unterbringen ließen.

An zwei erlebnismäßig eindrucksvollen »visionären Träumen«, an dem erstaunlichen Berufungserlebnis eines völlig unvorgebildeten Kriegsblinden zum Pfarrer
und an der Reihe von Visionen eines Arztes soll das eigentliche Wesen der überwachen Bewußtseinszustände in den folgenden Teilen deutlich werden.

B Die visionären Träume

1. Berufungstraum eines Missionspfarrers

Ein 58jähriger Missionspfarrer berichtete von dem »wichtigsten und eindruck-
vollsten Traum« seines Lebens, der 10 Jahre zurücklag und den er in seinem Tagebuch vermerkt hatte:

»Vor mir erhob sich ein steiler Berg, zu dem mich die erhabene Gestalt Jesu Christi herauf-
winkte. Mit mir ging eine fast 10 Jahre jüngere Ärztin, die ich einmal kennengelernt hatte,
zu der aber keine Verbindung bestand. Tief ergriffen knieten wir beide vor der Gestalt Jesu, der uns beiden eine Reihe von ärztlichen Instrumenten übergab.«

Diesen Traum konnte ich nicht verstehen, aber auch nicht vergessen. Er bewegte mich
noch einmal besonders stark, als ich dieser Ärztin drei Jahre später zufällig wieder begegnete und sie näher kennenlernte. Da ich verwitwet und sie besonders während ihres langen
Studiums ledig geblieben war, wurde diesmal unsere Bekanntschaft vertrauter und nach
einem Jahr heirateten wir. Schon dies betrachtete ich als eine Erfüllung des damaligen
Traumes.

Dann aber erhielten wir beide den Ruf zur Leitung einer Missionsstation, in der meine Frau als Ärztin genau die Instrumente einsetzen mußte, die ich im Traum gesehen, aber gar nicht richtig vestanden hatte. – Es ist der wichtigste Traum meines Lebens.

Dieser Traum enthält nicht nur eine Weissagung, die über jeden Zufall hinausragt, sondern auch eine besondere und klare Berufung.

Eine rational überzeugende Erklärung für solche Wahrträume, die es nicht nur im religiösen Bereich gibt, ist nicht bekannt. Die Beispiele, die die Literatur berichtet, sind sicher außerordentlich kritisch zu prüfen, nicht jedoch völlig in das Reich der Fabel zu verweisen.

Eine letzte Gruppe überwacher Träume zeigt schon Grenzzustände, die sich dem Bereich der Visionen nähern, nicht selten mit besonders eindrucksvollen und ichnahen Erscheinungen und Erlebnissen, die diese Träume aus der Reihe der natürlichen Schlaferlebnisse emporheben. Als Beispiele dafür sollen zunächst vier Traumerlebnisgruppen genannt sein, die durch die Richtungsvorstellung nach oben ausgelöst waren. DESOILLE hatte für die Richtungsvorstellung nach oben die Formeln empfohlen:

»Vor Ihrem inneren Auge entwickelt sich ein Bild. – Sie sehen vor sich einen hohen Berg. – Das Bild wird deutlicher. – Das Bild steht klar vor Ihnen. – Sie steigen ganz ruhig Schritt für Schritt immer weiter und immer höher hinauf.« Jeder einzelne der vorstehenden Sätze, besonders aber der letzte, muß mehrfach wiederholt werden, bis die Versuchspersonen auf der Bergeshöhe angelangt sind.

BERTA empfiehlt einen etwas anderen Weg: Er läßt die Versuchsperson die Gondel eines Ballons besteigen und den Ballon »immer höher hinauf in das Reich der Wolken« schweben. Das Wesentliche bei beiden Versuchsanordnungen und auch die Erlebnisse lassen keine Unterschiede erkennen, doch sagt der Mehrzahl das aktive Hinaufsteigen weit mehr zu, so daß wir uns nach sorgfältigen Vergleichen für die erstgenannte Formel entschieden haben.

Vier Gruppen von Erlebnissen lassen sich bei dieser Übung unterscheiden:
a) Lichterlebnisse, von der Mehrzahl der Teilnehmer erfahren, pflegen außerordentlich eindrucksvoll und wohltuend den ganzen Körper zu durchdringen, was besonders für die vielfach als kalt erlebte linke Seite, die Herzensseite, als heilsam empfunden wird. Diese Lichterlebnisse sind auch mit einem gesteigerten Wohlbefinden, einer »Euphorie«, verbunden und vielfach mit dem Erlebnis, der Erdenschwere enthoben zu sein. Lichterlebnisse treten häufig als Vorstufe oder als Teil einer religiösen Bilderfahrung auf, mit oder ohne die Erleichterung einer Übung von Meditation, Autogenem Training oder Hypnose. So leiten sie über zu
b) den religiösen Erlebnissen. Fast sämtliche Teilnehmer berichteten von religiösen Erfahrungen im weitesten Sinne dieses Wortes. An den Ausnahmen mag das Wesen dieser Erfahrungen deutlich werden: Wenn die Teilnehmer das Empfinden haben, daß sie auf der Bergeshöhe angelangt sind, erhalten sie die Formel: »Sie schauen sich um, was Sie sehen und erleben.«
Drei Versuchspersonen nur fanden den Himmel leer. Nur das Blau konnten sie

sehen, einer bemerkte vereinzelte weiße Wölkchen. Ein 21jähriger Inspektor wiederholte an drei verschiedenen Tagen diese Übung mit dem gleichen negativen Ergebnis; beim drittenmal flog ein Hubschrauber an dem Berg vorbei. Im weltanschaulichen Sinn erscheint es gerechtfertigt, bei den hier erwähnten drei Versuchspersonen von »Atheisten« zu sprechen. Dabei decken sich bewußte Überzeugungen und Bilderlebnisse in keiner Weise, und eines der Hauptergebnisse dieser Übungen mag darin liegen, daß außerordentlich viele Verdrängungen religiöser Wünsche, Sehnsüchte und Erlebnisse dabei zutage treten.

Als typisches Beispiel mag der Bericht eines 31jährigen Ingenieurs gelten, der im Kursus ohne weitere Einzelheiten lediglich die Tatsache gehört hatte, daß religiöse Erlebnisse häufig seien. »Mir kann das nicht passieren, denn in meinem Leben spielen religiöse Fragen überhaupt keine Rolle«, so hatte er, seinem späteren Bericht zufolge, gedacht. Auf der Höhe des Berges sah er ein Kreuz aufgerichtet, an dem Jesus Christus lebendig hing und zu ihm sagte: »Wie lange willst Du noch der Entscheidung ausweichen? Du weißt doch längst, daß Du sie treffen mußt.« Der Ingenieur war tief betroffen und berichtete im persönlichen Gespräch, erst jetzt erinnere er sich einiger Erlebnisse vor 18 Jahren, in denen er sogar den Wunsch hatte, Pfarrer zu werden. Dann aber sei er von all diesen Fragen abgekommen. Er bezeichnete dieses Christusbild als sein stärkstes religiöses Erlebnis. Mehr als 25 Personen berichteten über vergleichbar intensive Begegnungen mit Jesus Christus, die alle Merkmale echten Glaubenserlebens tragen und sich bei einigen Versuchspersonen häufig und regelmäßig wiederholen, bei einer Patientin z. B. bisher über einhundertmal (vgl. S. 150 ff.).

Mit zahllosen weiteren Übungen der Oberstufe des Autogenen Trainings, aber auch biblischer Meditationen, läßt sich das symbolhafte Erleben der Bergeshöhe verbinden, wobei freilich nach unseren Erfahrungen eine sorgfältige Abgrenzung zwischen dem ärztlich-hypnotischen Weg und dem religiös-geistlichen Weg vertiefter Gebetsversenkung getroffen werden sollte.

Ein 47jähriger Pfarrer übte in der Oberstufe des Autogenen Trainings in Verbindung mit dem Weg auf den hohen Berg die Formel: »Ich sehe und erlebe Glauben.« Zunächst schaute er dabei nur die blaue Farbe, die sich dann zu einem Himmelsdom wölbte. Darin entfaltete sich schließlich eine weiße Rose. Im Inneren der Rose erschien dann ein rotes Herz mit einem schwarzen Kreuz darin, also das Wappen Luthers, das schließlich wie eine Sonne am Himmel leuchtete.

Bei der weiteren Formel: »Ich sehe und erlebe Hoffnung«, stand vor ihm auf dem tiefblauen Hintergrund des Hochgebirgshimmels die Spitze des Montblanc, auf der sich ein Kreuz erhob. Auf dem weiten Weg zu dessen Gipfel mit anderen Pilgern zusammen erfuhr er, wie in einem Umwandlungsvorgang ihm schließlich Flügel wuchsen, so daß er wie ein Schmetterling – voller Bewunderung für die Schönheit der mit ihm Fliegenden – immer leichter die sonst unüberwindlich schwere Bergstrecke fliegend zurücklegte und nun von der Gewißheit und Freude erfüllt war, daß er, innerlich und äußerlich erneuert, sein Ziel erreichen werde.

Keineswegs alle religiösen Erlebnisse tragen jedoch spezifisch christliches Gepräge. Einige sind recht allgemein gehalten: Erlebnisse der Größe, der Güte oder der Allmacht Gottes im Angesicht der Weite seiner Schöpfung, die sich zu Füßen des Berges ausbreitet, sind ebenso vertreten wie allgemeine Erfahrungen sittlicher

Läuterung, der Reinigung in einem Bergquell oder das Empfinden von Ehrfurcht, Demut und Dankbarkeit.

Manche Versuchspersonen lassen, ihrer persönlichen Eigenart entsprechend, eine Verbindung mit anderen religiösen, mit künstlerischen und, recht selten, auch mit erotischen Erlebnissen erkennen.

Typisch ist dafür das Protokoll eines 40jährigen amerikanischen Psychologie-Professors, der nur für kurze Zeit nach Berlin gekommen war, um diese Übungen kennenzulernen, so daß sie in einer Sitzung durchgeführt werden mußten. Auf dem tiefsten Meeresgrund sah er eine bildhübsche Nixe, mit allen Kennzeichen weiblicher Schönheit. Sie begleitete ihn hinfort, auch am Meeresufer nicht bereit, sich von ihm zu trennen. Gemeinsam bestiegen beide die Gondel des erwähnten Ballons und sahen im Reich der Wolken eine goldene Orgel als einzigartiges Kunstwerk gestaltet. Auf einer Wolkenbank saß ein Organist und spielte eine Fuge von Johann Sebastian Bach, der sie ergriffen lauschten. Auch der Abschluß dieses Protokolls sei hier wegen der überraschenden und schwierigen Einzelheiten zusammenfassend berichtet. Mitten in der erhebenden Musik purzelte der Organist von seiner Bank und fiel mit so komischen Bewegungen auf eine darunter liegende Wolke, daß der Professor sich des Lachens nicht erwehren konnte. Für das Aufwecken aus der Hypnose mußte er sich von seiner Nixe trennen. Doch waren beide nicht dazu bereit. Es bedurfte einer 20minütigen Überredung, ehe die Zustimmung zu einer kurzfristigen Trennung erteilt wurde, während derer dann das Zurücknehmen des Zustandes und damit die Rückkehr zum vollwachen Bewußtsein möglich wurde.

Engelwesen, die gelegentlich auf einer Treppe oder Leiter (Jakobsleiter!) am Himmel auf- und niedersteigen, Erlebnisse des Paradieses, der himmlischen Herrlichkeit, des goldenen Jerusalem mit den Perlentoren u. a. m. gehören zu jenen Bildern, die verhältnismäßig häufig erlebt werden und zugleich manche prophetischen Bilder der Bibel, besonders der Offenbarung Johannes, in neuem Licht gegenwärtiger Erfahrungen verständlicher erscheinen lassen.

Der Weg auf die Bergeshöhe ist weiterhin verbunden mit zahlreichen Arten von c) Klärungserlebnissen, die wiederum nicht selten religiösen Charakter tragen. Das gilt nicht nur für ausstehende Entscheidungen, wenn etwa formelhaft die Frage gestellt wird: »Was sollte ich tun? Was ist meine Berufung? Wohin führt mein Weg?« Überraschende Einsichten, nicht selten in bildhafter Form und immer in Übereinstimmung mit dem Gewissen, geben dann den folgenden beruflichen Schritten ein außerordentliches Maß an innerer Gewißheit.

Ein berufliches Klärungserlebnis erfuhr eine 24jährige Frau in den USA. Sie war eine durchaus nüchterne Geschäftsfrau, die bei der ersten (hier hypnotischen) Bilderschau mit dem »Ballonerlebnis« so überwältigt von der Freiheit des Fluggefühles war, daß sofort danach ihr Entschluß feststand: »Ich werde Fliegerin.« Schon am nächsten Tage meldete sie sich zur Pilotenausbildung an. Durch mehrere Monate verglich sie die realen Flugerlebnisse mit denen der autogenen Imagogik, die sich nun gegenseitig durchdrangen. Ihre Überzeugung, in dem Freiheitserleben des Fliegens ihre Lebensbestimmung gefunden zu haben, hat bei unverminderter Begeisterung keine Änderung erfahren. Sie ist heute Fluglehrerin ($2^1/_2$ Jahre nachbeobachtet).

Von einer anderen, kleinen Gruppe von Klärungserlebnissen sei wiederum ein besonders kennzeichnendes ausgewählt. Ein 62jähriger, wegen Krankheit vorzeitig pensionierter

Bankbeamter litt an vielfältigen körperlichen Erscheinungen einer spastischen Lähmung und an depressiven Verstimmungszuständen mit schweren Schuldgefühlen, seit sechs Jahre zuvor seine Mutter verstorben war. Er klagte sich vielfältiger Lieblosigkeit und ganz konkreter Unterlassungssünden seiner Mutter gegenüber an. In hypnotischer und autogener Imagogik suchte er mehrfach (mit der oben geschilderten »Ballonmethode«) das »Reich der Wolken« auf, fand dort die Paradiesespforte und begegnete schließlich seiner Mutter. Ohne jede Einwirkung von außen erlebte er an drei verschiedenen Tagen ein je halbstündiges Gespräch mit ihr, das schließlich mit einer ausdrücklichen Verzeihung endete. Diese Erlebnisse bewegten den Patienten außerordentlich stark. Sie führten zwar nicht zu einer Heilung (allenfalls zu einer gewissen Besserung) seines körperlichen Zustandsbildes, wohl aber zum endgültigen Verschwinden seiner Depressionszustände und seiner Schuldgefühle (drei Jahre nachbeobachtet).

Die Hauptbedeutung des bildhaft geschauten Weges auf die Bergeshöhe dürfte jedoch in den
d) Gewissenserlebnissen liegen. In symbolhafter Form werden sie ausgelöst durch die praktisch immer wirksame Formel: »Ich schaue mich um, ob ich die Höhle eines Einsiedlers entdecke; ich suche ein Gespräch mit ihm.« Dieser weise Eremit weiß fast immer bei schweren Entscheidungen und sonstigen Lebensfragen Rat, und seine Antworten tragen meist in erstaunlicher Weise den Gesetzen psychotherapeutischer und seelsorgerischer Beratung und Menschenführung Rechnung, besonders wenn er z. B. Gegenfragen stellt oder scheinbar andersartige Weisungen gibt, z. B.: »Warum willst Du voreilig Pläne schmieden? Warte lieber ab, dann wirst Du selbst wissen, was zu tun ist.« Andere Antworten lauteten: »Frage nicht so viel, denke lieber nach!«, oder: »Was ist denn wichtiger, jetzt die kurze Erleichterung oder die Lebensaufgabe für die ganze Zukunft?«

Ein etwa 50jähriger Mann entdeckte auf dem Tisch des Eremiten ein modernes Telefon und erfuhr zu seiner Überraschung, der Einsiedler habe eine direkte Telefonverbindung mit Jesus. Einer 40jährigen Ehefrau in ernster Krisensituation bot der Einsiedler neben der Höhle ein möbliertes Zimmer an, damit sie es im Bedarfsfall nicht so schwer hätte, ihn zu erreichen. Dadurch fühlte sie sich sichtlich geborgen und beruhigt.

Der Gestalt des Einsiedlers kommt in seelenärztlicher wie in seelsorgerischer Hinsicht erhebliche praktische Bedeutung zu, liegt doch in der Psychoanalyse das viel behandelte und in der Seelsorge gleichwichtige, doch hier noch kaum gesehene Problem der Übertragung und Abhängigkeit vom Ratgeber vielfach bedrückend auf dessen Verantwortung. Eine Hauptaufgabe jeder Seelenleitung besteht dann darin, die Ratsuchenden zu reifer, innerer Selbständigkeit zu führen. Die Richtungsvorstellung nach oben mit der Gestalt des Einsiedlers löst diese Aufgabe nach den bisherigen Erfahrungen in idealer Weise. Statt ihren Arzt oder ihren Seelenhirten zu fragen, lernen die Ratsuchenden nun, auf die Stimme des eigenen Gewissens zu lauschen: »Was soll ich nur tun in dieser Lage?«, so bestürmen die ewig Unselbständigen nur allzuoft ihre Ratgeber. Äußerst wirksam und befreiend lautet dann die erzieherische Antwort: »Fragen Sie doch Ihren Einsiedler!«

2. Der Mandalatraum von J. GOLLNICK als Gedanken- oder Bildübertragung?

Einen tiefen Mandalatraum schildert James GOLLNICK in seinem Buch Seite 127:

>»Ich gehe nachts in dichtem Nebel und kann nur wenige Schritte vor mir sehen. Da bemerke ich plötzlich einen hellen Lichtschein über und vor mir. Ich bin überwältigt von der Schönheit dieses seltenen Lichtes, das näherkommt. Es scheint ein Kreuz in einem Kreis zu sein, die beide brennen. In dieser Richtung gehe ich weiter und bin glücklich, daß ich dieses (Leuchtturm) Feuer als Wegweiser in der Dunkelheit habe.«

Der Verfasser hatte dieses Mandala fünf Tage nach dem unerwarteten Tod seiner Mutter erblickt und in dem Bilde einen starken Trost und ein außerordentliches Geschenk erlebt.

Die Abbildung, die GOLLNICK als Zeichnung beifügt, erinnert stark an das Kreuz des Lukas-Ordens, das angeblich in der Domitillakatakombe in Rom im 2. Jahrhundert entdeckt wurde. Bei meinem Besuch in dieser Katakombe war jedoch nichts darüber bekannt. Dennoch ist es eines der ältesten urchristlichen Zeichen. Die Worte bilden zusammen ein Akrostichon, das lateinisch lautet: Jesu esto mihi Jesus Dux-Lux-Rex-Lex.

Dr. Glenn CLARK, ein in Amerika bekannter Arzt und Schriftsteller, bildete aus einem Kreis von Geistlichen, Bischöfen und Ärzten 1947 die Fürbitte- und Arbeitsgemeinschaft des Ökumenischen St. Lukas-Ordens, der sich in den folgenden 10 Jahren in 84 Ländern der Erde ausbreitete. In Berlin wurde er bekannt durch die Gründung der ersten deutschen Telefonseelsorge und Ärztlichen Lebensmüdenbetreuung.

C. G. JUNG sah die Mandalazeichen durch ihre Kreuz- oder Kreisform als eines der Grundsymbole für religiöse Träume an.

3. Schir Laamaloth (Ein Lied beim Hinaufsteigen)

Bericht über einen »Visionstraum« am 2. 8. 1991 um 5.55 Uhr (aufgezeichnet wenige Minuten später von Dr. K. Thomas).

Die Reihenfolge der Worte und Bilder des Traumes

Wir waren im Haus des Lukas-Ordens (I. H. SCHULTZ-Institut) einmütig beieinander und wollten »hinaufgehen zum Hause des Herrn«. Unser Altar-Kreuz, das »Thomas-Kreuz«, wurde vorangetragen. Die gerade Straße, die Allee, war neu gepflastert und mit Pinien umsäumt (so wie die Straße in Haifa, die auf den Karmel führt). Sie stieg erst langsam, dann steiler an und wurde immer breiter.

Ein Pilger ging neben dem andern, je abwechselnd ein Jude und ein Christ untergehakt, in mehreren Reihen. Unsichtbar und doch deutlich spürbar, ging Jesus voran. Oben am Ende der breiten Straße »S'derot Ben-Gurion«, die auf den Karmel führt, stand sichtbar aus Stein der Davidstern, etwa zwei Meter hoch. Doch (viel weiter) dahinter, in Übergröße (von vielen Metern) den meisten unsichtbar, das Thomas-Kreuz (möglicherweise über Jerusalem).

Wichtiger als alle Bilder und Symbole stand aber als Erleben im Vordergrund: die Dreiheit FREUDE, EINTRACHT und ANBETUNG. Dieses Erleben trug deutlich endzeitlichen Charakter mit der Heimkehr zu Christus und seinem Reich, sogar begleitet von ihm – einerseits ohne jede Furcht im Sterben, andererseits bei dem Aufrichten seiner Herrlichkeit. Stärker als je zuvor wirkte das mystische Erfahren der GEGENWART JESU, etwa dem Wort entsprechend: »Gewiß ist der Herr an diesem Ort« (Gen. 28,16).

Den Gipfel des Erlebens aber bildete das hebräische »Schir-Laamaloth«, das vor jedem neuen Vers gerufen wurde. Erst beim Aufwachen war ich dann sicher, es sei der 122. Psalm, der da hebräisch gesungen wurde (was ich aber nicht verstand). Im Wechsel dazu hörte ich aber deutlich das deutsche Lied von Berta SCHMIDT-ELLER: »Ich hab im Traum gesehen die Stadt Jerusalem« (Verlag SCHULTE, Wetzlar).

Sofort beim Aufwachen habe ich darum dieses Lied aus der Erinnerung niedergeschrieben (wenige fehlende Wörter und Zeilen zu Hause ergänzt). Der deutsche Text und die Melodie begleiten mich seit den Tagen, die bis zur vorliegenden Niederschrift des Traumes vergangen sind, ununterbrochen.

Der Wortlaut und der Inhalt des Traumes: ein Lied

Der Text eines relativ modernen Pilgerliedes, im Traum in vollem Wortlaut nach der Melodie von Stephen ADAMS gesungen, bildete mit den Worten der Verfasserin so eindeutig den Inhalt des Traumes, daß hier weit weniger die Bilder Jerusalems als vielmehr die Worte und der innige und doch starke Klang des Liedes den Traum bestimmten. Es wäre auch berechtigt (ist jedoch nicht üblich), von einem »auditiven« Traum zu sprechen.

Deshalb hat hier der volle Wortlaut zugleich die Aufgabe, in die Gedanken- und Glaubenswelt des Traumes einzuführen:

> JERUSALEM
> (Text: Berta SCHMIDT-ELLER)
> Ich hab im Traum gesehen
> die Stadt Jerusalem.
> Des Tempels Zinnen schauten
> in alter Pracht ins Land.
> Und über seinen Toren
> lag goldner Sonnenschein,
> ich hörte Kinder singen
> wie Engelstimmen rein:
> Jerusalem, Jerusalem,
> die Tore öffne weit!
> Hosianna in der Höhe!
> Gott kommt voll Herrlichkeit!
> Und wieder sah im Traume ich
> die Stadt Jerusalem.
> Kein Glanz war mehr zu sehen,
> kein Lobgesang erschallt,
> die Erde bebt, der Nebel wallt,
> der Himmel ward zur Nacht,

als sterbend rief der Gottessohn
am Kreuz: »Es ist vollbracht!«
Jerusalem, Jerusalem,
weh dir, was dort geschah!
Es floß hier deines Königs Blut
am Kreuz auf Golgatha!
Noch einmal schaute ich im Traum
die Stadt Jerusalem.
Sie glänzt am Strom im neuen Kleid,
hell wie ein Diadem.
Hier leuchtet Gottes Herrlichkeit,
hier gibt es keine Nacht,
und durch die offnen Tore wird
unreines nicht gebracht.
Hier gibt es keine Tränen mehr,
kein Leid und kein Geschrei,
der auf dem Throne sitzt, verheißt:
»Ich mache alles neu!«
Jerusalem, Jerusalem,
du bist des Lammes Braut,
von nun an bis in Ewigkeit
am Lebensstrom erbaut.
Wohl dem, heilige Gottesstadt,
der deine Schönheit schaut!

Die Affektstärke und die Innerlichkeit des Erlebens

Unmittelbar bei dem Erwachen mußte ich (wie seit vielen Jahren nicht) etwa 20 Minuten
weinen. Beides war mir bewußt: Es hatte sich um einen richtigen Traum, also einen unterwachen Zustand gehandelt, andererseits konnte ich an der (»subjektiven und doch zugleich objektiven«) Wirklichkeit des Erlebens nicht zweifeln, so daß ich nach dem Erwachen und auch später wegen der Affektstärke den Traum nicht erzählen und vor allem das
Lied nicht zitieren konnte.
Noch heute kann ich mich beim Lesen des 122. Psalmes oder des genannten Liedes der
Tränen nicht erwehren (dabei bin ich z. Z. nicht depressiv erkrankt oder gestimmt).
Der Grad dieser »Ich-Nähe« (nach I. H. SCHULTZ), der alle sonstige Gewißheitsstärke
übertrifft, verbietet es, dieses Bilderleben in die Reihe sonstiger oder üblicher Träume einzubeziehen. Nur Visionen pflegen sonst so starke, tiefgreifende und lange anhaltende Erlebnisse mit sich zu bringen. Abweichend von üblichen Bezeichnungen sprechen wir daher hier von einem »visionären Traum«.

Religionspsychologische Folgerungen für das Erleben der Mystik

An dieser Stelle ist es weder möglich noch entspricht es der Aufgabe, die vielfältigen Erscheinungen der Mystik, ihrer Geschichte, ihrer Gefahren, ihrer Bedeutung für die Theologie, für die verschiedenen Religionen, für das Christentum oder auch nur für das persönliche Glaubensleben annähernd vollständig mitzuteilen.

Ihre psychologischen Erlebnisstufen von vormystischen Erfahrungen (vgl. K. Gins) bis zu einem Gipfel der »Unio mystica« sind schon oft erforscht worden und hier nicht zu wiederholen. Sie reichen von verschwommenen pantheistischen Vorstellungen bis zu innigsten Äußerungen echter, unmittelbarer Glaubenserfahrungen.

Verbreitet sind auch Stufenordnungen mystischer Erlebnisse, die nicht selten bei visionären Erfahrungen beginnen und bei einer »Unio mystica« enden. Würden wir den genannten Traum in den Rahmen einer solchen Stufenordnung und in den Zusammenhang mit anderen ähnlichen (hier jedoch nicht mitgeteilten) Erlebnissen stellen, so legt er folgende Stufenordnung nahe:

1. Bilderschau, Visionen,
2. Hörerlebnisse (das Lied), Auditionen,
3. Tastwahrnehmungen (Ergreifen des Kreuzes, Unterhaken; bei anderen Visionen das Handauflegen Jesu)
4. Glaubenswahrnehmungen (Gegenwart Jesu als Gewißheit)
5. »In Christus sein« (»Unio mystica«)

Der Verfasser bekennt: Das Erleben dieses Liedes im Traum hat ihn zum ersten Mal in seinem langen Leben zum Erfahren der unbeschreiblichen »Unio mystica« geführt, die sich hier einer Darstellung entzieht.

Angesichts verbreiteter Gefahren einer »quietistischen« (selbstbeschaulichen) Mystik sind Wachsamkeit und verstärktes Streben auf die »aktivistische« Seite der Mystik zu legen, d. h. praktisch auf die verstärkte Freude und Tatkraft bei der caritativen beruflichen Tätigkeit des Verfassers als Arzt und Seelsorger.

Inhaltliche Anmerkungen zu dem Traumtext

Nur wenige von den zahlreichen »Einfällen« und Verbindungen an Gedanken und Bildern, die das Verstehen dieses Traumes erleichtern, seien hier mitgeteilt:

a) Das *Thomaskreuz* stammt aus dem 4. Jahrhundert in Persien und stellt ein Kreuz auf breiten Schwingen dar über einer (Welt-)Kugel, die ihrerseits auf einer Stufenpyramide thront. Auf Bestellung fertigte ein Holzschnitzer in Jerusalem vor 20 Jahren nach alten Abbildungen dieses Kreuz aus Jerusalemer Ölbaumholz an.

Es dient dem Lukas-Orden in Berlin als Altarkreuz bei den sonntäglichen Gottesdiensten. Werktags steht es in einer Vitrine an der Stirnwand des Gottesdienstraumes rechts, während links eine künstlerisch besonders wertvolle Abbildung des Tempelberges in Jerusalem mit der Schallplatte des Traumliedes ausgestellt ist. Das Herausnehmen des Kreuzes am Sonntag morgen geschieht jeweils bewußt als geistliche Handlung, die den Tastsinn einbezieht.

b) Die verschiedenen *Grade der Sichtbarkeit* fielen schon beim Träumen auf. Das Kreuz am Beginn des Pilgerzuges (von Jesus selbst getragen?) war jedem sichtbar, als Zeichen des Ziels in der Ferne blieb es den meisten unsichtbar.

c) *Freude, Eintracht und Anbetung* stehen als Ziele, Wirklichkeit und Höchstwerte unsichtbar über dem »Haus des Lukasordens«, dessen Kreuz durch unsichtbare Flügel mit Jerusalem verbunden ist.

C Die Berufung eines Kriegsblinden

1. Seine Jugend

»Wenn ich heute mit meinem weißen Lang- und Taststock die Wege meiner Kindheit von meinem Heimatdorf aus entlanggehe, dann steht mir diese herrliche Landschaft mit ihren Wäldern, Wiesen, Hügeln und Gewässern noch ganz lebendig vor Augen. In diesem kleinen Dorf wurde ich am 3. April 1930 als jüngstes Kind von sieben Geschwistern geboren. Trotz unserer bescheidenen Verhältnisse verlebte ich eine ungetrübt glückliche Kindheit. Wir Kinder besuchten alle die einklassige Dorfschule, in der später im Krieg viele Schultage ausfielen.

Ein Ereignis hatte auch unser Familienleben geprägt: In unserem Dorf hatte es vor 100 Jahren eine Erweckungsbewegung gegeben, deren Spuren noch lange fortwirkten.«

2. Seine Verwundung

»Kurz vor Kriegsschluß (am 7. 5. 1945), als ich bei der damaligen Reichsbahn ein Ausbildungsverhältnis begonnen hatte, erlitt ich durch eine Explosion schwere Gesichtsverletzungen. Monate lag ich im Krankenhaus mit verbundenem Kopf. Die Ärzte trauten sich aber nicht, mir zu sagen, daß ich nie wieder würde sehen können. Wie hilflos und verloren kann ein Mensch sein!

Bei meinem Vater lernte ich Maschineschreiben. Ein Blinder zeigte mir die Punktschrift. Er war Korbmacher, und so erlernte ich bei ihm dieses schöne Handwerk. Als ich aber 1952 die Lehre abgeschlossen hatte, wollte niemand mehr Körbe kaufen.«

Soweit sind wir den eigenen Aufzeichnungen dieses Korbflechters gefolgt, den ich in Schleswig und Kiel persönlich kennenlernte, als er meine Evangelisations- und Seelsorgevorträge besuchte. In den anschließenden Gesprächen gewann ich Achtung vor seiner menschlichen Haltung und nahm ihn in mein Haus auf, wo er sich mit kleinen Hausarbeiten nützlich machte.

3. Seine fehlenden Berufsaussichten

Wir sprachen öfter über seine offenbar aussichtslose berufliche Zukunft. Nicht selten ordnete er meine Bücher in den Regalen, so daß die Rücken eine gleichmäßige Linie bildeten; er wünschte sich dann, »wenn ich doch einmal solche Bücher lesen könnte!« Seine einseitige Fähigkeit, Körbe zu flechten, bot ihm keine Aussicht, beruflich aufsteigen zu können. So war er oft völlig entmutigt, zumal er seine Erblindung als gerechte Strafe Gottes ansah.

Eine kleine Befriedigung vermittelte ihm erst die Erfahrung, daß er bei meiner Mutter, einer Lehrerin, planmäßig seine Allgemeinbildung erweitern konnte.

4. Seine Berufung

Eines Tages kam er äußerst erregt zu mir ins Nebenzimmer gestürzt und sagte wörtlich: »Mir ist eben Jesus Christus erschienen und hat mir gesagt, ›du sollst Pastor werden‹.«

Sein Gesichtsausdruck war dabei so ernst, bewegt und bestimmt, daß ich einerseits ihm dieses offenkundig ehrliche Erleben nicht ausreden durfte, andererseits aber es nicht bestätigen konnte, angesichts der völlig fehlenden Vorbildung und seiner Blindheit.

So versuchte ich, ihn zu beschwichtigen: »Vielleicht hat Jesus gemeint, du sollst Prediger werden; dann gibt es Wege, diesen Beruf auch ohne die Vielzahl von Sprachprüfungen und ohne langjähriges Studium zu erreichen.« »Nein«, antwortete er entschieden, »Jesus hat zu mir gesagt, du sollst Pastor werden!«

»Dann kenne ich nur einen Weg«, lautete meine Antwort, »der führt über das Abitur, die lateinische und griechische Sprachführung sowie über das Erlernen des Hebräischen zu einem theologischen Studium von mindestens acht Semestern und über das 1. Staatsexamen zur Vikarzeit und dann über die 2. Staatsprüfung zum Hilfsprediger und erst von dort aus zur Berufung als Pastor.«

»Das alles weiß ich nicht«, sagte er. »Das aber weiß ich, Jesus hat mich gerufen, Pastor zu werden.«

5. Die Wandlung seines Lebens zum Schüler

Von Stund' an war sein Leben nur auf die eine Frage ausgerichtet: Wo und wie kann ich etwas lernen? Ein kleines Taschenrundfunkgerät eröffnete ihm den Zugang zu mehreren Sendern, die allgemeinbildende oder themenbezogene Vorträge brachten. Auf seiner kleinen Blindenschreibmaschine hielt er das Wesentliche vom Inhalt fest und wiederholte es.

Aus meiner eigenen Kenntnis der Prüfungsvorschriften für ein Begabtenabitur stellten wir (ich war damals als Oberstudienrat tätig) einen Stundenplan für die verschiedenen Aufgabengebiete zusammen. Die damals junge Freie Universität in Berlin hatte eine Begabtenreifeprüfung geschaffen. Prof. KROH, in dessen Psychologischem Institut ich damals arbeitete, war der Vorsitzende des Ausschusses. Mit ihm stimmten wir nach einem ausführlichen Vorgespräch den Lehrplan ab. Einige Fächer wurden meiner Mutter anvertraut (z. B. Deutsch, Geschichte und Erdkunde), andere unterrichtete ich selbst, und für den Rest wurden zuständige Privatlehrer gefunden.

Unvorstellbar war der Fleiß, mit dem sich der Blinde diesen Aufgaben zuwandte. Am 17. 2. 1953 bestand er dann nach einem Gastsemester an der Freien Universität die Prüfung für die Zulassung zum Studium mit dem Gesamtergebnis gut. Ich gehörte selbst zu dem Prüfungsausschuß und beobachtete, mit welcher Konzentration er in meinem Prüfungsfach Deutsch einen Aufsatz nach wenigen Notizen in Blindenschrift in fast druckreifer Sprache unmittelbar in die Schreibmaschine übertrug, so daß das spätere Urteil der gesamten Kommission übereinstimmend mit meinem Fachgutachten lautet: recht gut.

6. Sein Studiengang

Noch zwei weitere Semester studierte er an der Freien Universität Psychologie, erlernte in dieser Zeit die lateinische Sprache und legte auch in diesem Fach eine gute Abschlußprüfung ab. Danach besuchte er zwei Semester lang die Kirchliche Hochschule in Berlin-Zehlendorf.

An der Universität in Marburg/Lahn lagen besonders günstige Voraussetzungen für blinde Studierende vor. So verbrachte er den Rest seines Studiums dort und danach in Göttingen und Kiel.

Als ich ihn einmal fragte, ob er es nicht mit den fremden alten Sprachen besonders schwer hätte, antwortete er: »Im Gegenteil! Die anderen müssen immer besondere Zeichen lernen, für das griechische Alpha oder das hebräische Aleph, auf meiner Blindenschreibmaschine ist es alles ein- und derselbe Buchstabe.« Fristgemäß legte er alle Prüfungen ab und wurde (nach vielen Widerständen der Kirchenleitung: »Ein Blinder kann doch nicht die Aufgaben eines Pastors wahrnehmen!«) im Mai 1962 zum »Gemeindepfarrer« berufen. Als ich ihn in einer Gemeinde besuchte, reichten die Plätze der Kirche an einem üblichen Sonntag nicht aus, um allen Gottesdienstbesuchern Raum zu geben.

Bald wurde er von seiner Landeskirche zum verantwortlichen Seelsorger für die Blinden ernannt, von denen er 2600 betreut.

Manchmal habe ich ihn eingeladen, bei Ärztetagungen über das Erleben der Blinden zu sprechen. Er wußte seine Hörer ungewöhnlich stark zu fesseln und blieb doch ein ganz bescheidener natürlicher Mensch.

Seine fünf inzwischen erwachsenen Kinder haben alle die Reifeprüfung abgelegt, und drei haben auch ihr Studium erfolgreich abgeschlossen, die beiden anderen stehen noch davor. Alle diese »Kinder« und zwei Schwiegersöhne bilden den Posaunenchor der Gemeinde, der sich einen weiten und guten Ruf erwarb.

Heute erscheint ihm sein Lebensgang fast natürlich und selbstverständlich. Wer damals Zeuge seiner Wandlung vom hoffnungslosen Korbflechter zum unbeschreiblich zielstrebigen und fleißigen Studenten aus der Nähe miterlebt hat, kann sich niemals mehr dem überwältigenden Eindruck entziehen: So kann ein einziges, echtes Berufungserlebnis noch heute einem Menschen lebenslang Ziel und Halt verleihen.

D Visionäre Erlebnisse als lebensentscheidende Erfahrungen heute

An dieser Stelle ist nicht zu wiederholen, was Dr. med. G. SCHALLENBERG in seinem jüngsten Werk (vgl. S. 219) über Wesen, Wert und Gefahren von Visionen vorbildlich und kritisch zusammengefaßt hat. Vielmehr sollen an sieben eigenen Erlebnissen des Verfassers die Vielfalt, die Eigenart und die lebensentscheidende Wirkung solcher Erlebnisse vorwiegend aus religionspsychologischer Sicht in einem – nur selten möglichen – Längsschnitt mit 64 Jahren der Nachbeobachtung anhand der Tatsachen mitgeteilt werden.

1. Der »heilende Jesus«

Im Sommer 1928 stellte der Schularzt aufgrund auffallender Leistungsschwäche und des Aussehens sowie der Atemnot ein (dekompensiertes) »Mitralvitium«, also einen »Herzfehler« fest. Im Krankenhaus Moabit teilten mehrere Ärzte meinen Eltern den ersten Befund mit nur begrenzten Aussichten auf Besserung bei halbgeöffneter Tür in einem Nebenraum mit, so daß ich seinen Sinn verstehen konnte.

Mehrere Monate im Krankenhaus und in verschiedenen Herz-Heilbädern, bes. in Bad Altheide (Schlesien), folgten. Die quälenden Herzanfälle mit Herzjagen, mit Herzstillstand und Bewußtlosigkeit, vor allem aber mit Angstzuständen, sind mir noch heute in lebhafter Erinnerung. Wochenlang durfte ich das Bett nicht verlassen.

Im folgenden Jahr 1929 wurde ich in die »Kinderheilanstalt« in Bad Orb (Spessart) verlegt, deren gütiger Chefarzt Dr. Behm mir in lebhafter Erinnerung steht. Hier durfte ich schon gelegentlich im Rollstuhl in den Kurpark gefahren werden. Im Nachbarbett lag ein zwei Jahre älterer Schüler aus Köln, Bruno Wiederkehr, der zunächst weniger krank war als ich, und mit dem mich ein gemeinsamer christlicher Glaube verband, besonders in Gesprächen über das Sterben und ein mögliches ewiges Leben danach. (Zwei Jahre später erlag er seinem Herzleiden, und ich blieb mit seiner verwitweten Mutter noch bis zu deren Tod in Verbindung.)

Meine eigene, z. T. noch recht kindhafte *religiöse Haltung* war geprägt durch zwei Einflüsse: meine Mutter, Tochter eines längst verstorbenen besonders liberalen Pfarrers, hatte mir von Jesus als einem guten Menschen erzählt. Zum anderen hatte ich mich schon mit 11 Jahren mit einigen Klassenkameraden dem »B. K.« (Bund Deutscher Schüler-Bibelkreise) angeschlossen, in dem wir nicht nur sportliche Spiele trieben, sondern auch angeleitet wurden, in der Bibel zu lesen.

Auf dem Krankenbett aber bewegten mich heftige Zweifel: Wie kann es einen Gott der Liebe geben, wenn er es zuläßt, daß ich so unter den Herzbeklemmungen leiden muß und nicht spielen darf wie die anderen Kinder. An solchen Gott konnte und wollte ich nicht glauben. Das Ziel nur wollte ich beibehalten: »Ordentlich« und »anständig« wollte ich auch weiterhin werden, ohne daß ich eine klare Vorstellung davon hatte, wie dies dann aussehen müßte. Nur fühlte ich mich nicht mehr an biblische Gebote gebunden.

Einzelheiten kann ich nicht mehr erinnern. Nur weiß ich noch genau, daß ich nach wenigen Tagen den Ruf als frechster aller Jungen gewonnen hatte. Dann traf mich bei einem Abendessen der mahnend-strafende Blick der Stations-Kinderschwester mit den Worten: »Klaus, gerade von Dir hätte ich das nicht erwartet!«. Diese Worte der von mir so verehrten Schwester Marianne gingen mir nach, und ich erlebte sie ganz bewußt als ein Scheitern meines Strebens, aus eigener Kraft heraus »anständig« zu sein, auch im Reden. So begann ich wieder, in der Bibel zu lesen. Es war das 5. Kapitel des Johannes-Evangeliums mit dem Wort Jesu: »Willst Du gesund werden?«, das mich wie ein Blitzschlag traf mit der Erkenntnis (die noch heute als Grundeinsicht mein Leben beherrscht): Entweder kann dieser Jesus noch heute Kranke heilen, so wie die Evangelien es berichten, oder dieser Glaube hat keinen Wert.

Mehr noch als diese Erkenntnis bewegten mich das Hoffnungslose meiner Krankheit, die brennende Sehnsucht, wieder gesund zu werden, und die Deutlichkeit, mit der dieses Wort mich als persönliche Frage Jesu angesprochen hatte. Die Antwort meines »Ja« lautete viel umfassender, als ich sie damals aus dem Wortlaut verstanden hatte: »Ja, ich will Dein eigen sein, jetzt und für alle Zeit!« (Das waren damals nicht Worte, aber genau die Haltung, die ich empfand.)

Die Folge überfiel mich ganz unerwartet. Es war zum ersten Mal in meinem Leben eine tiefe Sündenerkenntnis. Heute weiß ich nicht mehr, worauf sie sich bezog; – jedenfalls nicht auf vermeintliche oder wirkliche sexuelle Verfehlungen; denn aus späterer Sicht weiß ich, daß ich damals die Grenze zur »zweiten puberalen Phase« noch nicht überschritten hatte, also geschlechtlichen »Versuchungen« noch nicht ausgesetzt war. Wohl aber entsinne ich mich genau, wie ehrlich und ernst damals die Erkenntnis meiner Sünde war bis hin zu der Absicht und dem Irrtum, ich könnte mein Leben ohne Gott führen. Plötzlich schien mir nicht mehr die Gesundheit den höchsten Wert zu bedeuten, sondern der Friede mit Gott und die Vergebung. (Aus heutiger Sicht muß ich selbstkritisch fragen, ob ein eben 13jähriger Junge solcher Erlebnisse schon fähig ist; als Erklärung mag eine krankheitsbedingte innere Frühreife dienen.) Jedenfalls beherrschte seither eine unbeschreibliche innere Freude das Leben.

Mit Bruno Wiederkehr konnte ich nun über diese Erfahrungen sprechen und über die Bibel; wir beteten gemeinsam, und ich gewann nach meinen damaligen begrenzten Erfahrungen die Meinung: katholisch sein, heißt christlich glauben, evangelisch dagegen: gleichgültig sein. So antwortete ich zwei Jahre hindurch, wenn immer die Frage nach der Konfession gestellt wurde: »Äußerlich gehöre ich noch der evangelischen Kirche an, aber in Wahrheit bin ich katholisch, und ich werde übertreten, sobald ich alt genug dazu bin.« – Es war eine »Bekehrung«, ein Wandlungserlebnis.

Einige Tage später fand die übliche Wochenvisite in dem großen Krankensaal der Heilanstalt statt. Dr. Behm hörte wieder und wieder mein Herz ab, dann bestellte er mich für die Zeit nach der Visite in sein persönliches Dienstzimmer. »Was ist mit dem Klaus los? Ich höre da gar nichts mehr.« Die anderen Ärzte bestätigten es. Später hieß es: Sollten wir uns etwa in der Diagnose geirrt haben? Jedenfalls erhielt ich immer größere Erleichterungen zugebilligt: Immer mehr Stunden durfte ich aufstehen, sogar an den Besuchen im Kurpark zu Fuß teilnehmen, dann sogar an weiteren Spaziergängen. Schließlich wurde ich nach Berlin entlassen.

Über ein Jahr hindurch hatte ich die Schule nicht mehr besucht. Jetzt wurde ich wieder als »schulfähig« erklärt und nahm – freilich eine Klassenstufe tiefer – wieder am Unterricht, bald sogar am Turnen, teil. Meine Mutter, eine ebenso kundige wie geduldige Lehrerin, half mir, den Anschluß an das Schulleben und -arbeiten wieder zu finden. Gelernt aber habe ich für mein Leben in diesem Jahr mehr als es durch Unterricht möglich gewesen wäre.

2. Der entscheidende Jesus

In meinem 15. Lebensjahr (1930) besuchte ich die 9. Klasse der Kirschner-Oberrealschule. Hier standen die naturwissenschaftlichen Fächer ganz im Vordergrund, von Ostern an aber sollte in einem Kursus auch lateinischer Unterricht stattfinden. Dafür war eine besondere Anmeldung erforderlich. Von meinen Eltern erbat ich die Erlaubnis dazu und nannte den Grund: »Ich möchte so gerne Theologie studieren, wenn Gott das will.« Mein Vater aber, der dem Freidenkerverband (»Gottlosenbund«) angehörte, verbot es mir: »Alles kannst Du werden, was Du willst, aber nicht Pfarrer. Darum verbiete ich Dir auch den Lateinkursus!« Er drohte: »Wenn Du Latein lernst, gibt es keine Brücke mehr zwischen Dir und mir!«

Wie aber könnte ich in dieser wesentlichen Frage Klarheit über den Willen Gottes finden? Diese Frage beschäftigte mich stark, denn aus eigener Kraft traute ich mich nicht, Theologie zu studieren. Dazu bedurfte man eines besonderen Auftrages. Das war mir klar. Der aber fehlte bisher.

Nun pflegte ich nachmittags in die nahe Heilandskirche in Moabit zu gehen, die »zu stiller Andacht« geöffnet war. Dort konnte ich ungestört die Bibel lesen und beten.

Das tat ich an einem Nachmittag, als die Frist zum Anmelden ablief, mit der besonderen Bitte: »Herr zeige mir Deinen Willen für meinen Beruf!« Als ich anschließend, wie immer, das Evangelium aufschlagen wollte, in dem ich fortlaufend las, öffnete ich die Bibel »zufällig« und las als ersten Satz: »Für welches ich gesetzt bin als Prediger...« (1. Tim. 2,7)

Bei diesem Lesen, – unhörbar zwar und doch eindeutig und unmißverständlich hatte Gott mich als Pfarrer berufen. Überströmend von Dankbarkeit, Gewißheit und Freude verließ ich die Kirche, tat den gesamten Inhalt meiner Geldbörse in die Sammelbüchse (es waren 50 Pfennige) und meldete mich am nächsten Tag zu dem Lateinkursus an.

Der Lateinlehrer aber war derselbe Pfarrer Link, zu dem ich in den Konfirmandenunterricht ging. Ihm verdankte ich so viele Einsichten, daß er mir als maßgebende Autorität in allen Glaubensfragen erschien. Jede Stunde des Konfirmandenunterrichts stenographierte ich mit und arbeitete sie zu Hause aus.

Ihm verdankte ich damals schon die beglückende Erkenntnis: ich muß gar nicht katholisch werden, um Christ zu sein. In keinem seiner Gottesdienste habe ich damals gefehlt. Um so niederschmetternder traf mich seine Antwort, die besonders feierlich erfolgte:

Er stand vor mir auf (ein Hüne von Gestalt), reckte seine beiden Fäuste in den Himmel und sprach: »Ich verkünde Dir im Namen Gottes, daß Du nicht Latein lernen sollst und nie Theologie studieren und Pfarrer werden wirst!« Auf meine Gegenfrage teilte er mir den Grund mit: »Es ist gegen das vierte Gebot: Du sollst Deinem Vater gehorchen!«

In diesem Augenblick brach eine Welt für mich zusammen: Wie konnte dieser Mann – gar »im Namen Gottes« – das Gegenteil von dem sagen, was Gott selbst in seiner klaren Berufung aufgetragen hatte?! Von Stund an lernte ich, an mancher kirchlichen Verkündigung zu zweifeln, nicht aber an dem Worte Gottes und an der innersten Gewißheit, wenn diese mit diesem Gotteswort übereinstimmt.

Jedenfalls bestand ich mit der Reifeprüfung das große Latinum (und zugleich das Hebraicum) so daß die Nachteile der Oberrealschulvorbildung ausgeglichen waren.

Die Schwierigkeiten freilich, die mein »Ungehorsam« gegen den väterlichen Willen auslösten, waren nur schwer durchzustehen. Tatsächlich hatte ich »alle Brücken abgebrochen«, wie er angekündigt hatte. Ich kann mich nicht mehr an ein einziges freundliches Wort erinnern, das er seither zu mir gesprochen hätte. Alle Geldmittel wurden gestrichen, d. h., ich erhielt weder Taschengeld noch auch nur die Schulbücher gekauft. So mußte ich für alle Ausgaben durch eigenen Verdienst aus Privatunterricht und als Sänger in einem bedeutenden Chor selbst sorgen. Letztlich wirkte sich jedoch auch diese frühe weitgehende Selbständigkeit für viele spätere Aufgaben förderlich aus.

3. Der stärkende Jesus

Anstrengungen und Aufregungen zu Hause drohten, die Tragkraft zu übersteigen. Die treu sorgende Mutter konnte Schwierigkeiten mindern, doch nicht alle verhindern. Auch sie konnte den Entschluß nicht ändern: »Nach dem Abitur kommt er aus dem Haus!« Aber wohin ich gehen und wovon ich dann leben und gar noch studieren sollte, das blieb im Dunkel.

Vor der Einberufung zum Arbeitsdienst häufte sich die Arbeit so stark (auch manche Schreibtisch-Arbeit brachte mir damals Geld ein), daß ich erheblich ermüdet und erschöpft den Mut zu verlieren drohte. Völlig niedergeschlagen ging ich damals (1934) an der Pauluskirche in Zehlendorf vorüber zur »Zehlendorfer Oberrealschule«, um an der Abschiedsfeier für die Abiturienten teilzunehmen. Während ich mich an der Kirche mehr entlangschleppte als daß ich ging und innerlich aufgeben wollte, hörte ich die Stimme Jesu (nicht akustisch, wohl aber ganz deutlich und persönlich): »Ich werde nicht sterben, sondern leben und des Herrn Werke verkündigen« (Ps. 118,17).

Ich verstand diese Worte als eine deutliche Erinnerung an meine Berufung und als ihre Bestätigung.

So gestärkt fühlte ich mich damals und so persönlich angesprochen, daß ich noch heute jedesmal beim Anblick dieser Kirche (in deren Nähe ich wohne) an diese »Audition« erinnert werde.

Müdigkeit und Erschöpfung freilich waren damals mit der neuen inneren Kraft nicht gewichen, und so versank ich während der Festansprachen in der Aula in einen tiefen Schlaf. Plötzlich weckten mich Klassenkameraden unsanft: Ich hatte die Martin-Luther-Medaille als bester Schüler des Abiturientenjahrgangs verliehen bekommen und sollte sie auf dem Podium von dem Direktor in Empfang nehmen. Noch halb benommen stolperte ich nach vorn und stammelte einige Dankesworte.

Während der ganzen Monate im Arbeitsdienst verließ mich die Gewißheit nicht: »Ich werde des Herrn Werke verkündigen!« Diese Gewißheit verlieh eine unerschütterliche Kraft, deren ich bald dringend bedurfte. Von dem Bewußtseinszustand oder dem Ablauf der Ereignisse her besteht wohl kein Recht, die folgenden Erlebnisse in die Reihe von Visionen oder Auditionen einzureihen, und doch fordern die Erlebnisstärke und die persönliche Bedeutung zu der Frage heraus, ob nicht (und auf welche Weise) eine natürliche menschliche Begegnung heute wie bei den Jüngern in Emmaus einen deutlichen Offenbarungscharakter zeigen kann. (Luk. 24. Dort erkannten die Jünger nachträglich, daß in dem menschlichen Wegbegleiter der lebendige Herr zu ihnen gesprochen hatte.)

Im Oktober 1934, nach dem Arbeitsdienst, kam ich in Berlin auf dem Bahnhof Friedrichstraße an und stand mit relativ kärglichem Gepäck auf dem Bürgersteig der Hauptstraße. Nichts wußte ich außer der einen Gewißheit. Ich wußte nicht, wo ich wohnen oder wovon ich leben sollte. Nur die unerschütterliche Gewißheit war da: ich soll Theologie studieren.

Ohne Angst, viel mehr in einer kindlichen Erwartungshaltung betete ich dem Sinn nach: »Lieber Herr, Du hast mich gerufen; hier bin ich; nun sorge Du bitte, wie es weitergehen soll!« Nach etwa einer Viertelstunde spricht mich ein Herr von der Seite an: »Nanu, Thomas, was machen Sie denn hier?« Es war mein Musiklehrer und Chordirigent. Meine Lage war schnell erklärt. »Hier gegenüber hat unsere Sängerverbindung ihr Bundeshaus; genauer: ein Stockwerk gemietet in dem Bürohaus. Da vergeben wir gerade sechs Betten. In unserem Chor fehlt uns dringend ein Tiefbaß, da können Sie uns doch helfen!«

Eine weitere Viertelstunde später hatte ich in der »Sängerverbindung Arndt« ein Bett für 5 Mark monatlich (einschließlich eines Arbeitsplatzes und einer guten studentischen Gemeinschaft). Außerdem suchte mein Musiklehrer Forck noch dringend für vier besorgte Elternpaare und deren Kinder einen Nachhilfelehrer, und gleich konnten telefonisch die Vereinbarungen getroffen werden.

So brauchte ich meine »Ersparnisse« nicht anzugreifen. Sie waren im Arbeitsdienst von den 30 Pfennigen Tagesverdienst sowie aus den früheren Einkünften zusammengespart und betrugen 240,– Mark, gerade ausreichend, um die ersten Semestergebühren zu zahlen. Denn ein »Bafög« oder Gebührenerlaß zu Studienbeginn gab es damals nicht.

Für mich bedeutete diese Begegnung eine unmittelbare Antwort und Führung.

4. Der berufende Jesus

Im Frühjahr 1951 stand ich an einem Abschnitt meines Lebens: In vielen Bereichen häufte sich die Arbeit: Als Studienrat hatte ich bei voller Stundenzahl allein zwei Primen mit je 41 Schülern in den Fächern Deutsch und Englisch zum Abitur zu führen. Als Pfarrer unterrichtete ich in der Predigerschule »Paulinum« in Ost-Berlin und im Priesterseminar das Fach Seelsorge; ich gab die Zeitschrift »Wege zum Menschen«, die ich gegründet hatte, heraus und führte sie als Schriftleiter. Zugleich schloß ich an der Freien Universität die Studien als Psychologe und bei I. H. Schultz die Lehranalyse als Psychotherapeut ab. Von den Vorlesungen an der Lessing-Hochschule in jedem Semester, von den Kursen für Autogenes Training, den allsonntäglichen Gottesdiensten und der Seelsorge sei geschwiegen. Jedenfalls bildete nicht der Mangel an Aufgaben den Hintergrund der folgenden Vision: In einer Morgenstunde, zwischen Schlafen und Wachsein, sehe ich plötzlich Jesus Christus, wie er mich auf einem etwa 40 Meter hohen Berge zu sich hinauf winkt. Oben steht ein Zelt, etwa fünf Meter im Quadrat. Schweigend deutet Jesus auf den Bergabhang, auf dem von allen Richtungen her – nur etwa 10 cm groß, Menschen den Berg heraufströmen. Zuerst muß ich an ein weites Feld von kleinen Stalagmiten denken.

Dann aber, noch immer schweigend, führt mich Jesus hinein in das Zelt. Aber ich bin nicht allein. Neben mir ist ein junges Mädchen, das ich zwar seit kurzem kenne, zu der aber keine persönlichen Beziehungen bestehen. Da gibt Jesus uns beiden ein Telefon, einen richtigen Feldfernsprecher, wie ich ihn während des Krieges als Fernmelder zu bedienen hatte. Dabei weist er noch einmal auf die Zehntausende der Menschen hin, die auf den Berg drängen.

Damals konnte ich nicht ahnen, daß ich Jahre später dieses Mädchen heiraten würde und daß wir beide nach dreijähriger Vorbereitung mit 20 »Paulinumsschülern« die erste deutsche Telefonseelsorge gründeten. Diese Vision war kein unmittelbarer »Berufungsauftrag«, wohl aber blieb sie mir als schweigendes, fortwirkendes Leitbild in den sieben Jahren, während derer ich die Leitung der Telefonseelsorge ausübte: Welchen seelsorgerlichen (und ärztlichen) Dienst für die Menschen erwartet Jesus von mir?

Später ging die offizielle Telefonseelsorge durch unerfreuliche Manipulationen in kirchliche Hände über und wurde eine Sozialarbeit mit anderen Grundlagen und Zielen.

5. Der humpelnde Jesus

Im August 1969 fand in Melbourne ein Internationaler Kongreß für Hypnosewissenschaft statt. Dort hatte ich Vorträge zu halten und viel aus den letzten weltweiten Forschungen zu lernen.

Anschließend an den Kongreß war (mit Hilfe der Neuendettelsauer Mission) eine Forschungsreise durch Neuguinea vorbereitet zum Besuch der Stationen der Ärztlichen Mission und zum Erforschen der Kuru-Krankheit, der einzigen Nervenerkrankung, die nur durch den Kannibalengenuß des menschlichen Gehirns übertragen wird und besonders langsam und qualvoll zum Tode führt. Alle diese Reisen sind praktisch nur im privaten Flugzeug möglich, und die Vorbereitung dieser Reise hatte schon Monate in Anspruch genommen.

Ein Hindernis aber stand ihr entgegen: Seit drei Jahren schon litt ich an Bandscheibenbeschwerden. Drei Operationen mit mehrwöchigen Klinikaufenthalten hatten jeweils eine Erleichterung von den quälenden Schmerzen gebracht. Vor allem aber waren zeitweise beide Beine gelähmt (komplette Quadrizepslähmung), so daß ich nur mit Mühe und der Unterstützung durch Stöcke gehen konnte.

In Melbourne plagten mich wieder besonders heftige Schmerzen, wieder mit beginnenden Lähmungen. Drei Tage vor dem Ende des Kongresses wurden sie unerträglich. Eine anschließende Forschungsreise, wie sie geplant war, mußte ausgeschlossen erscheinen.

So nahm ich mir von dem Kongreßsaal aus eine Taxe zur Collinsstr. 10, zum Stadtbüro der Lufthansa, um die Flugscheine auf den nächstmöglichen Flug nach Berlin umzubuchen. Mühsam schleppte ich mich Schritt für Schritt über den breiten Bürgersteig. Da spricht mich von rechts hinten aus einer Entfernung von anderthalb Metern Jesus an mit den Worten: »Fürchte Dich nicht, ich gehe mit Dir!« Tief und stark betroffen antworte ich doch spontan: »Ja, Herr, wenn ich ja gehen könnte; – aber ich kann doch nur mühsam humpeln!« Da antwortet Jesus, so daß mir bis heute die Worte im Ohr nachklingen: »Ich humple auch mit Dir!«

Dahinter stand die eindeutige Ermutigung, ich sollte die Reise so durchführen, wie geplant. So stand ich noch immer auf dem Bürgersteig, kehrte wieder um und nahm eine andere Taxe in mein Quartier.

Die Schmerzen in Melbourne während der letzten drei Tage des Kongresses wurden durch die feste Gewißheit erträglich, daß ich die Reise zu Ende durchführen sollte, wie sie ursprünglich geplant und vorbereitet war. Schon bei der Ankunft auf dem Flughafen in Port Moresby glaubte ich eine deutliche Besserung zu spüren, die sich in den nächsten Tagen noch fortsetzte. Wer dafür eine natürliche Ursache sucht, mag das ausgesprochen tropische Klima der Insel verantwortlich machen. Nur in einer der folgenden Wochen gab es Schwierigkeiten, als ich nämlich in einer Art Lager-Dorf im Urwald wohnte, bei dem die nächste Wasserstelle, ein Flußlauf, zwei Kilometer entfernt lag. Einen solchen Fußweg konnte ich mir nicht zumuten. Für Trinkwasser war gesorgt; aber das Waschen mußte in dieser Zeit unterbleiben. –

Selten konnte ich auf einer Reise soviel lernen, nicht zuletzt bei der Besichtigung des einzigen Fachkrankenhauses für die Kuru-Krankheit, für deren Erforschung Dr. Zilgas den Nobelpreis erhalten hatte. Die letzten dieser Kranken konnte ich noch in dem Spezialkrankenhaus sehen, wo die schrittweise Zerstörung des Gehirns erst das aufrechte Gehen unmöglich macht und schließlich die unglücklichen Kranken im Liegen einem qualvollen Ende entgegenführt. Wer geneigt ist, auf die Werke der Mission verächtlich herabzusehen, der sollte sich die Geschichte dieser – inzwischen ausgestorbenen – Krankheit vor Augen führen, denn es ist die Mission, die hier dem Kannibalismus ein Ende gesetzt hat und damit der Ansteckungsquelle, dem Genuß des erkrankten Gehirns.

Wichtiger aber als alle wissenschaftlichen Einsichten blieb die Erfahrung, wenn immer ich wieder auf meine Unfähigkeiten und Schwächen stoße, die meine Grenzen vor wichtigen Aufgaben deutlich machen: Welch ein unbeschreiblicher Trost liegt in dem Wissen, wenn wir – auch im übertragenen Sinn – doch nur humpeln können, statt siegessicher fortzuschreiten: »Ich humple auch mit Dir!« Dieses Wort steht nicht in der Bibel; es atmet aber doch den Geist der biblischen Barmherzigkeit.

Das meine ich, ist heute die Frohe Botschaft für die vielen Behinderten, denen ich auch »hauptberuflich« jahrelang zu dienen hatte: »Jesus humpelt auch mit Dir!«

6. Der weinende Jesus

Im April 1971 übte ich in der Morgenfrühe im Rahmen einer Meditation das Wort (Matth. 17,8): »... ›Da sie ihre Augen aufhoben, sahen sie niemand als Jesus allein‹, da sah ich mich in einer älteren, mittelgroßen gotischen Kirche. Nicht weit vom Eingang hing an der rechten Seite ein großes Kreuz mit einem lebensgroßen Kruzifixus. Ich schaute empor, ergriffen von der lebensnahen Gestalt und dem warmen, leidenden Antlitz. Da entdeckte ich, wie zwischen den geschlossenen Lidern Tränen herausdrangen und in immer schnellerer Folge auf die Erde tropften. ›Herr, Du weinst?‹ fragte ich ihn, aufs tiefste bestürzt. Da öffnete er die Augen, blickte mich voll unendlicher Güte an und antwortete: ›Sie sind tot!‹ Ich verstand nicht und fragte, obwohl ich noch fast sprachlos war und nicht fassen konnte, daß hier der lebendige Jesus Christus sprach: ›Herr, wer ist tot?‹ Da löste er die rechte Hand von dem Kreuzbalken und wies zum Altar. Dort gewahrte ich erst jetzt eine große Anzahl von Pfarrern und Priestern verschiedener Kirchen fleißig beschäftigt. Einer in weißem Gewand mit einem großen, grünen, gestickten Kreuz las aus einem dicken Buch, andere in schwarzen Gewändern knieten, einer küßte die Bibel, andere zählten Geld, wieder andere gingen offenbar streitend mit erhobenen Fäusten aufeinander los. Die meisten aber waren nur mit sich selbst beschäftigt.

Da begann Jesus noch einmal zu sprechen – und diese Stimme klingt bis heute noch mit all ihrer Liebe und Trauer in meinen Ohren nach: ›Sie sind alle tot!‹

Da wende ich mich wieder zu ihm, bin selbst von seinen immer fließenden Tränen und von der Wirklichkeit des weinenden Christus ergriffen und weine auch meinerseits heftig, so daß ich kaum sprechen kann mit der Gegenfrage: ›Aber doch nicht alle?!‹ ›Doch alle!‹ wiederholt der Herr, und nach kurzer Pause nochmals bestätigend: ›Alle!‹ Während ich es nicht glauben kann und meinen Augen und Ohren nicht traue, geschieht etwas Gewaltiges, Unerhörtes: Jesus löst auch die linke Hand und wendet sich um, dann steigt er vom Kreuz hernieder, obwohl es etwa zwei Meter hoch angebracht ist – ich trete mehrere Schritte zurück und falle unwillkürlich auf die Knie.

Was dann folgt, ist kaum zu beschreiben: der lebendige Jesus Christus, in seiner erhabenen Gestalt, seinem majestätischen Gang unverkennbar, schreitet durch den Mittelgang nach vorn in die Kirche, drängt sich fast durch die Menge der geschäftigen Pfarrer, und niemand bemerkt ihn oder nimmt irgendeine Notiz von ihm. Dann steigt Jesus auf die Kanzel und legt die linke, durchbohrte Hand auf die geöffnete Bibel, während die Rechte seine Worte unterstreicht, die durchdringend, voller Wärme und Flehen und doch voller Ernst und Gewalt sich an die Menschen – es mögen zwischen fünfzig und hundert in der Kirche sein – wendet.

Mir scheint, die Erde müßte unter diesen Worten erbeben, denn nicht die Lautstärke, sondern die Vollmacht verleiht ihnen Donnerklang:

›Es ist dir gesagt, Mensch, was gut ist und was der Herr von dir fordert, nämlich Gottes Wort halten und Liebe üben und demütig sein vor deinem Gott!‹

Als ich einen Augenblick meine gebannten Blicke von der Kanzel löse, weil ich überwältigt bin von dieser Persönlichkeit und der Tatsache, hier spricht der lebendige Jesus Christus, gewahre ich voller Entsetzen, daß in der Kirche niemand ihn beachtet, sie gehen alle weiter ihrer Arbeit nach, offenbar hören und sehen sie nichts.

Die genauen Worte Jesu weiß ich nicht mehr, und ich würde nicht wagen, sie zu wiederholen aus Sorge, irgendeine Einzelheit könnte nicht genau wiedergegeben sein. Aber das erinnere ich, wie er fast bittend und mit werbender Liebe auf die Bibel verweist, auf die Quelle des Lebens, auf die Liebe der Tat, die von diesem Wort des Lebens ausgeht und auf die Herzenshaltung. Als er dann sagte: ›Euer Herz ist so ferne‹, da mußte ich die Augen niederschlagen und an mein eigenes fernes Herz denken.

Dann kommt Jesus wieder zurück, jedenfalls, als ich meine Augen aufhebe, steht er vor mir und sagt, während er noch immer weint: ›Mich beten sie an als den Gekreuzigten, Toten und sie werden nicht gewahr, daß sie selber tot sind – alle! Ich aber lebe!‹ Dann steigt er wieder hinauf zum Kreuz, und ich muß meinerseits wieder die Augen schließen und noch lange, lange weinen, bis ich sie schließlich öffnen kann und mich in meinem Zimmer wiederfinde. Aber das Bild will mich nicht verlassen.

Täglich sehe ich ihn vor mir, den weinenden Christus, und täglich frage ich mich: habe ich ihm auch Grund zu seinen Tränen gegeben? Und bei allem, was ich seither tue oder plane, bewegt mich diese Frage.

Wenn ich ganz sachlich darüber nachdenke, dann kann ich den Inhalt unmöglich glauben; es gibt doch so viele Menschen, die von ganzem Herzen Jesus Christus lieb haben, und ich habe mich auch schon über das Bild selbst geschämt und frage mich, ist nicht die ganze Vision ein einziges Zeichen meines eigenen Hochmutes, daß Jesus nur mit mir reden sollte, und ich höre noch immer die Mahnung Jesu zur Demut in seiner Predigt und bitte ihn, mein Herz in das seine, demütige zu verwandeln. Aber ich kann diese Bilder nicht aus meiner Seele ausstreichen, es war doch so, ich habe es selbst gesehen und gehört.«

7. Der segnende Jesus

Für das folgende, besonders starke Erlebnis läßt sich kein genaues Datum angeben, da es sich ansatzweise mehrfach wiederholte: Bei der Meditationsübung, einen Berg zu besteigen (die wohl von dem Arzt Carl HAPPICH als erstem geschildert und empfohlen wurde) pflege ich auf der Bergeshöhe eine weiße Kapelle zu sehen, die jedoch innen nicht erleuchtet war. Sie blieb bis zu einer Nacht Ende Dezember 1985 im Dunkel. Damals strahlte zum ersten Mal die Kapelle im Licht und zeigte an der Stirnwand das gleiche große goldene Emblem des Nikolaus von der Flüe, das auch die Kirche des Exerzitienhauses Werdenfels bei Regensburg mit seiner vielfachen geistlichen Symbolik schmückt. Durch viele Jahre hindurch hatte ich mich immer draußen vor meiner inneren Kapelle aufgehalten.

Vor deren romanischer Eingangstür lädt ein kleiner Vorraum von zwei mal zwei Metern zum Verweilen und zur Besinnung ein. Während der Besucher der Kapelle sich nach rechts durch die gleichfalls romanische Kirchentür wendet, wartet an der Stirnseite des Vorraumes eine Kniebank auf Büßer und Beter. In dieser Stirnwand aber sind in Kopfhöhe nebeneinander zwei Nischen von 30 cm Breite und 50 cm Höhe im Mauerwerk frei gelassen. Da geschieht es dann ganz selten (vorwiegend in Zeiten besonderer Traurigkeit oder Schwermut): Jesus legt durch diese Nische seine Hände zum Segnen auf den Kopf. Würde ich es wagen, die Augen zu öffnen, dann könnte ich die Hände auch sehen, die Gestalt freilich nicht.

So unmittelbar, so greifbar nahe und so überwältigend ist diese Erfahrung, daß sie an Eindruckskraft und Trost alle Visionen und Auditionen weit übertrifft. Die Heilige Schrift weiß bei der Segnung der Kinder, daß Jesus ihnen die Hände auflegte und sie segnete (Mk. 10,16); und auch der Auferstandene »hob« vor der Himmelfahrt »seine Hände empor und segnete seine Jünger« (Lk. 24,50); aber diese erfahrbare, unmittelbare Nähe Jesu übertrifft als Höhepunkt der unmittelbaren Seelsorge Jesu alle Möglichkeiten, geistliche Erfahrungen in Worte zu kleiden.

216

5. Kapitel

Bilderlebnisse in außerwachen pathologischen Bewußtseinszuständen (Religionspsychopathologie)

Vor Jahrzehnten bemühten sich einige Forscher von medizinisch-psychiatrischer wie von theologischer Seite, den krankhaften Erscheinungen im religiösen Leben nachzugehen. Gesunde und krankhafte Bilderlebnisse sind im vorliegenden Rahmen deutlich zu unterscheiden, damit nicht etwa echte Offenbarungserlebnisse mit bedenklichen Trugwahrnehmungen verwechselt werden. Dabei sind grundsätzlich drei verschiedene Bereiche krankhafter Störungen denkbar und auch tatsächlich zu beobachten:
a) das religiöse Leben und Erleben von seelisch Kranken. Es kann durchaus echt und gesund verlaufen,
b) das religiöse Leben und Erleben bei bestimmten seelischen Erkrankungen, das in spezifischer Weise verzerrt auftreten kann, besonders bei schizoiden Sonderlingen, bei Wahnkranken und bei Schizophrenen sowie
c) krankhafte Verzerrungen des religiösen Lebens bei seelisch Gesunden.

A Einige Bücher zur Religionspsychopathologie

Vornehmlich drei ältere Bücher zu diesem Thema sind zu nennen:

1. Oskar PFISTER: *Analytische Seelsorge (Göttingen 1927)*

Der Verfasser war ein bedeutender Pfarrer in Wien und ein persönlicher Freund von Sigmund FREUD. Theologisch klar begründet er in dem ersten Hauptteil seines Buches, daß wir uneingeschränkt auf der *Barmherzigkeit Jesu* fußen müssen, wenn wir auch die unbewußten Motive der religiösen Nöte überwinden wollen, die uns bei Neurotikern, aber auch bei gesunden »gehemmten Menschen« (SCHULTZ-HENCKE) begegnen.
PFISTER sieht als Kernfrage die *Zwangsneurosen* als »Zwänge zum Bösen«; erst die Psychoanalyse habe sie verstehen und heilen gelehrt. Im einzelnen schildert PFISTER mehr eine Psychoanalyse durch einen kundigen Seelsorger, eine Analyse, die auch das Verstehen von Träumen in ihre Behandlung einbezieht, als um eine »psychoanalytische Seelsorge«.
Einige Kapitalüberschriften kennzeichnen die verbreiteten *»religiösen Schäden«*, die eine

wesentliche Rolle in seinem Buch spielen, und damit Forschungsgebiete der Religionspsychopathologie, die zugleich die häufigen Beziehungen zu krankhaften Bildwahrnehmungen erkennen lassen: »Gespensterspuk und vermeintliche Gesichte«, »Verhängnisvolle
Eingebungen und Zeichen«, »Vermeintliche Wunder und Besessenheitserscheinungen«,
»Religiöse Verschrobenheiten« und »Horizontverengungen«, mystische »Lebensunfähig-
keit«, »Beschränkter und völliger Unglaube« sowie »Irrfahrten des Glaubens«.

2. Kurt SCHNEIDER: *Einführung in die Religionspsychopathologie (Tübingen 1928)*

Zu dem pionierartigen Werk von PFISTER gesellte sich nur ein Jahr später ein Buch von
dem Psychiater Kurt SCHNEIDER zu diesem Thema. Er geht von der heute verlassenen Bezeichnung des »Psychopathen« aus. »Geltungssüchtige Psychopathen« z. B. bezeichnet er
als »religiöse Wichtigtuer« (manche von ihnen brüsten sich mit ihren »Visionen«). »Ge-
mütlose Psychopathen sind religiös erlebnisunfähig.«
Bilderlebnisse schildert er vorwiegend als »abnorme seelische Reaktionen«, die er besonders bei Christus- und Marienerscheinungen antrifft, aber auch bei hellseherischen Ver-
zückungszuständen. Er unterscheidet sie von den religiösen Halluzinationen der Schizophrenen.
Wenn auch heute die Krankheitsbezeichnungen vielfach anders lauten, so zeigt doch die
Zusammenstellung von SCHNEIDER die Aufgaben, auf krankhafte Abweichungen im religiösen Leben zu achten und bei der Bewertung von Bilderlebnissen recht behutsam vorzu-
gehen.

3. Hans Jörg WEITBRECHT: *Beiträge zur Religionspsychopathologie (Heidelberg 1948)*

Hans Jörg WEITBRECHT veröffentlichte als Ordinarius für Psychiatrie in Bonn ein wesentli-
ches Werk, in dem er verschiedene Formen der Bekehrung schildert, aber auch »religiöse
Sonderzustände« mit Halluzinationen. Als weitere Hauptthemen behandelt er das Zungenreden und die Ekstase.
Dieses Buch muß noch immer als medizinische Grundlage für die Beurteilung vieler
krankhafter Arten religiösen Erlebens gelten.

4. Umfangreiches Schrifttum über Sekten

Eine umfassende Literatur über die Vielzahl der Sekten, auch der modernen Jugendsekten,
hat das Problem der Religionspsychopathologie üblicherweise nur am Rande und unter
den besonderen Merkmalen und Fragen der jeweiligen Sekten besprochen. Doch müßte
eine Einzelbehandlung hier zu weit führen, zumal den Fragen der Bildwahrnehmungen in
diesem Schrifttum kaum erhöhte Aufmerksamkeit zugewandt wird.
Als Übersichtswerk gibt noch immer Kurt HUTTEN einen weit ausholenden Überblick in
seinem Sammelwerk: »Seher, Grübler, Enthusiasten (Sekten und religiöse Sondergemeinschaften der Gegenwart)« (Stuttgart 13. Aufl. 1984).
An 33 Stellen seines Buches nennt und beschreibt HUTTEN die persönlichen »Visionen« –
meist der Sektengründer – die zu der Bildung der jeweiligen Sondergemeinschaft geführt
haben. Freilich unterscheidet er nicht zwischen Visionen und Halluzinationen (vgl. unten

S. 222 ff.), wie es im medizinischen Schrifttum erforderlich erscheint. Eine gute und ausführliche Übersicht über Sekten bietet die neue (3.) Auflage des »Lexikon der Sekten« (Freiburg 3. Aufl. 1991).

5. Gerd SCHALLENBERG: *Visionäre Erlebnisse (Augsburg 1990)*

Dieses ausgezeichnete Werk verdient deshalb Beachtung, weil es aus der Überschau mehrerer Fachgebiete entstanden ist, besonders Theologie, Medizin und Psychologie. Auf empirischer Grundlage untersucht es die Visionen kritisch und gibt damit in gleicher Weise dem forschenden Wissenschaftler wie den urteilenden Kirchenbehörden und vor allem dem aufgeschlossenen Laien Beurteilungsmaßstäbe in die Hand.

SCHALLENBERG, ein westfälischer Arzt, untersucht vor allem die visionären Erlebnisse der pubertierenden Mädchen in aller Welt und ihre Auditionen. Dabei unterscheidet er die religiösen von den nicht religiösen Inhalten und gliedert auch die Auditionen auf in Dialoge, Kontakte, Ankündigungen und sogenanntes Gedanken-laut-werden als verbreitete psychopathologische Erfahrungen.

Seine Untersuchungen weitet er besonders auf hysterische Erscheinungen aus, vorwiegend bei Therese NEUMANN, deren angebliche Nahrungslosigkeit nie objektiv bestätigt wurde. Auch parapsychologische Fragen bezieht er ein und sieht die materielle Seite des »Pilgerrummels« im Vordergrund.

Für die vielen Marienerscheinungen prägt er neu den Begriff »religiöse Halluzinose«. Positive Auswirkungen einer vertieften Frömmigkeit hat der Verfasser offenbar bisher nicht erlebt. Sein Anliegen zielt auch nicht so sehr dahin, etwa »echte« von »falschen« Erscheinungen zu trennen, als vielmehr (nach einer Mahnung von Karl RAHNER) zunächst einmal alle »weltimmanenten«, natürlichen und wissenschaftlichen Erklärungen für eine Erscheinung heranzuziehen.

B Die religionspsychopathologischen Erscheinungen in ärztlicher Sicht

1. Depressiv Kranke

Unter unseren bisher rund 24 000 Patienten war die zahlenmäßig stärkste Gruppe mit 7600 Depressiven vertreten. Hier geht es nicht um die ärztliche Aufgliederung dieses Begriffes, die ich in mehreren medizinischen Büchern vorgenommen habe.

Pfarrer Samuel KELLER, der noch für die Gegenwart vorbildliche Seelsorger, hat die depressiv Kranken in seinem Buch »Sonnige Seelsorge« schon 1918 als »Novemberchristen« gezeichnet, d. h. ihr Erleben innerer Dunkelheit, einer trüben, gleichsam nebligen Stimmung, in der Hoffnungen wie Blätter zu Boden fallen, erschwert schon der Eigenart der Erkrankung nach inneres Bilderleben, das uns bei anderen seelisch Kranken wesentlich häufiger begegnet:

Unter den *Träumen der Depressiven* spielen die Bilder von Ausweglosigkeit, von Trauer und Tod sowie von Ängsten verschiedener Art eine wesentliche Rolle.

Im Autogenen Training, das gilt für die Grund- wie für die Oberstufe, berichten zwei bis drei Prozent der Teilnehmer, sie erlangten keine Empfindungen von Schwere und Wärme oder keine Erlebnisse von Bildern. Seit Jahrzehnten biete ich diesen Patienten immer einen (kostenlosen) Termin in der Privatsprechstunde an, in der wir den umfassenden »PSI«-Fragebogen zur psychiatrischen Diagnostik (mit seinen 403 Fragen) besprechen. Daraus, wie aus dem persönlichen Gespräch ergibt sich dann fast immer das Vorliegen einer behandlungsbedürftigen Erkrankung des depressiven Syndroms, die in der Regel zunächst mit antidepressiven Medikamenten erfolgt.

Nach durchschnittlich fünf bis sechs Wochen ist dann die Depression abgeklungen, und dann werden auch die Wirkungen des Autogenen Trainings erlebt, d. h. in der Oberstufe gelangen die Teilnehmer danach zu Bilderlebnissen. Über diese Erfahrungen haben wir seit 40 Jahren keine beweiskräftige Statistik geführt, sie haben sich aber bei etwa 300 Patienten zur Gewißheit erhärtet: je schwerer die Depression wiegt, um so geringer ist die Fähigkeit zum Bilderleben.

2. »Ekklesiogen neurotisch« Kranke

Vom Ursprung der »ekklesiogenen Neurosen«

An Zahl und Bedeutung der krankhaften entstellten religiösen Erlebnisse stehen mit weitem Abstand die sogenannten »ekklesiogenen Neurosen« an erster Stelle. Bei diesen Patienten wurde die kirchliche Erziehung meist im Elternhaus so eng mit strengen leibes- und sexualfeindlichen Grundsätzen verbunden, daß sich später vielfältige Arten seelischer Erkrankungen und auch Eheunfähigkeit einstellten.

Nach einem gemeinsamen Gespräch über diese Fragen hatte der Frauenarzt Dr. Eberhard SCHAETZING (1955) diesen Begriff damals von seinen Erfahrungen her in der damaligen Zeitschrift des Verfassers »Wege zum Menschen« gekennzeichnet als ein Ergebnis von gleichzeitigem »Verschweigen, Verbieten und Bedrohen«.

Die wichtigsten Erscheinungsformen der »ekklesiogenen Neurosen«

Später fand ich dieses Krankheitsbild unter den Patienten der Ärztlichen Lebensmüdenbetreuung so gehäuft, daß ich in zahlreichen Büchern und Zeitschriftenaufsätzen darüber veröffentlicht habe. Das geschah erstmals umfassend im 8. Kapitel meines »Handbuches der Selbstmordverhütung« (Enke Verlag, Stuttgart 1963). Inzwischen haben wir die genauen Unterlagen von über 3000 Patienten zusammengestellt und statistisch wie kasuistisch ausgewertet. Dabei ergaben sich folgende Hauptgruppen von Krankheitsbildern, die hier genannt, aber nicht begründet oder dargestellt werden sollen, weil dies für eine folgende Veröffentlichung im gleichen Verlag als Monographie vorbereitet wird.

Kämpfen gegen die Selbstbefriedigung,

Homosexuelle, bei denen die gleichgeschlechtliche Betätigung (oft in kirchlichen Internaten) als Folge des Verbotes, normale Liebesbeziehungen aufzunehmen oder fortzusetzen, ausgelöst war und ebenfalls mit schweren Kämpfen und Schuldgefühlen einhergeht,

Patienten mit *sexuellen Deviationen* (Perverse), zur Hälfte Sado-Masochisten (fast alle unserer Patienten mit diesen Leiden waren durch eine »ekklesiogen neurotisierende« Erziehung gegangen).

Die *Prostitution* führt bei »ekklesiogen-neurotisierend« Erzogenen besonders häufig und schwerwiegend zu Konflikten: Sei es, daß diese Patienten sich zwar vor der »sündhaften« Partnerschaft fernhalten, andererseits jedoch ihren zwingenden sexuellen Bedürfnissen in der relativ leicht zugänglichen Prostitution Rechnung tragen. Nicht selten waren dann geldliche Schwierigkeiten oder Erpressungsversuche die Folge. Unter unbefriedigten weiblichen Patientinnen dieser Gruppe übten mehrere außer ihrem kirchlichen Hauptberuf noch den Nebenberuf einer Prostituierten (meist in einer anderen Stadt) aus.

Leibesfeindliche Erziehung wirkt sich auch auf die Ehe*fähigkeit* aus, und zwar nicht nur auf Impotenz und Frigidität, sondern auch auf zahlreiche neurotische Verhaltensstörungen.

»Ekklesiogene Neurosen« führen so häufig zu fehlender sexueller Befriedigung und Erfüllung – besonders durch die Verbindung mit unechten Schuldgefühlen – daß depressive Verstimmungszustände und Krankheitsbilder ungemein häufig auftreten: Die »*ekklesiogen neurotischen*« Depressionen. Sie gehen, wie alle Depressionen, mit Selbstmordgefahr einher.

Katholische Patienten mit *Zölibatsnöten* sind keineswegs alle neurotisch erkrankt. Beim Verstehen ihrer Anliegen wird fast nie das entscheidende Problem der recht unterschiedlichen, meist angeborenen Triebstärke berücksichtigt.

Mindestens ein Drittel unserer Patienten mit dieser Diagnose waren kirchliche Amtsträger (»Kleriker«), so daß bei »ekklesiogenen Neurosen« fast von einer »Berufskrankheit« zu sprechen ist.

Bilderlebnisse bei »ekklesiogen neurotisch« Kranken

Dem Grundanliegen dieses Buches und Kapitels entsprechend fragen wir nach den Bilderlebnissen der Kranken im Unterschied zu den Gesunden. Manche Krankengruppen, besonders die Schizophrenen und Wahnkranken, zeigen dabei kennzeichnende innere Bilderlebnisse (vgl. S. 229 ff.). Das gilt nicht für die »ekklesiogen neurotisch« Kranken. Bei ihnen treten nur Wunschphantasien gehäuft auf als eine Art Ersatzbefriedigung, wenn und weil das natürliche Liebeserleben durch überstarke Hemmungen beeinträchtigt ist.

3. Schizophrene

Wesen und Erscheinungsformen schizophrener Erkrankungen

Nicht nur die Schizophrenen und Wahnkranken im engeren Sinn wissen von scheinbaren Visionen zu berichten und zeigen üblicherweise keine Einsicht in das Krankhafte ihrer Gesichtswahrnehmungen. Nicht wenige sind sogar überzeugt, der wiedergeborene Christus zu sein.

Bilderlebnisse treten bei solchen Kranken überdurchschnittlich häufig auf. Unter ihnen sahen wir Angehörige von Sekten überaus verbreitet.

Seit Eugen BLEULER 1911 erstmals die Denk- und Gefühlsstörungen mit Zerfahrenheit und »Versandung«, die Willensschwäche bis zur Apathie und die Erlebnisbeeinträchtigung mit Autismus und Spaltungserscheinungen als »Schizophrenie« bezeichnete, werden die »Halluzinationen« als Sinnestäuschungen besonders im akustischen (»Stimmenhören«) und optischen Bereich zu den *Hauptsymptomen* dieser Krankheit gerechnet.

Wahnideen (vgl. S. 229 ff.), Muskelspannungen (»Katatonie«), Veränderungen der Sprechweise, der Schrift und chaotische Zeichnungen unterstreichen das Gesamtbild vom Zerfall der Persönlichkeit.

Für die *Entstehung* sah E. KRETSCHMER noch zur Zeit des zweiten Weltkrieges eine »leptosome« (»schlankwüchsige«) Konstitution als eine der wichtigsten Voraussetzungen an, die Zwillingsforschung weist auf 80% Übereinstimmung der Erkrankung bei eineiigen Zwillingen hin. Auch sonstige familiäre Häufung, nicht zuletzt die positiven Wirkungen der modernen »neuroleptischen Medikamente« und die Ergebnisse der Immunologieforschung sprechen stark für einen Erbfaktor als Ursache der Erkrankung.

Andererseits lassen sich bei manchen Patienten Schock- und Streßerlebnisse vor dem Ausbrechen dieser Krankheit nicht leugnen:

Eine unserer letzten Patientinnen war acht Jahre zuvor an dem Tag erkrankt, als sie einen Liebhaber abgewiesen hatte. Der verfluchte sie daraufhin und erschoß sich dann vor ihren Augen. Das schwere Krankheitsbild, das sie mehrere Jahre hindurch trotz einiger Klinikaufenthalte arbeitsunfähig gemacht hatte, ist erst jetzt einer neuen Kombination von neuroleptischen Medikamenten gewichen.

Die angsterfüllten Bilderlebnisse dieser – harmonisch verheirateten – Patientin mußten um so einfühlbarer erscheinen, als sie sich meist auf die damaligen Ereignisse bezogen, in deren Verlauf der stürmische Bewerber fünfmal ernsthaft versucht hatte, sie zu ermorden.

Bei ihr aber handelte es sich mehr um äußerst lebhafte Träume als um Halluzinationen.

Viele Misch- und Vorformen bei »schizoiden Persönlichkeiten« sowie die Häufigkeit der Erkrankung zwingen zum sorgfältigen kritischen Prüfen der seelischen Gesundheit, wenn religiöse Bilderlebnisse berichtet werden, da gerade bei diesen Kranken religiöse Motive offenbar weit überdurchschnittlich häufig auftreten. Von den vielen Beispielen solcher Kranken seien zunächst zwei – das erste und das bislang jüngste – mitgeteilt:

Georges ROUX, *der »wiedergekommene Christus«*

Zu Weihnachten 1947 erklärte der damals 44jährige Georges ROUX, ein Postbeamter in Avignon, er sei der »wiedergekommene Christus«. Im Jahre 1954 veröffentlichte er drei Bücher und behauptete, seine Gemeinde zähle 200 »Jünger« als Prediger, 4000 aktive Mitglieder und zahlreiche weitere Anhänger. Im gleichen Jahr fuhr ich deshalb nach Südfrankreich, besonders zu den Hauptgemeinden, und wurde in Lyon Zeuge von der Wahl der 12 Apostel, die an einem Sonntag vormittag in dem größten Kino stattfand.

Zwei Kennzeichen sollten die Vollmacht von Georges ROUX und seiner Jünger ausweisen: Das Heilen von Kranken auf wunderbare Weise und die hier wesentlichen Visionen. Die Wahl zum Apostel wurde von Geneviève ROUX, einer Tochter des Gründers, vorgenommen. Die 12 Apostelkandidaten saßen auf der Bühne des Theaters, und Geneviève fragte jeden einzelnen nach solchen Visionen:

»Qu'est-ce que tu vois?« – Während die meisten von phantastischen Schauungen zu berichten wußten, wie sie Georges ROUX neben Gott dem Vater im Himmel sitzen und die Welt regieren sähen, antwortete einer der Auserkorenen immer wieder: »Je ne vois rien!«, »Ich sehe nichts!« Am Schluß der Versammlung wurden die übrigen 11 feierlich zu Aposteln geweiht, dieser jedoch nicht.

So schnell damals diese Gemeinschaft entstand, so schnell ist sie auch wieder aus dem Bewußtsein der Menschen verschwunden; jedenfalls fand ich bei späteren Reisen keine der früher so zahlreichen Anhänger wieder.

»Der ungekreuzigte Christus« heute

Vor wenigen Tagen bietet mir nach einem Vortrag ein etwa 40jähriger Mann »sein Buch« zum Kauf »für mindestens 20,– DM« an. Es handelt sich um wenige Schreibmaschinenblätter unter der Überschrift: »CHRISTUS, der liebe Gott, bin ich, Gottkönig, Christuskönig.« Darunter findet sich die Zeichnung einer Gestalt mit der Unterschrift: »Meine Christuserscheinung«.

Der Inhalt des »Buches«, das er (trotz sprachlicher Fehler) als »modern« und »wissenschaftlich« bezeichnet, nimmt mit recht allgemeinen Worten gegen Abtreibung, Alkohol, Krieg und Psychiatrie Stellung. Auf zwei Seiten betont er, er suche dringend eine Frau, nur müsse sie älter sein als 16 Jahre; denn er sei »Single«, aber Gott sei ein Gott der Liebe. Er würde auch jede ältere Frau nehmen, denn er könne die Einsamkeit nicht ertragen.

Äußerlich ist das Papier in typischer Weise von Rand zu Rand eng beschrieben und mit zahlreichen Ausrufungszeichen versehen.

Teufels-Halluzinationen und Besessenheitswahn früher

Seit alter Zeit und bis heute glauben zahlreiche Menschen mit frommer oder pseudofrommer Erziehung an die Wirklichkeit eines »leibhaftigen« Teufels, den sie auch manchmal zu sehen überzeugt sind. Viele vermeintliche »Hexen« wähnten sich auch körperlich, nämlich geschlechtlich von ihm beeinflußt.

Nach den über Jahrzehnte sich erstreckenden Forschungen des Psychiaters D. GUGGENBÜHL in Basel mußten wenigstens eine Million Frauen deshalb auf dem Scheiterhaufen qualvoll ihr Leben lassen. Johanna von Orleans bietet eines der bekanntesten Beispiele dafür.

Auf drei wesentliche Bücher zu dieser Frage sei hingewiesen, ehe von drei selbst erlebten Beispielen berichtet wird: Der »Hexenhammer« der beiden Inquisitoren Heinrich INSTITORIS und Jakob SPRENGER erlebte von 1487 (Köln) allein bis 1669 dreißig Auflagen (!). – Aldous HUXLEY schrieb 1956 sein bekanntes Werk: Die Teufel von Loudun (München). Schließlich sei mein eigenes Buch »Die künstlich gesteuerte Seele« (Stuttgart 1970) als weiterführendes Werk genannt.

Träume von Teufeln und Dämonen

Der Teufelsglaube mutet oft fast spielerisch an, enthält aber zahlreiche ängstende Elemente. Immer wieder werden uns daher auch Träume von Dämonen und Teufeln berichtet, die mit Angstzuständen einhergehen und als Alpträume Hinweise geben können auf beginnende seelische Erkrankungen.

Als Beispiel sei der Traum einer 27jährigen Studentin der Wirtschaftswissenschaften berichtet, der zahlreiche Sexual- und Verfolgungsängste widerspiegelt. Sie bringt in die Sprechstunde das folgende Protokoll:

»In der Dämmerung sind auf einem Buddelplatz mit Bank ziemlich viele Menschen noch draußen, auch zwei Polizisten, sie schauten mürrisch und kalt. Auf der Bank vor dem Buddelplatz saß ein kleiner buckliger Mann. Einige Rowdies griffen ihn an. Ich dachte, jetzt kann wenigstens nichts passieren, bei den vielen Menschen, und die Polizei ist auch da. Ich hielt das ganze deshalb zuerst für Spaß. Doch dann trieben die Rowdies den Buckligen in ein auf einen kleinen Hügel gelegenes Gebüsch. Plötzlich hörte man laute Hilferufe. Ich lief – wie mutig – sofort aufgeregt nach vorn und rief den Leuten zu: ›Nun kommt doch, hört ihr denn nicht, sie tun ihm etwas an.‹ Niemand rührte sich, ich traute mich nicht allein in das Gebüsch, lief zurück und schrie immerzu: ›Ich kann doch nicht allein‹, wobei ich an meine sensible Seele dachte. Inzwischen war es völlig dunkel geworden. Die Hilferufe erstickten. Es herrschte grausames Schweigen. Mehr weiß ich nicht mehr.«

Nach dem Traum war ich, als ich aufwachte, völlig erstarrt, bekam durch die Nase schlecht Luft und hatte leichte Kopfschmerzen. Ich starrte ins Dunkel, wagte nicht, Licht zu machen – meine übliche Reaktion auf solche Angstträume. Ich hatte das Gefühl, es könne jemand im Zimmer sein, ein Teufel wäre im Zimmer. Wenn ich Angst habe, bin ich oft so abergläubisch. Auch den Tod spüre ich als Gerippe oder »Sensenmann« mit schwarzem Mantel. Besonders in dunklen Zimmern und auf dunklen Straßen habe ich immer das unheimliche Gefühl, es könne eine Gestalt, Einbrecher und Mörder, hervortreten.

Bevor ich mir diesmal den Teufel noch genauer vorstellen konnte, gelang es mir verhältnismäßig schnell, das Licht anzuknipsen. Meistens bin ich nach einem scheußlichen Traum ganz gelähmt, und es dauert ein wenig länger, bis ich zum Schalter greifen kann. Ich habe heute sogar den Mut gefunden, den Traum gleich aufzuschreiben. Das kommt aber selten vor; ich habe Musik angestellt und Zigaretten geraucht dabei. So habe ich weniger Angst.«

Die Patientin zog aus dem Traum den Schluß: »Eigentlich ist meine ganze Angst vor dem Teufel eine Angst vor den Männern. Aber das Umgekehrte ist auch richtig.« Bei vielen psychisch Kranken ist eine wirkliche Heilung der Sexualkonflikte erst auf der religiösen Ebene möglich, wenn sie nicht mehr das Teuflische, sondern das Gottesgeschenk erkennen.

Aus der Gegenwart des Hexenwahns

Wer je das »Archiv zur Erforschung des neuzeitlichen Hexenwahns« in Hamburg (Altona, Bielefelder Str. 2) besuchte, das der verdiente Lehrer Johann KRUSE aufgebaut hat, der wird dort nicht nur die Unterlagen über Zehntausende angeblicher Hexen finden, die nach dem Zweiten Weltkrieg in der Bundesrepublik Verfolgungen und Verdächtigungen ausgesetzt waren, sondern auch über rund 100 »Hexenprozesse«, die angeblich geführt werden mußten.

Dr. H. SCHÄFER hat in seinem Werk »Der kriminelle Aberglaube in der Gegenwart« (Gladbeck 1963) mehr die juristische Seite und Prof. Otto PROKOP die medizinischen Aspekte dieses ebenso verbreiteten wie doch verdrängten und unbekannten Aberglaubens herausgestellt. (»Medizinischer Okkultismus, Paramedizin«, 2. Aufl. Stuttgart u. Jena, 1964.)

Alle diese und andere Forscher berichten von den angeblichen Wunderwirkungen der »Dreckapotheken«, die mit Dutzenden verschiedener Präparate, meist aus Kot und Urin, gegen die Wirkungen des Verhexens und der bösen Geister schützen sollen. Wunder versprechen auch die zahlreichen Hexenbanner, die Menschen und Vieh (noch heute!) durch Besprechen vor tückischen Krankheiten schützen und die Schlüssellöcher und Fensterritzen für Geister undurchgängig machen.

(Eine »Heylsame Dreck-Apotheke« von 1734 ist neuerdings z. T. abgedruckt im Deutschen Ärzteblatt vom 17. 11. 1977; doch noch nach dem Zweiten Weltkrieg wird in Büchern der Drogenkunde für Apotheker die Anweisung für das Herstellen von »Teufelsdreck« und »Hexenmehl« mitgeteilt.)

Bis in die jüngste Zeit hinein haben exorzistische Maßnahmen der katholischen Kirche die Fragen von Dämonen, Hexen und Besessenheit im Bewußtsein der Bevölkerung lebendig erhalten.

Als der 61jährige ehemalige Pallottiner Pater Joseph STOCKER und seine Gefährtin Magdalena KOHLER die 17jährige Bernadette HASLER zu Tode prügelten, waren sie überzeugt, den Teufel aus einer Besessenen auszutreiben. Sie hegten die – vielleicht unbewußte – Hoffnung, durch ihre Foltern das Wunder einer neuen Menschwerdung zu bewirken.

Erfahrungen mit sogenannten »Besessenen« in der Gegenwart

Seit über 25 Jahren habe ich in ärztlicher (besonders psychotherapeutischer) und in seelsorgerischer Sprechstunde rund 170 Kranke untersucht, die mit dem Hauptanliegen gekommen waren »ich bin besessen«. Oft hatten auch die Angehörigen sie mit dieser Behauptung gebracht.

Bei 165 vermeintlich »Besessenen« ergab sich nach genauer Untersuchung:
60 waren depressiv erkrankt,
40 schizophren,
10 litten unter epileptischen Anfällen,
20 an einer Zwangsneurose,
10 unter sexuellen »Perversionen« und anderen Zwangshandlungen,
10 waren hysterisch krank (mit Anfällen),
5 zeigten neurologische Krankheiten (Lähmungen, Veitstanz u. a.),
5 waren durch falsche religiöse Einflüsse zu der irrigen Annahme einer »Besessenheit« gelangt,
5 Ratsuchende ließen kein ausreichend klares Bild gewinnen.
In jedem Fall also bedarf ein angeblich »Besessener« sorgfältiger (fach-)ärztlicher Behandlung zusätzlich zu einer kundigen Seelsorge. Fast immer schwinden dann die beängstigenden Zeichen.

Die Heilung oder mindestens weitgehende Besserung der Leiden von Depressiven, Schizophrenen oder Epileptikern durch die modernen Medikamente mag dann gern und getrost als ein »Wunder« durch die moderne Medizin angesehen und angenommen werden, genau wie die Erleichterung, die neurotisch Kranke durch die Psychotherapie erfahren.
So gewiß also alle diese Kranken der begleitenden Seelsorge bedurften, so unverantwortlich und gefährlich ist es, ihnen die eigentlich rettende medizinische Behandlung vorzuenthalten, wie es noch immer nicht selten geschieht.

Hexenglaube und Teufelsaustreibung heute

Vorstellungen und »Visionen« von Hexen und Teufeln gehören aber keineswegs nur der Vergangenheit an (Hermann HAAG hat einen wesentlichen Teil seiner Lebensarbeit der Erforschung dieses Themas gewidmet und zwei beachtliche Monographien über den »Teufelsglauben« im Piper- und im Katzmann-Verlag veröffentlicht).
Wir beobachteten bisher sechs recht ernste Beispiele und eines, dessen humorvolle Wirkung kaum zu bestreiten ist:

Vor wenigen Jahren war ich (als Arzt) anwesend, als ein 26jähriges Mädchen in eine psychiatrische Universitätsklinik eingeliefert wurde. Sie arbeitete auf dem elterlichen Hof in Oberbayern, wo sie immer wieder qualvoll von ängstenden Teufelserscheinungen belästigt wurde. Ihr Beichtvater vermittelte ihr den Besuch bei dem vom Bischof für diese Fragen bestimmten weisen Seelsorger, der die Erlaubnis hatte zum Exorzismus.
Als sie gerade von der dritten dieser Teufelsaustreibungen zurückkehrte, sah sie zu Hause dennoch wieder den leibhaftigen Satan vor sich stehen. Diesmal griff sie zur Selbsthilfe und stach ihn mutig mit dem großen Brotmesser nieder. – Es war ihr Großvater, den sie getötet hatte. Der Polizei (nicht dem Gemeindepriester) erschien das Verhalten des Mädchens so auffällig, daß sie es in die Klinik brachte, wo schon bei der Aufnahme die eindeutige Diagnose einer Schizophrenie unverkennbar war.

Die Sonderform der Teufelsverschreibung mit dem eigenen Blut

Mehrere Patientinnen lernten wir kennen, die dem Teufel mit dem eigenen Blut ihre Seele verschrieben hatten. Meist war dieses Gelübde mit einer Bedingung verbunden.

Eine besonders kleinwüchsige und adipöse (fettsüchtige) 37jährige Patientin wurde in eine westdeutsche psychiatrische Universitätsklinik eingeliefert, in der ich damals als Arzt kurz nach dem 2. Weltkrieg tätig war. Sie berichtete von zahlreichen Halluzinationen, besonders, wie sie zu Hause die Möbelstücke, aber auch die Bestecke auf dem Tisch selbständig sich bewegen sah. Aus der Vorgeschichte war zu erfahren:

In ihrem kleinen Dorf war sie als 17jährige die einzige, die bei dem allwöchentlichen Tanzabend im Dorfgasthof als »Mauerblümchen« nicht von einem jungen Mann aufgefordert wurde. Schließlich wußte die Lehrerin des Dorfes einen Rat: Wenn sie dem Teufel mit dem eigenen Blut (nach feierlicher Vorbereitung) ihre Seele verschriebe, dann würde bestimmt auch sie nach kurzer Zeit einen Freund haben. Sie stimmte damals zu, weil sie meinte: ›20 Jahre sind eine lange Zeit, da will ich lieber vorher glücklich werden.‹

Tatsächlich lernte sie nach wenigen Wochen einen jungen Landwirt bei einem der Tanzabende kennen, der sie auch 17 Monate später heiratete. Ihrem Verlobten erzählte sie damals auch die Vorgeschichte. Genau nach dem Ablauf der 20 Jahre erkrankte sie an der Schizophrenie. Der Ehemann und die Lehrerin bestätigten diesen Bericht.

Schließlich fragten mich der Chefarzt und die Kollegen bei einer Ärztekonferenz in meiner Eigenschaft als zuständiger Klinikpfarrer, ob und wie diese Teufelsverschreibung, die die Kranke aufs schwerste belastete, sich rückgängig machen ließe. Nun ist noch heute in der evangelischen Kirche der »Heidelberger Katechismus« gültig mit der Frage: »Sagst du dem Teufel ab und allen seinen Werken?« Die Patientin mit allen zuständigen Ärzten und Angehörigen baten mich also um eine private Gottesdienstfeier in der Kapelle der Klinik mit der erwähnten Absage an den Teufel. Diese Andacht fand statt, blieb aber ohne ärztlich erkennbare Wirkung. Sie stellt nachträglich die Frage, ob Ärzte sich auf diese magische Vorstellungswelt der Patienten einlassen dürfen. Damals glaubten alle Beteiligten nach manchen Bedenken, so entscheiden zu müssen.

Ein letztes Beispiel von dem verhängnisvollen Verlauf einer Teufelsverschreibung sei berichtet, weil ausnahmsweise eine Nachbeobachtung über mehr als 60 Jahre möglich war:

In meiner frühen Jugend war ich tief beeindruckt von einem todkranken jungen Mädchen, das nach heutigem Urteil u. a. unter schwerer Anorexie (Magersucht) litt. Sie soll dem Teufel ebenfalls mit dem eigenen Blut ihre Seele verschrieben haben. Auch bei ihr ging es um die Frage, wie sie einen Mann finden könnte.

In überraschend kurzer Zeit war sie genesen und verheiratet. Nicht so sehr die späteren schweren Schicksalsschläge, sondern die negative Entwicklung ihres Charakters ließ sie im Alter vereinsamen und trug ihr den Ruf besonderer Bosheit ein.

Ein »Teufelswahn zu zweit«

Von manchen besonders »frommen« Kranken wurde mir in der ärztlichen Praxis ernsthaft die Frage gestellt, ob nicht bei schweren Zwang-Angsterscheinungen und psychotischen Störungen eine Besessenheit anzunehmen sei. Fast immer ließen sich die Fragenden vom Gegenteil überzeugen.

Das gilt auch von dem eher humorvollen Beispiel eines Ehepaares, (beide 62 Jahre alt), die unter einer »folie à deux« litten, d. h. beide waren überzeugt, daß es der Teufel sei mit seinen Geistern, die jede Nacht in dem Kopf der Frau »rumorten«. Schließlich hatte er ein wirksames Gegenmittel gefunden: Mit seinem Fönapparat blies er durchschnittlich zwei Stunden in jeder Nacht alle bösen Geister aus dem Kopf der Frau heraus, bis sie »ausgetrieben« waren und beide weiterschlafen konnten. Sie waren erstaunt, daß schon zwei Wochen später nach dem regelmäßigen Einnehmen von neuroleptischen Medikamenten die Nächte bleibend ohne Störung verliefen. Das günstige Ergebnis wurde zwei Jahre nachbeobachtet.

»War Hitler doch besessen?«

So einheitlich heute die Annahme eines Teufelswerkes bei seelisch Kranken wohl von allen Ärzten verneint wird, so wurde sie doch noch nach dem Zweiten Weltkrieg von einigen Kollegen ernsthaft diskutiert. Der verdienstvolle Chefarzt der Kuranstalten Hohemark bei Oberursel im Taunus schrieb noch nach dem II. Weltkrieg ein Büchlein über die Differentialdiagnose, also die ärztliche Unterscheidung zwischen »Geisteskrankheit und Besessenheit«.

Die ganze Tragweite und Schwierigkeit dieses Problems wird noch nicht dadurch gelöst, daß wir die Frage nach Teufel und Besessenheit allein der religiösen Ebene, die der Geisteskrankheit aber nur der (natur-)wissenschaftlichen zuweisen. Dies trägt sicher zur Klärung bei. Doch antwortete mir ein ärztlicher Kollege: »Können Sie die Wirklichkeit von HITLER und STALIN und vielleicht auch von HUSSEIN allein von einer Krankheit erklären, oder war hier nicht doch ›Dämonie‹ am Werk?«

Bildgestaltung eines schizophren-sexuell-religiösen Erlebens

Die schizophrene Verzerrung der Persönlichkeit und das religiöse Erleben ergreifen den ganzen Menschen. Früher, also vor der Zeit der neuroleptischen Medikamente, gab es in den sogenannten unruhigen Wachsälen der Kliniken vor allen anderen zwei Themen von Gesprächen, aber auch Handlungen: den sexuellen und religiösen Bereich. Jahrelang sah ich täglich in den Kliniken die Kranken beiderlei Geschlechts entweder beten oder hemmlungslos masturbieren.

Auch in der ambulanten Praxis begegneten diese Bereiche recht häufig miteinander verbunden. Dafür soll das Beispiel eines 30jährigen kaufmännischen Angestellten dienen, der nach seinen Angaben »besonders fromm erzogen war« und gelernt hatte, die Onanie als schwere Sünde anzusehen:

Er berichtete von den fast täglich über ihn hereinbrechenden Bildern sexueller Versuchung, die nicht nur in seiner Phantasie eine lebendige Darstellungskraft gewonnen hatten. Als begabter Künstler baute er sich einen sorgfältig geschmückten und verzierten Altar, vor dem er täglich um Befreiung von seiner Sünde betete. Die Altarfigur hatte er selbst in einer Größe von etwa 40 cm modelliert: Es war die Gestalt einer äußerst breitbeinig knienden unbekleideten Frau mit allen Merkmalen weiblicher Schönheit. Die Spitzen der

Brustwarzen hatte er durch rote Stecknadelköpfe hervorgehoben und auch die Vulva rot bemalt.

Vor diesem Standbild nun betete er täglich um Befreiung von der Sünde der Onanie mit dem Ergebnis, daß er gerade am Ende dieses Betens und Betrachtens in seine »Sünde« zurückfiel.

Dieser Kranke konnte keine kurzfristige und wirksame Hilfe erfahren: Er wurde einige Wochen später ins Krankenhaus eingeliefert, weil er sich selbst kastriert hatte. Er hatte seinen »sündhaften« Penis selbst abgeschnürt, so daß in der Klinik das nekrotische Glied nur noch operativ entfernt werden konnte.

Diese kennzeichnend schizophrene Verzerrung des Denkens und Betrachtens ist nicht zu verwechseln mit dem zwanghaften schweren Leid jener bisher sechs Patienten, ausnahmslos männliche und weibliche katholische Theologen, die unter der »*sakrilegischen Onanie*« litten. Diese Bezeichnung wurde von Alfons von Liguori (1696–1789) geprägt. Er hatte als besonders schweres sündhaftes Laster jene Form der Onanie – offenbar als erster – gekennzeichnet, bei der die Männer die Jungfrau Maria als Anregungsmittel ihrer sexuell-erotischen Phantasien benutzen, sie in der Phantasie entkleiden usw.

Für die Nonnen, die mit diesem Anliegen Rat suchten, handelte es sich um den Zwang, bei jedem Anblick des Gekreuzigten das Lendentuch heben zu müssen und die Geschlechtsteile Jesu zu berühren. Die meisten dieser Kirchendiener litten unter schwersten Schuldgefühlen und folgender Arbeitsunfähigkeit. Ihnen allen konnte durch seelsorgerliche und psychotherapeutische Beratung relativ kurzfristig und durchgreifend geholfen werden. Sie waren nicht geisteskrank, sondern »ekklesiogen neurotisch« erkrankt.

4. Wahnkranke

Vermutlich aufgrund von Stoffwechselstörungen im Gehirn gelangt in allen Ländern und Völkern 1% der Menschen zu sinnestäuschenden Wahrnehmungen, die noch häufiger als Auditionen, als Stimmenhören, auftreten, doch auch mit Halluzinationen, also krankhaften Bildwahrnehmungen einhergehen.

Verschiedene Wahninhalte

In vielen Verbindungen wird der Ausdruck Wahn gebraucht, und bei einigen wird die Verbindung zu schwer mißbrauchten religiösen Vorstellungen deutlich: Vom *Hexenwahn,* zugleich Titel eines Buches von Auhofer, war schon gesprochen. Der *Rassenwahn,* dessen wir Zeuge wurden im Nationalsozialismus, wurde schon nach 12 Jahren entlarvt. Manche Formen des *Klassenwahns* brauchten fast 70 Jahre, während derer der Gegensatz zwischen der »herrschenden Ausbeuterklasse« und der »Klasse der unterdrückten Werktätigen« zum Leitmotiv von Geschichte und Politik erhoben wurde.

Diese Arten des Wahns gehören z. T. deutlich in den Bereich religiös krankhafter Vorstellungen; denn sie wurden zu einer künstlichen Ersatzreligion erhoben. Die ging zwar weit weniger mit inneren Bildern einher, wohl aber mit äußeren, kultähnlichen Fahnen- und Standarten-Aufzügen, mit Fackelzügen und gewaltigen Militärparaden als »Schau-Darbietungen«.

Ein »Repressionswahn« ist unter Jugendlichen verbreitet, ein *Verfolgungswahn* kennzeichnet zahlreiche Geisteskranke. Außerdem kennen wir *Größenwahn* und *Querulantenwahn* (vgl. KLEISTS Michael Kohlhaas), doch sind hier die Beziehungen zu den religiösen Fragen weniger offenkundig. Freilich fanden wir auch unter kirchlichen Amtsträgern solche Wahnformen, doch nicht erkennbar häufiger als in anderen Berufen.

Mancher *Liebeswahn* beherrscht verschmähte unerfüllte Liebhaber(innen) unter den zahlreichen Verehrerinnen und Helferinnen nicht nur der evangelischen Pfarrer.

Zeichen und Ursachen der Wahnkrankheiten

Der große Psychiater BUMKE hatte einst betont: »Der Wahn ist eine Sache des Glaubens und nicht des Wissens«, während später P. MATUSSEK hervorhob: der Wahnkranke hat nicht ein Zuviel, sondern ein Zuwenig an Glauben; er will den Glauben durch Wissen ersetzen. Nicht nur paranoide Schizophrene leiden unter Wahnzuständen, sondern in fließenden Übergängen auch geltungssüchtige Fanatiker, Grübler und machtsüchtige Verbohrte. Ernst KRETSCHMER sagte von ihnen: In ruhigen Zeiten begutachten wir sie, in unruhigen beherrschen sie uns.

Er nennt als Hauptkennzeichen: die unkorrigierbare Gewißheit, den beharrlichen Irrglauben und die Verkennung der Wirklichkeit.

Oft wird bei den Wahnkranken eine Spaltung der Persönlichkeit offenkundig, wenn sich etwa biedere Familienväter unter den KZ-Massenmördern oder demütige Priester unter den Hexeninquisitoren finden.

GRUHLE betonte: »Der echte Wahn hat keinen Anlaß zu seinen Annahmen.« Manche Wahnkranke »projizieren« auch den »Schatten« im Sinn von C. G. JUNG auf bestimmte Menschengruppen, auf Juden, auf Neger, Kapitalisten oder Asylanten.

Im privaten Leben ist besonders der Eifersuchtswahn häufig, mit dem manche Ehefrauen – auch von Pfarrern – ihre Männer vorwurfsvoll überhäufen.

So tat es auch eine 40jährige Pfarrfrau, die alle weiblichen Angestellten des Kirchenamtes einschließlich der Gemeindeschwester mit Drohbriefen und Eifersuchtsszenen verfolgte. Der Ehemann hatte tatsächlich eine Freundin – jedoch nur eine außerhalb seiner Gemeinde.

Hoch- und »überwertige« Ideen

Gesunde Menschen wählen sich oft eine »hochwertige Idee« als Lebensziel; das können ethische, künstlerische, wissenschaftliche, philosophische oder auch religiöse Werte sein. Manche erkennen ihrem Höchstwert eine so hohe Stelle im

Leben zu, daß gesundheitliche Störungen z. B. des Schlafes und der Herzfunktion auftreten. Dies trifft jedoch schon auf den Zustand des Verliebten zu, den wir mit Recht dem gesunden Leben zuordnen; mehr noch beherrscht z. B. der *Erfinderwahn* einen Entdecker mit der Überzeugung von der Weltbedeutung seiner einzigartigen Errungenschaft.

Vor allem der religiöse und der politische *Fanatismus* bieten zahlreiche und verhängnisvolle Beispiele für *überwertige Ideen*. WERNICKE (1892) nannte diese »überwertige Idee« »das durch eine starke Affektbesetzung bedingte abnorme Überwiegen einer einzigen Vorstellung, durch das das Gleichgewicht zwischen den Vorstellungen (Zielen, Strebungen) verschoben wird, so daß nur noch der eine Gedanke verfolgt wird und alle Gegenvorstellungen, evtl. sogar unter Inkaufnahme von Nachteilen (Isolierung, Anfeindung) beiseite geschoben werden«.

Eine überwertige Idee entwickelt sich oft aus der Erkenntnis einer besonders hochwertigen Idee, die dann einseitig gesehen und schließlich entstellt und verzerrt wird. Wenn eine hochwertige Idee einseitig entstellt wird, kann sich daraus eine überwertige Idee entwickeln.

Kranke mit solcher überwertigen Idee entwickeln dann die Vorstellung, der eigene Leitgedanke müsse die ganze Welt erlösen oder beglücken. Während der eigenen Person oder Idee gegenüber Kritiklosigkeit herrscht, zieht zugleich eine verbreitete, oft unduldsame und reizbare Aggressionslust mit ihrer lieblosen Kritik die anderen herab.

Paranoia

Mit diesem Ausdruck wird eine Wahnreaktion bezeichnet, die ohne Halluzinationen verläuft. Hier spielen die Tatsache und die Eigenart der Bilderlebnisse eine wesentliche Rolle.

Halluzinationen sind Trugwahrnehmungen ohne äußere Sinnesreize. Bei Illusionen dagegen werden wirkliche Sinneseindrücke fehlgedeutet. Das Wort »Paranoia«, vom Griechischen abgeleitet, bedeutet »neben dem Verstand«, »verrückt«.

Das Beispiel einer »paranoiden Schizophrenie« mit Halluzinationen soll dies anschaulich machen:

Eine 50jährige Akademikerin, im kaufmännischen Bereich tätig, geht ihrer verantwortungsvollen Tätigkeit ohne Beeinträchtigung nach. Sie gehört einer kleinen sehr eifrigen Sekte an, die viel Wert darauf legt, daß Jesus Christus auch heute noch sich seinen Kindern offenbart.

Die Patientin suchte Rat wegen ihrer Schlafstörungen, ihrer Unruhezustände, Ängste und ihres häufigen Weinens.

Sie verehrt seit längerer Zeit einen Bundesminister in Bonn und schreibt ihm lange Briefe, auf die sie jedoch niemals eine schriftliche Antwort erhält. Dann aber hört und sieht sie genau, wie er durchs Fernsehen mit ihr spricht, ihr einen Heiratsantrag unterbreitet und den auch in den nächsten Tagen mehrfach wiederholt.

Überglücklich sendet sie ihm mehrere Telegramme, daß sie seine Botschaft vernommen habe und seinem Wunsch gemäß nunmehr die Hochzeit vorbereite. Da sie selbst einer anderen Partei als der Minister angehört, soll die Hochzeit zugleich die offizielle Verbindung zwischen beiden Parteien herbeiführen und die Koalitionsverhältnisse in Bonn grundlegend ändern.

Sie beginnt die Vorbereitungen für den großen Tag, der nicht nur für die deutsche Geschichte nach ihrer Meinung so bedeutsam ist. »Wer soll uns trauen?« lautet ihre zunächst bange Frage, da sie weiß, der Minister gehört einer anderen Kirche an. Doch auch dieses scheinbare Hindernis verwandelt sich in ihren Augen in die große Sendung ihres Lebens: »Bei dem Einfluß meines zukünftigen Mannes wird es für ihn eine Kleinigkeit sein, die zuständigen Bischöfe oder Erzbischöfe beider Kirchen zu bewegen: Unser Hochzeitstag wird der große Tag der Wiedervereinigung der christlichen Kirchen sein.« »Hatte mein Mann schon soviel bewirkt bei dem Überwinden der deutschen Teilung nach 40 Jahren, dann kann er auch die Kirchenspaltung nach 400 Jahren aufheben.«

Widerwillig zwar und doch mit einem Rest von Einsicht war die Patientin bereit, ein neuroleptisches Medikament (Taxilan) in ausreichender Dosierung (300 mg täglich) zu nehmen. Offenbar unter der Wirkung dieses Mittels begann sie zu zweifeln, ob sie die Fernsehbotschaft richtig verstanden habe, zumal sie wochenlang ohne Nachricht geblieben war. Schließlich erkannte sie: »Ich habe eine Psychose.« Nunmehr aber leidet sie unter schweren Schuldgefühlen, daß sie den Minister belästigt habe, zumal sie auch einräumt, ihn zu verehren. Ihrem Anliegen, in ihrem Namen um Entschuldigung zu bitten, entspreche ich und erhalte eine verständnisvolle bejahende Antwort, die die Patientin wesentlich beruhigt.

Einen Tag vor Weihnachten berichtet sie, wie sie die Hochzeitsvorbereitungen zu einer größeren Weihnachtsfeier für Einsame nutzen wolle. »Über meinem Spiegel habe ich seit Jahren eingerahmt das Wort: Dein Glaube hat dir geholfen! Jetzt erlebe ich die Heilung als eine Erhörung meiner Gebete.« So lautet ein Zitat in ihrer Krankengeschichte.

Die Patientin blieb unter einer Erhaltungsdosis von 25–50 mg Taxilan sechs Jahre nachbeobachtet ohne weitere Beschwerden oder Rückfälle in Wahnvorstellungen.

5. Weltfremde Träumer

Im Vordergrund stehen weltfremde Seher, Träumer und Schwärmer, die im Sinne von E. JAENSCH zu »eidetischen Erlebnissen« neigen und sich gern aus der Welt und ihren Aufgaben zurückziehen. Mit ausgeprägter Phantasie und lebhafter Einbildungskraft steigern sie sich – gelegentlich ermuntert durch allzu anschauliche Predigten – hinein in Trugerlebnisse, bei denen sie sich persönliche Begegnungen mit ihren spukhaften Gestalten hingeben. Diese Tatsache allein ist noch nicht als krankhaft anzusehen, kann sich aber bis zu einer Krankheit steigern und andere labile Persönlichkeiten anstecken.

6. Anankasten (Zwangskranke) und Fanatiker

Einen zweiten Typ von religiösen Sonderlingen bilden die zwanghaften Fanatiker, die schon PFISTER im Auge hatte, als er die Hauptgruppe von religiös seelisch Kranken bei den Zwangsneurotikern erkannte.

Das Streben nach Genauigkeit, nach buchstabengetreuer Gesetzeserfüllung, nach immer mehr Einzelheiten und Äußerlichkeiten, die durch Vorschriften und Gebote geregelt werden sollen, kennzeichnet diesen Typ von den frommen Pharisäern bis heute. Eine große Zahl von Regeln beherrscht diese veräußerlichte Frömmigkeit, oft verbunden mit strengen Strafen oder deren Androhung im Himmel und auf Erden für die Übertretung dieser Gesetze.

Schon Wilhelm STEKEL hat 1927 in seinem gewaltigen, z. T. noch heute gültigen zweibändigen Werk »Zwang und Zweifel« bei dem Begleiten von über 400 Zwangsneurotikern als Hauptergebnis festgestellt: Der Ursprung der Zwangsneurosen liegt »immer« (er hätte sagen sollen: recht häufig) in ungelösten sexuellen *und* religiösen Konflikten.

Solche Aussagen gewinnen besonderes Gewicht, wenn wir sie in Beziehung setzen zu den Lebenserfahrungen von I. H. SCHULTZ, der die Zwangsneurotiker meist als schwerst krank, als »Kernneurotiker«, einordnen mußte unter dem Kennzeichen: »Bei ihnen ist jeder echte Lebensvollzug gestört. Sie enden in der Regel durch Selbstmord.«

7. (Sado-)Masochisten

a) Geschichtliche Vorbemerkungen

Seit Urzeiten ist die Tatsache bekannt: Religion ist besonders häufig mit Grausamkeit und Gewalttat verbunden, und die Religionskriege gehören zu den blutigsten.

Seit dem Mittelalter wissen wir genauere Einzelheiten, doch erst die moderne »Tiefenpsychologie« hat die Beziehungen und Verbindungen von Glauben und Grausamkeit, von aktiver und passiver Leidenssucht als krankhafter Perversion, als geschlechtlicher »Deviation«, besser in ihren meist sexuellen Gründen verstehen gelehrt.

Von dem blutigen »Hexenwahn« war schon gesprochen, dem rund eine Million Frauen zum Opfer fielen. Priester und Inquisitionsmeister, die sonst einer Lehre der Nächstenliebe und Sanftheit verpflichtet waren, konnten hier ihre verdrängte Aggressionslust in Foltern und Lustmorden austoben.

Was dann im Rahmen eines gesunden Liebesspieles die beiderseitigen Lustempfindungen steigern kann (z. B. mit Beißen, Kneifen oder Klapsen), das verkehrt sich besonders bei Fehlen, Verbieten oder gar Verdammen der natürlichen Erotik und Sexualität zum Lusterleben beim Verursachen oder Erdulden von Leiden, das dann gar noch als Zeichen der Frömmigkeit verkannt wird.

Leibesfeindlichkeit war auch im Mittelalter der Grund, das Wort des Apostels Paulus aus dem 1. Korintherbrief (9,27) so mißzuverstehen, als würde das »Betäuben und Zähmen des Leibes« bedeuten, wir sollten ihn »geißeln« und blutig peitschen. Der Einsiedler Ranerio FRASANI rief 1260 in Perugia zur Buße auf durch Predigt und solche Selbstfolter. 1348, als die Pest in Europa wütete und die Menschen das nahe Ende erwarteten, versetzte das Geißeln sie in eine verzückte

Todeserwartung. Schließlich entwickelten die »Flagellanten« eine Irrlehre der Selbsterlösung, so daß die Bewegung 1417 verboten wurde.

Statistische Bemerkungen

Vor 20 Jahren stellte ich eine genau ausgezählte Statistik zusammen, die die ersten 400 Patienten mit neurotisch abweichenden Triebstrebungen betraf. Inzwischen ist die Zahl der homosexuellen Ratsuchenden wesentlich geringer geworden (von diesen vielfältigen Problemen soll hier nicht gesprochen werden). Die Anteile der Ratsuchenden mit anderen Diagnosen blieb jedoch praktisch unverändert, d. h., wahre Ziffern bis heute (1992) dürften größtenteils verdoppelt werden.

Sehen wir von den 210 Homosexuellen ab, die ohnehin heute nicht mehr zu den Perversen gezählt werden und auf deren Sonderproblematik hier nicht einzugehen ist, so beobachten wir:

100 Sadisten und
 20 Masochisten,
 30 Kranke mit Inzestbindungen (»Blutschande«),
 10 Pädophile (Sexualneigung zu Knaben),
  7 mal »Unzucht« mit Kindern (Mädchen unter 12 Jahren),
  6 Fetischisten,
  4 Transvestiten (Männer in Frauenkleidung),
  5 Exhibitionisten (Entblößungszwang),
  4 Voyeure (Schaulust),
  1 Gerontophilen (Sexualneigung zu einer Greisin),
  1 Sodomisten (»Tierliebe«).

Das heißt in Worten:

1. Wir sahen bisher weit mehr Sadisten und Masochisten als alle anderen Patienten mit Deviationen zusammengenommen, nämlich weit über 200 gegen weniger als 100 »sonstige«.
2. Bei manchen Pädophilen und Voyeuren, aber auch bei den wenigen »Sodomisten« (beim vorgestellten oder wirklichen Quälen von Menschen und Tieren) und bei allen »polymorph Perversen« fanden sich ausgeprägte Neigungen zum Sadismus.
3. Über 90% dieser Perversen waren »ekklesiogen« neurotisch erkrankt, das heißt, ihnen war aufgrund einer Pseudofrömmigkeit der natürliche Weg zur Freude mit und an dem anderen Geschlecht als »sündhaft« versperrt worden. Fast die Hälfte von ihnen waren Pfarrer beider Kirchen. Die nächste Buchveröffentlichung (im gleichen Verlag) ist zu diesem Thema (»die ekklesiogenen Neurosen«) vorbereitet.
4. Fast alle diese Patienten hatten nur wesentlich seltener die Gelegenheit, ihre abweichende Triebrichtung in die Tat umzusetzen, so daß sie überdurchschnittlich häufig, manche sogar jede Nacht, in ausgedehnten *Phantasien* und *Vorstellungsketten* – manche auch mit Zeichnungen – ihren sexuellen Wünschen Ausdruck gaben.

5. Wenn bisher so wenig von dieser »reichen« Bilderwelt der perversen Phantasien bekannt geworden ist, so dürfte der Hauptgrund in der Zurückhaltung der Patienten liegen, die nur äußerst selten den Mut und das Vertrauen finden, sich über diese höchst schuldhaft erlebten Bilder zu äußern.

Ein einziges Beispiel

Am Tage vor der Niederschrift dieser Zeilen erhalte ich den Brief einer 34jährigen Diakonisse, in dem sich folgende Sätze finden:

»Ich stamme aus einem gläubigen Elternhaus, begann aber schon mit acht Jahren mich an allen Arten von sexueller Darstellung zu ergötzen. Alle Anregungen, die mir begegneten, wurden sofort verwertet und in sexuelle Phantasien umgesetzt. Dabei war ich immer ein Opfer und wurde schmerzhaft bestraft. Dabei half ich immer wieder mit Nadeln oder mit einem Messer nach und brachte mir Verletzungen bei.
Anfangs geschah dies nur an Körperstellen, die von der Kleidung bedeckt waren, später gerade auch im Gesicht; denn dann sieht mich kein Mann an, so wollte ich mich zusätzlich bestrafen.
Durch meine Vorstellung aber kam ich – manchmal jede Nacht – zur Selbstbefriedigung. Dabei habe ich nicht nur meinen Körper auf die schändlichste Weise zerstört, sondern ich habe mir dauernd die obszönsten Bilder vor Augen gemalt, und das ist schwerste Sünde.«

Diese Schwester schildert den Teufelskreis zwischen ihren masochistischen Bilderlebnissen und ihren Selbstbestrafungsneigungen, die dann eine sexuelle Erregung auslösen und zwanghaft wieder zur Selbstbefriedigung und dadurch zu vermehrten Schuldgefühlen führen. Nach den bisherigen Erfahrungen können trotz der geschilderten überdurchschnittlichen Triebstärke und der verfestigten Zwänge einige persönliche seelsorgerliche Gespräche zu einer entscheidenden Befreiung führen; solche Gespräche sind hier vereinbart, aber haben wegen der Entfernung und der mangelnden äußeren Freiheit erst während der Drucklegung dieses Buches stattgefunden. Jedenfalls aber bilden »perverse« »ekklesiogen-neurotische« Phantasien ein ungemein häufiges, durch Unkenntnis und Enge gezüchtetes religiöses Krankheitsbild.

8. Hysteriker

Geschichtliche Bemerkungen

»Hysterie« (vom Griechischen »hystera«, die Gebärmutter), galt seit HIPPOKRATES (um 400 v. Chr.) und GALEN (um 200 v. Chr.) als eine Erkrankung der Gebärmutter mit der Stauung des Menstruationsblutes. PARACELSUS (um 1500 n. Chr.) und später MESMER (um 1800), der Vater der Hypnosewissenschaft, bemühen sich um den seelischen Ursprung der Hysterie, die nach CHARCOT (um 1880) als Neurose zu verstehen war.
Sigmund FREUD (um 1900) nannte dann »Hysterie« jene Neurosen, die sich in Körpersymptomen äußern, und unterschied einen »erotischen Typ« von einem

»Konversionstyp«. Später hat PAWLOW (gest. 1936) die Ähnlichkeiten zur »Hemmungsphase« im Tierexperiment aufgezeigt, und E. KRETSCHMER in seinem noch heute maßgebenden Werk zur Hysterie stellte »Bewegungssturm« und »Totstellreflex« als Hauptwesenskennzeichen heraus: der Instinkt wirkt statt des Intellektes.

Die Ursachen und die Gegenwartsbedeutung der Hysterie

Als Schüler der beiden letztgenannten Psychiater bin ich dem Krankheitsbegriff der Hysterie intensiv weiter nachgegangen, besonders auch auf dem religiösen Gebiet und in ihren Bilderlebnissen, von denen hier zu sprechen ist. Dabei ist mit I. H. SCHULTZ von den *Ursprüngen* zu betonen: »Verwöhnung macht hysterisch krank.« KÜNKEL rechnete die Hysteriker den »*Startypen*« zu, SCHNEIDER (1909), KRAEPELIN (1926) und W. KRETSCHMER betonten die pubertätshafte Unreife der Hysteriker. Ihr Herausstellen der Sexualität und ihre Charakterschwächen, besonders ihre »pseudologia phantastica« (ihre Neigung zum starken Übertreiben) führen fast unvermeidlich zu einem abwertenden Verurteilen der hysterischen Verhaltensweisen und damit der Hysteriker selbst statt der grundsätzlich notwendigen ärztlich neutralen Haltung.

Bevor die folgende – rein ärztliche und psychologische – Zusammenfassung das *Wesen der Hysterie* noch einmal kennzeichnen soll, sei der unmittelbare Zusammenhang mit dem Thema des Buches betont: Keinen zweiten Bereich religionspsychopathologischer Fehlhaltungen fanden wir so häufig und verhängnisvoll verbreitet wie den hysterischen, meist unerkannt, verwechselt und mit verschiedenen Arten von vorgetäuschten oder wirklichen Bilderlebnissen verbunden.

Einige Hauptsymptome hysterischer Zustandsbilder

Auch wenn wir mit Alec ROY und seinem Sammelwerk »Hysteria« (New York 1982) grundsätzlich die hysterische Persönlichkeit von dem hysterischen Krankheitsbild unterscheiden, so trägt ein Aufzählen der wichtigsten und häufigsten Symptome doch zum Klären des Krankheitsbildes bei:

1. Störungen vorwiegend im psychischen Bereich:
Vermindertes logisches *Denken* und vernünftiges Überlegen, isoliertes, einseitiges *Wahrnehmen,* oberflächliches *Affekterleben* mit unsteten Beziehungen, verstärkte *Affektäußerungen* mit Schreien, Weinen, »Szenen«, häufige *Bewußtseinsstörungen* mit (Pseudo-)Ohnmachten, starke *Ichbezogenheit* mit gleichzeitiger »Ich-Schwäche«.

2. Störungen vorwiegend im körperlichen Bereich:
Ausfälle von *motorischen* Nerven (»Totstellreflex«) z. B.: »Beinlähmung«, Hinken u. a.
Ausfälle von *sensiblen* Nerven: »Blindheit«, »Taubheit« u. a. Hysterische *Dämmerzustände* mit Weglaufen, Nachtwandeln u. a. Bewegungsstürme und *Automatismen* (Klatschen, Zittern, Lallen, Sich-Wälzen u. a.)

3. Hysterische Anfälle
oft mit Umfallen mit oder ohne Anfangsschrei,
oft mit Verdrehen von Augen oder Gliedmaßen, oft mit Zittern oder Schütteln (vgl. »Quaker«)
oft mit demonstrativem, zweckgerichtetem, erpresserischem, theatralischem Verhalten und Selbstmordversuchen, oft mit (lebhaft geschilderten) (Kopf-) Schmerzen, oft mit halluzinatorischen Gesichtswahrnehmungen; darunter viele Marienerscheinungen.

4. Vegetative Äußerungen
oft mit beschleunigter Atmung (Hyperventilation)
oft mit beschleunigtem Puls (»Herzrasen«)
oft mit Erbrechen, Schwitzen und
oft mit Hautveränderungen vieler Art, auch Stigmatisationserscheinungen.

5. Erotisch-sexuelle Äußerungen
oft mit betont darstellendem (»exhibitionistischem«) Anlocken,
oft mit später abwehrender (»frigider«) Hingabe-Unfähigkeit,
oft mit (unwahren) Verdächtigungen und Anschuldigungen,
oft mit lebhaften sexuellen Phantasien und Berichten, gelegentlich mit eingebildeter Schwangerschaft (»grossesse nerveuse«) und vielen Schwangerschaftszeichen.

Die Hauptmerkmale hysterischen Bilderlebens

Insgesamt läßt schon die bisherige medizinisch-psychologische Darstellung der Hysterie die Schwierigkeit beim Beurteilen der Bilderlebnisse deutlich werden: Die starke Neigung zum Übertreiben vermischt oft das Wunschdenken mit der Wirklichkeit. Ausführliche Berichte über sexuelle »Sünden« auch in der Form einer Beichte sollten bei Seelsorgern auf die Antwort stoßen: Sie brauchen das nicht zu erzählen; Gott weiß das alles.
Inhaltlich stehen religiöse und sexuelle Bilder als *Phantasieerlebnisse* im Vordergrund. Die religiösen dienen nicht selten dem Geltungsbedürfnis, die sexuellen einer Art der Ersatzbefriedigung. Gelegentlich paart sich die starke Neigung der Hysteriker, über sexuelle Fragen zu sprechen, mit dem Helferwillen, gefährdete oder »gefallene« Mädchen zu betreuen. In den letzten Jahren freilich fand ich weit häufiger sachkundige und sachlich eingestellte Helfer(innen) in der hauptberuflichen »Sexualseelsorge« als früher.
Das sogenannte »GANSER-*Syndrom*« gilt als eine Sonderform der hysterischen Erkrankungen und wird in der neuesten »Internationalen Klassifikation psychischer Störungen ICD-10« von 1991 (auf Seite 169) als eigenständiges Krankheitsbild aufgeführt. Es kommt zwar selten vor, wurde aber erstmals von dem australischen Psychiater S. J. M. GANSER beschrieben und später von zahlreichen Autoren bestätigt. Heute liegen über diese Krankheit mehr als zwei Dutzend Arbeiten vor, die einige hundert Patienten betreffen (und in dem umfassenden Werk von

Alec ROY »Hysteria«, John Wiley & Sons, Chichester, New York, 1982, 316 S. zitiert sind).

Das GANSER-Syndrom zeigt drei *Hauptgruppen* von Symptomen:
1. die typischen Erscheinungen der Hysterie,
2. das »Vorbeireden« und die Unfähigkeit, auf einfachste Fragen zu antworten,
3. vor allem die optischen Visionen und Halluzinationen mit allen Arten von Bilderlebnissen, gerade auch sexuellen und religiösen, doch auch akustischen Sinnestäuschungen und Berührungswahrnehmungen (besonders Nadelstechen).

Seelsorgerliche Ratschläge können bei diesen Kranken oft kurz erteilt werden und bei der äußeren Sauberkeit und Ordnung beginnen (»aufräumen!«).

Ärzte und vor allem Pfarrer sind beruflich von hysterisch Kranken besonders bedroht. Ärzte werden häufiger wegen der verbreiteten gesundheitlichen Beschwerden aufgesucht, können aber (hoffentlich) dank ihrer Ausbildung die Hysterikerinnen zuverlässig erkennen und rechtzeitig abweisen. Dennoch sind bekanntlich Hypnoseärzte durch falsche Anschuldigungen gefährdet, wie wohl die meisten Lehrbücher warnend betonen.

Pfarrer dagegen erfahren in ihrer Ausbildung fast nichts von Übertragungsbindungen oder den allzu anhänglichen Verehrerinnen (unfreundlich oft als »Talarwanzen« bezeichnet). Unsere Krankengeschichten weisen zahlreiche Tragödien aus beiden Berufen als Beispiele auf.

Das gestörte Eindrucks-Ausdrucksverhältnis

I. H. SCHULTZ (gest. 1971) nannte »das hysterische Gehabe« eine »zentrifugale Ausdrucksfälschung« mit »verminderter Eindrucksfähigkeit« bei »verstärkter Ausdrucksgestaltung«. Dies gilt zugleich als Kennzeichen mangelnder Echtheit (nach STOFFER), bei der Ausdruck und Eindruck einander entsprechen sollten. Mindestens darf es nicht zu einem Züchten der (ansteckend wirkenden!) hysterischen Verhaltensweisen im Namen und Rahmen der Seelsorge kommen.

Religionspsychopathologische Bedeutung der Hysterie und ihrer Bilderlebnisse

Hier sind nicht die vielen weiteren Wesenszüge der außerordentlich subjektiven und ichhaften Form hysterischer Frömmigkeitserlebnisse zu besprechen, die wir mit Abstand am häufigsten bei den Pfingstgemeinschaften und den »Charismatikern« neuerdings beider großen Kirchen verbreitet fanden. Wohl aber sei auf eine – bisher kaum beachtete – Tatsache verwiesen:

Das *echte* Zungenreden, die »Glossolalie«, wie sie sich zum ersten Pfingstfest ereignete, geschah völlig spontan. »Der Heilige Geist senkte sich auf einen jeden von ihnen...« (Apg. 2). Alle »Zungen-redenden« unserer Zeit aber, die ich fand, hatten diese Fähigkeit nachahmend oder, buchstäblich bekniet von anderen, oft nur mühsam erlernt.

Das Wesen der Hysterie (Zusammenfassung)

Hysterie ist eine teilbewußte Fehlhaltung
mit vermindertem Eindruckserleben
und verstärktem Ausdrucksstreben,
die die echte Mimik und Gestik zur Pose verfälscht
und die persönlichen Begegnungen zu egoistischen Zwecken mißbraucht,

mit verminderter Kontakt- und Liebesfähigkeit
und verstärktem Kontakt- und Liebesbedürfnis,
die die zwischenmenschlichen Beziehungen zu äußerlicher Sexualität verfälscht
und erlebte Zuwendung zum Herrschen mißbraucht,

mit verminderter Leidensfähigkeit
und verstärkter Leidenswilligkeit,
die das Bild des Duldens zur Demonstration verfälscht
und die angebotene Hilfsbereitschaft zum Heben der eigenen Geltung mißbraucht,

mit verminderter Anteilnahme
und verstärktem Mitleidheischen,
die das Erleben des eigenen Leidens zur Selbstdarstellung verfälscht
und die gewährte Bereitschaft zum Verstehen zu erpresserischen Drohungen
mißbraucht,

mit verminderter Selbsterkenntnis
und verstärkter Rechthaberei und Klagesucht,
die ein sachliches Urteilen zum Anklagen verfälscht
und erfahrenes Vertrauen zu feindseligen Verdächtigungen mißbraucht.

Zungenreden als Gefahr für die seelische Gesundheit

Ärztlich muß ich bisher das »Zungenreden« heute fast nur als eine »Kurzschluß-
schaltung im Gehirn« ansehen, bei der die vielen Muskeln der Sprechmuskulatur
(Kehlkopf, Zunge, Lippen) schließlich lernten, sich automatisch ohne Steuerung
durch Intellekt und Willen zu bewegen. Wenn später nach dieser »zweiten Bekehrung« zu einer höheren Stufe des Glaubenslebens in den Versammlungen die inneren himmlischen Botschaften durch Zungenreden mitgeteilt werden, so fand
ich sie zuvor »gehört«, ohne daß ich diese Wahrnehmungen von »Auditionen«
krankhafter Art unterscheiden könnte.
Nun sind solche »Auditionen« noch keine »Halluzinationen«, aber ich fand so
häufig bei Pfingstlern einige Monate nach dem Beginn des Zungenredens das
Ausbrechen einer Psychose und so häufig bei den geisteskranken Patienten in der
Vorgeschichte einige Monate vor dem Ausbruch die Zugehörigkeit zu einer solchen Sondergemeinschaft, daß für mich dieser Zusammenhang zu einer Gewißheit wurde, den ich freilich nicht durch eine beweiskräftige Statistik belegen
kann.

Schwierigkeiten bei der Beurteilung

Nun gilt es, auch eine andere Seite bei diesen Pfingstgemeinschaften und ihren Frömmigkeitserlebnissen und Äußerungen zu sehen: Der persönliche Eifer der Gläubigen, ihre Hingabe und Opferwilligkeit, oft auch ihre Missionstätigkeit übertreffen vielfach die der Kirchenangehörigen. Nicht alle stehen unter dem Urteil: ihre Frömmigkeit ist *ehrlich, aber nicht echt.*

Deshalb sollen auch keine Beispiele folgen, durch die sich mancher verletzt fühlen könnte. Der Hinweis auf die Gefahr und ihre Verbreitung soll hier genügen.

Echte Mystik als Gegenpol zur Hysterie

»Mystik« ist ein viel zu allgemeines »Nebelwort« im Sinn von F. Melzer. Wohl kennzeichnet sie ein vertieftes Eindruckserleben bei vermindertem Ausdrucksgebaren (vgl. vorn S. 238). Mystik erstrebt eine unmittelbare und unvermittelte Verbindung zwischen Gott und dem Menschen.

Hier ist nur von der *biblischen Mystik* zu sprechen, die schon im *Alten Testament* einen vielfach weitschweifigen Ausdruck in der Kabbala findet. Dabei ergänzt sie einerseits die Frömmigkeit der Propheten mit ihren gewaltigen Gesichten, andererseits pflegt sie eine mehr beschauliche, quietistische Haltung.

Im *Neuen Testament* vertritt – unter einem strengen Maßstab gesehen – von den Evangelisten nur Johannes eine mystische Lehre von der Gegenwärtigkeit Gottes und der Einheit zwischen Gott und Mensch in Jesus (14,7–9; 17,23) Paulus berichtet vornehmlich in seinem 2. Brief an die Korinther von einem Erlebnis der »Entzückung«, der Ekstase (12,1–4). Neben der Wertschätzung des Zungenredens etwa zeigt er auch deutlich dessen Grenzen, die Gefahr einer Überschätzung und die Aufgaben eines nüchternen, starken Glaubens, der durch die Liebe zur Tat wird. (1. Kor. 13–14)

Es wäre ein reizvolles Unterfangen, die Entfaltung der Mystik im Verlauf der Kirchengeschichte zu verfolgen, sie in ihren Verdiensten für die alte byzantinische und die spätere katholische und nicht zuletzt die protestantische Kirche zu würdigen. Diese Aufgabe aber müßte wiederum die Zielsetzung des vorliegenden Buches sprengen. Dem Vermeiden von Mißverständnissen aber dient es, wenn wir ausdrücklich betonen: Nicht eine allgemeine, verschwommene Mystik fördert den gesunden Glauben, sondern eine biblisch-christliche, nicht eine quietistisch-passive, sondern eine aktivistische Mystik, eine »Seelsorge der Tat«.

Ein Hinweis jedoch darf nicht fehlen: Die moderne – auch *experimentelle religionspsychologische Forschung* hat sich in den letzten Jahren vermehrt den mystischen Erlebnissen zugewandt. Schon K. Girgensohn und W. Gruehn, aber auch I. Seierstad und K. Gins haben sich in zahlreichen Arbeiten den Stufen des vormystischen und des mystischen Erlebens zugewandt. Eine kurze Geschichte dieser Forschungen hat K. Gins (im 7. Band des Archivs für Religionspsychologie, S. 135–148, Göttingen 1962) veröffentlicht.

Im 15. Band dieses Archivs legt Gins (1982) dann die Ergebnisse einer »Analyse« von Mystiker-Aussagen vor, die den »Stufenablauf des christlich-mystischen und

des mystisch-ekstatischen Versenkungsprozesses transparent macht«. Dabei hat er die »ekstatischen Konfessionen« von Martin BUBER als Grundlage herangezogen. Vergleiche zwischen den Aussagen mittelalterlicher Mystiker und heutiger Versuchspersonen zeigen dabei weitgehende Übereinstimmungen des Erlebens. In einer weiteren beachtlichen Arbeit hat GINS das Lebenswerk GRUEHNS als eines »Wegbereiters für experimentelle Forschung an Mystik und Ekstase« gewürdigt und darüber im 19. Band des Archivs (S. 219–S. 242) berichtet. Das Wesen dieser Forschungen liegt in den »Experimenten«; d. h.: Texte mit mystischem Inhalt werden den »Versuchspersonen« vorgelegt, die ihre Reaktionen darauf schildern. Diese Antworten lassen sich analysieren und geben acht verschiedene Erlebnisstadien zu erkennen:
Bei den ersten drei Stufen unterschied W. GRUEHN zwischen einem »interaktuellen«..., einem »vertieften«... und einem »gefühlten«... Verständnis. Die vierte Stufe nannte er einen »intendierten« Akt, die fünfte einen »Aktvollzug« und die sechste eine »Kontemplation«, gefolgt von der siebenten, dem »Abklingen« und der achten, der »unbewußten Weiterwirkung«.
Nachdem der Verfasser selbst an einer größeren Anzahl solcher experimenteller Untersuchungen, besonders von W. GRUEHN, teilgenommen hatte, sei hier zusammenfassend der Eindruck mitgeteilt: Die Untersuchungen in einem »religionspsychologischen Laboratorium« entsprechen nicht voll dem spontanen tiefen religiösen Erleben der Wirklichkeit, das sich z. B. aus einer Notlage und aus geistlichen Übungen ergeben mag. Andererseits kann das Vorlegen mystischer Texte durchaus das geistliche Erleben anregen und in tiefere Schichten der Anbetung verlagern. Hier wird die Versuchsperson gleichsam selbst gespalten in die Rollen des Erlebenden sowie des Beobachtenden und Protokollierenden. Wenn sich also auch wissenschaftliche Beschäftigung mit den religionspsychologischen Problemen nicht inhaltlich deckt, mit dem Ergriffen-Sein, so besteht doch kein Gegensatz zwischen beiden Bereichen, der ein Ablehnen der Ergebnisse rechtfertigen müßte. Echte Mystik aber ist Feuer und Leben, nicht aber Theorie und abstrakte Lehre.

C Die häufigsten Erscheinungsformen der Religionspsychopathologie: Die Sekten

1. Begriffsbestimmung der Sekte

sprachlich

Das Wort wird meist irrig vom lateinischen secare (gleich trennen) abgeleitet und dann als Bezeichnung für eine Gemeinschaft verstanden, die sich von der Hauptorganisation, in der Regel der Kirche, getrennt hat. Richtig leitet sich das Wort jedoch von sequi (gleich folgen) ab und meint »wertfrei«: diejenigen, die einem Sonderführer folgen.

geschichtlich

Schon im Judentum gab es Sonder-Schulen der Sadduzäer und Pharisäer, doch auch die Christen galten als jüdische »Sekte« (Apg. 24,14)
Die Kirchengeschichte ist reich an Sekten, von denen in der Reformationszeit die sogenannten »Schwärmer«, die Wiedertäufer gekannt wurden, aber auch später die Quäker und Darbisten.
Das klassische Handbuch von Kurt HUTTEN »Seher, Grübler, Enthusiasten« (Quell-Verlag, Stuttgart, 13. Aufl. 1984) zählt allein auf 822 Seiten die wichtigsten Merkmale von Hunderten dieser Gemeinschaften auf.

kirchenrechtlich

Wo eine Staatskirche herrscht, sind die Sekten den Freikirchen gleichgestellt als »Religionsgemeinschaften«, die entweder als Vereine oder als »Körperschaften des öffentlichen Rechtes« der einen Staatskirche nicht gleichberechtigt gegenüberstanden.
Im evangelischen Kirchenrecht wird ein Hauptmerkmal in der abweichenden Lehre gesehen. Neuerdings verschwimmen einige Grenzen, wenn nämlich bei den Freikirchen mit gleicher Lehre aber anderer Organisation von Pfingstkirchen gesprochen wird, früher von Pfingstsekten, nachdem diese Gemeinschaften Millionen Anhänger zählen.
Auch in anderen Religionen sind Sektenbildungen bekannt.

religionssoziologisch

Religionssoziologisch bekennen sich die Kirchen, in die man hineingetauft wird, auf sogenannte objektive Grundlagen, die Sekten dagegen auf den freien Entschluß des Willens. Sie legen häufig auf die eigene Bekehrung oder Erwählung Wert und pflegen Sonderlehren oder auch Meditations- und Bilderlebnisse. Sie sehen ihre eigene Lehre und den jeweiligen Sektenführer als allein maßgeblich an und stellen deren Autorität oft über die Bibel.
Teilerkenntnisse werden meist überbewertet und verabsolutiert.
Die außerordentliche Vielfalt subjektiver Erlebnisse und deren zahlreiche Gruppen und fehlende Systematik machen es unmöglich, eine geordnete Darstellung der Bilderlebnisse bei den Sektenangehörigen mitzuteilen. Deshalb muß sich dieser Teil der Arbeit vorwiegend auf eine Systematik beim Wesen und den Erscheinungsformen der Sekten beschränken.
Die Sonderproblematik der modernen »Jugendsekten« oder »Jugendreligionen« soll hier nur an einem Beispiel, dem der Transzendentalen Meditation, besprochen werden.
Die Frömmigkeit der Sekten ist wieder subjektiv gefärbt: Die eigene Meditation oder das Zungenreden, die persönlichen Bilderlebnisse nehmen meist gegenüber der Bibel die führende Stellung ein. Ohne deren Maßstab freilich ist den subjektiven Täuschungen Tür und Tor geöffnet. Sie pflegen ein Ausschließlichkeitsdenken der eigenen Erwählung und fühlen sich berufen, das Heil zu vollenden.

242

2. Die Sekten als Erscheinungsformen der Religionspsychopathologie

Zahlreiche – zum Teil verdrängte – Fragen von religiös suchenden Menschen finden bei den Sekten einfache, oft einleuchtende und sichtbare Antworten

Viele verbreitete Fragen, z. B. nach dem Sinn des Lebens, nach der Zukunft und Aussicht des Daseins, das Fragwürdige der technischen Entwicklung, bei jungen Menschen oft die Unzufriedenheit mit einem – vielleicht bevormundenden – Elternhaus oder jedem maßgebenden Vorbild schlechthin werden in den Sekten bewußt oder aus der praktischen Erfahrung intuitiv gesehen und beantwortet. Sichtbar steht dann der Erlöser in der Gestalt des Sektenleiters vor ihnen, konkret und greifbar können sie durch ihren Einsatz an einer Neugestaltung der Welt mitwirken, statt daß sie sich auf einen abstrakten »Glauben« verweisen lassen müssen oder auf einen Gottesdienst, der sie unbefriedigt läßt.

Ein religiöses Anlehnungs- und Autoritätsbedürfnis wird befriedigt

Zahlreiche Menschen sind verantwortungsscheu. Sie wollen sich anlehnen und sich sagen lassen, was gut und was falsch, was zu tun und was zu lassen ist. Zumal nach vielen Jahren, in denen eine nimmermüde Propaganda jede Autorität als fragwürdig oder gar verabscheuungswürdig hingestellt hat, zeigt nunmehr eine überhöhte und verehrte Vatergestalt die Auswege, die man selbst gesucht hat, bietet den ersehnten Schutz, trägt die sonst belastende Verantwortung. Nurmehr folgen und gehorchen, das löst die Probleme, so scheint es mindestens.

Mit dem eigenen Handeln, Folgen oder Meditieren läßt sich die ersehnte Erlösung oder Befreiung erreichen

In der Reformationszeit wurde nachhaltig betont: nicht wir selber können unser eigenes Heil schaffen, sondern es wird dem Menschen »aus Gnade« geschenkt. Doch das ist vielen schwer zu fassen, während sie einfachen Anordnungen folgen, Gebote erfüllen oder auch Ruhepausen (besonders beim Meditieren) einlegen können. Wird ihnen nun fest versprochen, daß sie mit solchen Maßnahmen viele oder gar alle Übel aus dem eigenen Leben oder gar »aus der Welt schaffen« können, so glauben sie dies um so bereitwilliger, als erhebliche geldliche Opfer doch den Wert der jeweiligen Methode zu bestätigen scheinen und viele andere mit begeisterten Worten ihre beglückenden Erfahrungen preisen.

Regressive Neigungen (mit der Sehnsucht nach der eigenen Kindheit) werden gestillt

Die Sehnsucht nach der Geborgenheit des Kindes wohnt besonders den Menschen inne, die unter dem Streß von starken Leistungsforderungen des Alltages stehen. Der Gedanke und das Erleben einer neuen familienähnlichen Gemeinschaft, von sorgenden Elternpersönlichkeiten, die die Verantwortung für das

Wohlergehen in dieser und in einer kommenden Welt abnehmen, werden einem verbreiteten Bedürfnis und Wunschtraum gerecht.

Zu den regressiven Neigungen treten freilich noch aggressive hinzu. Nach außen, meist auf Kirche, Staat und »Gesellschaft«, auf alle Feinde der eigenen Gemeinschaft versuchen die Sekten oft mit offenkundigem Haß solche Aggressionen abzuleiten (bei Jugendsekten ist es oft die eigene [frühere] Familiengemeinschaft). Verbreitet sind freilich auch Selbstaggressionen, und aus jüngster Zeit ist der Massenselbstmord der rund 900 Mitglieder der Sekte von JONES (Tempel Gottes) in Guyana dafür ein ebenso trauriges Beispiel wie die überdurchschnittlich häufig unter unseren Patienten der Ärztlichen Lebensmüdenbetreuung vertretenen Sektenangehörigen.

Insgesamt also hilft uns die moderne – heute freilich weitgehend unbekannte – Wissenschaft der Religionspsychologie einerseits das verbreitete religiöse Sehnen und Streben zu erkennen, auch dann wenn es zurückgedrängt ist und sich nur unterschwellig auswirkt, andererseits gibt sie uns Maßstäbe in die Hand, zwischen dem Echten und Unechten, dem Gesunden und Gefährlichen zu unterscheiden.

3. Die religionspsychopathologische Sicht der Beurteilung von seelisch krankhaftem Verhalten

Das »Kipp-Phänomen« des Überganges in ein »geschlossenes«, kreisförmiges Denksystem

Bevor umfassend die Hauptmerkmale seelisch-geistiger Gesundheit und Krankheit zusammengestellt werden können, sind vier Hauptfragen zu stellen: Als Grundkennzeichen des gesunden Denkens gilt die Fähigkeit, innerlich offen und aufnahmebereit andere Gedankengänge zu hören, innerlich nachzuvollziehen und prüfend abzuwägen, sie anzunehmen oder abzulehnen und im freien Gespräch Gedankengänge auszutauschen.

In einem sogenannten »Kipp-Phänomen« kann auch längere Zeit einer intensiven Einwirkung auf das Denken – manche sprechen dann in extremen Beispielen von einer »Gehirnwäsche« oder mindestens von Indoktrination – das freie Denken umkippen in ein kreisförmiges geschlossenes Verfolgen immer der gleichen Ideen oder Argumente. Gespräche werden dann zum Aneinanderreihen propagandistischer Parolen »umfunktioniert«, und dem Betroffenen ist es nicht mehr möglich, außerhalb der Bahnen seiner eingefahrenen Gleise zu denken, selbst wenn offenkundige logische Irrtümer vorliegen oder wenn Tatsachen den Gedankengängen widersprechen.

Eine Redensart sagt dazu etwas scherzhaft: Wenn die Wirklichkeit nicht in mein System paßt – um so schlimmer für die Wirklichkeit. Ein geschlossenes, kreisförmiges Denksystem kann sich äußerstenfalls bis zu einem »Wahn« steigern, der zugleich mit einer überstarken persönlichen Gewißheit einhergeht.

Hier wird keineswegs behauptet, daß alle Sektenangehörigen einem geschlossenen Denksystem unterliegen und schon gar nicht, daß sie unter einem religiösen

Wahn leiden. Es muß jedoch zu denken geben, daß unter den Kranken mit solchen Denkstörungen überraschend viele Angehörige von Sekten zu finden sind. Bei den Lehren und den Verhaltensweisen von Sekten(angehörigen) sollten wir also jeweils fragen und prüfen, ob sich Ansätze zu solchen Denkweisen oder Kipp-Phänomenen finden.

Das »Kipp-Phänomen« des Verlustes der klaren Orientierung beim Verlassen der »Denkkategorien« von Raum und Zeit

Schon Immanuel KANT (1724–1804) ist den »Denkvoraussetzungen a-priori«, das heißt den vorgegebenen Grundlagen unseres Denkens nachgegangen, das ohne eine Einordnung in Raum und Zeit jeden Halt verliert. Wir müssen uns selbst und jedes Ereignis einordnen können gleichsam in diese beiden Koordinaten des Wann und Wo, sonst verliert das Denken Halt und Grundlage.
Eine der ersten Fragen der psychiatrischen Untersuchung lautet darum jeweils: Wo sind Sie? Welchen Tag haben wir heute? Jeder Mensch kann selbst prüfen, daß ihm die Begriffe »Ewigkeit« oder »Unendlichkeit« zu denken nicht möglich sind. Manche Meditationsmethoden pflegen nun planmäßig eine Art von Versenkung, in der ein »Versinken im ewigen Nun« (DÜRCKHHEIM) geübt wird, in dem die Grenzen von Raum und Zeit bewußt aufgehoben werden. Wer dagegen christlich meditieren würde, dessen Gedanken blieben an die Person Jesu Christi gebunden. Meditationsübungen, die das Denken in Raum und Zeit aufgeben oder aufheben, bergen Gefahren. Wiederum wird hier nicht behauptet, daß alle oder auch nur die Mehrzahl von Angehörigen meditierender Sekten ihre räumliche und zeitliche Orientierung verlieren, wohl aber sind die Aussagen jener Psychiater zu prüfen, die von ursächlichen Zusammenhängen zwischen solchen Methoden und seelischen Erkrankungen sprechen.

Eine einseitige Willensübersteigerung bis zum Fanatismus und zur »überwertigen Idee« und eine fremde Willenssteuerung als »Manipulation«

Seelische Erkrankungen gibt es nicht nur im Bereich des Denkens, sondern auch des Willens (vgl. S. 228). Hier ist die Frage aufzuwerfen, ob sich ein Wille künstlich steigern und in eine andere Richtung lenken läßt. Seit HUNTERS und LIFTONS Forschungen über »Brainwashing« ist an der Tatsache selbst nicht mehr zu zweifeln. Wiederum ergibt sich die Frage, ob solche Einwirkungen auf den Willen nur bei extremer politischer Beeinflussung möglich sind, oder ob sie auch bei Sekten vorkommen und wie sich dann solche Willensübersteigerungen und -änderungen äußern.

Das Umkippen aus einer künstlich gehobenen Stimmung in eine Depression

Mit verschiedenen Methoden von lange dauerndem Gesang, von rhythmischen Bewegungen und anderen Mitteln – besonders mitreißender Reden – lassen sich gehobene Sonderzustände des Bewußtseins erreichen. Unter den Namen der Begeisterung, der Exzitation oder der Exaltation (bis hin zur Ekstase) sind sie in der Religionsgeschichte besonders bei den Naturreligionen schon seit dem Altertum bekannt.

Weniger bekannt ist freilich das »Umkippen«, das häufig aus solcher Hochstimmung in depressive Zustände erfolgt, in »die Nacht der Gottesferne«, von der die Mystiker sprechen. Das Stimmungserleben verläuft nach künstlich gesteigerter Begeisterung sehr häufig in der Form einer Sinuskurve mit dem Absinken in besondere Trübsal. 40 Jahre der fast täglichen Erfahrung mit Schwermütigen und Selbstmordgefährdeten haben mich gelehrt, auf solche Zusammenhänge zu achten und die Frage zu stellen, wie weit die Hochstimmung in manchen Sekten solche depressiven Zustände auslösen kann.

Insgesamt ist bei den Sekten nicht nur zu fragen nach dem Inhalt ihrer Lehre, nach ihrer Geschichte und Verbreitung, nach ihrem Beitrag zu etwa vergessenen oder vernachlässigten Inhalten der religiösen Botschaft der großen Kirchen, sondern auch nach den psychologischen Gründen für ihr Wachstum, nach den Folgen für ihre Anhänger und deren Angehörige und nicht zuletzt nach den Gefahren, die in ihren Praktiken liegen.

4. Die »Transzendentale Meditation« (TM) als Beispiel für eine »Sekte«, die Bilderlebnisse pflegt

Geschichte und Wesen der TM

Im Jahre 1958 gründete der »Maharishi Mahesh Yogi« im indischen Madras eine »Spiritual Regeneration Movement« (= SRM), eine »Geistige Erneuerungsbewegung«, die heute nach ihren eigenen Angaben über eine Million Anhänger zählt, zu denen angeblich allmonatlich über 30 000 neue hinzutreten.

Einerseits bietet sie ein praktisches Meditationsprogramm für jedermann. Sie ist »... eine Weltbewegung, die eine universale Meditationstechnik lehrt.« Dieses praktische Programm legt »in kürzester Zeit die Basis für eine harmonische, lebensfreundliche Zukunft«.

Andererseits vertritt die TM den Anspruch, mit ihrer »Wissenschaft der kreativen Intelligenz« eine umfassende Theorie des menschlichen Geistes zu bieten, in der sich die Änderungen des Bewußtseins mit seinen höheren Ebenen durch die veränderten Gehirnfunktionen physiologisch messen lassen. Danach soll es »drei Bewußtseinszustände« geben: »Schlaf, Traum und normales Wachsein.«

Das Wesentliche, das »Transzendieren«, beruht im »Durchdringen dieser drei Zustände« in »das kosmische Bewußtsein, das Gottesbewußtsein und ... den höchsten Zustand ... die Einheit.«

Technik und Quellen

Der Meditierende soll

ein »mentales Stimulans« wählen, am besten ein einsilbiges Wort, ein Mantra, auf das er sich konzentriert, in einer passiven Haltung ablenkende Gedanken wegschieben, sich entspannen und tief atmen.

In diesem Zusammenhang erteilen zwei Bücher ausführliche Auskunft:

John WHAITE schrieb ein Buch:
Alles über TM – Transzendentale Meditation (Mantra, Mystik, Technik, Philosophie, Bewußtseinserweiterung) Wilhelm Heyne Verlag München, 1976, 144 S.
Dieses Buch gibt einen sachlichen Überblick, gelangt zu einer ganz vorwiegend positiven Wertung, nennt jedoch auch kritische Stimmen.
Michael MILDENBERGER und Albrecht SCHÖLL: Zauberformel TM, Die Bewegung der Transzendentalen Meditation, Information und Kritik, Aussaat Verlag Wuppertal, 1977, 152 S.
Dieses sorgfältige, kritische Werk verwertet auch viel Geheimmaterial früherer Mitarbeiter.
Ein drittes Buch mit dem jüngsten Quellenmaterial wird die 6. Auflage des Heftes von F. W. HAACK »die neuen jugendreligionen teil 4«, Evangelischer Presseverband für Bayern, 1986, 116 S. sein, das Pfarrer Thomas GANDOW voraussichtlich in der 2. Hälfte 1992 herausgeben wird. Er hat für diese Veröffentlichung die wesentlichen inhaltlichen Merkmale genannt.

Ziele und Pläne

Der Maharishi nennt aus der Bhagavad Gita, der uralten indischen Weisheitsschrift, die er erst jetzt erschlossen und zu einer »Schnellstraße der menschlichen Entwicklung« ausgebaut hat, vier Hauptziele: Genuß, Erfolg, Sicherheit, Transzendenz, um so Energie, Intelligenz und Kreativität . . . zur Grenzenlosigkeit zu steigern.
Als weitere Ziele werden genannt:

Selbstverwirklichung, innerer Frieden, Steigerung der Energie, Verschwinden von Ängsten, Befreiung von psychosomatischen Krankheitssymptomen, besserer Nachtschlaf, schöpferische Kraft und allgemeines Glück, Nikotin-, Alkohol- und Drogenentziehung, bessere geistige Leistungen und erhöhte Lernfähigkeit und viele andere Wirkungen, insgesamt also eine wahre Lebenserfüllung.

Im Rahmen eines »Siebenstufenplanes« findet die *Initiation,* eine feierliche Einführung statt, sowie ein regelmäßiges *»Checking«,* eine stufenweise Kontrolle mit festgelegten Fragen durch den »Meditationslehrer«. Er soll prüfen, ob der »Eintauchwinkel« gefunden wurde, ob das Mantra beim Meditieren »verschwunden« war, ob die Gedanken abschweiften.

Organisation

Die TM ist eine straffe Marketing-Organisation, in der jeder Lehrer zum Erfolgszwang verurteilt ist. Der Lehrer erhält von den erheblichen Gebühren 45% für sich, Teilzeitlehrer 25%, den Rest müssen sie an die Zentrale abführen.
Nicht zeitraubende Beratung, sondern Ausbreitung der Organisation ist das Ziel.
Sie ist aufgegliedert in fünf Hauptbereiche:
SRM = »Spiritual Regeneration Movement«; zum Ansprechen der Suchenden.

SIMS = Students International Meditation Society, um die Wissenschaft von der schöpferischen Intelligenz zu verbreiten.

WYMS = World Youth Movement for the Science of Creative Intelligence (MIU), als internationale Jugendorganisation.

SFSI = Stiftungsfonds Schöpferische Intelligenz, sie wendet sich den Führungskräften in der Wirtschaft zu.

MIU/FRSI = Maharishi International University, für Forschung und Lehre zuständig.

In den letzten Jahren hat sich die TM auf das sogenannte »City-Programm« spezialisiert. In den wichtigsten Städten der Welt sollen je 1000köpfige Gruppen entstehen, die zu bestimmten Zeiten alle gemeinsam die »All-Einheit« anbeten sollen. Eine Anzahl von Menschen, die der Quadratwurzel aus einem Prozent der Weltbevölkerung entspricht, soll gleichzeitig ihr »Flugprogramm« meditieren. Die TM lehrt, der Glaubende könne sich von den Gesetzen der Schwerkraft befreien, dann entstehe eine Art »Superstrahlungseffekt«, der den Frieden auf der Welt herbeiführt.

Im Zentrum solcher Gemeinden steht die sogenannte »Purusha-Gruppe«, die von den sie umgebenden Laien unterstützt wird. Purusha ist dabei nicht nur das Wort für Fülle, sondern bedeutet eine Gottheit. Geplant sind auch 1000köpfige Gruppen von Frauen, die in klösterlichen Gemeinschaften auf dieselbe Weise der »Mother Divine« huldigen.

In dem Zusammenhang soll auch ein Bericht der British Medical Association erwähnt werden, nach dem in England zwei Ärzte aus dem Berufsverband ausgeschlossen worden sind, weil sie dem Rat der TM entsprechend ihren Patienten Mittel verabreicht hatten, deren Inhalt »sie nicht kannten« (er soll stark verunreinigt gewesen sein).

Die TM behauptet, sie habe die ayurvedische Medizin Indiens. Sie ist in 14tägigen Kursen zu erwerben, während in Indien neun Jahre Studium erforderlich sind. Geruchsessenzen, Edelsteinmagie, Astrologie und ähnliche Mittel werden besonders bei Krebs und Aids teuer angeboten.

Seit 1975 wird ein »Lebensgesetz von ungeahnter Bedeutung« vorgestellt: »Wenn einer von Hundert die Technik der TM ausübt, dann nimmt die Ordnung in der ganzen Gesellschaft zu«, dann bricht ein goldenes Zeitalter an.

Zur Beurteilung der TM

Die TM ist eine Psycho- und Jugendsekte. In einem Urteil gegen die TM hat das Bundesverfassungs- und das Bundesverwaltungsgericht erst kürzlich der Bundesregierung das Recht zugesprochen, sie so zu bezeichnen, weil sie keine qualifizierten Lehrer habe und psychotische Entgleisungen auftreten können.

Wer zweimal täglich sich mit inneren Bildern entspannt (über deren subjektiv verschiedenen Inhalt nichts ausgesagt wird), wird eine Erholung von Hetze und Streß erleben und sich entlastet fühlen.

Übungen der Konzentration wirken dabei einer verbreiteten Gefahr der Zersplit-

248

terung entgegen und helfen, auch in anderen geistigen Lebensbereichen die Gedanken zu sammeln, wobei das Objekt dieser Konzentration bei der TM eine Silbe, ein Mantra ist; doch grundsätzlich könnten auch andere Gegenstände, Bilder oder Inhalte die Gedanken sammeln.

Fragwürdige Inhalte und Methoden der TM

Die Verheißung eines goldenen Zeitalters, das sich mühelos und genußreich erlangen läßt und dazu noch aus dem Osten stammt und geschickt vermittelt wird, zieht viele Menschen an, auch Intellektuelle, die nicht selten zu fanatischen Verfechtern der TM-Lehre werden. Wir haben in der Ärztlichen Lebensmüdenbetreuung und Telefonseelsorge fast nur negative Folgen kennengelernt. Die Probleme der Menschen werden nicht gelöst.

Die Hirnstromkurven, auf die sich die TM beruft, erfassen nur die äußeren drei Millimeter der Hirnrinde und lassen nicht die weitreichenden Aussagen über den Menschen und sein Bewußtsein zu, die die TM mitteilt.

Der Grundbegriff der »kreativen Intelligenz« bleibt wissenschaftlich völlig unklar. Die TM beruft sich auf »die Wissenschaft«, doch ist Wissenschaft nicht zu trennen von dem Begriff der unvoreingenommenen und freien, kritischen Auseinandersetzung zwischen den verschiedenen Forschern.

Wissenschaftler erforschen die Wahrheit,

Vertreter der Religionen verkündigen Wahrheit,

Sektierer indoktrinieren sie mit Eifer.

Wer die Vorträge der TM hört, wer Diskussionen mit ihren Lehrern und Anhängern erlebt, wer die Bücher und Schriften der TM liest und sie mit kritischer wissenschaftlicher Forschung vergleicht, mag selbst entscheiden, in welche dieser drei Gruppen er die TM einordnen will.

TM und Bewußtseinszustände

Die TM geht von der sicher richtigen Erkenntnis aus, bei einer Meditation ändere sich der Bewußtseinszustand, doch von den zahlreichen wissenschaftlichen Arbeiten zu überwachen, normalwachen, unterwachen und außerwachen, gesunden und krankhaften, ergotropen und trophotropen, religiösen und innerweltlichen Bewußtseinszuständen wird nichts mitgeteilt und von den Möglichkeiten, sie zu beeinflussen, sondern Grundlage ihrer Lehre bildet die Behauptung, es gäbe nur die drei Zustände: Wachsein, Schlaf und Traum sowie den vierten der TM.

Praktiken der TM

Einerseits behauptet die TM, sie sei keine Religion, andererseits aber verkündet sie umfassende Heils- und Erlösungslehren, pflegt sie religiöse Riten, verbreitet Geheimlehren, kennt Weihen und gebetsähnliche Lobpreisungen, verleugnet nicht den hinduistisch religiösen Charakter. Damit trägt die TM alle Merkmale einer Ersatzreligion oder mindestens eines Religionersatzes.

Zahlreiche täuschende Behauptungen müssen Irrtümer wecken:

Jeder Meditierende erhält ein einmaliges Mantra; in Wahrheit gibt es nur wenige Dutzend, die zehntausendfach nach Altersstufen verteilt werden.

Die Mantras bewirken »positive Vibrationen«, wir nutzen angeblich nur 6 bis 10% unserer mentalen Fähigkeiten aus, die TM aber verhilft zu 100%iger schöpferischer Intelligenz.

Die TM veröffentlicht nur Erfolgsberichte, kein Wort aber von der Zahl und den Leiden derer, die sich bitterlich enttäuscht oder gar innerlich geschädigt wieder von ihr abgewendet haben. Den jugendlichen und unerfahrenen »Lehrern«, die fast keine psychologischen oder psychotherapeutischen Kenntnisse besitzen, vertrauen sich konfliktbeladene und/oder seelisch kranke Menschen an, ohne daß sie Rat und Hilfe finden, schlimmer noch: unerträgliche versunkene Erinnerungen, nicht-steuerbare Angstbelastungen, hysterische und andere Erregungszustände, schwer lösbare Übertragungsbindungen, fanatische und andere überwertige Ideen, Wahnvorstellungen und psychotische Zustandsbilder können aufbrechen und sind beobachtet worden als unmittelbare Folgen der nicht sachkundig durchgeführten Seelentechniken.

Wer den Wahrheits- und Echtheitscharakter der Versprechungen sorgfältig prüft und sich nicht auf einseitige Propagandaschriften verläßt, muß ernste Warnungen und eine wachsende Erfahrung berichten.

Nur selten hören wir von denen, die Erleichterung und Entspannung fanden bei der TM, sondern von der Verständnislosigkeit für Probleme, der Hilflosigkeit bei ernsten Konflikten und vor allem, von ersten Schäden für die seelische Gesundheit. In den Berichten unserer Patienten häufen sich diese negativen Zeugnisse.

5. Erfahrungen begnadeter Persönlichkeiten oder bedenklicher spiritistischer Spuk?

Schlafpredigerinnen

Die Erfahrungen einiger außergewöhnlicher Persönlichkeiten entziehen sich dem Streben, eindeutig den Bewußtseinszustand wissenschaftlich festzustellen, wie dies bei den luziden Träumen der Fall war. Andererseits sind ihre außergewöhnlichen Fähigkeiten und ihre Bilderschau unbestreitbar bedeutsam.

Eine Gruppe solcher – oft als Prophetinnen bezeichneter – vielfach schlichter Frauen lebte im vorigen Jahrhundert in Finnland. Der Theologieprofessor Aarni VOIPIO hat ihnen einen wesentlichen Teil seiner Lebensarbeit und eine 10bändige Monographie gewidmet: »The sleeping preachers«. Nach ausführlichen Besprechungen mit der Psychiaterin, Frau Dr. SYVÄNNA, die die (inzwischen verstorbenen) Schlafpredigerinnen begutachtet hat, haben diese frommen Frauen mehrere Jahrhunderte hindurch in vielen finnischen Kirchen auf einer Ruhestätte vor dem Altar liegend in einem Schlafzustand geisterfüllte lutherische Predigten gehalten und damit zahlreiche Menschen getröstet.

Den Text ihrer Predigten nahmen sie mit ihrem Gesichtssinn auf und lasen ihn gleichsam aus einem Predigtbuch ab. Viele Jahre hindurch wurden diese Predigten sonntags vom »Kirchenfunk« übertragen.

Von einigen der wichtigsten dieser Frauen habe ich im Archiv für Religionspsychologie, Band 7, 1962, Seite 149–167, berichtet.

Edgar CAYCE

Dieser Mann mit außergewöhnlichen Gaben wurde am 14. März 1877 auf einer Farm in Kentucky geboren und übte mehrere Berufe als Farmer, Schuhverkäufer, Versicherungsvertreter und vor allem als Buchhändler und Photograph aus. Seinen Hauptwunsch, Pfarrer zu werden, konnte er nicht verwirklichen. Seine tiefe und offenbar echte Frömmigkeit aber bestimmte sein Leben; schon als Kind hatte er oft in der Bibel des Alten und Neuen Testamentes gelesen. Im Alter von 13 Jahren erschien ihm eine Gestalt, die ihn zum Dienst für Gott berief.
Der weltberühmte Evangelist MOODY bestärkte ihn in dieser Berufung.
Bedeutende Ärzte und Psychologen nahmen an der Entwicklung von CAYCE Anteil. Er lernte Hypnose und Selbsthypnose und heilte sich von einer Stimmbandlähmung selbst. Er soll zu einer Art Hellsehen fähig gewesen sein, bei dem er beliebige Seiten aus verschlossenen Büchern vorlesen konnte. Vor allem aber war er imstande, sich in Kranke hineinzuversetzen und innerlich deren Zustand zu erkennen. Er tat dies ehrenamtlich in verschiedenen Krankenhäusern, so daß sich sein Ruf weit ausbreitete und die Presse von ihm berichtete.
Seine Erkenntnisse bei den Kranken bezeichnete er als »Readings«, von denen 15 000 aufgezeichnet vorliegen, meist mit genauen Diagnosen und Behandlungsvorschlägen ohne medizinische Fachausdrücke.
Im Unterschied zu Deutschland, wo Ärzten die Zusammenarbeit mit Nichtärzten verboten ist, suchte nicht nur CAYCE solche Arbeitsgemeinschaft, sondern vor allem die Ärzte selbst. Er trug auch den Kranken auf, die jeweils besten Ärzte aufzusuchen. Einmal nannte er dazu den Namen eines Arztes, der jedoch auch im Telefonbuch von New York nicht auffindbar war. Später stellte sich heraus, daß er erst in den Tagen von CAYCES Bilderschau seine Praxis eröffnet hatte und tatsächlich Spezialist für die betreffende Krankheit war.
Ein einheitliches Urteil über CAYCE ist schwer möglich; denn gelegentlich rückten parapsychologische Praktiken seine Tätigkeit in die Nähe zum Spiritismus; auch trafen seine politischen und finanziellen hellseherischen Voraussagungen nicht immer ein.
Dagegen hat CAYCE sicher im Gegensatz zu fast allen Kurpfuschern stets und völlig selbstlos und uneigennützig gehandelt, nie Geld mittelbar oder unmittelbar erwartet, erbeten oder erhalten. Seinen Unterhalt hat er durch verschiedene Berufe, besonders den eines Photographen, verdient.
Die Berichte zeigen ihn als charakterlich hochwertige, bescheidene, hilfsbereite Persönlichkeit ohne persönlichen Ehrgeiz und ohne Geltungsbedürfnis.
Den Schlüssel zu seiner Persönlichkeit bildet eine Frömmigkeit, die alle Merkmale des Ehrlichen und Echten sowie – von der genannten Ausnahme abgesehen – eines biblischen Glaubens trägt.
Andererseits ist die Gestalt CAYCES oft unkritisch idealisiert worden. Einer der umfangreichsten Berichte über seine Träume, »Readings«, erschien in dem Buch von Elsie SECHRIST, »Das große Traumbuch«, M. Pawlak Verlagsgesellschaft, Herrsching 1992. Die meisten seiner Urteile über Träume ohne die Kenntnis der

Persönlichkeiten und ihrer jeweiligen Lebenssituation vor dem Träumen wirken zu schlicht, autoritär, vielfach primitiv und im Blick auf die gesundheitlichen Ratschläge manchmal richtig, manchmal zu allgemein und nicht selten falsch.

Bei über 100 Vorträgen, die ich besonders in den 60er Jahren in den Vereinigten Staaten hielt, kann ich mich an keinen erinnern, bei dem ich in der anschließenden Diskussion nicht nach CAYCE und meinem Urteil über ihn befragt wurde. Offenkundig bewegt er die Gemüter noch heute und eine stattliche, wachsende Anhängerschar »glaubt« an ihn. Dazu trägt nicht zuletzt das letzte Buch von Jess STEARN bei (vgl. Schrifttumsverzeichnis), in dem unter der Gesamtüberschrift »Esoterik« die angeblich sieben früheren Leben von CAYCE als »des größten Mediums aller Zeiten« geschildert werden.

Zunächst wurde CAYCE angeblich im sagenhaften Atlantis im Jahre 10 000 v. Chr. von Gott geschaffen. Damals konnten sich die Menschen über weite Entfernungen ohne Telefon verständigen (S. 87). Auch Kernenergie und Atomwaffen waren in Atlantis schon bekannt (S. 91).

Später wurde CAYCE als Sonnengott Ra und zugleich als erster Minister des Pharao wiedergeboren, erbaute die Pyramiden und zähmte den Nil (so S. 21 und 117).

Auch seinen Ratsuchenden berichtete er aus deren früheren Leben und stellt CAYCES Wunder neben die von Jesus (S. 35).

In Troja soll CAYCE als Torhüter Xenon durch seine Mätresse für das Einlassen des hölzernen Pferdes verantwortlich gewesen sein.

Zu Zeiten Jesu behauptet CAYCE, als der biblische LUCIUS von Kyrene wiedergeboren zu sein (Apg. 13,1; Röm. 16,21) (S. 177). Wenn er sich in seine damalige Existenz zurückversetzte, so konnte er sich selbst und den schönen Römerinnen wieder begegnen, zu denen er damals Beziehungen pflegte. Beinahe hätte er auch Paulus getroffen (S. 192).

Bei diesen Beispielen äußerst phantastischer Berichte muß offen bleiben, wie weit es sich um geschickte Erfindungen von STEARN oder um wirkliche »Readings« von CAYCE handelt, als die sie ausgegeben werden. Sicher aber sind solche Sensationsberichte nicht mit dem Geist der Heiligen Schrift, mit echter Mystik oder Prophetie gleichzusetzen, auch wenn ein endgültiges Urteil über die Einordnung der Bewußtseinsstufen bei ihm nach den vorliegenden Unterlagen nicht gefällt werden kann.

Sicher verfügte CAYCE über weit überdurchschnittliche (selbst-)hypnotische Fähigkeiten, von denen freilich die Forschungsergebnisse gelten, die Professor Dr. Martin ORNE, damals Präsident der Internationalen Gesellschaft für Klinische und Experimentelle Hypnose, bei einem Vortrag in Philadelphia vortrug: »Im Zustand tiefer Hypnose wächst nicht nur die Erinnerungsfähigkeit in erstaunlichem Maße, sondern auch die Konfabulationsneigung!«

Erkenntnisse, die in Hypnose gewonnen wurden, dürfen deshalb vor amerikanischen Gerichten wegen dieser häufigen und weitreichenden »Erfindungen« nicht verwertet werden.

D Stärkegrade und Arten religionspsychopathologischer Zustandsbilder

1. Verschiedene Grade »religiöser« Gesundheit und Krankheit

Das Leben selbst kennt allenthalben Abstufungen zwischen gesund und krank. Völlig gesund ist wohl niemand; vereinzelte Schwächen und Mängel lassen sich freilich durch Anpassung ausgleichen.

Schon im allgemeinen Bereich der psychischen Erkrankungen lassen sich verschiedene Stärkegrade unterscheiden:

a) meist einfühlbare Störungen als Abweichungen im Grenzbereich der üblichen Norm!
b) leichtere neurotische Fehlhaltungen und Symptome;
c) schwere und tiefe neurotische oder psychotische Fehlhaltungen und Symptome!
d) extreme Formen psychischer Katastrophen.

Dementsprechend lassen sich auch vier Stärkegrade religionspsychopathologischer Fehlhaltungen unterscheiden:

a) eine noch »normale«, meist übertriebene religiöse Haltung;
b) eine verstiegene oder verschrobene Sonderlings- oder Scheinreligiosität;
c) eine schwer entstellte und verzerrte Pseudoreligiosität;
d) Extremformen verhängnisvoller Wahnreligiosität.

Diesen Fehlhaltungen – unabhängig vom Stärkegrad – ist die Neigung zu pathologischen Bilderlebnissen in verstärktem Maße eigen, sei es, daß die mangelnde Beziehung zur Wirklichkeit eine Flucht in irreale Bilder erleichtert, sei es, daß Wahnbildungen zu Sinnestäuschungen führen oder daß sich Ängste bis zu Verfolgungsideen und Sinnestäuschungen verdichten. Wo nämlich ein echter gesunder Glaube dem Menschen das Bewußtsein der Geborgenheit verleiht, wandelt sich eine Angst, der der Bedrohte schutzlos preisgegeben ist, nur allzu leicht in die sinnestäuschende Personifizierung eines Verfolgers um.

2. Zustandsbilder religiöser Fehlhaltungen

Fehlhaltungen religiöser Disharmonie

Sie kommen verbreitet vor als *religiöser Kampf* vom Haß bis zu Religionsverfolgungen und -kriegen; als *Überwerten einer Nebensache* bis zu unsinnigen religiösen Vorstellungen und unkorrigierbaren Wahnideen; als religiöse Enge z. B. als Engherzigkeit oder als *Angst* vor dem Gericht oder vor dem Weltuntergang; als Zwang von religiöser Gesetzlichkeit, Gewissensskrupeln bis zu religiösen Zwangsneurosen.

Fehlhaltungen religiöser Nachlässigkeit und/oder Verkrampfung

Irr- und *Aberglaube* mit Dämonen- und Geistervorstellungen; Halt- und *Willensschwäche* als frommer Selbstgenuß von individualistischer »Erbaulichkeit« bis zu verwahrlosten »falschen Propheten«; religiöse *Hochspannung und Ungeduld* von süßlicher Freundlichkeitsstarre bis zu unnatürlicher Verzückung; *Zersplitterung* und Zwiespältigkeit von übersteigerter Betriebsamkeit bis zu religiösem Wahn.

Fehlhaltungen religiöser Umwelt- und Innenweltverkennung

Manche religiöse Sonderlehren verzerren die Wirklichkeit und steigern sich in eine *übertriebene Endzeiterwartung;* religiöse *Pseudovisionen* und Wahnsysteme können dabei die Wirklichkeit umdeuten; Überheblichkeit und Übereifer steigern sich zu rücksichtslosem *Fanatismus* und unduldsamen Gewalttaten; depressive Verstimmungszustände wirken sich aus als religiöse Leere, als *Hadern mit Gott.*

Fehlhaltungen religiöser Schwärmerei

Die Leidenschaftlichkeit von Hochstimmungen und religiöser Seligkeit kann umkippen in die *Nacht der Gottesferne* (vgl. S. 219); hysterische religiöse Darstellungsfreude kann sich auch in *öffentlichen Sündenbekenntnissen* oder in religiöser Raserei äußern; ein religiöser Rummel und Rausch mit *automatischem Sprechen* kann für biblisches Zungenreden gehalten werden. Privatoffenbarungen stiften dann Verwirrung. Der Schein unechter Selbst- und Fremdtäuschung reicht vom frömmelnden Pathos und der *Heuchelei* bis zur religiösen Hochstapelei.

Fehlhaltungen zu geringen oder zu starken religiösen Selbstbewußtseins

Innere *Unselbständigkeit* tut sich religiös kund als ein autoritätsabhängiger, oberflächlicher »Rand«- und »Fremdglauben«, bis zur kritiklosen Hörigkeit; *Selbstunsicherheit* begegnet uns in religiösen Minderwertigkeits- und Versündigungsgefühlen; zu starke Selbstsicherheit begünstigt ein krampfhaftes *Vollkommenheitsringen* oder gar einen Unfehlbarkeitswahn; die verbreitete religiöse Form des *Machtstrebens* und der Herrschsucht führt bis zur Unterdrückung und zum Despotismus.

Fehlhaltungen religiöser Lebensverneinung

Gemeinschafts- und Kontaktunfähigkeit leisten auch religiöser Eigenbrötelei und abgeschlossenem Einzelgängertum Vorschub. (Wer Einsiedler- und Mönchtum beurteilen will, sollte bewußte Motive und tiefere Gründe kennen.) *Arbeitsunfähigkeit* oder -unwilligkeit können sich auch als frommes Nichtstun tarnen; schwärmerische *Leidensseligkeit* und masochistische Leidenssucht müssen als krankhaft gelten; *Liebesunfähigkeit* (zum anderen Geschlecht) mit überstarken Hemmungen oder gar einer Leibesfeindlichkeit kann auf einer »ekklesiogenen Neurose« beruhen.

3. Schlußfolgerungen

Ähnlichkeiten und Unterschiede

Klare Religionspsychopathologie und die intuitive Gabe der »Unterscheidung der Geister« widersprechen einander ebensowenig wie folgerichtiges theologisches Denken und innige Frömmigkeit. Trotz aller Ähnlichkeiten sind nicht länger zu verwechseln:

der glühende Glaubenseifer des zuinnerst Ergriffenen mit dem verhängnisvollen Fanatismus des an seine überwertigen Ideen Gefesselten;
die Meditation des echten Mystikers, der von seinen Visionen überwältigt wird, mit den Pseudohalluzinationen prahlender Pubertierender;
die Bedrückungen des Depressiven, der in der Beichte vergeblich Befreiung von seinen Schuldgefühlen sucht, mit den echt Schuldbeladenen, die durch die Vergebung Freiheit finden.

»Jerusalem-Syndrom«

Im Herbst 1991 veröffentlichte eine Gruppe israelischer Psychiater eine Studie über das sogenannte Jerusalem-Syndrom. Der Direktor der psychiatrischen Abteilung, Carlos BAR-EL, vom Kfar-Shaul-Hospital teilte auf einer Pressekonferenz mit, alljährlich erkrankten rund 250 Touristen an dem Jerusalem-Syndrom. Im Vordergrund dieses Krankheitsbildes stehen Visionen und Erscheinungen, die sich auf den Messias und/oder die Endzeit beziehen. Meist erleben die Christen die zweite Ankunft Jesu auf Erden zum Errichten seines Königreiches, die Juden dagegen erleben bildhaft die Ankunft des Messias.
Die Patienten werden meist nach relativ kurzem Klinikaufenthalt wieder in ihre Heimatländer abgeschoben. Die Zeitschrift »Unsere Kirche« (Evangelisches Sonntagsblatt für Westfalen und Lippe) vom 22. 9. 1991 veröffentlichte darüber eine ausführliche Mitteilung.

Fehlhaltungen bei Sekten oder bei Kirchen?

In diesem Zusammenhang sind nicht etwa irgendwelche *Sekten* und Sondergemeinschaften oder gar deren Angehörige anzuklagen, bei denen sich Frömmler und Fanatiker, Enthusiasten und Ekstatiker, Schwärmer und Chiliasten gehäuft zusammenfinden. – Sonst müßten wir auch in den Kirchen oft Theologisieren und Theoretisieren, Politisieren und Pathos, Rationalismus und Routine, Machthunger und Monopolstreben, vor allem aber mangelnde Herzensfrömmigkeit und fehlende kundige Seelsorge beklagen und fragen, welche Fehlhaltungen hier auf krankhaften Zügen von Minderwertigkeitsgefühlen oder Geltungsstreben, auf krankhaftem Ehrgeiz oder verkrüppelter Enge, auf verdrängten sexuellen Strebungen oder auf anderen häufigen Symptomen »ekklesiogener Neurosen« beruhen.

4. Hauptaufgaben der praktischen Religionspsychopathologie

Im Rahmen der wissenschaftlichen Medizin

Die moderne Medizin hat durch ihre Forschungen den Fragenden und Prüfenden neue Maßstäbe zur Verfügung gestellt, die weit über die Erkenntnisse der »psychosomatischen Medizin« hinausreichen. Das »Netzwerk Mensch« verknüpft heute alle Bereiche von Leib, Seele und Geist noch über eine »Ganzheitsmedizin« hinaus zu einer Einheit, die das religiöse Leben in seinen gesunden und krankhaften Formen nicht länger ausschließen, »verdrängen«, kann.

In steigendem Umfang gewinnen einzelne Fachgebiete zunehmende Bedeutung und werden zu einer neuen Grundlagenwissenschaft. Das gilt in besonderem Maße für die Immunologie, die als »Psycho-Immunologie« aufgrund der untrennbaren Verbindung von Nervensystem und Psyche zur »Psycho-Neuro-Immunologie« erweitert wurde. Nachdem sich aber die sogenannten Transmittersubstanzen, die die Nervenerregungen übertragen, als wesensgleich mit den Hormonen erwiesen haben, ist es auch berechtigt, von einer »Psycho-Neuro-Endokrino-Immunologie« zu sprechen.

Im Rahmen von praktischen Arbeitsgemeinschaften

Nicht nur die Forscher der verschiedenen Fachgebiete müssen zum Lösen der Gegenwartsaufgaben der Hilfe für »Menschen in Not« (nach G. R. HEYER) viel enger zusammenarbeiten und ihre Arbeitsergebnisse austauschen, auch praktische Arbeitsgemeinschaften von Ärzten und Seelsorgern tun heute dringender not als je zuvor.

Das gilt in hervorragendem Maß für die praktische Zusammenarbeit zwischen Psychiatern und Psychotherapeuten einerseits und Seelsorgern andererseits. Eine kurze Ausbildung im sog. »Clinical Pastoral Training« kann in keiner Weise ein umfassendes Studium der gesunden und krankhaften Äußerungen des Seelenlebens ersetzen. Diese Erkenntnis schließt dann die Schlußfolgerung ein, auch die wissenschaftliche Psychologie ihrer Bedeutung entsprechend einzubeziehen.

Arbeitsgemeinschaften dürfen sich freilich nicht in »Redegemeinschaften« bei gelegentlichen Vorträgen erschöpfen. Beim einzelnen Patienten muß sich die Zusammenarbeit bewähren.

Im Rahmen der konkreten Behandlung, Beratung und Seelsorge

Rund vier Jahrzehnte täglicher Erfahrung in der ärztlichen Praxis und in der (vorwiegend, aber nicht nur) telefonischen Seelsorge haben uns gelehrt, wie viele Suchende und Sorgende zunächst sachliche Auskunft brauchen, darüber hinaus aber auch menschlichen Beistand und warmen, aufrichtigen Trost. Weiteste Verbreitung hat der Irrtum gefunden, als reiche eine umfassende soziale Fürsorge, vielleicht noch ergänzt durch eine Art Gruppentherapie als bloßer Austausch von Sorgen unter Hilflosen aus. Das mag höchstens gelegentlich für leichtere Lebenskrisen gelten.

Die ernsten Fragen nach dem Sinn und Ziel des Lebens und Leidens, nach einer Kraft und einem Halt in schwerem Leid, nach einer Überwindung echter Schuldbelastung, nach einem tragfähigen Trost bei dem Zerbrechen einer tiefen Liebesbindung oder nach dem Tode eines nahen Angehörigen erfordern einen echten Glaubenshalt.

Das gilt erst recht im Blick auf den eigenen unausweichlichen Tod. Die »Ars moriendi«, eine rechte Vorbereitung auf das eigene Sterben, ist trotz einiger Ansätze in neueren »Sterbekliniken« noch immer fast unbekannt.

Alle diese Aufgaben aber lassen sich nicht lösen ohne eine echte und glaubensstarke *Seelsorge*. Bei den religions-psychopathologischen Fragen, die auf diesen Seiten angesprochen wurden, bedarf diese Seelsorge einer wissenschaftlichen Grundlage und Ausbildung, zu der das vorliegende Buch einen Beitrag leisten will.

E Die besondere Problematik der Wallfahrtsstätten

Die positiven, heilenden Wirkungen der Wallfahrten

Wallfahrtsorte als Stätten der Krankenseelsorge

Diese pathologischen Schauungen stehen in auffallendem Gegensatz zu den Erscheinungen in den großen Wallfahrtsorten, besonders in Lourdes, Fatima, Tschenstochau und vielleicht in Zukunft auch in Medjugorje.

Fast alle diese Wallfahrtsorte habe ich längere Zeit hindurch durchaus kritisch und mit manchen psychologischen Bedenken, wie Gerd SCHALLENBERG sie äußert, besucht. Mag dann manche Anerkennung der Massenwallfahrtsorte mit ihren Millionenzahlen jährlicher Pilger einer wirksamen Propaganda zu verdanken sein, so habe ich doch – besonders in Lourdes und Tschenstochau – häufig ein echtes vertieftes geistliches Leben, wahre »Spiritualität« gefunden.

Viele Kranke suchen und finden Beichte und Seelsorge und nicht selten eine psychologisch einfühlbare Harmonisierung. Sie lernen, besonders in Lourdes, für andere Kranke zu beten und dadurch vom eigenen Leiden abzusehen. Durch die Lösung aus ihrer gewohnten Umgebung, durch die Erfahrung einer echten geistlichen Gemeinschaft, durch die Prüfung der Gewissen und die aufrichtige Buße, durch die Verehrung vorbildlicher Persönlichkeiten (z. B. Maximilian KOLBE in Niepokalanow) wirken sich solche positiven Wesenszüge mit ihren harmonisierenden, heilenden Folgen als Wallfahrtsseelsorge segensreich für die Pilger aus.

Evangelische »Wallfahrtsstätten« (?)

Auch im evangelischen Bereich gibt es Märtyrer und Gedenkstätten, die ähnliche Aufgaben erfüllen könnten. Auch persönlich habe ich sie schätzen gelernt, nachdem ich im Alter von 13 Jahren zum ersten Mal tief beeindruckt die Anstalten von Bethel besuchte oder zwei Jahre später mit dem Fahrrad zur Wartburg fuhr; das war eine »Wallfahrt« mit deren Hauptwesenskennzeichen, auch wenn ich sie damals nicht kannte.

Als ich damals mit dem Nachtwächter, der tagsüber oft als Fremdenführer arbeitete, die Runden durch die Wartburg unternahm, prägte sich mir unter seinen Worten etwas von dem Geist LUTHERS für mein Leben unvergeßlich ein. Ähnliches wäre später von BLUM-HARDTS Bad Boll oder im Ausland von manchen Gedächtnisstätten des Lukas-Ordens zu berichten, z. B. von der vorbildlichen Klinik der »Kearsney Homes of Healing« in Südafrika (bei Durban) oder die St. Stephens-Church in Philadelphia, die viele Jahre hindurch um den 18. Oktober, den »Lukas-Tag« über 900 Ärzte und Seelsorger, Kranke und Gesunde zu Vorträgen, Gottesdiensten und Krankensegnung sammelte.

Mit den meist flüchtigen halluzinatorisch-visionären Erlebnissen (wie sie sich auch häufig bei pubertierenden Mädchen zeigen) stimmt die spätere religiöse Bedeutung der Wallfahrtsorte als Missionszentren oder Stätten tiefer Krankenseelsorge keineswegs immer überein. So sagte mir ein verwitweter, erblindeter Arzt in Fatima: »Die Wallfahrt und Krankensegnung am 13. Tag eines jeden Monats gibt mir immer die Kraft, weitere vier Wochen mein Los geduldig zu tragen.«

Echte Wirkungen der Krankenseelsorge bei Wallfahrten

Viele Wallfahrtsorte, besonders auch die Gedächtnisstätten an das Wirken Jesu im Heiligen Land bewahren oder beleben gar neu die Erinnerung: Jesus Christus hat den ganzen Menschen gerettet und geheilt, Leib und Seele!

Mehrfach hatten wir in der ärztlichen Praxis Patienten zu behandeln, die eine Israelreise planten. Bei ihnen haben wir, erstmals 1985, einen seelsorgerlichen Rat erteilt:
Sie sollten einen Beutel vorbereiten, auf den sie alle ihre (im ersten Fall) zwangsneurotischen Krankheitssymptome aufzuschreiben angeleitet wurden. Es kam eine stattliche Reihe von Ängsten, Kontrollhandlungen, Zwangsbefürchtungen u. ä. zusammen. Sie sollten dann am heute wieder ausgegrabenen Teich Bethesda diesen Beutel zu Füßen Jesu betend niederlegen. Das eigene Beten mit dem Falten der Hände bedeutet dann kein »Verdrängen« der Krankheitszeichen, sondern ein sinnvolles seelsorgerliches Übertragen auf die Gestalt Jesu.
Später haben wir noch mehrfach solche Ratschläge erteilt, nämlich die Sorgen, Schmerzen, Symptome und Ängste am Kreuz oder am Teich Bethesda (aufgeschrieben) niederzulegen. Bisher haben wir ausschließlich recht positive Erfahrungen im Sinne einer »heilenden Seelsorge« gesammelt.

Auch für die Träume, deren belastende Einflüsse vielfach unverkennbar sind, gilt diese Erfahrung und Empfehlung.

F Die Unterscheidung der »Geister« (1. Kor. 12,10)

Bisher haben wir die Fragen der Religionspsychopathologie ganz vorwiegend aus der Sicht der Medizin, vorwiegend der Psychiatrie und der Psychotherapie betrachtet. Sie müssen aus mehr theologischer Sicht ergänzt werden. Hier wird das Problem »die Unterscheidung der Geister« genannt. Es hängt untrennbar zusammen mit der Unterscheidung der Geistträger, der »falschen« und der »echten« Propheten.
Einige Aussagen der Heiligen Schrift darüber seien daher zusammengestellt:

1. Die Unterscheidung der Geister im Alten Testament

Der Geist Jahwes als Macht der Ekstase

Dem *Samuel* wurde verheißen: »Der Geist des Herrn wird über dich geraten, daß du mit ihnen (den Propheten) weissagst, und du wirst ein anderer Mann werden.« (1. Sam. 10,6) Die Propheten also sind durch ihre »Wandlungserlebnisse« aus dem Volk herausgehoben, zugleich aber auch durch ihre merkwürdig anmutenden Verhaltensweisen.
Scharen von Propheten durchzogen damals das Land; durch Musik bis zur Raserei aufgepeitscht, steckten sie offenbar viele Menschen mit ihrem Toben an. Das gilt nicht nur für die Boten Sauls, sondern auch für den König Saul selbst: »Er zog seine Kleider aus und weissagte auch vor Samuel und fiel entblößt nieder den ganzen Tag und die ganze Nacht.« Deshalb spricht man: »Ist Saul auch unter den Propheten?« (1. Sam. 19,24)
Beide Linien der Frömmigkeit werden im Alten Testament deutlich: die gesetzliche Linie und die prophetische, die teilweise schwer einfühlbar anmutet. Da erscheint der Geist Gottes offenbar als eine unwiderstehliche Macht, die den nüchternen Willen des Menschen ausschaltet, ihn zu einer Art Ekstase hinreißt und mit übertragbaren seelischen Sonderzuständen deutlich macht: Jahwe ist ein Herr über den ganzen Menschen (Jer. 26,15ff.).

Dieser Geist sagt: Israel steht im Mittelpunkt der Weltgeschichte

Dieser Geist Gottes gibt den Propheten noch einen ungeheuerlich gewagten Grundgedanken ein, der völlig wahnwitzig und damals offenbar gegen alle Wirklichkeit gerichtet erscheinen mußte: Seit dem achten vorchristlichen Jahrhundert erklären die Propheten im Namen und Geist Gottes: das kleine, objektiv völlig unbedeutende Israel steht im Mittelpunkt der ganzen Weltgeschichte. Selbst die mächtigen Könige der Assyrer, der Babylonier und der Perser (NEBUKADNEZAR und KYROS) werden als Knechte und Werkzeuge in der Hand Jahwes bezeichnet. Noch heute nach 2500 bis 3000 Jahren steht das winzige Land Israel bis in die Tage der Abfassung dieser Zeilen 1992 geopolitisch im Mittelpunkt der Weltgeschichte.

Falsche Propheten verkündeten schon damals Irrlehren

AMOS kämpfte im 8. Jahrhundert vor Christus gegen die falschen Propheten: »Gehorcht nicht den Worten der Propheten ... denn sie weissagen euch falsch.« (Jer. 27,14) Da es aber nur einen Gott gibt, der alles wirkt, wird hier zum ersten Mal Jahwe auch als Ursprung des Bösen gesehen: »Der Herr hat einen falschen Geist gegeben in aller dieser Propheten Mund« (1. Kön. 22,23). Oder wir lesen: »Ein böser Geist kam über Saul« (1. Sam. 16,14).
Religionspsychopathologie wurde damals verstanden als Irrlehre falscher Propheten und deren Folgen. Deshalb fragen wir: was sagt die Heilige Schrift über sie?

2. Die Unterscheidung der Geistträger im Alten Testament (die Kennzeichen der falschen Propheten)

Falsche Propheten verkünden Propaganda gegen Wahrheit

Sie vertreten die jeweils herrschende politische Ansicht.
Im Gegensatz zu der offiziellen und optimistischen Meinung verkündet der echte Prophet AMOS: »Ich bin euren Feiertagen gram und verachte sie und mag eure Versammlungen nicht riechen ... und mag deine Musik nicht hören!«; denn AMOS verkündete gegenüber dem vorgeschriebenen Staatsjubel Untergang und Gefangenschaft.
Nicht nur die deutsche Geschichte der letzten 60 Jahre bietet reichlich entsprechende Beispiele aus unserer Zeit.

Falsche Propheten schüren Ängste

Als dem Volk Israel aber die Herzen unter der Angst vor dem König zu Babel erzitterten, verhieß JEREMIA (um 600 vor Chr.) ihm tröstend Frieden und Freiheit (Jer. 27,9; 28,2).
Heute werden oft Atomangst oder Aidsfurcht schreckenerregend aufgebauscht oder Umweltgefahren übertrieben, statt daß sachliche Belehrung sinnvolle Gegenmaßnahmen veranlaßt. Andere bedenkliche Nöte dagegen werden oft verharmlost, z. B. die Alkoholgefahren.

Falsche Propheten führen fort von Gott

(5. Mos. 13,2ff.) Auch wenn sie sich auf Gott berufen und gar »Zeichen und Wunder tun«, so nutzen sie doch das religiöse Suchen der Menschen zu einem gefährlichen Götzendienst. Sie »reden im Namen anderer Götter« (5. Mos. 18,10). Heute gilt dieses Kennzeichen für viele Jugendsekten, darunter auch für die des MAHARISHI Mahesch Yogi, wenn er im Namen eines göttlichen »Guru Dev« spricht.

Falsche Propheten bringen Enttäuschung statt Erfüllung

Sie »reden zwar im Namen des Herrn, – und es wird nichts draus, und es trifft nicht ein ...«, dann hat es der Prophet aus eigener Vermessenheit geredet. (5. Mos. 18,22) Das Eintreffen der Prophezeiungen und Visionen ist ein äußerst nüchternes Kennzeichen für die Echtheit; freilich dauert es einige Zeit, bis klar wird, ob eine Verheißung sich erfüllt hat.

Jesus spricht die gleiche Wahrheit mit den Worten aus: »An ihren Früchten sollt ihr sie erkennen!« Sorgfältig auf die Früchte zu achten (Matth. 7,16) erleichtert darum das Erkennen falscher Propheten. »Die Früchte des Geistes aber sind: Liebe, Freude, Friede, Geduld, Freundlichkeit, Gütigkeit, Glaube, Sanftmut, Keuschheit.« (Gal. 5,22)

Falsche Propheten setzen Rausch in vielen Formen gegen Nüchternheit

Das gilt nicht nur von den seelischen Rauschzuständen, sondern auch vom Alkohol, dem falsche Propheten gern zusprechen. Schon bei Jesaja (28,7) lesen wir: »Beide, Priester und Propheten sind vom Wein voll geworden und taumeln von starkem Getränk.«

JESAJA aber nennt den Geist des Herrn einen »Geist des Rechtes ... der Stärke« und des Friedens. (28,6) Jesus mahnt immer wieder: »Seid nüchtern und wachet!« (Matth. 26,41; 1. Thess. 5,6). Jede Form von Rausch und Unnüchternheit, von übertriebenen Emotionen (nicht von echter Gemütsbewegung) soll den Verdacht auf unechte »falsche Propheten« wecken.

Falsche Propheten sprechen oft aus Gefälligkeit,
statt daß sie echte Hoffnung vermitteln

Sie sagen den Menschen das, was sie hören wollen. Ausdrücklich nennt JESAJA täuschende Schauungen als ihr Kennzeichen.

Von den echten Propheten aber heißt es: »Wenn ihr umkehrt und stille bliebet, so würde euch geholfen. Durch Stille-sein und Hoffen würdet ihr stark sein!«. »Hoffnung ist der Glaube, der in die Zukunft schaut!« so erläutert der schwedische Bischof Bo GIERTZ. Echte Propheten also bleiben von stiller, starker Hoffnung getragen.

Falsche Propheten sehen ihre eigenen Träume als absolut,
echte Propheten messen sie an dem Worte Gottes

Darum sagt der Herr durch den Propheten JEREMIA: »Ein Prophet, der Träume hat, der erzähle Träume, wer aber mein Wort hat, der predige mein Wort recht!« »Ist mein Wort nicht wie ein Feuer, spricht der Herr, und wie ein Hammer, der Felsen zerschmeißt?!« (Jer. 23,28f.).

Ein »biblisches« Bilderlebnis aus der Gegenwart macht dieses immer wiederkehrende Grundanliegen deutlich:

Im Jahre 1966 hatte ich in der Psychiatrischen Klinik in Basel im Rahmen eines wissenschaftlichen LSD-Selbstversuches ein überwältigendes Gesicht, das ich sofort niederschrieb. Noch heute sehe ich es genau vor mir:

Es war ein hoher steinerner Sockel, ein Denkmal, mit einem großen, geöffneten Buch; eine Taube saß darauf, ebenfalls aus Stein. Plötzlich fing das Buch an zu brennen, und die Taube wandelte sich in einen Adler, der seine Schwingen ausbreitete und sich in die Luft erhob. Dazu ertönte eine gewaltige Donnerstimme: »Meine Worte aber sind Feuer und Leben!« Ein Chor von Engeln sang dabei das Lied: »Auf Adlers Flügeln getragen übers brausende Meer der Zeit ...« (mit einem eigenen Text, wie er nicht im Gesangbuch steht).

Dieses Gedicht führte nicht von dem Worte Gottes fort, sondern zu ihm, seinem Geist und Wesen hin.

Falsche Propheten reden gern und laut vom Frieden, echte bringen ihn

Ein ganzes Kapitel des »Wehe« ist diesen »Friedenspropheten« von HESEKIEL gewidmet (13), »weil sie das Volk verführen und rufen ›Friede‹, da doch kein Friede ist.« »Sie sagen ›Der Herr hat's gesagt, so ich es doch nicht geredet habe‹, spricht der Herr.«

Auch in jüngster deutscher Vergangenheit wurde versucht, mit einem Friedensgeschrei im Namen Gottes die Menschen zu verführen; aber es war offenbar nicht der Geist Gottes, der aus diesen selbsternannten Propheten sprach.

Die biblischen Hauptkennzeichen der echten Propheten

Die echten Propheten unterscheiden sich durch die einzigartige Botschaft vom Heil von den unechten.

Wieder nennt JEREMIA als Hauptkennzeichen der Echtheit das Eintreffen der Verheißung: »Wenn ein Prophet von Frieden weissagt, den wird man erkennen, ob ihn der Herr wahrhaftig gesandt hat, wenn sein Wort erfüllt wird.« (Jer. 28,9)

Nur in Kurzform ohne Einzelbegründung sind hier die Merkmale zu nennen, soweit sie nicht schon behandelt waren:

Echte Propheten weissagen Christus, den Erretter der Welt, sie verkünden das Schicksal des Volkes Israel, sie sagen zur Endzeit seine Rückkehr in das Heilige Land voraus, sie rufen zur Buße, zur Charakterwandlung, sie trösten das Volk, sie üben Seelsorge, sie verkünden die höchste denkbare Ethik (Micha 6,8), sie vertreten dabei bleibende Höchstwerte, Recht und Wahrheit, sie verkörpern eine innerste Herzensfrömmigkeit.

3. Die Träger des Geistes im Neuen Testament

a) Jesus selbst ermahnt seine Jünger angesichts des Zornes von JAKOBUS und JO-HANNES: »Wisset ihr nicht, wes Geistes Kinder ihr seid?«, so berichtet es LUKAS, der Arzt (9,51–55).

b) JOHANNES, der Jünger, fordert die Leser seines 1. Briefes ernsthaft auf: »Prüfet die Geister, ob sie von Gott sind!« (4,1)

c) PAULUS nennt die Fähigkeit, die Geister zu unterscheiden, eine »Gabe Gottes« (1. Kor. 12,10).

Außer den Träumen ist die Heilige Schrift erfüllt von visionären Bildern der Propheten des Alten Testamentes bis hin zur überwältigenden Schau des Sehers JOHANNES in seiner Offenbarung. Alle diese Schauungen zu behandeln, müßte den Rahmen dieses Buches sprengen. Angesichts der früher wie heute so häufigen unechten und krankhaften Erscheinungen aber waren die religionspsychopathologischen Merkmale aus ärztlicher und aus biblischer Sicht einmal zusammenzustellen.

Religiöse Bilderlebnisse – Bewußtseinsstufen

	NORMALWACH	UNTERWACH	AUSSERWACH PHYSIOLOGISCH	ÜBERWACH	AUSSERWACH PATHOLOGISCH
HAUPTARTEN MERKMALE	Vorstellungen Phantasien	Träume	Meditationen	Visionen	Halluzinationen
HÄUFIGKEIT	unterschiedlich, in der Regel selten	allnächtlich spontan	übungsbedingt	spontan	spontan, krankheitsbedingt, unbekannte Ursache, gezüchtet
VORKOMMEN	neigungsbedingt	bei jedem	bei frommer übender Anbetung	Begnadung	Fehlschaltung im Gehirn, Drogen, Stoffwechselstörungen
FOLGEN	vertieftes Nachdenken, Erkenntnis	spätere Erlebnisverarbeitung, vertiefte Einsicht in den Willen Gottes, Selbsterkenntnis	vertiefte Erkenntnis biblischer Wahrheiten, vertiefte Gotteserkenntnis	»frommer Schauder« (OTTO), Demut, oft Wandlung und Berufung	Angst und Verwirrung
ICH-NÄHE	gering	unterschiedlich, meist weniger	meist ich-nahe	überwältigend ich-nahe	beängstigend ich-nahe
EMOTIONELLE BETEILIGUNG	etwas vom Thema abhängig	recht unterschiedlich ergreifend	oft tief bewegend	»fascinosum«, »tremendum« (R. OTTO)	fordernd, verheißungsvoll, vernichtend
BETEILIGUNG ANDERER SINNE	gering, höchstens akustisch oder kinästhetisch	recht selten, allenfalls Auditionen	ganz vorwiegend Bilder, Farben, Licht	möglich, aber selten	häufig und vielfältig

FÄHIGKEIT ZU KRITISCHER BETRACHTUNG	durchaus gegeben	fast immer erhalten, nach Übung und Analyse wird Sinn zunehmend klar	eindrucksvolle Klärungen, »Aha-Erlebnisse«, sinnvoll	mit stärkster Gewißheit, zwingend, meist eindeutig, sinnvoll	fehlt; sinnlos
GRAD DER AKTIVITÄT	unterschiedlich weitgehend	äußerst gering	aktiv betrachtetes Thema	passiv, nur nach einer Berufung aktiv	passiv, oder nach Aufforderungserlebnis unruhig
BESTÄNDIGKEIT DER ERINNERUNG	bedarf der Wiederbelebung	meist recht flüchtig	unterschiedlich eindrucksvoll	meist recht anhaltend	recht unterschiedlich
VERSTÄNDLICHKEIT	meist verständlich	für Kundige symbolischer Bildersprache meist verständlich	für Kundige symbolischer Bildersprache meist verständlich	vermitteln zwingende Botschaften und Erkenntnisse	meist geheimnisumwittert oder nur dem Kranken einsichtig
TIEFENGEHALT DER BOTSCHAFTEN	zunächst meist nur gedanklich	unterschiedlich, doch oft persönlich bedeutsam	meist persönlich bedeutsam	meist allgemein bedeutungsvolle, aber verborgene Offenbarungen	bedeutsam nur im Wahn des Erlebenden, oberflächlich
BEZUG DER BIBEL	je nach der Absicht	zu prüfen an der Bibel	möglichst bewußt biblisch	Anwendung auf die Gegenwart	unbiblisch oder pseudobiblisch

Schlußgedanken und Zusammenfassung: »Religiöse Träume«

Vor hundert Jahren (1899) leitete Sigmund Freud sein Lebenswerk mit dem epochemachenden Buch »Traumdeutung« ein. Er hatte entdeckt: Nicht als Orakel für die Zukunft sind die Träume zu verstehen, sondern sie berichten von unverarbeiteten und krankmachenden Erlebnissen in der Vergangenheit. Dabei aber spielt die Sexualität eine maßgebende Rolle. Sie darf nicht länger verdrängt werden; denn wer verdrängt, züchtet Neurosen.

Im Überschwang seiner Entdeckerfreude hatte Freud jedoch eine andere Wirklichkeit verdrängt: Jahrtausende hindurch hatten die Menschen in den Träumen die Botschaften von Göttern oder von einem Gott erkannt. Auch die Bibel, deren Geistesgut unseren Kulturkreis prägte, berichtet über hundert Träume, meist in Verbindung mit den entscheidenden Ereignissen im Leben der Frommen.

Gewiß ist unser Leben bestimmt von der Wissenschaft und ihren technischen Fortschritten. Doch Mathematik und Naturwissenschaften sprechen nur eine Seite unserer Persönlichkeit, ja buchstäblich auch unseres Gehirns an. Nicht die Logik des Verstandes, sondern tiefer noch die Bilder des Gemütes wandeln unser Wesen und prägen den Charakter. Die Bibel aber ist erfüllt von Bildern, von Werten und Wahrheiten, die in Gleichnissen und Sinn-Bildern die Menschen im Innersten ansprechen.

Das zweite Kapitel berichtet darum nicht nur den Wortlaut und den Sinn fast aller biblischer Träume, sondern gibt auch Anleitungen zum Verstehen.

Freud kannte (nur) eine Frage an den Träumer: »Was fällt Ihnen dazu ein?« Nur allzu häufig aber lautet dann die Antwort: »Mir fällt nichts dazu ein!« Schon in der psychotherapeutischen Traumarbeit erleben wir: Wer diese Frage aufgliedert (z. B. nach den Menschen, nach der Umwelt, nach den Affekten, nach den Erkenntnissen und Aufgaben), der findet fast stets wichtige Hinweise auf die Bedeutung des Traumes. So haben wir auch in diesem Buch über 50 Fragen zusammengestellt, die die Grundlage zu einer bisher unbekannten Traumseelsorge bilden.

Doch die unterwachen Träume sind nicht die einzigen religiösen Bilderlebnisse. Auch in den »außerwachen« der Hypnose und des Autogenen Trainings kommen recht häufig religiöse Bilder vor, besonders wenn sie planmäßig geübt werden. Beispiele unterstreichen die Bedeutung dieser Erlebnisse und regen dadurch zum Meditieren an. Vor allem aber geschehen auch spontane religiöse Bilderlebnisse im Zustand des Autogenen Trainings bis an die Grenze der Christusvisionen und der Offenbarungserlebnisse.

Eine Buchhändlerin ist fast lebenslang jede Woche einmal einer Übung des Autogenen Trainings gefolgt und hat darüber mehrere tausend Seiten Protokolle geschrieben. Sie bilden in stark gekürzter Form mit ungemein tiefen Erkenntnissen als Anregungen gleichsam »ein Leben unter religiösen Bildern.« (Das ist der Inhalt des dritten Kapitels.)

Das vierte Kapitel führt in die überwachen religiösen Bilder (nach einer Übersicht über Wachträume, Klarträume und sogenannte luzide Träume) zu Berufungs- und Offenbarungserlebnissen, zu Christusvisionen in unserer Zeit, wie sie zu erstaunlichen und erschütternden Erfahrungen führten und das Leben der »Visionäre« wandelten.

Wer sollte es für möglich halten, daß ein blinder Korbmachergeselle, der kaum Schulunterricht genossen hatte, eine Vision erlebt, in der Christus ihm sagt: »Du sollst Pfarrer werden!« Dieser Mann hat selbst sein Leben berichtet, wie er von da an unermüdlich arbeitete, die Reifeprüfung ablegte, Psychologie und die alten Fremdsprachen studierte, auch die theologischen Prüfungen ablegte und zehn Jahre nach dieser Vision Pfarrer war.

Schon in der Pfingstgeschichte klingt die Frage an: Sind jene Männer erfüllt vom wahren Heiligen Geist, oder sind sie voll süßen Weines? Können Gifte und vor allem seelische Krankheiten der verschiedenen Art das religiöse Leben beeinflussen oder entstellen? Weit mehr als die Hälfte der wirklich Seelsorge Suchenden (in der Berliner Telefonseelsorge) war durch eine depressive Erkrankung im Glauben beeinträchtigt, insgesamt über 3000 Ratsuchende litten unter »ekklesiogenen Neurosen«, unter den Folgen leibesfeindlicher, pseudochristlicher Erziehung.

Zahlreiche andere wiederum lassen sich nur verstehen unter dem alten und neuerforschten Krankheitsbild der »Hysterie«. Es sind jene überschwenglich Halleluja rufenden, vielfach ehrlich, aber nicht echt frommen Gläubigen, bei denen sich die Frömmigkeit mehr im Getue als in der Tat äußert. Keineswegs alle, wohl aber zahlreiche Angehörige von Pfingstsekten bzw. -kirchen und von Charismatikern unterliegen hier Täuschungen und sind (ohne ein negatives Werturteil) hysterisch krank.

Am deutlichsten werden seelische Erkrankungen, wenn sie als »Psychosen« mit Stoffwechselstörungen im Gehirn einhergehen und dann zu verbreiteten, massiven Sinnestäuschungen führen. Die Halluzinationen der schizophren Kranken, aber auch die wahnhaften Trugbilder der Paranoiker begegnen immer wieder den erfahrenen Nervenärzten und sind nicht immer leicht von den echten geistlichen Visionen zu unterscheiden.

Diese Religionspsychopathologie ist als Wissenschaft weithin unbekannt und in der Praxis kaum eingesetzt. Ihr gilt deshalb das fünfte Kapitel des Buches. Eine abschließende vergleichende Tabelle stellt die unterscheidenden Merkmale zwischen den verschiedenen Arten religiöser Bilderlebnisse zusammen, um dadurch zugleich einen Beitrag zu leisten zum rechtzeitigen Erkennen und Meiden gefährlicher und krankhafter religiöser Erscheinungen. Vor allem aber kann so ein echter und wertvoller Glaube gestärkt und wirksamer gepflegt werden.

Schrifttumsverzeichnis

AKERBERG, Hans: Unendlichkeitsmystik und Persönlichkeitsmystik, zur Beleuchtung von Prämissen und Möglichkeiten in der Mystikdistinktion Nathan Söderbloms, in Archiv . . . Band 18, 1988, S. 77–113.
Der Verfasser erforscht die beiden im Titel genannten Grundtypen der Mystik auf ihre Ziele, Wege, ihr Erleben und ihre Sprache hin am Beispiel vorwiegend von SÖDERBLOM.

ALLPORT, Gordon W.: The Individual and His Religion. The Macmillan Company, New York, 1956, 148 S.
Dieses straffe, hervorragende Werk des Harvard-Professors begründet in der Nachfolge von W. JAMES die Bedeutung der Religion im Leben, ihre Entwicklungsstufen von der kindlichen Frömmigkeit an sowie das Wesen des Glaubens und des Zweifels.

ARCHIV FÜR RELIGIONSPSYCHOLOGIE, begründet und herausgegeben von Prof. D. Werner GRUEHN. 1. Bd. 1914, 6. Bd. 1936 (anfangs gemeinsam mit Bischof Prof. D. Dr. Wilhelm STÄHLIN), Verlag Eduard Pfeiffer, Leipzig, ab Band 7 (1962) (herausgegeben von Prof. Dr. Wilhelm KEILBACH) bis Band 19 (1990) (herausgegeben von Kurt KRENN, Heinrich PETRI und Stefan HIRSCHLEHNER) Verlag Vandenhoeck & Ruprecht, Göttingen, je 300–350 S.
Fast jeder Band enthält wichtige Forschungsarbeiten zu den Einzelthemen des vorliegenden Buches. (Abgekürzt zitiert: »Archiv . . .«)

BAUDOUIN, Charles: Psychoanalyse des religiösen Symbols. Arena Verlag Georg Popp, Würzburg, 1962, 253 S.
Der geistreiche französische Psychologe hat auf den Spuren von PASCAL und C. G. JUNG und mit deren Begriffen Tatsachen und biblische Bilder mystisch-archetypisch gedeutet.

BAUMANN, Theodor: »Geist« als Bezeichnung für Mystik, nach Texten von Johannes vom Kreuz und Teresa von Avila, in: Archiv . . . Bd. 14, 1980, S. 168–191.
Mystisches, »geistiges« Fühlen als Erleben der Nähe Gottes in verschiedenen aufeinander folgenden Stufen wird hier tief einfühlsam geschildert.

VAN BELZEN, J. A.: Psychopathologie und Religion, Übersicht über ein Jahrhundert niederländischer Theoriebildung 1840–1940, in Archiv . . . Band 19, 1990, S. 167–188.
Diese sorgfältige Arbeit untersucht die öffentlichen Statstiken, die wissenschaftlichen Zeitschriften und die psychiatrischen Lehrbücher auf die weithin vernachlässigten Fragen der Religionspsychopathologie.

BENOIT, J.-C.: Contribution Clinique à l'Etude des Etats Hypnagogiques Induits et Dirigés, als Manuskript gedruckt, Paris 1959, 156 S. und Annales de Psychothérapie, Psychophysiologie du rêve, Les Editions ESF – Paris 1972, 96 S.
Dieser bedeutende französische Psychiater läßt in seinen Büchern die enge Zusammenarbeit mit R. DESOILLE erkennen und ergänzt sie durch wichtige Forschungsergebnisse aus der Biologie und Physiologie des Traumes.

BJÖRKHEM, Örjan: Definitionsprobleme der modernen Mystikforschung, in: Archiv ... Band 14, 1980, S. 192–200.
Der Aufsatz begründet die Schwierigkeiten, aus der Definition der Mystik echte und falsche Erlebnisweisen zu unterscheiden.

BRO, Harmon H., Dr. med.: Traumdeutungen in Trance des größten Propheten der Gegenwart, Edgar Cayce, Ariston Verlag Genf, 1969, 279 S.
Obwohl der Verfasser als Arzt seine Doktorarbeit über CAYCE schrieb, reicht das Buch als wissenschaftliche Quelle nicht aus. Es bezeugt die erstaunlichen hypnotischen Fähigkeiten von CAYCE, berichtet aber einseitig nur die eingetroffenen Weissagungen, nicht jedoch die Irrtümer von Cayce.

DELANEY, Gayle: Lebe Deine Träume, Eine Anleitung zum aktiven Träumen, Ullstein Verlag, Berlin 1985,
dieselbe: Living your Dreams, 1979.
Die Verfasserin lehrt eine Traum»inkubation« z. B. mit dem ständig wiederholten Satz vor dem Einschlafen: »Ich verstehe die Gründe meiner Angst.« Ein solcher Satz kann auch gebetet werden: »Gott, hilf mir zu erkennen ...« und bildet dann eine ernst zu nehmende Form des Traumgebetes.

DESOILLE, Robert: Théorie et pratique du rêve éveillé dirigé, Editions du Mont-Blanc SA, Genève, 1961, 214 S., und: Marie-Clotilde, Une Psychothérapie par le rêve éveillé dirigé, Payot, Paris, 1971, 256 S.
In diesen Büchern gibt der französische Pionier der Bilderschau mit seiner inneren Richtungsvorstellung nach unten auf den Meeresgrund und nach oben auf die Bergeshöhe die Grundlagen für eine relativ kurzzeitige Sonderform der Psychoanalyse. In dem zweiten Buch wird aus seinem Nachlaß die Behandlung einer Zwangsneurotikerin beispielhaft mitgeteilt.

DORN, Sylvia: Halt fest, daß Gott mit allem und jedem zu tun hat, Briefe an den Menschen, Hrsg. W. DORN und A. ERDMANN, 1982 als Manuskript gedruckt.
Die Verfasserin berichtet ihre Privatoffenbarungen, besonders in Träumen (z. B. ein anderer Beginn des Johannesevangeliums), deren Bedeutung sie über die Heilige Schrift stellt. Die Sprache, zum Teil Gassenjargon, ist unwürdig.

EPSTEIN, Gerald: Wachtraumtherapie, Der Traumprozeß als Imagination, Klett-Cotta Verlag, Stuttgart, 1985, 243 S.
Der Verfasser schildert die Wachträume als Grundlage einer neuen »Therapie«, in der es die Sinnfrage nach HEIDEGGERs Lehren einbezieht. Er sieht nicht nur die bekannten sexuellen Symptome, sondern auch religiöse, besonders biblische Elemente z. B. des Jakobstraums.

FABER, Heije: Religionspsychologie, Gütersloher Verlagshaus Gerd Mohn, 1973, 308 S.
Der Verfasser bemüht sich, über FREUD, JUNG und einige amerikanische Analytiker hinaus Rückschlüsse aus den psychoanalytischen Theorien auf die Religion, ihre Typen und ihre Reifestufen zu ziehen. Das ungegliederte, weitschweifige Werk bringt magere Ergebnisse.

FRETIGNY, Robert, et VIREL, André: L'Imagerie mentale, Introduction à l'onirothérapie, Editions du Mont-Blanc, Lausanne, 1968, 344 S.
Nach einer Geschichte der Bilderschau bieten die Verfasser eine umfassende Darstellung dieser Psychotherapiemethode mit überzeugenden Beispielen.

Freud, Sigmund: Die Traumdeutung, Fischer Taschenbuch Verlag, Frankfurt/Main, 1977, 518 S.
Dieses klassische Werk lehrte erstmals, die Träume nicht länger als dunkle Zukunftsorakel zu verstehen, sondern wissenschaftlich aus unverarbeiteten Erlebnissen der Vergangenheit. Es wurde zur Grundlage der Psychoanalyse und Neurosenlehre.

Froboese-Thiele, Felicia: Träume, eine Quelle religiöser Erfahrung, Vandenhoeck & Ruprecht, Göttingen, 1957, 189 S.
Diese psychoanalytische Arbeit aus der Schule C. G. Jungs läßt ehrfürchtigen Anteil nehmen, wie echte religiöse Werterlebnisse sich in einer nervenärztlichen Praxis auswirken, überschreitet dabei freilich gelegentlich nüchterne ärztliche Grenzen.

Gackenbach, Jayne und Laberge, Stephen (Editors): Conscious Mind, Sleeping Brain, Perspectives on Lucid Dreaming, Plenum Press, New York und London, 1988, 447 S.
Dieses erste Gesamtwerk von 28 vorwiegend amerikanischen Forschern begründet das »luzide Träumen« als eigenständigen Bewußtseinszustand und weist ihn physiologisch nach. Seit Aristoteles haben zu allen Zeiten und unter vielen Völkern einzelne bedeutende Persönlichkeiten dieses bewußte Träumen geschildert, doch erst jetzt wurde dieser Zweig psychologischer Forschung, nicht zuletzt durch dieses Werk, zu einer Wissenschaft erhoben. Den verschiedenen Meditationsformen, besonders im Buddhismus und Christentum ist es verwandt; die bedeutsamen Forschungen stehen erst am Anfang. (Vergleiche Bücher von Tart und Tholey.)

Garfield, Patricia: Creative Dreaming, New York, 1974.
Internationale Vergleiche lehren die Verfasserin: Jeder kann seine Träume selbst verstehen, sie schöpferisch zu Taten einsetzen und während des Träumens mit Traumgestalten sprechen; also eine Art »luzides Träumen«.

Garfield, Patricia: Frauen träumen anders. Über die Wechselwirkung zwischen Körper und Traum. Ein Führer durch die weibliche Traumwelt, Scherz Verlag, Bern, 1. Aufl. 1989, 319 S.
Frauen sollten ihre Geschlechtsrolle viel bewußter bejahen (von den Hormon- und Zyklusfragen bis zu Schwangerschaft und Menopause). So lernen sie den sexuellen Reichtum der Träume hoch werten und das Wesen des »luziden«, bewußten Träumens eng mit dem Orgasmuserleben verbinden. An mehreren Stellen werden geistliche Fragen als bedeutsam für die Traumarbeit genannt, nicht jedoch behandelt.

Gendlin, Eugene T.: Dein Körper – Dein Traumdeuter, Otto Müller Verlag, Salzburg, 1987, 238 S.
Der Verfasser (Psychologieprofessor und Nachfolger von Carl Rogers in Chicago) ist überzeugt, Körpergefühle könnten mit der Methode des »Focusing« den Sinn der Träume enträtseln. Durch Fragen soll der Träumer erkennen, welcher Körperteil jeweils an den Träumen, auch den sexuellen und den religiösen, spirituellen, »beteiligt ist«. – Auch wegen seiner viel zu allgemeinen Ausdrucksweise ist das Buch praktisch unbrauchbar.

Gins, Kurt: Überwaches mystisches Erleben in empirischer Sicht, in: Archiv ... Band 7, 1962, S. 135–148 und Gins, Kurt: Experimentell untersuchte Mystik – fragwürdig? Ein Beitrag zur methodischen Problematik, in: Archiv ... Band 9, 1967, S. 213–253 und Werner Gruehn – ein Wegbereiter für experimentelle Forschung an Mystik und Ekstase, in: Archiv ... Band 19, 1990, S. 218–242.
Sorgfältige Darstellungen der experimentellen religionspsychologischen Methodik von W. Gruehn.

Gins, Kurt: Analyse von Mystiker-Aussagen zur Unterscheidung christlicher und ekstatischer Lebensweise, in: Archiv ... Band 15, 1982, S. 155–194.

Geschichtliche, inhaltliche und psychologische Untersuchungen zu einigen bedeutsamen Zitaten aus der internationalen Mystik.

GIRGENSOHN, Karl: Der seelische Aufbau des religiösen Erlebens, 1. Aufl. Verlag S. Hirzel, Leipzig, 1921, 712 S. 2. Aufl. Verlag C. Bertelsmann, Gütersloh, 1930, 915 S., herausgegeben von W. GRUEHN.
Dieses Monumentalwerk macht die religiösen Gefühle, die Vorstellungen und die Willensakte anhand von geschichtlichen Selbstbekenntnissen anschaulich und bestätigt sie durch kritische Experimente emprisch.

GOLDBRUNNER, Josef: Sprechzimmer und Beichtstuhl, Über Religion und Psychologie, Verlag Herder, Freiburg, 1967, 128 S.
Der Verfasser will als Philosoph, Theologe und Psychotherapeut in schwierigen Lebensproblemen umfassend raten, auch in Sexualfragen. Er empfiehlt Sublimierung und Eucharistie gegen Liebeskummer, erteilt aber auch verständnisvolle und weise Ratschläge.

GOLLNICK, James: Dreams in the Psychology of Religion, Volume 1: Studies in the Psyhcology of Religion, The Edwin Mellen Press, Lewiston Quenston, USA, 1987.
Dieses umfassende wissenschaftliche Sammelwerk enthält zahlreiche wertvolle Referate moderner religionspsychologischer Forschungen über Träume.

GROSS, Karl: Seele, Welt und Gott, gesammelte Aufsätze zur Naturphilosophie und Metaphysik des Geistes, Kohlhammer Verlag, Stuttgart, 1952, 209 S.
Einige philosophische Gedankengänge zum Bewußtsein und zum »Seelengrund« bereichern die Religionspsychologie.

GRUEHN, Werner: Die Frömmigkeit der Gegenwart, Grundtatsachen der empirischen Psychologie, Aschendorffsche Verlagsbuchhandlung, Münster, 1956, 590 S.
Das klassische Monumentalwerk der empirischen Religionspsychologie behandelt in 12 Kapiteln u. a. die Bewußtseinszustände, die Entwicklungsstufen und die Krankheitserscheinungen der Frömmigkeit. Das vorliegende Buch fußt auf über 20 Jahren fast täglicher gemeinsamer Arbeit mit W. GRUEHN.

GRÜN, Anselm: Träume auf dem geistlichen Weg, Münsterschwarzacher Kleinschriften 52, Vier-Türme-Verlag, Münsterschwarzach, 1989, 69 S.
Hier lehrt ein Benediktinerpater und Exerzitienmeister in straffer Sprache die Bedeutung der Träume in Bibel, Kirchengeschichte und Ordensleben zu meditieren und für eine Gebetszwiesprache mit Gott einzusetzen.

GRÜNDEL, Johannes (Hrsg.): Das Gewissen, subjektive Willkür oder oberste Norm? Patmos Verlag, Düsseldorf, 1990, 126 S.
Einige katholische Theologieprofessoren klären den Gewissensbegriff geschichtlich und juristisch, auch in seiner Beziehung zum Lehramt, doch ohne erkennbare Hilfen für den unter echten oder unechten Gewissensskrupeln leidenden Menschen.

GUILHOT, Jean: Méthode et Vocation de la Psychologie Religieuse, Les Editions Sociales Françaises, Paris, 1967, 151 S.

Die Religionspsychologie wird hier als theologische, als philosophische, als historische und besonders als analytische Wissenschaft, vor allem aber dabei als »Wissenschaft von den Werten«, behandelt.

HAAS, Alois M. (Hrsg.): Niklaus von Kues, Vom Sehen Gottes, Ein Buch mystischer Betrachtung, Artemis Verlag, Zürich, 1987, 175 S.
Der vielseitig gebildete Theologe, Philosoph, Rechts- und Naturwissenschaftler läßt mit den inneren Bildern in diesem Buch das Erbarmen, die Liebe und die Unendlichkeit Gottes im Paradies auf die Leser in einer zum Teil freilich recht altertümlichen Sprache wirken.

HALLER, D. Max: Das Judentum, Geschichtsschreibung, Prophetie und Gesetzgebung nach dem Exil, in: Die Schriften des Alten Testaments, 2. Abt. Bd. 2, Vandenhoeck & Ruprecht, Göttingen, 1925, 361 S.
Diese umfassende Darstellung hilft bei der Darstellung der Bilderfahrungen der Propheten auch die Nähe zu den religiösen Träumen zu erkennen.

HARK, Helmut: Vom Kirchentraum zur Traumkirche, Träume tiefenpsychologisch gedeutet, Walter Verlag, Olten, 1987, 229 S.
Dieses moderne Buch wertet zahlreiche Träume über Gebäude und Organisation der Kirche vorwiegend in der Sicht JUNGS so aus, daß dabei das Sehnen nach einer Heimat für den Glauben deutlich wird.

HARK, Helmut: Religiöse Traumsymbolik, die Bedeutung der religiösen Traumsymbolik für die religiöse Erfahrung, Verlag Peter D. Lang, Frankfurt/Main, 1980, 172 S.
Dieses Büchlein begründet die Traumlehre C. G. JUNGS breit theoretisch und philosophisch und fußt dabei auf J. JACOBI. Sechs Träume werden genau analysiert.

HARK, Helmut: Der Traum als Gottes vergessene Sprache, Symbolpsychologische Deutung biblischer und heutiger Träume, Walter Verlag, Olten, 1982, 2. Aufl., 231 S.
Der Verfasser will die Träume von den Archetypen JUNGS verstehen als Zugang zur »kosmischen Urnacht« und findet in der Bibel und selbst bei Petrus »archetypische Schatten«, »Inkubationsträume« und Mythen. Ein wesenhaft christlicher Gehalt ist nicht zu erkennen.

HARTMANN, Uwe: Inhalte und Funktionen sexueller Phantasien, Ergebnisse einer Panel-Studie an Männern und Frauen, in: Beiträge zur Sexualforschung, Enke Verlag, 1989, 145 S.
Phantasien und Tagträume tragen entscheidend zur sexuellen Zufriedenheit und Gesundheit bei. Die sexuellen Phantasien bilden den Hauptinhalt der Bilder und werden hier systematisch und sorgfältig untersucht.

HERZOG-DÜRCK, Johanna: Leiden, Traum und Befreiung, Vom Erlernen des Menschseins, Erfahrungen aus der Personalen Psychotherapie. Herderbücherei, Freiburg, 1979, 142 S.
Dieses ernste, klare, tiefsinnige Büchlein geht im letzten Kapitel über »Grenzerfahrung und religiöse Reifung in der Psychotherapie« leider zu kurz auf die zentrale Bedeutung der christlichen Träume ein.

HILDEGARD VON BINGEN: Ich hörte die Stimmen und sah, Christophorus Verlag, Freiburg, 1989, 31 S.
Die Verfasserin, eine vorbildliche Ärztin und Mystikerin, führt durch innere Bilder und ihre Abbildungen zu den Quellen mystischer Erfahrung zurück (fern von den häufig mißbrauchten naturheilkundlichen Erkenntnissen).

HILLMAN, James: Die Begegnung mit sich selbst, Psychologie und Religion, Ernst Klett Verlag, Stuttgart, 1969, 143 S.
Eine geistreiche, breite Plauderei über Gott und die Seele im Sinn von C. G. JUNG.

HOCHENEGG, Leonhard: Prophetenwahn bei Schizophrenen, in: Archiv ... Band 19, 1990, S. 271–276.
Einige der häufigen typischen Erscheinungen von religiösem Wahn werden hier mitgeteilt.

HOLM, Nils G.: Einführung in die Religionpsychologie, UTB, Reinhard Verlag, München, 1990, 159 S.
Diese straffe, übersichtliche Einführung geht von dem Begriff und der Geschichte der Religionspsychologie aus. Sie bespricht die Religion als Erlebnis und in ihrer Beziehung zur Entwicklungspsychologie. Als Einführung recht geeignet.

HOOPER, Judith / DICK, Terese: Das Drei-Pfund-Universum, Das Gehirn als Zentrum des Denkens und Fühlens, Econ Verlag, Düsseldorf, 1988, 469 S.
Dieses amerikanische Werk gibt einen weiten naturwissenschaftlichen Überblick über moderne Hirnforschungen in verständlicher Sprache mit zahlreichen Beziehungen zu religiösen Fragen, auch bei den »luziden Träumen«. Ein wichtiges, außergewöhnliches Werk.

HUTTEN, Kurt: Seher – Grübler – Enthusiasten, Quell Verlag, Stuttgart 13. Aufl. 1984, 822 S.
Dieses umfassende Quellenwerk über alle Sekten und Sondergruppen berichtet auch an vielen Dutzend Stellen über Bildererlebnisse, ganz besonders über die Privatoffenbarungen der Sektengründer, die sie zumeist über die biblischen Bilder stellen.

JAMES, William: Die religiöse Erfahrung in ihrer Mannigfaltigkeit, Edinburgh, 1901.
JAMES erforschte als Pionier der Religionspsychologie Wesen und Folgen religiöser Wandlungserlebnisse, die Mystik und ihre Bewußtseinszustände sowie das neue Leben des Christen.

JUNG, C. G.: Traum und Traumdeutung, Deutscher Taschenbuch Verlag, München, 2. Aufl. 1990, 374 S.
Aufsätze und treffende Beispiele zu den Lehren und Vorstellungen von C. G. JUNG (»Archetypen«, »Mandala« usw.) weitschweifig, unsystematisch, ohne erkennbare praktische Verwertbarkeit.

KEILBACH, Wilhelm: Religiöses Erleben, Erhellungsversuche in Religionspsychologie, Parapsychologie und Psychopharmakologie, Verlag Ferdinand Schöningh, München, 1973, 175 S.
Einzelfragen kennzeichnen dieses Werk, besonders die Religionspsychologie als Wissenschaft, Ekstasetechniken und die im Untertitel genannten Themen.

KELLER, Samuel: Sonnige Seelsorge, Verlag Walter Nomber, Freiburg, 1918, 264 S.
Eines der ältesten, noch heute vorbildlichen, fast prophetischen Seelsorgewerke mit gültigen Ratschlägen, besonders für Seelsorge an Depressiven (z. B. Seelsorger sollten für sich selbst Psychoanalyse studieren, nicht aber sie anwenden).

KÜNKEL, Fritz: Charakter, Krise und Weltanschauung, die vitale Dialektik als Grundlage der angewandten Charakterkunde, und
KÜNKEL, Fritz: Charakter, Einzelmensch und Gruppe, beide Verlag S. Hirzel, Stuttgart, 1976, je 190 S.

Der Berliner Nervenarzt (und spätere Theologieprofessor in Los Angeles) hat in seinem sechsbändigen Hauptwerk zur Charakterkunde gerade auch »die religiöse Reifung der Charaktere« als Grundlage der Seelsorge und der Kultur herausgearbeitet, besonders in den beiden genannten Bänden.

LABERGE, Stephen: Hellwach im Traum, höchste Bewußtheit in tiefem Schlaf. Übersetzung aus dem Amerikanischen: Lucid Dreaming, 1985. Paderborn, 1987, 294 S.
Dieses erste deutsche Werk über die neue Wissenschaft vom vollbewußten Träumen als Erkenntnisquelle und Psychotherapiemethode gibt nach einer Geschichte dieses beachtlichen Weges eine praktische Anleitung zum Erlernen sowie grundsätzliche, auch neue Erkenntnisse über das physiologische und psychologische Wesen der Träume.

LEUNER, Hanscarl: Katathymes Bilderleben, Unterstufe, Kleine Psychotherapie mit der Tagtraumtechnik, Ein Seminar, Georg Thieme Verlag, Stuttgart, 4. Aufl. 1989, 76 S.,
ders. mit HORN, Günther und KLESSMANN, Edda: Katathymes Bilderleben mit Kindern und Jugendlichen, Ernst Reinhardt Verlag, München-Basel, 1977, 147 S.
Diese inzwischen weit verbreitete Methode baut – ohne dies auszuführen – auf der Oberstufe des Autogenen Trainings auf und wird systematisch zur Heilung vielfältiger neurotischer Krankheiten eingesetzt, auch bei Kindern und Jugendlichen.

McLEESTER, Dick: Welcome to the Magic Theatre, Amherst, Mass., 1977.
Inhaltlich handeln Träume nicht nur von anderen Menschen und ihren sozialen Beziehungen, sondern auch von religiösen Fragen und Werten. Dies sollte der Träumer mit seinen Entschlüssen zur Tat aufschreiben.

OBRIST, Willy: Neues Bewußtsein und Religiosität, Evolution zum ganzheitlichen Menschen, Walter Verlag, Olten, 1988, 337 S.
Dieses weitgespannte synkretistisch-historische Werk will aus einer psychologischen Lehre (im Sinne C. G. JUNGS) die wichtigen Fragen der Welt und der Menschheit beantworten. Doch auch eine noch so reiche Tatsachensammlung über die Mystik kann noch nicht tiefe Frömmigkeit ersetzen.

PFISTER, Oskar: Analytische Seelsorge, Verlag Vandenhoeck & Ruprecht, Göttingen, 1927, 144 S.
Dieses grundlegende Werk des Freundes von S. FREUD, das älteste zur Religionspsychopathologie, behandelt mit reicher Kasuistik biblische Seelsorge durch einen Analytiker besonders am Beispiel von Zwangsneurosen, zwangsähnlichen Liebesirrungen, Jähzorn, Verschrobenheiten und Unglauben.

PÖLL, Wilhelm: Religionpsychologie, Formen der religiösen Kenntnisnahme, Kösel Verlag, München, 1965, 523 S.
Die Religionspsychologie fragt nicht nach der Wahrheit, sondern mit ihren eigenen, auch empirischen wissenschaftlichen Methoden nach dem Erleben der Religiosität. Dennoch bietet sie gleichsam ein »Fenster zur Transzendenz«.

PONGRACZ / SANTNER, J.: Das Königreich der Träume, 4000 Jahre moderne Traumdeutung, Paul Zsolnay Verlag, Wien, Hamburg, 1963, 394 S.
Nach einer sorgfältigen Geschichte des Traumverständnisses (auf den ersten 100 von 400 Seiten) folgt ein – ebenfalls geschichtlich gegliedertes – alphabetisches Register der Symbolbedeutungen der Träume, das zu Irrtümern verführen kann.

POTEMPA, P. Rudolf: Persönlichkeit und Religiosität, Versuch einer psychologischen Schau, Dr. C. J. Hogrefe Verlag, Göttingen, 1958, 116 S.
Der Reichtum dieses Büchleins liegt in der Überfülle treffender Zitate von bedeutenden Forschern zu dem Menschen als religiösem Wesen und zu seinen Glaubenserlebnissen.

PROKOP, Heinz: Das religiöse Element in der Psychiatrie, Klinische und tiefenpsychologische Gesichtspunkte, in: Archiv . . . Band 13, 1978, S. 77–88.
Dieser Aufsatz bespricht Wahnbildungen, Schuldgefühle, »ekklesiogene Neurosen« nach SCHAETZING und THOMAS, noogene Neurosen im Sinne von FRANKL bei seelischen Erkrankungen.

PRUYSER, Paul W.: Die Wurzeln des Glaubens, Warum glaubt der Mensch? Eine Psychologie des Glaubens, Scherz Verlag Bern, München, 1972, 352 S.
Dieses beachtliche Werk beschreitet neue Wege: Es analysiert Gebete tiefenseelsorgerisch, unterscheidet zehn verschiedene Sprachen der Frömmigkeit, lehrt bei Tests auf religiöse Inhalte achten u. a. m. Trotz mancher Anregungen schreitet es freilich nicht zu empirischen Beobachtungen oder Grenzen zur Pathologie fort.

REBELL, Walter: Psychologisches Grundwissen für Theologen, Ein Handbuch, Chr. Kaiser Verlag, München, 1988, 285 S.
Dieses hervorragende sachkundige Fachwerk über das Gesamtgebiet der Psychologie kann den modernen Theologen ausgezeichnete Dienste leisten, enthält jedoch auch einige Irrtümer bei der Behandlung der Depressionen oder bei der Sicht der Seelsorge als »kirchlicher Psychotherapie«.

REIMER, Fritz: Das Syndrom der optischen Halluzinose, Georg Thieme Verlag, Stuttgart, 1970, 56 S.
Einige der häufigsten Erkrankungen mit Halluzinationen werden sorgfältig dargestellt und verglichen: die Alkoholhalluzinose, die taktischen, optischen und Geruchshalluzinosen bei den verschiedenen neurologischen und psychiatrischen Erkrankungen und Vergiftungen.

RESCH, Andreas: Veränderte Bewußtseinszustände, Träume, Trance, Ekstase, Resch Verlag, Innsbruck, 1990, 608 S.
Dieses reichhaltige und sorgfältig gegliederte Sammelwerk enthält (in der Höhenlage recht unterschiedliche) Kongreßvorträge, besonders über Bewußtseinszustände und Traumforschung.

ROSENBERG, Alfons: Bildmeditation, die Meditation des ganzen Menschen, Kösel Verlag, München, 1976, 134 S.
Die Symbolik der Kreuzform, die der Verfasser meditieren lehrt, findet sich auch im Bau des Menschen wieder; doch verliert er sich dabei in indischen Spekulationen ohne wissenschaftliche oder biblische Grundlage.

ROSENBERG, Alfons: Weisheit des Talmud, mystische Traumdeutungslehre, O. W. Barth Verlag, München, 1955, 135 S.
Glaubensinnige Mystiker und demütige Heilige hinterließen im Talmud Weisheiten, Träume zu deuten und Kranke zu heilen.

SANFORD, John A.: Gottes vergessene Sprache, Rascher Verlag, Zürich, Stuttgart, 1966, 175 S.
Umfassende und sorgfältige Arbeit über biblische und gegenwärtige religiöse Träume ganz aus der Sicht der Psychologie von C. G. JUNG, für die praktische Seelenführung bestimmt und geeignet.

SARTORY, Gertrude und Thomas (Hrsg.): Botschaft aus Träumen, Auftrag – Anruf – Geschenk, Fünf Traumerzählungen aus der Weltliteratur mit Einführung und Kommentar von Victoria BROCKHOFF unter Mitarbeit von Hermann LAUBOECK, Herderbücherei, Band 1062, Freiburg, 1983, 127 S.
Von den fünf bedeutenden Traumerzählungen der Weltliteratur, die in diesem Buch der Öffentlichkeit zugänglich gemacht werden, sind der zweite bis fünfte Traumbericht wegen ihres tiefen religiösen Gehaltes besonders hervorzuheben.

SCHALLENBERG, Gerd: Visionäre Erlebnisse, Pattloch Verlag, Augsburg, 1990, 520 S., und
SCHALLENBERG, Gerd: Dialog Gesundheit, Medizin am Ende des 20. Jahrhunderts, Quintessenz Verlag, München, 1992, 336 S.
Die mehrfache Vorbildung des Verfassers als Theologe, Psychologe und vor allem Arzt ermöglicht ihm, die vielfältigen visionären Erscheinungen übergreifend und kritisch zu sehen. Auch Wundererscheinungen prüft er psychodynamisch, läßt aber hinter der vergleichenden Sachlichkeit oft das Einfühlungsvermögen vermissen.

SCHNEIDER, Kurt: Einführung in die Religionspsychopathologie, Verlag Mohr, Tübingen, 1928, 59 S.
Dieses erste bedeutende Standardwerk eines Psychiatrieprofessors gliedert sich u. a. in religiöse Erlebnisse bei Schwachsinn, Psychopathie, Gehirnkrankheiten, Epilepsie, Cyklothymien und Schizophrenien.

SCHNELTING, Kurt (Hrsg.): »Hilfe ich träume!«, Botschaften aus dem Reich der Seele, Goldmann Taschenbuch, München, 1984, 221 S.
In dem Buch finden sich merkwürdige parapsychologische Ansichten und Yogalehren, aber auch ernste Arbeiten über die Bedeutung von Träumen in Literatur, Kunst und Religion.

SCHULTZ, I. H.: Das Autogene Training, Konzentrative Selbstentspannung, Versuch einer klinisch praktischen Darstellung, 17. unveränderte Aufl. 1982, 438 S.
Dieses klassische Standardwerk hat eine neue, weltweit verbreitete und äußerst hilfreiche Heilmethode begründet.

SCHULTZ, I. H.: Hypnosetechnik, 5. durchgesehene und verbesserte Aufl., Gustav Fischer Verlag, Stuttgart, 1965, 72 S.
Diese kurze, praktische Anleitung zum Hypnotisieren (nur) durch Ärzte ersetzt die praktische Kursusausbildung nicht, ergänzt sie aber recht fruchtbar, weil sie einen ersten Einblick in das Wesen dieser wichtigen Therapie gewährt.

SECHRIST, Elsie: Das große Traumbuch, Praktische Anleitung zur Trauminterpretation, Manfred Pawlak Verlagsgesellschaft mbH, Herrsching, 1992, 279 S.
Edgar CAYCE wagt, aus einem kurzen Traumtext weitreichende, meist recht allgemeine Deutungen abzuleiten, die dieses Buch zusammenstellt. Sicher haben die gesundheitlichen Ratschläge darin zahlreichen Menschen geholfen, ebenso sicher aber sind andere falsch (z. B.: »Zitronensaft alkalisiert den Organismus«, S. 92). So trägt das Buch dazu bei, einen bescheidenen Meister der Selbsthypnose in einen scheinbar allwissenden Guru zu verwandeln. Für das Verstehen von Träumen ist das Buch wertlos.

von SIEBENTHAL, W.: Die Wissenschaft vom Traum, Ergebnisse und Probleme, Eine Einführung in die allgemeinen Grundlagen, Springer Verlag, Berlin, 1953, 523 S.
Das umfassende und wegweisende Werk von SIEBENTHAL hat den Umgang mit Träumen in umfassen-

dem Sinn zu einer Wissenschaft erhoben, in der auch die Träume des Alten und Neuen Testaments sowie des Talmuds mit ihren theologischen Fragen in die ganzheitliche Schau des Menschen einbezogen werden.

STARBUCK, Edwin Diller: Religionspsychologie, mit Vorwort von William JAMES, zwei Bände, deutsch von F. BETA, Alfred Kröner Verlag, Leipzig, 1899, 455 S.
Im 1. Band dieses Grundwerkes der Religionspsychologie untersucht STARBUCK die Bekehrung mit ihren Motiven und Kräften, einschließlich ihrer pathologischen Formen, im 2. Band das religiöse Wachstum, das er mit den Bekehrungsvorgängen vergleicht.

STEARN, Jess: Der schlafende Prophet, Prophezeiungen in Trance 1911–1998, Ramon F. Keller Verlag, Genf, 1968, 301 S.
und: Die sieben Leben des schlafenden Propheten, Edgar CAYCE und die Reinkarnation, Droemersche Verlagsanstalt Th. Knaur Nachf., München, 1992, 444 S.
Das erste Buch, in gewandtem journalistischem Stil geschrieben, betont die uneigennützigen erstaunlichen Fähigkeiten von CAYCE, die ihn wohltuend von anderen »Wundertätern« unterscheiden.
Das zweite dagegen stellt ganz die Reinkarnationslehre in den Vordergrund. In seinen Schauungen soll CAYCE von seinen früheren Existenzen im sagenumwobenen Atlantis, in Ägypten und Troja, im Heiligen Land und im kolonialen Amerika berichtet haben, wo und wie er früher als Krieger und Weisheitslehrer, als Frauenfreund und Weltenbummler gelebt und gewirkt habe. Das Buch berichtet auch von dem sprunghaften Wachstum der »CAYCES Association for Research and Enlightenment« (ARE), die auf mehrere Zehntausend Mitglieder angewachsen sei und in der ganzen Welt neue Anhänger gewinne. Hier herrschen vielfach primitive Sensationsberichte im Gewande indischer Religion vor.

STRUNZ, Dr. F.: Sexualität im Traum, in: Ärztliche Praxis und Psychotherapie Nr. 3, 13. Jhg., Wien, 1991, S. 13–32.
Die rein psychoanalytische Traumdeutung wird hier kritisiert; scheinbar sexuelle Traumsymbole können auch einen religiösen Sinn enthalten und heilend wirken.

SUGRUE, Thomas: There is a River, The Story of Edgar CAYCE, Dell Publishing Co., Inc., New York, 1961, 384 S.
Der Verfasser selbst von einem schweren Leiden durch CAYCE geheilt, schildert dessen Leben und die Kennzeichen eines echten Heilers, den er in CAYCE verkörpert sieht: Er ist völlig selbstlos, bescheiden, stellt sich zur wissenschaftlichen und praktischen Zusammenarbeit mit den Ärzten zur Verfügung, zu denen er grundsätzlich die Kranken verweist, und er ist ein tief frommer, gläubiger Christ. Das Buch betont auch die einzigartigen selbsthypnotischen Fähigkeiten von CAYCE.

SUNDEN, Hjalmar: Religionspsychologie, Probleme und Methoden, Calwer Verlag, Stuttgart, 1982, 228 S.
Das recht breit geschriebene Buch stellt den Rollengedanken in den Vordergrund, geht jedoch auf die praktischen Probleme und Aufgaben der Religionspsychologie kaum ein.

TART, Charles T. (Hrsg.): Altered States of Consciousness, John Wiley and Sons, Inc., New York/ London/Sidney/Toronto, 1969, 573 S.
Viele bedeutende Schriften über Sonderzustände des Erlebens von VAN EEDENS Pionierarbeit über das »luzide Träumen«, von 1913 über Meditationen und Mystik bis zum Autogenen Training ergeben trotz mangelnder Systematik und unterschiedlicher Qualität der Beiträge ein reichhaltiges Quellenwerk.

TART, Charles T.: From Spontaneous Event to Lucidity, S. 67–103 in: GACKENBACH, Jayne und LABERGE, Stephen (Editors): Conscious Mind, Sleeping Brain, Perspectives on Lucid Dreaming, Plenum Press, New York und London, 1988, 447 S.
In dieser Arbeit beschreibt TART das luzide Träumen besonders als Folge von hypnotischen Suggestionen. In der neuzeitlichen Traumforschung sieht er drei revolutionäre Fortschritte: S. FREUDS Traumdeutung, N. KLEITMANS physiologische EEG- und REM-Forschung und VAN EEDENs luzides Träumen.

THOLEY, Paul, in: GACKENBACH, Jane und LABERGE, Stephen: A Model for Lucidity Training as a Means of Self-Healing and Psychological Growth, 1988, S. 263–287, und in: RESCH, Andreas: Der Klartraum als ein Weg zu schöpferischer Freiheit, 1990, S. 199–242.
Der einzige deutsche Forscher der luziden Träume begründet in diesen Arbeiten dieses Träumen als Methode der Selbstheilung und der Arbeit am eigenen Charakter, dem Autogenen Training verwandt. Für den deutschen Sprachgebrauch begründet er, warum die Bezeichnung »Klartraum« treffender wäre.

THOMAS, Klaus: Die künstlich gesteuerte Seele, Brainwashing, Haschisch und LSD – Chemische und hypnotische Einflüsse auf Gehirn und Seelenleben. Enke Verlag, Stuttgart, 1970, 279 S.
In dieser grundsätzlichen Arbeit über Fremdeinflüsse auf das Gehirn stehen krankhafte Bilderlebnisse, besonders drogenbedingt, mit zahlreichen Protokollen im Mittelpunkt der Darstellung.

THOMAS, Klaus: Meditation in Forschung und Erfahrung, in weltweiter Beobachtung und praktischer Anleitung, J. F. Steinkopf und Georg Thieme Verlag, Stuttgart, 1973, 409 S.
Ein Handbuch vergleichender, aber wesenhaft biblisch-christlicher Meditation.

THOMAS, Klaus: Die Praxis des Autogenen Trainings, Selbsthypnose nach I. H. SCHULTZ, Grundstufe, formelhafte Vorsätze, Oberstufe, Trias Verlag, Stuttgart, 7. Aufl. 1989, 237 S.
Grundwerk zum Autogenen Training mit zahlreichen Schrifttumshinweisen.

THOMAS, Klaus: Psychomutation, Jugendsekten als Gefahr für die Gesundheit, in: Archiv ... Band 15, 1982, S. 195–247.
Wesen und Gefahren der Jugendsekten werden deutlich gemacht und mit psychischen Krankheiten verglichen. Zahlreiche Schrifttumshinweise.

THOMAS, Klaus: Religiöse Träume, in: Archiv ... Bd. 18, 1988, S. 229–242. Grundlagen einer »Traumseelsorge« mit Fragen an die Träume.

THOMAS, Klaus: Religions-Psychopathologie, in: Archiv ... Band 13, 1978, S. 65–76.
Nach einer Schrifttumsübersicht werden die Haupterscheinungsformen der krankhaften religiösen Fehlhaltungen genannt und gekennzeichnet.

THOMAS, Klaus: Schwärmer- und Sektierertum als außerwache »religionpsychopathologische« Erlebnisstufen und die Schlafprediger, in: Archiv ... Band 7, 1962, S. 149–167.
Einige Krankengeschichten mit religiösen Problemen werden systematisch verschiedenen pathologischen Zuständen zugeordnet, die auch in der Bibel berichtet sind. Der Bewußtseinszustand der bemerkenswerten finnischen Schlafpredigerinnen läßt sich jedoch kaum einordnen.

THOMAS, Klaus: Selbstanalyse; Die heilende Biographie, ihre Abfassung und ihre Auswirkung, 4. verbesserte Auflage 1992, Trias Verlag, Stuttgart, 170 S.
Das Aufschreiben der vergangenen Erfahrungen gewährt Einblick in den Sinn des Lebens und eine klärende eigene Krankheitsgeschichte verhilft zu einem befreienden Ausblick in die Zukunft. Umfassende Fragebogen leiten zu dieser »Arbeit am eigenen Charakter« an, die das Verstehen der Träume vertieft.

THOMAS, Klaus: Im Traum Gott begegnen! in: SCHNELTING, Kurt: Hilfe, ich träume! (s. d.)

THOMAS, Klaus: Träume – selbst verstehen. Wie sie entstehen, was sie bedeuten, warum sie heilen. Geschichte und Wissenschaft, Psychologie und Praxis von den Träumen.
Trias Verlag, Stuttgart, 5. Aufl. 1989, 242 S. Hauptwerk und Grundlage auch des vorliegenden Buches.

ULLMAN, Montague und ZIMMERMANN, Nan: Mit Träumen arbeiten, Klett-Cotta Verlag, Stuttgart, 1986, 286 S.
Die amerikanischen Verfasser wollen die Träume von jedermann verstehen lehren, nicht nur von ausgebildeten Analytikern. So beschreiten sie den breiten Weg, Tonbandnachschriften und ein persönliches Symbolbuch anzulegen, aber auch Träume im Familienkreis zu besprechen; das aber gefährdet mindestens die Intimsphäre.

VETTER, August: Die Erlebnisdeutung der Phantasie, Verlag Ernst Klett, Stuttgart, 1950, 142 S.
Das Buch schildert und betont die Bedeutung der Phantasie für jede Art inneren Bilderlebens, auch für die Träume.

VETTER, August: Die Zeichensprache von Schrift und Traum, Verlag Karl Alber, Freiburg-München, 1970, 328 S.
Der große Psychologe bietet in diesem ausgezeichneten und verständlichen Werk nicht nur eine Auswertung der Erkenntnisse von FREUD und KLAGES, sondern er wendet auch die Ausdrucksforschung für das bessere Verstehen der Träume an.

VIREL, André: Histoire de notre image, Editions du Mont-Blanc, Genève, 1965, 320 S.
Von den alten Mythen bis in die moderne Psychologie führt der weite Weg der gesunden und der kranken, vor allem aber die heilenden Bilder der Wirklichkeit und der Phantasie.

WAGNER-SIMON, Th. und BENEDETTI, G. (Hrsg.): Traum und Träumen, Vandenhoeck & Ruprecht, Göttingen, 1984, 289 S.
Das Leitthema bildet die Behandlung des Traumes in der Literatur von VERGIL bis GRILLPARZER. Träume im Hinduismus, im Buddhismus, in der Ethnologie und auch in der Bibel werden einbezogen.

WALLNÖFER, Heinrich: Seele ohne Angst, Autogenes Training, Hypnose – Wege zur Entspannung, Albert Müller Verlag, Rüschlikon-Zürich, Stuttgart, 1986, 220 S.
Dieses allgemeinverständliche, sorgfältige Werk (mit einem Vorwort von I. H. SCHULTZ) stellt die autogene und hypnotische Bilderschau kundig in den Mittelpunkt seiner (betont) ärztlichen Therapie.

WEINREB, Friedrich: Traumleben, überlieferte Traumdeutung, Band IV, Textfassung Christian Schneider, Thauros Verlag, München, 1981, 215 S.

Ein jüdischer Schweizer Schriftsteller schildert hier breit seine persönlichen religiösen Träume ohne Systematik, wissenschaftliche Auswertung oder nennenswerte Erkenntnisse.

WEITBRECHT, Hans Jörg: Beiträge zur Religionpsychopathologie, insbesondere zur Psychopathologie der Bekehrung, Scherer Verlag, Heidelberg, 1948, 187 S.
Dieses noch heute grundlegende Werk untersucht nicht nur die Fehlformen der Bekehrung in einer grundsätzlichen Aufgliederung und bei den verschiedenen psychiatrischen Krankheitsbildern, sondern erforscht auch die Einzelerscheinungen wie Zungenreden, Stigmatisation, Ekstase, Sinnestäuschungen und Wahn.

WIRKSTRÖM, Owe: A Case of »Possession«, Genesis and Therapy, in: Archiv ... Band 14, 1980, S. 212–227.
Ein eindrucksvolles Beispiel zeigt: Psychiatrische Diagnosen reichen für die Besessenheitsphänomene nicht aus, für die die Erfahrung kennzeichnend ist, daß eine fremde Persönlichkeit oder numinöse Macht die eigene Persönlichkeit zu erfüllen scheint.

WILLIAMS, Strephon: Durch Traumarbeit zum eigenen Selbst, Ansata-Verlag, Interlaken, 1987, 383 S.
Dieses breit geschriebene Werk mit zahlreichen Fachausdrücken aus der Psychologie JUNGs behandelt vorwiegend die Traumkultur der Senoi-Indianer, doch auch religiöse »Wege der Wandlung« und das Fördern von geistlichen Traumerfahrungen durch Modellieren und Malen, sowie eine »Transpersonale Traumarbeit«, die in recht allgemeinen Redensarten endet.

WITTGENSTEIN, Graf O. zu: Das innere Bild, Arbeitsgrundlagen für die psychosomatische Diagnostik, in: Allgemeinpraxis, Hippokrates Verlag, Stuttgart, 1952, 104 S.
Diese straffe, geistvolle Darstellung der (auch chinesischen) »großen Mächte der Seele« setzt viele psychologische Vorkenntnisse (besonders der Lehren von C. G. JUNG) voraus, wird also dem Arzt nur begrenzt dienen können.

WOLMAN, Benjamin und ULMAN, Montague (Editors): Handbook of States of Consciousness, New York, 1986.
In diesem Werk findet sich auch eine bedeutsame Arbeit von Stephen LABERGE und Jayne GACKENBACH über »Lucid Dreaming«.

WYSS, Dieter: Traumbewußtsein? Vandenhoeck & Ruprecht, Göttingen, 1988, 325 S.
Diese vorwiegend theoretisch-philosophische Sicht der Träume setzt auch im Sinne von JUNG, BINSWANGER und BOSS ein eigenes »Traumbewußtsein« voraus.

Bibelstellenverzeichnis

1. Mose 10,10: S. 121
1. Mose 11: S. 121
1. Mose 20,3ff.: S. 70, 73
1. Mose 22,13: S. 87
1. Mose 24,40: S. 104, 105
1. Mose 27–40: S. 73
1. Mose 28: S. 18, 151. 28,10ff.: S. 18, 41, 73. 28,12: S. 56, 57. 28,16: S. 37. 28,17: S. 102
1. Mose 31,11ff.: S. 71. 31,24: S. 71
1. Mose 32,11: S. 72
1. Mose 37,5–9: S. 18, 48
1. Mose 40: S. 18. 40,5ff.: S. 69. 40,9–14: S. 58. 40,19: S. 58

2. Mose 3: S. 40, 54, 99. 3,4ff.: S. 51, 55, 56, 57. 3,4–12: S. 69. 3,5: S. 17, 102. 3,7ff.: S. 60
2. Mose 19,4: S. 123, 125
2. Mose 20,17: S. 120
2. Mose 25,31–40: S. 110
2. Mose 26,15ff.: S. 118
2. Mose 28,36ff.: S. 101, 109

3. Mose 4,7.18: S. 87
3. Mose 8,7–9: S. 100
3. Mose 16: S. 121, 122
3. Mose 19,2: S. 104

5. Mose 4,24: S. 99
5. Mose 13,2ff.: S. 260
5. Mose 18,10: S. 260. 18,22: S. 261
5. Mose 26,10: S. 149

Josua 6,5: S. 87
Josua 21,45: S. 114

Richter 7,7ff.: S. 69

1. Samuel 3: S. 40, 49, 54, 57, 104. 3,1: S. 18. 3,15: S. 56
1. Samuel 6,20: S. 101
1. Samuel 16,1: S. 87. 16,14: S. 260
1. Samuel 19,24: S. 259
1. Samuel 28,6ff.: S. 52, 54
2. Samuel 11: S. 38
2. Samuel 12,7: S. 38

1. Könige 3,4: S. 62. 3,5ff.: S. 53, 54, 55, 57. 3,5–15: S. 18, 55. 3,9: S. 72
1. Könige 8,48: S. 67
1. Könige 18,24ff.: S. 90
1. Könige 19,4.5: S. 70. 19,5–7: S. 60
1. Könige 22,23: S. 260

Esra 4–6: S. 79
Esra 5,1: S. 81
Esra 6,14: S. 81
Esra 9,6–11: S. 82

Ester 1,7ff.: S. 66
Ester 5,6: S. 66

Hiob 3,15–23: S. 52
Hiob 7,12–16: S. 54, 59, 61, 69, 70
Hiob 13,14ff.: S. 55
Hiob 33,13ff.: S. 18. 33,14–18: S. 70. 33,23: S. 56
Hiob 42,12: S. 59

Psalm 5,7: S. 119
Psalm 17,3: S. 49
Psalm 18,3: S. 87. 18,9: S. 99
Psalm 19,13: S. 38
Psalm 23: S. 84
Psalm 32,8: S. 104

Psalm 36,6: S. 120
Psalm 46: S. 93. 46,11: S. 96
Psalm 50,3: S. 99
Psalm 51,8: S. 39
Psalm 57,11: S. 120
Psalm 76,9: S. 96
Psalm 84,7: S. 84
Psalm 89,18.25: S. 88
Psalm 92,11: S. 88
Psalm 115,5: S. 55
Psalm 118,17: S. 211
Psalm 119,105: S. 73, 110
Psalm 122: S. 94, 204
Psalm 126: S. 111
Psalm 132,17: S. 88
Psalm 138,7: S. 47
Psalm 139: S. 123, 124. 139,5ff.: S. 77. 139,9–11.18: S. 125

Sprüche 20,12: S. 55

Das Hohelied 5: S. 18. 5,2–8: S. 47, 49

Jesaja 2,4: S. 89, 115
Jesaja 6,3: S. 102. 6,9.10: S. 55
Jesaja 11,6ff.: S. 18, 69
Jesaja 28,6.7: S. 261
Jesaja 29,8: S. 46, 49
Jesaja 38,17: S. 60
Jesaja 40,6–8: S. 82
Jesaja 50,4: S. 55
Jesaja 54,4–10: S. 86. 54,16f.: S. 89
Jesaja 61,3: S. 100
Jesaja 65,25: S. 69

Jeremia 6,16: S. 104
Jeremia 23,28f.: S. 50, 51, 261. 23,29–32: S. 99
Jeremia 26,15ff.: S. 259
Jeremia 27,9.14: S. 260
Jeremia 28,2: S. 260. 28,9: S. 262
Jeremia 29,11: S. 86
Jeremia 31,38–40: S. 93
Jeremia 51,50: S. 85

Klagelieder 2,3: S. 88. 2,17ff.: S. 82
Klagelieder 3,22f. 27. 32f.: S. 85

Hesekiel 1: S. 49. 1,28: S. 103
Hesekiel 13: S. 262
Hesekiel 29,21: S. 88
Hesekiel 31,4: S. 81
Hesekiel 37: S. 135
Hesekiel 45,10: S. 121

Daniel 1–5: S. 55
Daniel: S. 18, 54. 2,1–30. 46–49: S. 63. 2,18: S. 52. 2,28–30.47: S. 50. 2,29ff.: S. 88.2,46: S. 55, 57
Daniel 4: S. 18, 48. 4,2–4ff.: S. 73. 4,7–13: S. 49. 4,31ff.: S. 61, 70, 73
Daniel 5: S. 18, 52, 54, 64, 65, 69, 73. 5,5: S. 62. 5,6ff.: S. 68
Daniel 6: S. 69. 6,11ff.: S. 67, 96
Daniel 7: S. 63, 88. 7.13: S. 89
Daniel 9,12: S. 57, 82. 9,18: S. 56
Daniel 10–12: S. 63. 10,9–12.18f.: S. 56

Joel 2: S. 128

Micha 6,8: S. 119, 262

Habakuk 2,20: S. 95

Haggai 2,20ff.: S. 80

Sacharja 1–14: S. 79ff.
Sacharja 1: S. 79–86. 1,7ff.: S. 63
Sacharja 2: S. 87–97
Sacharja 3: S. 98–109
Sacharja 4: S. 109–116
Sacharja 5: S. 116–125
Sacharja 6,1–8: S. 125–130

Jesus Sirach 40,5–7: S. 47, 49

Matthäus 1,19f.: S. 70. 1,20ff.: S. 40, 61, 70, 73, 104
Matthäus 2,12: S. 73. 2,13.20: S. 104
Matthäus 3,15ff.: S. 120
Matthäus 5,3: S. 114. 5,9: S. 115. 5,14: S. 111, 113
Matthäus 6,6: S. 97
Matthäus 7,2: S. 121. 7,16: S. 71, 261
Matthäus 9,4: S. 39
Matthäus 11,15: S. 55

Matthäus 13,1–23: S. 38. 13,9: S. 55. 13,13 ff.:
   S. 55, 106. 13,18: S. 114. 13,44: S. 38
Matthäus 15,19: S. 39
Matthäus 16,3: S. 105, 106, 109
Matthäus 17: S. 73, 148. 17,8: S. 92, 214
Matthäus 20,12: S. 70
Matthäus 21: S. 122
Matthäus 24,4–14: S. 107
Matthäus 25,36: S. 49
Matthäus 26,41: S. 261
Matthäus 27,19: S. 70

Markus 9,24: S. 171
Markus 10,16: S. 216

Lukas 1,69: S. 88
Lukas 2,9 ff.: S. 52. 2,14: S. 71, 115
Lukas 4,21: S. 100
Lukas 9,51–55: S. 262
Lukas 10,37: S. 112
Lukas 12,36: S. 106. 12,49: S. 196
Lukas 21,28: S. 129
Lukas 24: S. 46, 212. 24,32: S. 99. 24,50: S. 216

Johannes 2,25: S. 39
Johannes 3,14: S. 18
Johannes 4: S. 18
Johannes 6,35: S. 18
Johannes 8,32: S. 39
Johannes 9,4: S. 90
Johannes 12,32: S. 148
Johannes 14,6: S. 18. 14,7–9: S. 240
Johannes 17,23: S. 240

Apostelgeschichte 2: S. 99, 238. 2,13: S. 2
Apostelgeschichte 9: S. 53, 55, 56, 57, 61. 9,10:
   S. 18, 53, 55. 9,31: S. 53
Apostelgeschichte 10,9–35: S. 53, 54
Apostelgeschichte 13,1: S. 252
Apostelgeschichte 15,8: S. 72, 73
Apostelgeschichte 16,9 ff.: S. 18, 40, 54
Apostelgeschichte 17,23: S. 46
Apostelgeschichte 18,8: S. 69. 18,9 f.: S. 18, 48,
   49, 53, 55, 105
Apostelgeschichte 22: S. 53. 22,3 ff.: S. 40
Apostelgeschichte 24,14: S. 242
Apostelgeschichte 26: S. 53
Apostelgeschichte 27,23 f.: S. 54, 69

Römer 2,4: S. 100
Römer 6,23: S. 122
Römer 8,19.21 f.: S. 69
Römer 13,4: S. 89
Römer 16,21: S. 252

1. Korinther 2,6 ff.: S. 37
1. Korinther 9,27: S. 233
1. Korinther 12,10: S. 259, 263
1. Korinther 13: S. 53, 240
1. Korinther 14: S. 240
1. Korinther 15,10: S. 113
2. Korinther 5,18: S. 18
2. Korinther 12,1–4: S. 240. 12,9: S. 85

Galater 5,22: S. 261
Galater 6,7: S. 68, 120

Epheser 4,25.28: S. 119

Philipper 1,27: S. 104
Philipper 3,20 f.: S. 148
Philipper 4,13: S. 113

Kolosser 1,10: S. 104

1. Thessalonicher 5,2: S. 18. 5,6: S. 261

1. Timotheus 1,4: S. 51
1. Timotheus 2,7: S. 210
1. Timotheus 4,7: S. 50
1. Timotheus 6,15 f.: S. 101

2. Timotheus 4,5: S. 40

Titus 1,10.14: S. 50, 52

1. Petrus 1,16: S. 104
1. Petrus 3,4: S. 36

2. Petrus 1,16: S. 51, 52. 1,19: S. 72

1. Johannes 1,1.4: S. 114
1. Johannes 4,1: S. 2, 263

Hebräer 12,25: S. 99. 12,29: S. 18

Jakobus 1: S. 118
Jakobus 3: S. 118

Offenbarung 3: S. 105. 3,10: S. 104. 3.18:
   S. 101
Offenbarung 5,6ff.: S. 18
Offenbarung 6,4−8: S. 83, 84
Offenbarung 7: S. 101
Offenbarung 9. S. 101, 129
Offenbarung 11,4: S. 114, 116
Offenbarung 13,1: S. 88
Offenbarung 14: S. 101
Offenbarung 15: S. 51, 73. 15,19.21: S. 72
Offenbarung 17: S. 121
Offenbarung 18: S. 121. 18,19: S. 121
Offenbarung 19: S. 73. 19,13: S. 101
Offenbarung 21: S. 52, 73. 21,1−4ff.: S. 73. 21,4:
   S. 51. 21,5: S. 101. 21,16f.: S. 89, 90. 21,23:
   S. 97
Offenbarung 22: S. 52, 22,5: S. 73. 22,16: S. 72,
   73, 97

Personenregister

Abraham 105
Adam 107
Adams, Stephen 203
Adler, Alfred 49, 67, 79
Alexander d. Gr. 88, 89, 158
Alfons von Liguori 194, 229
Allport, Gordon 30
Amos 260
Aristoteles 13
Aserinsky, E. 27
Assagioli, Roberto 26, 33, 34
Augustinus 14, 32

Bach, Johann Sebastian 137
Banks, John Gayner 114
Bar-el, Carlos 255
Barth, Karl 23
Behn, Siegfried 3, 5, 111, 134, 197
Belsazar 52, 58, 62, 66
Benedetti, Gaetano 5, 24
Benedikt von Nursia 13
Bergson, Henri 196
Bitter, W. 2
Bittlinger, Arnold 23
Bjerre, Poul 40
Bleuler, Eugen 222
Blumhardt, Johann Christoph 258
Bonhoeffer, Dietrich 60
Braid, James 92
Buber, Martin 241
Buddha 11, 33, 35, 64, 142, 156, 157

Calvin, Johann 31, 39
Carus, Carl Gustav 14
Cayce, Edgar 251, 252
Charcot, Jean Martin 235
Clark, Glenn 202

Daniel 3, 52, 62, 63, 67
David 39, 80, 119
Delaney, Gayle 20
Desoille, Robert 135, 198
Dominikus 13

Eli 40, 54, 56, 57
Elliger, Karl 107, 119
Evagrius Ponticus 13

Faraday, Ann 19
Fechner, Gustav Theodor 27
Frankl, Viktor Emil 27
Franz von Sales 102
Franziskus von Assisi 13, 66
Frasani, Ranerio 233
Freud, Sigmund 1, 11, 15, 16, 26, 27, 29, 31, 35,
    39, 40, 42, 43, 44, 47, 49, 57, 79, 83, 88, 91,
    122, 130, 217, 235, 266
Fromm, Erich 30, 31, 34

Gackenbach, Jayne 191, 197
Galen 24, 235
Gandow, Thomas 247
Ganser, S. J. M. 237, 238
Garfield, Patricia 19, 192, 197
Gerhardt, Paul 115
Giertz, Bo 261
Gillespie, George 193
Gins, Kurt 240, 241
Girgensohn, Karl 240
Goethe, Johann Wolfgang von 24, 122, 123, 157,
    158
Gollnick, James 12, 16, 25, 26, 27, 29, 30, 31, 34,
    202 ff.
Gregor von Nazianz 13
Grillparzer, Franz 24, 41
Gruehn, Werner 2, 3, 5, 57, 111, 197, 240, 241
Grün, Anselm 13, 26
Guggenbühl, D. 224

Haack, Friedrich W. 247
Haag, Hermann 226
Haggai 79, 80, 113
Hall, Calvin 29
Hall, James 24, 32
Haller, D. Max 65, 81
Hammurabi 9
Happich, Carl 33
Hartmann, E. von 36

Hartmann, Uwe 194
Harttmann, Karl Friedrich 92
Hebbel, Christian Friedrich 24, 157
Heermann, Johann 118
Hegel, Georg Wilhelm Friedrich 158
Heidegger, Martin 27
Heine, Heinrich 48, 52
Hermes, Johann Timotheus 103, 148
Herodes 40, 70, 115
Herodot 66
Hesekiel 48, 80
Heyer, G. R. 256
Hieronymus 13
Hildegard von Bingen 72
Hiller, Philipp Friedrich 124
Hippokrates 235
Hoffmann, E. T. A. 14
Hoffmann, Friedrich 127, 128
Hunziker-Fromm, Gertrud 25
Hutten, Kurt 218, 242
Huxley, Aldous 224

Institoris, Heinrich 224
Isaak 41

Jaensch, E. 232
Jakob 37, 41, 42, 71, 72
Jakobus 262
James, William 3, 27, 28, 30, 31, 32, 197
Jeremia 50
Jesaja 31, 46, 55, 102, 113
Jesus 31, 33, 39, 70, 71, 72, 75, 89, 104, 105, 106,
    107, 114, 122, 135
Joel 126, 128
Johannes 51, 72, 73, 92, 262
Johnson, Robert 25
Jones, Richard 21
Joseph (AT) 17, 48
Joseph (NT) 70, 104
Josua 80, 98, 100, 113
Jung, Carl Gustav 14, 18, 19, 22, 23, 25, 26, 29,
    31, 32, 34, 49, 79, 88, 102, 127, 202, 230

Kafka, Franz 24
Kant, Immanuel 157, 158, 245
Keller, Samuel 17, 23, 130, 219
Kelsey, Morton T. 13, 23
Kleist, Heinrich von 24, 230

Kleitman, N. 27
Kögel, Rudolf 97
Kolbe, Maximilian 257
Kretschmer, Ernst 222, 230, 236
Kretschmer, W. 236
Krishna 157
Kroh, O. 5
Kronholz, Thomas 130
Kruse, Johann 225
Künkel, Fritz 2, 190, 236

LaBerge, Stephen 28, 29, 191, 192, 193, 197
Latacz, Joachim 24
Lukas 17, 88
Luther, Martin 14, 41, 76, 81, 83, 84, 88, 93, 114,
    117, 128, 258

Maharishi Mahesh Yogi 246, 247, 260
Malamud, Judith R. 193
Maria (NT) 70, 104
Maslow, Abraham 26, 29, 30, 32
Matussek, P. 230
McLeester, Dick 20
Melanchthon, Philipp 14
Melzer, Friso 140, 240
Mesmer, Franz 235
Micha 113
Mildenberger, Michael 247
Mohammed 35, 158
Mose 40, 41, 51, 54, 56, 57, 60, 100, 102, 115,
    118

Nebukadnezar 48, 52, 61, 63, 65, 66, 88, 259
Nikolaus von der Flüe 62

Olearius, Johann 105
Otto, Rudolf 51, 103

Pankow, Gisela 67
Paracelsus 235
Pauli, Joachim 95
Paulus 17, 23, 37, 40, 48, 50, 52, 53, 54, 56, 57,
    61, 64, 101, 104, 105, 113, 119, 122, 240, 263
Pawlow, Iwan Petrowitsch 236
Pestalozzi, Karl 24
Petrus 23, 36, 53, 73, 92
Pfister, Oskar 217, 218
Philbert, Bernhard 70

Plato 24, 32, 158
Pongracz, M. 9
Prokop, Otto 225

Rahner, Karl 49, 219
Riemenschneider, Tilman 144
Rosner, Jorge 31
Roux, Georges 223
Roy, Alec 236, 238

Salomo 53, 54, 72
Samuel 259
Sanford, John 17, 18
Santner, I. 9
Saul 52, 259
Schaetzing, Eberhard 220
Schallenberg, Gerd 208, 219, 257
Schermann, Rudolf 78
Schiller, Friedrich von 158
Schmidt-Eller, Berta 203
Schneider, Kurt 218
Schöll, Albrecht 247
Schultz, I. H. 2, 5, 36, 134, 204, 212, 233, 236, 238
Schuster, Meinhard 25
Schweitzer, Albert 67, 69
Seierstad, I. 111, 240
Seybold, Klaus 24, 47
Shakespeare, William 24, 158
Siebenthal, W. von 23, 40, 43
Sokrates 24, 31, 157, 158
Spitta, Philipp 111, 121
Sprenger, Jakob 224
Stearn, Jess 252
Stekel, Wilhelm 233
Stern, Martin 24

Strindberg, August 24
Strunz, F. 48, 194
Synesios von Kyrene 13

Tart, Charles T. 28, 197
Teresa von Avila 72, 85, 108, 186
Tersteegen, Gerhard 77, 95
Tertullian 13, 102
Tholey, Paul 195 ff.
Thomas von Aquin 13
Tournier, Paul 2, 114
Trakl, Georg 24
Trümpy, Hans 25

Ullman, Montague 21, 191, 193

Vergil 24
Voipio, Aarni 251
Voltaire 41

Wagner-Simon, Therese 24
Weitbrecht, Hans Jörg 218
Whaite, John 247
Whittle, Daniel Webster 75
Wiesmann, Louis 14
Williams, Strephon 21, 22
Wolf, H.-J. 78
Wolff, Konrad 25
Wolman, Benjamin B. 191, 193
Wundt, W. 27

Xenophon 66

Zimmermann, Nan 21
Zinzendorf, Nikolaus Ludwig Graf von 113
Zulliger, Hans 38

Sachregister

Aberglaube 252

Abwehrmechanismus 122

Adipositas 227

Adlersflügel 123, 125, 262

Ägypter 9, 10

Ärztliche Lebensmüdenbetreuung 2, 202, 220

Affekte 231, 236

Aggressionen 101, 231, 233, 244

Alkohol 63, 260

Alpträume 60, 61, 70

Altertum 15

Altes Testament 17, 51, 106, 113, 119, 120, 135, 259, 263

alttestamentlich 63

Amtsträger 77

Anbetung 3, 49, 52, 55, 87, 132, 133, 149, 186, 203, 265

Angst, Ängste 45 ff., 55, 58, 60, 67, 76, 84, 93, 97, 101, 125, 131, 133, 152, 155, 161, 166, 169 f., 171, 180, 191, 196 f., 224 f., 247, 250

Angsthysterie 70

Anorexie 227

apokalyptisch 83, 127

Arbeit am Charakter 43, 107, 167, 190

Archetypen 22, 23, 27, 33, 100

Archiv für Religionspsychologie 3, 240 f.

Assoziationen 15, 23, 25, 27, 34

Assyrer 9

Astralreisen 20

Atheisten 199

Auditionen 219, 229, 239, 265

Ausdrucksfälschung 5, 238 f.

Autogenes Training 4, 36, 44, 130, 134 ff., 149 ff., 189 f., 220, 195, 198 ff., 266

autoritäre Religion 31, 243

Autorität 80

Babylon, Babylonier 9, 259

babylonische Gefangenschaft 79, 86

Balztänze 77

Barmherzigkeit 39, 50, 85, 86, 108, 124

Begeisterung 246

Beichte 39, 144, 154, 189, 237

Bekehrung 54, 65, 218, 239

bergen 69

Bergeshöhe 62, 146 ff., 152, 155, 198, 201

Berufung 13, 50, 55, 56, 60, 102, 105, 131, 190, 265

Berufungserlebnisse 3, 134, 137, 197, 201, 206 ff.

Besessenheit 223 ff., 226, 228

beten 72

bewahren 70

Bewußtseinszustand 3, 6 ff., 193 ff., 236, 246, 249 f., 265

unterwach 35 ff., 134, 265

außerwach 134 ff., 139 ff., 265

überwach 106, 191 ff., 197, 265

außerwach, pathologisch 217 ff., 265

»transzendental« 246 ff.

biblisch 74

bitter 77

Buddhismus 11, 139

Burg 95, 186

Buße 10, 45, 55, 56, 100, 120, 131, 133, 233, 262

Charakter(bildung) 45, 52, 57, 107, 131, 133, 141, 167 ff., 262

Charakterschwäche 67, 227, 236

Charismatische Bewegung 23, 238 ff., 267

China 11

Christusvision 143 ff., 147, 156, 159 ff., 199, 206 f., 212 ff., 266 f.

Clinical Pastoral Training 5, 130, 256

Dämonen 9, 224 ff., 254

Damaskus 53

Dankbarkeit 48, 51, 123, 132, 133, 137, 144, 200,

dankbar 57, 123

Danksagung 52

Déjà-vu-Erlebnisse 59, 196

Demut 39, 43, 48, 51, 52, 55, 121, 137, 144, 171

demütig 92, 108, 119, 122, 200, 215, 230

Depression 16, 60, 220, 245

depressiv 55, 58, 121, 138, 201, 219, 226, 246

Deutung 64

deuten 21

Deviationen 221, 234

Diagnose, diagnostisch 68

Dichtung 41
dichterisch 53, 80
dienen 57
Disharmonie 253
Dornbusch 51, 54, 180
Drogen 123, 225, 247

Echtheit 61, 240, 250, 261 f.
Ehrfurcht 51, 54, 68, 69, 91, 96, 103, 137, 200
Ehrgeiz 48
Eifersucht 121, 165
Einfall, Einfälle 15, 45
Einsicht 68
Einsiedler 130, 138 f., 152 f., 156 f., 164, 166, 173 ff., 183 ff., 201
»Ekklesiogene Neurosen« 194, 220 f., 229, 234 f., 255 f.
Ekstase 15, 33, 218, 241, 246, 256, 259
Elend 65, 84
Engel 44, 51, 54, 56, 60, 71, 73, 74, 80, 91 ff., 98, 100, 103, 108, 115 ff., 123, 125, 137, 200
Entsetzen 68
Epileptiker 226
Erbarmen 69, 124, 127, 188
Erleuchtung 64
Erlöser 86, 243
Erlösung 123, 250
erotisch 3, 47, 49, 200, 236
erretten 89
Erstarrung 181 f.
Erweckung 111
Ethik 124, 125
ethisch 104
Euphorie 136, 198
Ewigkeit 52, 132
Exerzitienhaus 76
Exorzismus 226
Experimentalpsychologie 27

Fabeln 50, 51
Fanatismus 231 f., 245, 249 f., 255
Feuer 68, 89, 99, 100, 109, 111, 128, 241, 261 f.
feuriger Busch 102
Fliegen 19, 141, 192, 198 f.
Foltern 233
Fragen 22, 45, 74, 130 ff.
Freiheit 69, 70, 137, 170 ff., 189, 255, 260
Freude 94, 132, 178, 203, 209

Friede 69, 71, 75, 76, 90, 108, 118, 124, 125, 127, 132, 137, 150, 260 ff.
Frigidität 221
Frömmigkeit 1, 51, 57, 64, 146, 189 f., 219, 233, 238, 240, 242, 259
Fruchtbarkeit 79
Fürbitte 52
Furchtlosigkeit 66

GANSER-Syndrom 237 f.
Ganzheit 68
Gastmahl 66
Gebet 45, 52 ff., 56, 67, 69, 91, 119, 132, 133, 140 ff., 145, 150 f., 153, 180
gebieten 68
Geborgenheit 60, 67, 95, 142, 155, 183, 189, 243, 253
Gebote 92, 125
Geburt 152
Gedicht 64
Geduld 72, 82, 85, 261
Gefangenschaft 86
gehemmt 217
Gehirn 266
gehorsames Herz 53, 54, 72, 243
Geister 9, 11, 12, 31
geisteskrank 67
geistlich 68, 101, 132, 133, 135, 140, 147, 216, 241, 257
Geiz 121
Gelassenheit 36
Gemeinschaft 75, 243
Gemüt 67, 93, 106, 132, 189, 191, 261, 266
Genesung 72
Gericht 62, 68, 253
Gesangbuch 76
Geschlossenheit 67
Gesicht 54, 56, 58, 63
Gesinnung 106
Gestaltungstherapie 27, 31
Gesundheit 30, 105, 253
Gewissen 27, 38, 46, 52, 54, 67, 117, 122, 124, 125, 133, 137, 138, 153, 186, 190, 200 f., 253
Gewißheit 46, 54, 56, 74, 105, 130, 137, 190, 200, 204, 212, 214, 239, 265
Gipfelerlebnisse 30
Glauben 45, 53, 132, 133, 135, 136, 152, 171, 186, 190, 243, 261

Gnade 68, 86, 93, 101 ff., 127
Götzen 68
Gottesdienst 75
Gottesfurcht 50, 51
Gottesgericht 52
Grauen 94
Grausamkeit 30, 89, 233
grausam 67
griechisch 10
Größenwahn 61
Grube 69
Gruppenhypnose 27, 143 f.
Gruppentherapie 257
Güte 72, 85, 100, 121, 178, 199
gut und böse 96

Habgier 121
Halluzinationen 5, 15, 28, 61, 62, 218 ff., 222, 226, 237 ff., 258, 267
(religiöse Halluzinose) 219
Halt 54, 57, 74, 159, 245
Handauflegung 43, 114, 166, 185, 216
Harmonie 68, 257
harmonisch 108
Haß 71, 116
Heilen, Heilung 10, 13, 16, 17, 18, 20, 25, 40, 55, 138, 140, 178, 185, 208 f., 223, 232, 258
heilig 28, 50, 51, 55, 68, 93, 102
Heiligkeit 124
Heilige 72, 103, 104
Heiliger Geist 53, 68, 72, 73, 81, 109, 110, 112 ff., 120, 121, 125, 149, 156
Heiliges Land 79
Heilmittel 10
Heilszeit 80
Heimat 73
Held 66
Hemmungen 221, 255
Herrlichkeit 48, 51, 52, 72, 73, 80, 93, 97, 102, 103, 200, 203 f.
Herzensgeheimnisse 73
Herzenskündiger 72
Heuschrecken 128, 129
Hexen 52, 225 f.
Himmelsleiter 41 ff., 56, 71, 102, 137, 151, 200
Hochmut (Hoffart) 48, 52, 61, 65, 67, 70, 215
Hoffen, Hoffnung 45, 57, 69, 75, 80, 136, 199, 261

Hohepriester 80
Hohelied 47, 53
Hohn 68
Holocaust 127
Homosexuelle 221, 234
Horn 88, 127
Horoskop 52
Humanistische Psychologie 29 ff.
Humanität 89
Hypnose 3, 4, 134, 135 ff., 144, 149 ff., 190, 192 f., 235, 251 f.
hypnotisch 198, 200, 201
Hysteriker, hysterisch 219, 226, 235 ff., 250

Ichhaftigkeit 121, 236
Ich-nahe 61, 130, 141, 265
Ikonen 132, 133
Illusion 29, 33
Imagogik 134, 138, 201
Impotenz 221
Indianer 12
Indien, indisch 10, 247 f., 250
Individuation 18
Inkubation 10, 20

Kastration 229
Ketten 164 ff., 183, 185, 188
Kipp-Phänomen 244 ff.
Kirche 75, 154 f., 164 ff., 182, 187, 189
Klarheit 52, 56, 73, 91, 111, 148, 155, 189, 200
Klartraum 194 ff., 267
Klugheit 64, 66
Körperträume 46
kollektiv 50
Konflikte 34, 133, 190, 221, 250
Konzentration 106, 141
Korinth 53
Kraft 109, 113, 125, 161
Krankenseelsorge 127, 257 ff.
Kreuz 10, 146 f., 151, 155 f., 158 f., 168, 170, 182
Kritik 77
Krypta 36 f., 135, 185
kunstvoll 80
Kurpfuscher, kurpfuscherisch 2

Läuterung 33, 100, 176, 200
Lebensmüde 60, 159 f.
Leiden 132

Leuchter 110, 118
leuchten 124
Levitation 148
Liberalismus 23, 28, 209
Licht 72, 73, 74, 103, 111, 113, 116, 124 ff., 136, 141, 143, 145, 170, 192, 198
Liebe 45, 47, 49, 53, 91, 100, 101, 115, 116, 119, 132, 150, 153, 167 f., 187, 215, 223
Liebesunfähigkeit 255
Liturgie 75
Lobpreis 52, 66
Löwengrube 66, 67, 69
LSD-Erlebnisse 192, 262
Lukas-Orden (Ökumenischer St.-Lukas-Orden) 2, 114, 202, 258
Lutherrose 136
luzides Träumen 19, 28 f., 191 ff., 267

Macht(streben) 48, 49, 53, 65, 67, 79, 86, 108, 109, 110, 115, 254, 259
mächtig 69
Mahnung 87
Mandala 49, 88, 100, 202
Mantra 250
Marienerscheinungen 237
Mauern 93, 94, 97, 128
Mazedonien 54
Meditation 4, 25 f., 29, 33, 49, 70, 74, 96, 139 ff., 149, 177, 198 ff., 214 f., 242, 245 ff., 255
meditieren 130, 243
medizinisch 76
Meeresgrund 134, 135, 152, 154, 159, 186, 200
mehrdimensional 6
Messias 79, 80, 106, 127, 255
Meßschnur 90
Minderwertigkeitsgefühle 112, 254 f.
Mittelalter 13
Mittler 74
Mönche 74
Morgenröte 77
Morgenstern 72
Musik 30
Mut 54, 58, 69, 75, 161
Myrte 82
Mystik, Mystiker 13, 28, 30, 72. 240 f., 246 f., 255
mystisch 14, 30, 33, 65, 95, 146, 204
Mythen 22, 27, 34, 50, 51, 70

mythisch 49, 100

Nachfolge 54
Nachlässigkeit 254
Nachtgesicht 53, 55, 79, 81
Nächstenliebe 163
naturreligiös 79
Naturwissenschaft 2, 105, 266
Near-death-Erfahrungen 192
Nebelwörter 140, 240
Neid 121, 163
Neopsychoanalyse 30
»Netzwerk Mensch« 256
Neues Testament 17, 24, 51, 262
Neuguinea 57
neuroleptisch 222
Neurosen 11, 43, 265
neurotisch 1, 253
    Randneurosen 38
    Schichtneurosen 38
    Kernneurosen 38, 233
    Zwangsneurosen 217, 226, 232 f., 253, 258

Oberstufenübungen 141 ff.
Ölbäume 92
Offenbarungen 11, 12, 40, 45, 62, 82, 92, 93, 102, 106, 188, 190, 263
Offenbarungserlebnisse 3, 31, 72, 134, 149, 190
Okkultismus 14, 190
Onanie 138, 194, 221, 228 f., 235
Operation 76
Optimismus 129
Organisation 75, 77
Orient 17
Out-of-body-Erfahrungen 192

pantheistisch 30
Paranoia, Paranoiker 231, 267
Parapsychologie 21, 25, 26, 251 f.
parapsychologisch 219
Perser 259
Perverse 221, 226, 234 f.
Pessimismus 129
Pfarrer 17, 37, 105, 108, 130, 135, 136, 147, 199, 208, 210, 215, 230, 238, 267
Pfingstgemeinschaft 238 ff., 242, 267
Pflicht 157, 176
Pflugscharen 89

Phantasien 30, 234 f., 237
phantasievoll 63
Pharao 17, 57, 58, 115
Pharisäer 75, 158, 242
Physiologie, physiologisch 5
Planeten(gottheiten) 84
Positivismus 15
Predigt 75
Priester 26, 32, 74, 81, 86, 105, 107, 108, 112,
    140, 154, 172, 186, 233
Projektion 30
Propheten 17, 50, 51, 58, 66, 86, 96, 99, 113, 114,
    120, 128, 129, 259
    falsche Propheten 259 ff.
Prophetie 81, 106, 196, 261
prophetisch 11, 29, 106, 135
Prostitution 221
PSI-Fragebogen 220
Psychiatrie 217 ff., 259, 262
Psychiater 256
Psychoanalyse 15, 16, 27, 29, 31, 42, 43, 98, 130,
    156, 201
Psychoanalytiker 34, 38
psychoanalytisch 39, 101, 162, 217
Psycho-Immunologie 256
Psychologie 26, 27, 30, 35, 39, 219, 256, 267
psychologisch 62, 108, 250
Psychopath 218
Psychopharmakatherapie 16
Psychose 195, 239, 267
psychosomatisch 76, 247, 256
Psychosynthese 33
Psychotherapeut 60, 256
psychotherapeutisch 83, 250
Psychotherapie 2, 42, 48, 98, 259
Psychotiker 67
psychotisch 227, 249, 253

Rationalismus 95
Rausch 5, 254, 261
Reformation 14
Reiter 83, 84, 127, 128, 162, 169, 179, 181, 186 f.
Religionspsychologie 2, 25, 28, 57
Religionspsychopathologie 5, 30, 217 ff., 236 ff.,
    253 ff., 259, 267
REM-Schlaf 27 f., 44, 193
Reue 65
römisch 10, 53

Romantik 14
Roß (Rosse) 83, 126 ff.

Sadismus 30, 221, 233 f.
sakriligische Onanie 194, 229
Sammeln 89
Schauer 51, 169
Schauungen 92, 223, 261
schirmen 69
schizoid 222
Schizophrenie 16, 189, 217 f., 221 ff., 267
Schlaflabor 27
schlottern 68
Schmuck 100, 107
Schönheit 103
Schuld 38, 65, 109, 116, 117, 121, 122, 125, 131,
    153, 167 f., 171 f., 179, 256 f.
Schuldgefühle 30, 38, 112, 201, 221, 232, 235
Schutz 57, 60, 66, 88, 93
schützen 69
Schwärmer 5, 40, 69, 232
Schwert 89, 147
Seelsorge 23, 26, 56, 57, 117, 118, 129, 130, 138,
    194, 201, 212, 217, 237 f., 255 ff., 267
Seelsorger 18, 53, 217, 226
seelsorgerlich 71, 140, 190, 235, 238
segnen 114, 216, 258
Seher 69
Sehnsucht 90
Sekten 218 ff., 231, 241 ff.
Selbstanalyse 21, 34
Selbsterkenntnis 173 ff., 187
Selbsthypnose 134, 135
Selbstmord(gefahr) 58, 160, 221, 244
Selbstmordversuche 237
Selbstverwirklichung 18, 247
Seligkeit 73
Senoi 21, 22
Sexualität 1, 5, 29 f., 43, 48, 147, 266
sexuell 3, 18, 23, 35, 47, 49, 88, 123, 135, 139,
    194 f., 197, 221, 229, 233 ff., 237, 256
Sinn 37 f., 54, 72, 131, 187, 243
Sinnbild 121
Skorpione 129
Söller 69
Sorge 75
Spekulation 129
spekulativ 65

Spötter 68, 120
Stall 72
Sterben 46, 257
Stern 72, 73
Stigmatisation 237
Stille 95, 96, 97, 261
Stillung des Sturmes 75
Streit 71
Streß 222, 243, 249
Sünde 56, 60, 98, 101, 108, 116, 120 ff., 125, 154, 209, 235
Sündenbock 121
Suggestion 63, 142
Symbolik 15, 18, 22, 27, 29, 30, 34, 50, 73, 186, 190
symbolisch 49, 265
Symbolsprache 72

tabuisieren 1, 194
Täuschung 52
tagträumen 69
Taucher 186 f.
Telefonseelsorge 2, 106, 202, 249, 256, 267
Telepathie 21, 31
Tempel 79, 80, 95, 111, 118
Teufel 224 ff.
Theologie, theologisch 108, 176, 204, 210 f., 267
Thomas-Kreuz 202, 205
Tiefenpsychologie 38, 49
Tier, Tiere 66 ff.
Tierpsychologie 66
Tod 59, 122, 257
Tränen 185
Tränental 84
Transpersonale Psychologie 27
Transzendentale Meditation (»TM«) 246 ff.
Transzendenz 29, 30, 32, 170, 192
Traumdeutung 1, 21, 32, 35, 42
Traumdimensionen 34
Traumseelsorge 41, 46, 130
Traumtagebücher 13, 34, 132
Treue 69
Triebstärke 221, 235
Triebstrebungen 1, 234
Trost 50, 57, 58, 76, 84, 116, 125, 131 ff.
trösten 17, 69
Trübsal 109
trunken 64

Tyrannen 68

Über-Ich 43
Übertragung 138, 250, 258
überwertige Ideen 230 f., 255
Unbewußtes 15, 20, 32 f., 40, 46, 50, 52, 72, 156, 175
Ungeduld 80, 254
»Unterscheidung der Geister« 259 ff.
Upanischaden 11

Verdrängung 1, 2, 36, 121, 258, 266
Vergebung 109, 190, 255
Verhaltenspsychologie 27
Verklärung 148
Verkrampfung 254
Verschiebung 72
Versöhnung 72, 187
versöhnen 71
Vertrauen 69, 90, 119
verwandeln 75
Verzweiflung 80
Vigilanz 3
Visionen 12, 17, 33, 35, 40, 49, 53, 54, 74, 79, 81, 84, 92, 134, 135, 141, 146, 197 ff., 212, 215, 218, 222 ff., 223, 238, 255, 263, 267
Völkerkunde 24
Volkskunde 24
Vorfreude 73
Vorstellungen 3

Wachbewußtsein 11
Waffenschmied 89
Wagen 126, 128
Wahn 217, 221 ff., 229 ff., 250 f.
religiöser Wahn 5
Wahrheit 51, 59, 66, 73, 79, 80, 90, 91, 93, 111, 118 ff., 143, 156, 171, 175, 180, 188 ff., 190, 250, 261 f., 266
Wahrnehmungen 61, 193, 195, 229
Wahrsager 64
Wahrträume 196 ff.
Wallfahrt, Wallfahrtsstätten 157, 257 ff.
wandeln 61
Wandlung 53, 60, 81, 122, 131, 140, 207
Wandlungserlebnisse 3, 22, 25, 28, 45, 134, 136
warnen 70, 73
Warnung 121

Wegweisung 133
Wehr 93
Weise 64
Weisheit 37, 50, 52, 186
Weissagung 14, 57, 59, 128, 129, 198
Weisung 53
Weltenbaum 81
Weltgeschichte 82
Werte 22, 30, 32, 38, 40, 45, 53, 55, 91, 131, 262, 266
Wertordnung 49, 53
Wiedergeburt 33, 149, 152
Wiederkunft 94, 106, 107, 129
Wirklichkeit 15, 25, 28, 58, 62, 96, 127, 145, 204, 241
Wirklichkeitsverlust 237, 244
Wissenschaft vom Traum 23, 24, 26, 42, 43, 246
Wunder 62

Yoga 28f., 193

Zauberei 63
zeichnen 25
Zen-Buddhismus 30
Zensur 72
Zeugnis 79
Ziel 132, 175
Zielstrebigkeit 57
Zion 82, 84, 90, 94, 95, 97, 111
Zölibat 123, 138, 221
Zorn 84, 86, 116
Zukunft 57
Zunge 118
Zungenreden 238ff., 254
Zuversicht 60, 93, 104, 167
Zweifel 155, 183, 232
Zwiegespräch 54, 191